isabelle voirol
januar 1999

Grundwissen Buchhandel – Verlage

Herausgegeben von
Klaus-Wilhelm Bramann und Joachim Merzbach

Band 5

Die Herstellung

Ein Handbuch
für die
Gestaltung, Technik
und Kalkulation
von Buch,
Zeitschrift und Zeitung

Von
Hubert Blana

Mit 340 Abbildungen

Vierte, überarbeitete und
erweiterte Ausgabe

K · G · Saur   München 1998

Redaktionelle Mitarbeit
Tobias Ott „Elektronisches Publizieren", Tübingen
Erwin Bohatiuk und Christian Kaps „Die Mikropublikation", Stuttgart
Manfred Link „Fachwörterverzeichnis", München

Umschlaggestaltung und Vorsätze
Dieter Gebhardt, Asperg

Grafiken
Rudolf Hungreder, Leinfelden-Echterdingen

Herstellung
Manfred Link, K.G. Saur Verlag GmbH & Co KG, München

Die Deutsche Bibliothek – CIP-Einheitsaufnahme

Blana, Hubert:
Die Herstellung : ein Handbuch für die Gestaltung, Technik
und Kalkulation von Buch, Zeitschrift und Zeitung / von
Hubert Blana, – 4., überarb. und erw. Ausg. – München : Saur, 1998
(Grundwissen Buchhandel – Verlage ; Bd. 5)
ISBN 3–598–20067–6

Gedruckt auf säure- und chlorfreiem Papier

© 1998 by K.G. Saur Verlag GmbH & Co KG, München
Part of Reed Elsevier

Gesetzt in Garamond, Univers und Helvetica
durch FotoSatz Pfeifer, Gräfelfing

Gedruckt von Strauss-Offsetdruck, Mörlenbach
auf Berberich-Papier, Daco-Seidenmatt, h'frei doppelt mattgestrichen, 90 g/qm.
Ein Produkt der Stora Fine Paper, Deutschland

Gebunden und fadengeheftet
von der Großbuchbinderei Osswald & Co., Neustadt
Umschlagkaschierung Polylein®Matt von Achilles, Maikammer
ISBN 3-598-20067-6

Inhaltsverzeichnis

Vorwort. 15
Einleitung. 19

I. Die Verlagskalkulation

A. Die Umfangsberechnung 21
B. Die Voraussetzungen der Kalkulation 24
    1. Der Terminplan 26
    2. Wichtige kalkulatorische Grundbegriffe 28
        a) Die titelbezogene und die programmbezogene Kalkulation 28
        b) Der Kalkulationszeitpunkt 29
        c) Die Funktion des Marktes. 32
        d) Die Erlöse. 33
        e) Die Bedeutung der Ladenpreisbindung 34
C. Die Kostenarten. 34
    1. Die Herstellungskosten (Wareneinsatzkosten) 34
        a) Die auflagenfixen Kosten 34
        b) Die auflagenvariablen Kosten 35
    2. Die Allgemeinen Handlungskosten. 39
    3. Die Honorarkosten. 39
    4. Der Verlagsanteil (Kalkulatorischer Gewinn). 39
D. Die Verlagskalkulation 39
    1. Die Zuschlagskalkulation. 39
        a) Die Kalkulation mit der Gesamtauflage 40
        b) Die Kalkulation für ein Exemplar 41
    2. Die Deckungsbeitragsrechnung. 42
        a) Die Errechnung des Deckungsbeitrages in DM 42
        b) Die Errechnung des Deckungsbeitrages in Prozent 43
    3. Die Deckungsauflage. 43

II. Das Manuskript

A. Allgemeine Vorschriften zum Manuskript. 45
    1. Rechtsvorschriften zum Manuskript 46
        a) Vorschriften zum Textmanuskript. 46
        b) Vorschriften zum Bildmanuskript 48
    2. Der Aufbau des Manuskriptes 48
    3. Empfehlungen für die Manuskriptbearbeitung 50

B. Das konventionelle Manuskript 51
   1. Das Schreibmaschinen-Manuskript. 51
      a) Die äußere Form des Manuskriptes 51
      b) Die Ablieferung des Manuskriptes. 56
   2. Das maschinenlesbare Manuskript 56
C. Das elektronische Manuskript 58
   1. Die Vorteile für den Autor 58
   2. Vorteile für den Verlag 59
   3. Die Gerätekonfiguration 61
   4. Die Texterfassung 62
   5. Die Textbearbeitung 65
   6. Die Ablieferung an den Verlag oder den Satzbetrieb 67
D. Das Bildmanuskript 69
   1. Die Vorlagen für Volltonbilder 70
   2. Vorlagen für Halbtonbilder. 73

III. Die Druckschrift

A. Die Entwicklung des Alphabets 76
   1. Die Entwicklung der Lautzeichenschrift 76
   2. Die Entwicklung der Ziffern 79
   3. Die griechische Schrift 80
   4. Die römische Schrift 81
   5. Die karolingische Minuskel. 82
B. Die Entwicklung der Druckschriften 83
   1. Die Entwicklung der runden Schriften 83
   2. Die Entwicklung der gebrochenen Schriften 87
C. Die Einteilung der Druckschriften. 89
   1. Die Schriftarten 89
   2. Die Sonderzeichen 97
   3. Die Schriftschnitte 98
D. Die Schriftgröße (Schriftgrad) 101
E. Das Blindmaterial 103

IV. Die Grundlagen der Typographie

A. Die Geschichte der Typographie 107
B. Die Funktion der Typographie 110
   1. Der Lesevorgang 110
      a) Lineare Typographie 111

		b) Informierende Typographie	111
		c) Differenzierende Typographie	115
		d) Selektierende Typographie	115
		e) Konsultierende Typographie	116
		f) Aktivierende Typographie	116
		g) Inszenierende Typographie	116
	2.	Die Wechselwirkung von Text und Bild	116
	3.	Die Bedeutung der Farbe	119
	4.	Corporate Design	119
	5.	Die Grundformen der Buchästhetik	120
C.	Der Aufbau des Buches		122
	1.	Die Titelei	122
		a) Der Schmutztitel (Vortitel)	122
		b) Die Schmutztitelrückseite	122
		c) Der Haupttitel	126
		d) Die Haupttitelrückseite (Impressumseite)	126
		e) Die Widmung	128
		f) Das Vorwort	128
		g) Das Inhaltsverzeichnis	129
	2.	Der Textteil (Hauptteil)	129
	3.	Der Anhang	129
		a) Die Anmerkungen zum Text	129
		b) Literatur- und Quellenverzeichnis	129
		c) Das Register (Schlagwortverzeichnis)	130
		d) Tafeln und Pläne	130
	4.	Die Anordnung des Satzspiegels	130
		a) Die Satzspiegelgröße	131
		b) Der Stand des Satzspiegels	132
	5.	Der Aufbau der Doppelseite eines Buches	132
		a) Die Überschrift	132
		b) Das Initial	135
		c) Die Fußnote	135
		d) Der Kolumnentitel	136
		e) Der Einzug	136
		f) Die Marginalie	137
		g) Die Bogennorm und die Bogensignatur	137
		h) Der Zeilenzähler	137
		i) Die Handmarke (Daumenregister)	137
D.	Der Aufbau der Zeitung und der Zeitschrift		138
	1.	Der Aufbau der Zeitung	138
	2.	Der Aufbau der Zeitschrift	143
E.	Die Formen der typographischen Gestaltung		145
	1.	Die Auswahl der Schrift und ihre Anordnung	146
		a) Die Schriftart	147

Inhaltsverzeichnis

b) Die Schriftgröße, der Wortabstand und der Zeilenabstand	149
c) Die Zeilenlänge	151
d) Der Block- und der Flattersatz	151
e) Die Zeilenanordnung	152
2. Die Auszeichnung	153
a) Hervorhebungen innerhalb eines Textes	153
b) Hervorhebungen von geschlossenen Textpassagen	154
c) Die wichtigsten Auszeichnungsmöglichkeiten	154
3. Einige wichtige typographische Regeln	156
4. Die Tabellen	158
5. Die Formeln	159

V. Die Technik des Setzens

A. Die Entwicklung der Satztechnik	161
1. Die Erfindung des Setzens	161
2. Der Bleisatz	163
a) Der Handsatz	163
b) Der maschinelle Bleisatz	163
3. Der Film- und Lichtsatz	165
B. Die Satzvorbereitung	166
1. Die Auswahl des Satzbetriebes	166
a) Die Satzkosten	166
b) Die technische Leistungsfähigkeit	167
c) Die typographischen Voraussetzungen	167
3. Der Satzauftrag	169
C. Desktop Publishing	170
1. Die Hardware-Konfiguration	170
2. Die Dateneingabe	174
a) Die Online-Dateneingabe	174
b) Die Offline-Eingabe	174
c) Die immaterielle Dateneingabe	176
3. Die Datenverarbeitung	177
a) Die Textprogramme	178
b) Die Graphik- und Zeichenprogramme	183
c) Die Layoutprogramme	183
D. Die Datenmehrfachnutzung und Datenpflege	188
1. Die Datenmehrfachnutzung	188
2. Die Datenpflege	188
E. Die Prüfung der Satzqualität	188
F. Die Musiknotenherstellung	189

VI. Die Satzkorrektur

A. Die Bedeutung der Korrekturen. 191
   1. Die Korrekturarten. 192
      a) Die Korrektur von Setzfehlern 192
      b) Die Autorkorrektur. 192
   2. Die Auswirkung der Korrekturen 193
      a) Die Auswirkung auf die Herstellungszeit 193
      b) Die Auswirkung auf die Kosten 193
B. Die Arbeit des Korrigierens 195
   1. Die Korrektoren 195
      a) Lesen der Korrektur im Satzbetrieb 195
      b) Lesen der Korrektur im Verlag 196
      c) Lesen der Korrektur vom Autor. 196
   2. Die Ausführung der Korrekturen. 196
      a) Im DTP-Satz 196
      b) Elektronische Korrekturprogramme. 196
C. Der Ablauf der Korrekturen. 197
   1. Der Fahnenlauf. 197
   2. Der Umbruch 199
D. Der Revisionslauf. 203

VII. Die Technik der Bildreproduktion

A. Die Geschichte der Bildreproduktion 205
   1. Manuelle Verfahren für den Hochdruck 206
   2. Manuelle Verfahren für den Tiefdruck 208
   3. Manuelle Verfahren für den Flachdruck 209
   4. Manuelle Verfahren für den Siebdruck 209
   5. Die fotographische und elektronische Bildreproduktion 210
   6. Faksimile und Reprint 210
B. Die Bildvorlagen für die Reproduktion 211
   1. Bildvorlagen für Vollton-Abbildungen. 211
   2. Bildvorlagen für Halbton-Abbildungen 213
      a) Aufsichtsvorlagen 213
      b. Durchsichtsvorlagen (Diapositive). 214
C. Die Reproduktionsvorbereitung. 215
   1. Die Vermaßung der Vorlagen. 215
   2. Der Reproduktionsauftrag 218
D. Die Reproduktion von Volltonabbildungen . . . 219
E. Die Reproduktion von Halbtonabbildungen. . . 220
   1. Die Rasterung 220

Inhaltsverzeichnis

  2. Die Farbreproduktion 227
  3. Die Reproduktionstechnik 231
   a) Die fotographische Reproduktion 231
   b) Die elektronische Scann-Technik 232
 F. Die elektronische Bildbearbeitung (EBV) 234
  1. Die Retusche 234
  2. Die Bildgestaltung 235
  3. Druckverfahrensbezogene Arbeiten 238
 G. Die Holographie 238
 H. Filme für die einzelnen Druckverfahren 239
  1. Filme für den Hochdruck 239
  2. Filme für den Flachdruck. 239
  3. Filme für den Tiefdruck 239
  4. Filme für den Siebdruck 239
 I. Die Prüfung des Reproduktionsergebnisses 240

VIII. Die Ausgabe der Satz- und Bilddaten für den Printbereich

 A. Ausgabe zum Korrekturlesen 244
 B. Ausgabe für die Druckvorstufe 245
  1. Die Filmherstellung 245
  2. Für die Computer-to-Plate-Verfahren 246
  3. Für die Ausgabe von großformatigen Zeichnungen . . 246
 C. Computer-Publishing 247
  1. Der Digitaldruck 247
  2. Printing on Demand 249

IX. Die Technik des Druckens

 A. Die Erfindung der Drucktechnik 253
 B. Die Druckvorbereitung 257
  1. Die Wahl des Druckverfahrens 257
  2. Der Druckauftrag 258
  3. Das Ausschießen 259
 C. Der Hochdruck 264
  1. Der Arbeitsablauf 264
  2. Das Verfahren 264
  3. Die Druckträger 265
  4. Die Druckmaschinen 266
  5. Die wirtschaftliche Bedeutung 267

D. Der Flachdruck (Offsetdruck)	267
1. Der Arbeitsablauf	267
2. Das Verfahren	268
3. Die Druckträger	269
a) Die konventionelle Plattenkopie	269
b) Direct-to-plate-Verfahren	272
c) Computer-to-film-Verfahren	273
d) Computer-to-plate-Verfahren	274
4. Die Druckmaschinen	276
5. Die wirtschaftliche Bedeutung	281
E. Der Tiefdruck	281
1. Der Arbeitsablauf	281
2. Das Verfahren	282
3. Der Druckträger	283
4. Die Druckmaschinen	286
5. Die wirtschaftliche Bedeutung	286
F. Weitere Druckverfahren	286
1. Der Siebdruck (Schablonendruck)	286
2. Der Flexodruck	288
3. Der Lichtdruck	289
4. Der Irisdruck	289
G. Die Druckfarbe	290
H. Die Druckveredelung	292
1. Die Lackierung	292
a) Die Drucklackierung	293
b) Dispersionslacke	293
c) UV-Lacke	293
2. Die Folienkaschierung	293
3. Das Prägen	293
I. Die Prüfung der Druckqualität	294

X. Das Papier

A. Die Geschichte des Papiers	297
B. Die Papierrohstoffe	299
1. Die Faserstoffe	300
a) Der Holzschliff	300
b) Der Zellstoff	302
c) Das Altpapier	303
d) Hadern (Lumpen)	306
e) Synthetische Rohstoffe	306
f) Rezeptur ausgewählter Papier-, Karton- und Pappensorten	306

Inhaltsverzeichnis

      2. Die Hilfsstoffe 307
         a) Die Füllstoffe 307
         b) Optische Aufheller 308
         c) Farbstoffe 308
         d) Leimstoffe 308
         e) Wasser 308
C. Die industrielle Papierherstellung 309
      1. Die Papiermaschine 309
      2. Zusätzliche Ausrüstungen 312
         a) Die Satinage 312
         b) Die Prägung 312
         c) Gestrichenes Papier 312
D. Die industrielle Herstellung von Karton und Pappe 314
E. Die Behandlung des Papiers 315
      1. Die Haltbarkeit 315
      2. Die Lagerung von Papier 316
      3. Die drucktechnischen Eigenschaften des Papiers 318
      4. Die Laufrichtung des Papiers 318
F. Die Klassifikation von Papier, Karton und Pappe 321
      1. Rohstoffbedingte Eigenschaften 321
         a) Papier 321
         b) Karton 321
         c) Pappe 321
      2. Oberflächenbeschaffenheit 321
      3. Hilfsstoffbedingte Einteilung 322
      4. Gewicht 322
      5. Papiervolumen 322
      6. Einteilung nach der Verwendung 323
      7. Papiermaße 324
G. Die Prüfung des Papiers 325
      1. Visuelle und mechanische Prüfungsmöglichkeiten 325
      2. Chemische Prüfungsmöglichkeiten 325
H. Die Papierbeschaffung 326
      1. Der Papiereinkauf 326
      2. Formeln zur Papierberechnung 326
         a) Planobogen 326
         b) Rollenpapier 328

XI. Die Technik des Bindens

A. Die Entwicklung der Bindetechnik 329
B. Die Bindevorbereitung 331
      1. Die Auswahl des Bindeverfahrens 331

2. Der Bindeauftrag	333
C. Die Herstellung des Buchblocks	334
1. Die Anlieferung der Rohbogen	334
2. Das Schneiden der Rohbogen	335
3. Das Falzen der Rohbogen	338
4. Das Ankleben der Vorsätze	340
5. Das Zusammentragen	341
6. Das Heften	341
a) Die Rückenheftung	341
b) Die seitliche Blockheftung	342
c) Die Spiralheftung	343
d) Die Klebebindung	343
e) Das Fadensiegeln	347
f) Die Fadenheftung	347
D. Bindearten	350
1. Die Broschur	350
a) Die Heftungen	351
b) Die englische Broschur	351
c) Der Paperback	352
d) Die Vorsatzbroschur	352
e) Die Interimsbroschur	352
2. Der Deckenband	353
a) Die Fertigstellung des Buchblocks	353
b) Die Herstellung der Buchdecke	355
c) Das Einhängen des Buchblocks in die Buchdecke	357
d) Zusätzliche Ausstattungen	357
e) Das Verpacken	359
3. Loseblatt- und Mappenwerke	361
E. Die Prüfung der Bindequalität	362
1. Die Prüfung der Heftung	362
2. Die Prüfung der Einbandqualität	363
3. Die Prüfung des Gesamteindruckes	364
F. Die Klassifizierung der Druckwerke	364
1. Die Einbandbezeichnungen	364
2. Die Formate	365

XII. Elektronisches Publizieren

A. Die Technik der Speichermedien	368
1. Die CD-ROM	368
a) Technische Eigenschaften	368
b) ISO 9660	369
c) Die DVD	370
d) Technische Produktion	372
2. Das Internet	374

    B. Datenstrukturierung 375
        1. Die wichtigsten Standards 376
            a) SGML 376
            b) HTML 377
            c) XML 379
        2. Die Technik des Strukturierens von Dokumenten 379
        3. Database-Publishing 380
    C. Multimedia-Publikationen 381
    D. Anwendungsmöglichkeiten am Beispiel des VlB auf CD-ROM 382

XIII. Die Mikropublikation

    1. Mikrofilmformen 389
        a) Der Mikroplanfilm 389
        b) Der Mikro-Rollfilm 391
        c) Der COM-Film 391
    2. Der Duplikatfilm als Organisationsmittel 392
    3. Technik 394
        a) Aufnahmekamera 394
        b) Duplizierung 394
        c) Mikrofilm und digitale Medien als Hybridsystem 396
        d) Lesegeräte 397
    4. Aufbewahrung der Mikroplanfilme 398
    5. Lesen und Auswerten 399
    6. Computerdaten auf Mikroplanfilmen 400
        a) COM-Aufnahmematerialien 401
        b) Lesegeräte für COM-Filme 403

Anhang

XIV.   Literaturhinweise 405

XV.   Abbildungsnachweise 410

XVI.   Sachregister 411

XVII. Fachwörterliste für die internationale Praxis 417
        A. Deutsch – Englisch 419
        B. Englisch – Deutsch 433

Vorwort

Die Herstellung von Büchern hat schon immer den Autor und seinen Verleger mit dem Techniker in der graphischen Industrie zusammengeführt. Alle an der Herstellung von Printmedien – seien es Bücher, Zeitschriften, Zeitungen oder Werbedrucksachen – beteiligten Mitarbeiter in den Verlagen brauchen für kostengünstiges und termingerechtes Arbeiten gründliche Kenntnisse über zeitgemäße technische Produktionsverfahren und die damit verbundenen rationellen Arbeitsabläufe. Die Mitarbeiter in den graphischen Betrieben müssen in der Lage sein, die Arbeitsmethoden und die Technologie der anderen an der Produktion beteiligten Unternehmen zu beurteilen, weil häufig betriebsübergreifend vernetzt produziert wird. Auch die Autoren werden beim Schreiben ihrer Manuskripte in die technische Abwicklung eingebunden, für die sie von den Verlagen genau zu beachtende Erfassungsvorschriften bekommen. Dem Buchhändler schließlich wird es zum Vorteil gereichen, wenn er die von ihm zu verkaufende Ware danach beurteilen kann, ob sie in der Gestaltung, der Qualität des Druckes und der Buchbindung sowie der Wahl des Papiers und des Einbandmaterials dem Inhalt und dem Zweck gerecht wird. Das dafür notwendige Wissen soll dieses Lehrwerk vermitteln, das jetzt in der 4. Auflage vorliegt.

    Die Mikroelektronik bestimmt die Fertigungsmethoden der graphischen Industrie. In sich geradezu überstürzendem Tempo werden vor allem im kostenintensiven Bereich der Druckvorstufe immer neue Geräte und Computerprogramme angeboten, ohne die eine produktive Satz- und Reproarbeit nicht mehr zu leisten ist. Es drängen neben den klassischen Druckverfahren neue Verfahren zur Vervielfältigung, wie der Digitaldruck, auf den Markt. Mit dieser Entwicklung gewinnt die Verwertung der Daten für das elektronische Publizieren an Bedeutung, wodurch den Verlagen und Buchhandlungen neue Absatzmärkte erschlossen werden. Dadurch vernetzen sich zunehmend alle Arbeitsbereiche. Auch in der Erweiterung der Fachwörterliste um 230 Begriffe dokumentiert sich der Einfluß der Informationstechnologien auf die Herstellung der Print- und elektronischen Medien.

    Dieses Lehrbuch bietet in der verwirrenden Vielfalt Orientierung. Der methodische Schwerpunkt liegt auf der übersichtlich formulierten Darstellung der Arbeitsabläufe, auf den Hinweisen für die kostengünstige Auftragsvergabe, auf dem Angebot produktbezogener Materialien und auf der verständlichen Beschreibung der technischen Fertigungsmethoden in Text und Bild.

    Die den einzelnen Kapiteln vorangestellte geschichtliche Entwicklung zeigt den langen und oft auch beschwerlichen Weg von den Ursprüngen bis zur Gegenwart. Die atemberaubende Veränderung der Technologie in der graphischen Industrie und der damit verknüpften Herstellungsabläufe wird in den verschiedenen Auflagen ab dem ersten Erscheinen dieses Werkes 1986 bis zur Gegenwart wie in keiner anderen Veröffentlichung dokumentiert.

Vorwort

Dieses Lehrwerk ist geschrieben für Auszubildende in Betrieben des Buchhandels, der Verlage und Werbeagenturen sowie für ihre Ausbilder und Lehrer in den Berufsschulen. Die Gliederung entspricht der betrieblichen Ausbildungsordnung und dem schulischen Lehrplan für ihre Ausbildungsberufe. Es wird aber auch Lehrstoff angeboten, der darüber hinausgeht.

Dieses Fachbuch wird den Mitarbeitern in Verlagen, Buchhandlungen, Antiquariaten, Bibliotheken, Werbeagenturen, Design-Ateliers und graphischen Betrieben von Nutzen sein, die ihre früher erworbenen Kenntnisse auffrischen, vertiefen und auf den neuesten Stand bringen möchten. Auch für die für den Vertrieb zuständigen Berufsgruppen wie Anzeigen- und Verlagsvertreter ist dieses Lehrwerk wichtig.

Dieses Lehrbuch hat Eingang in die wissenschaftlichen Ausbildungsgänge an Fach- und Hochschulen gefunden, weil es den Studierenden die Möglichkeit bietet, das gesamte Gebiet der Print- und elektronischen Medien zu überblicken.

Nicht zuletzt werden alle, die Freude an gut gestalteten und sachgerecht produzierten Druckwerken haben, mit der Lektüre dieses Lehrwerkes Fachwissen erwerben, um ihr kritisches Urteil zu schulen.

Nach Neigung und Forderung können die einzelnen Gebiete mit Hilfe der speziellen Fachliteratur, die im Anhang genannt wird, vertieft werden. Ein Fachbuch bedarf der Unterstützung durch Fachzeitschriften. Darin wird man den aktuellen Stand der jeweiligen Fachgebiete finden und Tendenzen für die Zukunft herauslesen können. Das kann ein auf einen längeren Zeitraum hin angelegtes Buch nicht bieten. Die wichtigsten Zeitschriften werden im Anhang genannt.

Die nach dem Erscheinen der 3. Auflage gesammelten Unterlagen habe ich in die 4. Auflage eingearbeitet und Anregungen der Leser aufgenommen. Es stellte sich bei der Zusammentragung des Materials heraus, daß die Kapitel II, V, VI, VII völlig neu geschrieben werden mußten, weil auf dem Gebiet der Druckvorbereitung sich Technologie und Arbeitsabläufe grundlegend verändert haben. Die übrigen Kapitel waren zu aktualisieren. Neu aufgenommen wurden die Kapitel VIII und XII, die einen Überblick über das elektronische Publizieren geben. Auch das Literaturverzeichnis und die Fachwörterliste wurden auf den aktuellen Stand gebracht.

Das Schreiben eines Fachbuches zwingt zur Wertung des zu beschreibenden Gebietes und zur Beschränkung auf das Wesentliche. Besondere Sorgfalt ist bei der Beurteilung künftiger Technologien und Programme geboten. Nur solche haben den Eingang in dieses Buch gefunden, für die sich nachweislich die Durchsetzung abzeichnet. Für sachliche Kritik und kollegiale Anregungen ist jeder, der sich der mühevollen Aufgabe unterzieht, ein Fachbuch zu schreiben, dankbar.

Ich danke bei Bearbeitung der 4. Auflage vielen Fachleuten für ihre Hinweise, ohne die ein solches Werk nicht zu schaffen ist. Mein besonderer Dank gilt Herrn Thomas Peter, der die Kapitel über Manuskript, Satz- und Reproduktion kritisch durchgelesen hat. Mit Herrn Tobias Ott konnte ein namhafter Fachmann auf dem Gebiet des elektronischen Publizierens als Autor gewonnen werden. Herr Manfred Link hat die Fachwörterliste mit gewohnter Sorgfalt ergänzt. Meinem Sohn Matthias Blana, der auch das Thema Recycling beigetragen hat, danke ich für das sorgfältige Lesen der Korrektur. Zu danken habe ich den Firmen, die großzügigerweise das von mir gewünschte Bildmaterial zur Verfügung gestellt haben. Ich danke aber auch dem K.G. Saur Verlag, insbesondere Frau Barbara Fischer und Herrn Manfred Link, für ihre angenehme Betreuung und die Geduld mit einem Autor, der neben seinen beruflichen Verpflichtungen nur an den Abenden und Wochenenden zum Schreiben kommt. Es war für mich ein Vergnügen, ohne kleinlich-einengende Vorschriften ein Buch nach eigenen Vorstellungen bearbeiten zu können. Nicht zuletzt danke ich meiner Frau Birgit Blana für das aufgebrachte Verständnis, daß ich mich ein halbes Jahr über viele Stunden aus dem Familienleben zum Schreiben zurückziehen mußte.

Es ist zu wünschen, daß auch die 4. Auflage dazu beitragen wird, kostengünstig und termingerecht zu produzieren, damit Printmedien und elektronische Medien die ihnen gebührenden Plätze in der Medienlandschaft behalten, sich einander nicht ausschließen, sondern sinnvoll ergänzen.

Leonberg, im Juni 1998   Hubert Blana

Einleitung

Die Grundlage eines jeden Schriftwerkes ist ein geistiges Erzeugnis, das einen Autor oder eine Autorengemeinschaft zum Urheber hat. Der Autor übergibt das Manuskript dem Verlag, der zum *herstellenden Buchhandel* zählt. Es ist die Aufgabe des Verlages, Bücher, Zeitschriften und Zeitungen zu vervielfältigen und zu verbreiten. Dazu kommen immer mehr elektronische Medien. Für die technische Herstellung bedient sich der Verlag Betriebe, die nach einem vorgegebenen Gestaltungsplan und nach vorgegebenen Terminen die geistige Schöpfung in eine marktgängige Ware umsetzen. In diesem Lehrwerk sind die organisatorischen, kaufmännischen und technischen Verfahren beschrieben, mit denen Druckwerke und elektronische Medien hergestellt werden.

Druckerzeugnisse, die aus Text und Bild gestaltet und auf Papier gedruckt sind, werden *Printmedien* genannt. Das wichtigste Printmedium ist das *Buch*. Unter einem Buch wird eine Anzahl von bedruckten Papierbogen verstanden, die zusammengeheftet in einem Einband oder Umschlag eingebunden sind. Die verschiedenen Bezeichnungen für Buch gehen auf das Material zurück, aus dem es hergestellt wurde. Das deutsche Wort Buch verweist auf Buchenholztafeln. Der griechische Name biblos bedeutet Bast oder Papyrus. Es gibt zahlreiche Wörter, die aus Biblos gebildet sind, z.B. Bibliographie = Schrifttum-Verzeichnis; Bibliothek = Büchersammlung; Bibliophilie = Bücherliebhaberei. Auch das Wort Bibel leitet sich daraus ab. Das lateinische Wort für Buch liber heißt ursprünglich ebenfalls Baumbast. Es findet sich in den Begriffen wie libretto = Operntextbuch; library (engl.) = Bücherei oder libellus = Büchlein. So wie es „das Buch an sich" nicht gibt, so gibt es auch nicht „die" Form des Buches. Die Gestaltung und die Ausstattung sind individuell verschieden nach Inhalt und Zweck des Buches. Doch gibt es erprobte Regeln, die ein kostengünstiges und schnelles Herstellen erlauben.

Zu den Printmedien gehören die *Periodika*. Dazu zählen in regelmäßigen Abständen erscheinende Veröffentlichungen wie Zeitschriften und Zeitungen. Diese sind in ihrem Aufbau und ihrer Gestaltung weitgehend einheitlich konzipiert. Die technische Herstellung unterliegt einer strengen einheitlichen Normung. Zu den Printmedien zählen auch Kalender, Kunstdrucke, Landkarten, Noten, Prospekte u.ä.

Texte und Bilder, die auf elektronischen Medien vervielfältigt und verbreitet werden, heißen Non-Print-Medien.

Im Verlag betreut in der *Herstellungsabteilung* der Buchhersteller die Bücher, der Zeitschriftenhersteller die Zeitschriften. Im Zeitungsbetrieb ist wegen der strengen Normung und Schnelligkeit der Abläufe eine strikte Trennung der Arbeitsgebiete zwischen Redakteur und Techniker nicht immer möglich. In Werbeagenturen leitet der Produktioner die Drucksachenherstellung.

Der Hersteller braucht für seine Arbeit:
– einen geschulten typographischen Geschmack,
– profunde Kenntnis der graphischen Techniken, vor allem der Arbeit mit DTP,

- umfassende Materialkenntnis für Papier, Karton, Überzugsleinen u.ä.,
- einen Überblick über die Marktpreise für die Leistungen der graphischen Betriebe,
- einen Überblick über die Marktpreise von Papier, Karton, Überzugsmaterialien u.ä.,
- die Fähigkeit, zu kalkulieren,
- Durchsetzungsvermögen bei der Steuerung der Termine,
- kooperatives Verhalten in der Zusammenarbeit mit den verschiedenen Abteilungen des Verlages und mit den Lieferanten,
- Einblick in die Herstellung elektronischer Medien.

Die Tätigkeit des Herstellers kann mit der eines Dirigenten verglichen werden. Wie dieser die Instrumente nicht selbst spielt, er aber die einzelnen Musiker zu einem Gesamtwerk zusammenführt und leitet, so wendet der Hersteller die graphischen Techniken, DTP ausgenommen, nicht selbst an, sondern er steuert die Beteiligten so, daß zum richtigen Zeitpunkt das Produkte in der gewünschten Form, in der angemessenen Qualität und zum günstigen Preis produziert ist. Er ist die Verbindungsstelle der einzelnen Lieferanten zueinander und aller zusammen zum Verlag.

Der Hersteller hat folgende Aufgaben auszuführen:
- Terminplanung und die Terminüberwachung der einzelnen Fertigungsstufen,
- Kalkulation auf der Basis der technischen Herstellungskosten,
- Einholen und Prüfen von Angeboten,
- Prüfen der Rechnungen für technische Leistungen,
- Festlegung der Gestaltung und der Ausstattung in Abstimmung mit der Verlagsleitung: Gestaltung des Textteiles – Gestaltung des Einbandes und des Schutzumschlages (häufig bedient er sich dafür fähiger Graphiker) – Anfertigung von Fotos und Reinzeichnungen (auch dafür werden häufig Fotografen oder Graphiker beauftragt) – Auswahl des Papiers, Überzugmaterials oder Umschlagkartons,
- Vergabe der Aufträge an graphische Betriebe,
- Einkauf von Material,
- Planung der Datenmehrfachverwertung, z.B. für CD-ROM.

Partner bei der Drucksachenherstellung sind die graphischen Betriebe. Zwischen dem Verlag und den Lieferanten muß eine vertrauensvolle Zusammenarbeit im Interesse einer preisgünstigen, qualitativen und termingerechten Produktherstellung bestehen. In der Regel werden langfristige Lieferverträge auf der Basis abgestimmter Preise abgeschlossen. In graphischen Großbetrieben werden Druckwerke vom Satz bis zum versandfertig verpackten Produkt unter einem Dach hergestellt. Das erleichtert die Auftragsvergabe und Terminüberwachung. Den wenigen Großbetrieben stehen eine Vielzahl mittlerer und kleiner Betriebe gegenüber, die sich auf einzelne Fertigungsstufen spezialisiert haben und auf ihren Gebieten Hervorragendes leisten.

Hersteller in den Verlagen und Mitarbeiter in den graphischen Betrieben bemühen sich unter Einsatz der vielfältigen Möglichkeiten, die die Technik bietet, die Tradition einer guten Gestaltung zu bewahren und sinnvoll weiterzuentwickeln.

I. Die Verlagskalkulation

Bevor ein Manuskript einem technischen Betrieb übergeben wird, muß das Druckwerk kalkuliert werden. Dadurch soll ein optimales Verhältnis von Auflagenhöhe und Ladenpreis (Erlös) zu den gesamten Kosten ermittelt werden. Aber keine kalkulatorische Methode ist in der Lage, das „Schicksal" eines Druckwerkes vorauszusehen. Das Risiko läßt sich bei sorgfältiger Handhabung jedoch eingrenzen. In der Regel ist dem Abschluß eines Verlagsvertrages zur Aufnahme des Titels in das Verlagsprogramm bereits eine Marktanalyse vorausgegangen: voraussichtlicher Absatz innerhalb eines bestimmten Zeitraums – möglicher am Markt durchzusetzender Verkaufspreis – äußere Ausstattung wie Formatgröße, Einband, Farbigkeit – Konkurrenzsituation usw. Die Kosten lassen sich annähernd genau ermitteln und in die Kalkulation einsetzen. Die Kalkulation ist nur eine, wenn auch wichtige Entscheidungshilfe für den Verleger zur Festsetzung des Ladenpreises (s. S. 32), kann aber eine Entscheidung nicht herbeiführen. Häufig zwingt der Markt, einen niedrigeren Ladenpreis anzusetzen, als es die Kalkulation erlaubt. Gelegentlich müssen unrentable Titel veröffentlicht werden, um ein Verlagsprogramm abzurunden.

Man unterscheidet zwischen drei Kalkulationsarten:
- *Die Vorkalkulation:* Sie wird erarbeitet, bevor das Manuskript der Technik übergeben wird. In der Vorkalkulation werden die voraussichtlichen technischen Herstellungskosten einschließlich aller Materialien wie Papier oder Überzugsleinen zusammengestellt und anhand des Ladenpreises der Deckungsbeitrag errechnet. Häufig dient die Vorkalkulation als Entscheidungshilfe, ob ein Manuskript verlegt und ein Verlagsvertrag abgeschlossen wird. Die Vorkalkulation ist die wichtigste Kalkulationsart.
- *Die herstellungsbegleitende Kalkulation:* Mit dieser werden die während der Produktion entstehenden Kosten mit den Kosten der Vorkalkulation verglichen und Auswirkungen auf den geplanten Ladenpreis ermittelt. Erhöht sich beispielsweise unerwartet der Papierpreis, kann der Wert der Vorkalkulation nicht eingehalten werden, falls nicht andere Kosten reduziert werden, z.B. durch Wegfall des Schutzumschlages.
- *Die Nachkalkulation:* Sie wird auch *Titelerfolgsrechnung* genannt. Während oder nach dem Verkauf des Titels wird ermittelt, ob alle Kosten durch Erlöse abgedeckt werden. Außerdem wird untersucht, ob die in der Vorkalkulation und herstellungsbegleitenden Kalkulation eingesetzten Werte im großen und ganzen eingehalten werden konnten, welcher Gewinn erzielt wurde und ob die verlegerische Entscheidung richtig war. Daraus lassen sich Schlüsse für künftige ähnliche Werke ziehen.

A. Die Umfangsberechnung

Bevor mit der Kalkulation begonnen wird, muß errechnet werden, wieviele Druckseiten das Manuskript ergibt. Eine exakte Umfangsberechnung ist zeit-

Umfangsberechnung des Manuskriptes

Verfasser: _____
Titel des Werkes: _____

I. Manuskript:

Manuskript (Gesamt): _____ Seiten
Titelei: _____ Seiten
Textmanuskript: _____ Seiten
Fußnoten: _____ Seiten
Anmerkungen: _____ Seiten
Literatur: _____ Seiten
Register: _____ Seiten
Abbildungen: _____ Stückzahl

1 Manuskriptseite
(Normaldruck) = ⌀ _____ Buchstaben
1 Manuskriptseite
(Kleindruck) = ⌀ _____ Buchstaben

Gesamtbuchstabenzahl des Manuskriptes

Mskr.-S. _____ x _____ Buchstaben
(Normaldruck)
= _____ Buchstaben
Mskr.-S. _____ x _____ Buchstaben
(Kleindruck)
= _____ Buchstaben

II. Buch:

Grundschrift: ⌀ _____ Buchstaben je Zeile
Kleindruck: ⌀ _____ Buchstaben je Zeile

Satzspiegel: _____ Cicero
(Grundschrift) hoch _____ Zeilen à _____ Pkt.
(Kleindruck) hoch _____ Zeilen à _____ Pkt.

1 Druckseite
(Normaldruck) = ⌀ _____ Buchstaben
1 Druckseite
(Kleindruck) = ⌀ _____ Buchstaben

III. Gesamtseiten des Buches

Normaldruck:
_____ : _____
(Gesamtbchst. Ms.)   (Druckbchst. je S.)
= _____ Druckseiten

Kleindruck:
_____ : _____
Gesamtbchst. Ms.)   (Druckbchst. je S.)
= _____ Druckseiten

IV. Umfang der Buchteile

Titelei . . . . = ca. _____ Druckseiten
Text . . . . = ca. _____ Druckseiten
Anmerkungen . = ca. _____ Druckseiten
Literatur . . . . . = ca. _____ Druckseiten
Register . . . . . = ca. _____ Druckseiten
Abbildungen . . = ca. _____ Druckseiten

V. Gesamtumfang

= _____ Druckseiten
= _____ Bg. à 16 S.

Abbildung 1: Musterformular für die Umfangsberechnung eines Manuskriptes.

aufwendig. In der Regel wird daher der Umfang nur geschätzt. Eine einheitliche Schreibweise des Manuskriptes nach Anschlägen je Zeile und Zeilen je Seite erleichtert die Schätzung. Die durchschnittliche Anschlagzahl einer Manuskriptzeile, d.h. Buchstaben zuzüglich der Wortzwischenräume und Interpunktionszeichen, wird mit der Zeilenzahl der Manuskriptseite multipliziert. Das Ergebnis ist die durchschnittliche Anschlagzahl einer Manuskriptseite. Dieses Ergebnis multipliziert man mit der Zahl der Manuskriptseiten und erhält die Anschlagzahl des gesamten Manuskriptes. Die Summe wird durch die durchschnittliche Anschlagzahl einer Buchseite dividiert. Um die Anschlagzahl der Buchseite zu ermitteln, müssen Schriftart, Schriftgröße, Satzspiegelbreite und -höhe bestimmt sein. Tabellen, Abbildungen, Formeln, Fußnoten und die Titelei werden hinzugerechnet. Die Schriftsetzereien geben den Kunden in ihren Schriftmusterkatalogen häufig Tabellen mit den durchschnittlichen Anschlagzahlen je Schriftart und Schriftgröße an.

Satzbreite:													
mm		54	59	63	68	72	77	81	86	90	95	99	104	108
Cicero		12	13	14	15	16	17	18	19	20	21	22	23	24
Anschläge:														
mm	Punkt													
3,00	(8 p)	43	46	50	54	58	61	65	68	72	76	80	83	87
3,19	(8½ p)	40	43	47	51	54	57	61	64	68	71	75	78	82
3,38	(9 p)	38	41	45	48	51	54	58	61	64	67	71	74	77
3,57	(9½ p)	36	39	42	45	48	51	55	58	61	64	67	70	73
4,13	(10 p)	35	37	40	43	46	49	52	55	58	61	64	67	70
3,94	(10½ p)	33	35	38	41	44	46	49	52	55	58	61	63	66
4,13	(11 p)	31	33	36	39	42	44	47	49	52	55	58	60	63
4,32	(11½ p)	30	32	35	37	40	42	45	47	50	52	55	57	60
4,50	(12 p)	29	31	34	36	39	41	43	45	48	50	53	55	58

Abbildung 2: Anschlagtabelle aus einem Schriftmusterbuch für die Times-Linotron.

Beispiel:

1. Manuskriptumfang:
60 Zeichen (Anschläge) je Zeile · 30 Zeilen = 1 800 Zeichen je Manuskriptseite
1 800 Zeichen · 250 Manuskriptseiten = 450 000 Zeichen des Manuskriptes

2. Buchumfang:
Laut festgelegtem Satzspiegel hat
    1 Buchseite = 40 Buchzeilen
    1 Buchzeile = 75 Zeichen

75 Zeichen/Zeile · 40 Buchzeilen = 3 000 Zeichen je Buchseite

$$\text{Buchumfang} = \frac{\text{Zeichen des gesamten Manuskriptes}}{\text{Zeichen je Buchseite}}$$

$$= \frac{450\,000 \text{ Zeichen Manuskriptumfang}}{3\,000 \text{ Zeichen je Buchseite}}$$

$$= \underline{150 \text{ Buchseiten Text}}$$

Dazu kommen beispielsweise:
    4 Buchseiten Titelei und
    6 Buchseiten Anhang (Register)

Das ergibt:
      4 Buchseiten Titelei
  + 150 Buchseiten Text
  +   6 Buchseiten Anhang
    160 Buchseiten Umfang

I. Die Verlagskalkulation

3. *Buchumfang in Buchbindebogen* (s. S. 260)

Bei 8seitiger Druckform und beidseitigem Druckvorgang ergibt sich die Anzahl der 16seitigen Bogen pro Buch aus der Rechnung:

$$\text{Bogen pro Buch} = \frac{160}{8+8}$$
$$= \underline{\underline{10}}$$

Es gibt bereits EDV-Programme, die diese aufwendigen Rechenoperationen durchführen. Der Anwender muß den Textumfang einer typischen Manuskriptseite ermitteln, die in Grundschrift gesetzt wird. Sind weitere von der Grundschrift abweichende Schriftgrößen zu setzen, muß dieser Textumfang ebenfalls errechnet werden. Dazu kommen die Anzahl der Überschriften mit den Zwischenschlägen, Abbildungsräume u.ä. Diese Werte werden zusammen mit den gewünschten Schriftgrößen, der Schriftart und der Satzspiegelgröße eingegeben. Gespeichert sind die Dickenwerte der gebräuchlichen Schriftarten. Der Anwender hat nun die Möglichkeit, mit veränderten Satzspiegelgrößen, Schriftgrößen und Schriftarten so lange zu rechnen, bis er einen für seine Belange optimalen Umfang erreicht.

Ist der Text auf einem elektronischen Datenträger (Diskette) erfaßt, ist die genaue Anzahl der Zeichen auf dem Bildschirm abzulesen. Der Manuskriptumfang braucht daher nicht mühsam ausgezählt zu werden.

B. Die Voraussetzungen der Kalkulation

Zur Entscheidung, einen Titel in das Verlagsprogramm aufzunehmen, trägt die Kalkulation bei, die voraussichtliche *Kosten* den zu erwartenden *Erlösen* gegenüberstellt. Ziel dieser Überlegung ist eine Minimierung der Kosten und eine Maximierung der Erlöse, um Gewinn zu erwirtschaften (s. S. 38). Bevor mit der Kalkulation begonnen wird, müssen eine genaue Produktbeschreibung, eine Kosten- und eine Marktanalyse vorliegen. Diese werden zusammen vom Lektorat, dem Vertrieb und der Herstellung erarbeitet. Die *Produktbeschreibung* nennt die Ausstattung des Buches, zu der die kostenbestimmende buchbinderische Verarbeitung, Papierqualität, Anzahl der Farbbilder usw. zählen. In manchen Fällen werden Ausstattungsvarianten zu überlegen sein, z.B. Weglassen von Vierfarbbildern, die sich aber spürbar in den Kosten auswirken müssen, um das Kalkulationsergebnis beeinflussen zu können. Außerdem müssen sie marktkonform sein. Es ist unsinnig, ein 800seitiges, wichtiges Nachschlagewerk in Broschur mit Klebebindung kalkulieren zu lassen, wenn die Käufer es als Deckenband in Fadenheftung erwarten.

Die *Kostenanalyse* nennt die aufgeschlüsselten Herstellkosten, die Honorare und ggfs. die zu erwartenden Druckkostenzuschüsse. Auch zusätzlicher Personalaufwand wie beispielsweise der Einsatz freier Mitarbeiter für das Korrekturlesen oder die Registeranfertigung müssen Berücksichtigung finden.

B. Die Voraussetzungen der Kalkulation

Kalkulationsdaten

Autor, Arbeitstitel:

ISBN: 3-_____	Format
Lektor: _____	Buchblock: ____ cm × ____ cm
Hersteller: _____	Seitenzahl Text: _____
Erstkalkulation: ☐	Seitenzahl Tafeln: _____
Kalkulation bereits vorhanden: ☐	
Erstauflage: ☐	
Nachauflage: ☐	Satzart:
geplanter Fertigstellungstermin: _____	Werksatz: ☐
	Komplizierter Werksatz: ☐
	Schreibmaschinen-Manuskript: ☐
Pauschalhonorar: _____ DM	Daten auf Diskette: ☐
	Reprint: ☐
Honorar vom Ladenpreis: _____ %	
Übersetzerhonorar: _____ DM	Farbigkeit:
Bildhonorare: _____ DM	Druck: _____
Sonstige Kosten: _____ DM	Text: _____
Freie Mitarbeiter: _____ DM	Tafeln: _____
Druckkostenzuschuß: _____ DM	Schutzumschlag: _____
	Vorsätze: _____
Auflagenhöhe: _____	Überzug: _____
Honorarfreier Überdruck: _____	Umschlag: _____
Bindequoten: _____	
Marktpreis: _____ DM	Umschlagveredelung:
	Glanzfolie: ☐
	Mattfolie: ☐
Bemerkungen: _____	Drucklack: ☐
	Dispersionslack: ☐
	Bindeart: _____

Abbildung 3: Muster einer Kalkulationsanforderung.

I. Die Verlagskalkulation

Die *Marktanalyse* gibt Auskunft über die Zahl der zu erwartenden Käufer, den Zeitraum, in dem der Titel verkauft wird, den von der Zielgruppe akzeptierten Ladenpreis und den gewünschten Erscheinungstermin.

Auf dem EDV-Markt werden Kalkulationsprogramme angeboten, die die Rechenoperationen erleichtern. Solche Programme sind für die Deckungsbeitragsrechnung und die Errechnung der Deckungsauflage unbedingt notwendig. Dazu werden die festen Werte der Herstellungskosten wie durchschnittliche Rahmenpreise für den Druck, das Binden, das Papier usw., die Datenschlüssel der Allgemeinen Handlungskosten und die des Verlagsanteils gespeichert. Die variablen Werte wie Honorar, Auflage, Umfang, häufig auch die Satzkosten, werden titelbezogen ergänzt. Sinnvoll wird eine EDV-Kalkulation aber erst, wenn ein Verlag seine Produkte weitgehend genormt hat. Die Herstellungskosten (Wareneinsatzkosten) sind die Basis der Verlagskalkulation. Daher ist es zwingend notwendig, diese zu minimieren.

Der Hersteller bzw. der Produktioner holt bei seinen Lieferanten Angebote ein und vergleicht diese miteinander. Für immer wiederkehrende Arbeiten, z.B. die Titel einer genormten Buchreihe, kann auch mit einem preisgünstigen Lieferanten ein *Rahmenpreis* über einen längeren Zeitraum hinweg vereinbart werden. Das vermeidet die Arbeit der ständigen Angebotseinholung und Angebotsprüfung, garantiert eine Preisstabilität über einen längeren Zeitraum hinweg, erschwert aber flexibles Reagieren auf aktuelle Marktsituationen, beispielsweise die Nutzung günstiger Preise bei geringer Auftragslage einer Druckerei. In Zeitungs- und Zeitschriftenverlagen werden immer langfristige Werklieferungsverträge mit der Druckerei ausgehandelt. Für die Auftragsvergabe ist nicht nur der Preis zu beachten. Andere Kriterien können ebenso wichtig sein wie Terminzuverlässigkeit, Qualitätserwartung, Serviceleistung (z.B. kostenloser Botendienst), Ortsnähe zum Auftraggeber usw.

Darüber hinaus hat der Hersteller noch weitere Aufgaben im Zusammenhang mit der Kalkulation wahrzunehmen:
– Er wählt preisgünstige Fertigungsmethoden, z.B. Datentransfer über ISDN. Dazu benötigt er gute Kenntnisse in allen graphischen Techniken. Er muß zudem die technologische Entwicklung in der graphischen Industrie aufmerksam verfolgen.
– Er stimmt das Material auf die Verarbeitung ab, z.B. Einkauf des Auflagenpapiers nach dem Format der Druckmaschine. Er muß daher auch über Materialkenntnisse verfügen.
– Er kauft das Material kostengünstig ein. Er muß daher den Anbietermarkt überschauen können.
– Er muß den Terminplan sorgfältig überwachen.

1. *Der Terminplan*

Die Kalkulation ist eng mit dem geplanten Zeitraum der Herstellungsarbeiten verbunden, weil in der Regel die Preise, die in die Kalkulation eingesetzt werden, innerhalb eines Zeitrahmens gelten.

Terminplan

Autor _____ Titel _____
Verlag _____ Datum _____

Text	SOLL	IST	**Bildtafeln**	SOLL	IST	**Umschlag**	SOLL	IST
Manuskript vom Autor			Vorlagen vom Autor			Vorlagen vom Grafiker		
Manuskript an Setzer			Vorlagen an Repro			Vorlagen an Repro		
Fahnenkorrektur vom Setzer			Andruck von Repro			Andruck von Repro		
Fahnenkorrektur an Setzer			Andruck an Repro			Andruck an Repro		
Umbruchkorrektur vom Setzer			Filme von Repro			Filme von Repro		
Umbruchkorrektur an Setzer			Filme an Drucker			Filme an Drucker		
Revision vom Setzer			Formenlichtpause vom Drucker			Formenlichtpause vom Drucker		
Imprimatur an Setzer			Formenlichtpause an Drucker			Formenlichtpause an Drucker		
Filme vom Setzer			Rohbogen an Buchbinder			Rohbogen an Buchbinder		
Filme an Drucker								
Formenlichtpause vom Drucker								
Formenlichtpause an Drucker								
Rohbogen an Buchbinder								
Ablieferung der Bücher								

Abbildung 4: Muster eines Terminplans.

I. Die Verlagskalkulation

Es gibt zwei Wege, den Fertigstellungstermin für ein Druckwerk zu bestimmen. Liegt ein satzfertiges Manuskript vor, kann der Hersteller in Absprache mit den beteiligten technischen Betrieben den frühest möglichen Fertigstellungstermin ermitteln. Dazu muß er die für das Korrekturlesen benötigten Zeiten vom Lektor erfahren. In den meisten Fällen wird der Termin von der Vertriebsabteilung nach den Erfordernissen des Marktes vorgegeben, z.B. Buchmesse, Weihnachtsgeschäft etc. Danach wird der Termin errechnet, an dem das lektorierte, satzfertige Manuskript in die Produktion gehen muß. Liegt der Text auf Diskette erfaßt vor und ist mit wenigen Korrekturen zu rechnen, kann die Herstellungszeit erheblich verkürzt werden.

Der *Terminplan* umfaßt die Zeiten, die für die technische Herstellung bis zur Anlieferung der Produkte am Lager notwendig sind. Er enthält auch die Zeiten, die für die Bearbeitung durch Autor und Lektor einzuplanen sind – wie das Korrekturlesen, Postwege (beim Versand ins Ausland!) oder die Herstellung des Registers nach Ausführung des Umbruchs. Der Hersteller wird bei der Terminplanung Zeiten für die Gestaltung des Umschlags durch einen Graphiker oder die Erstellung reproreifer Vorlagen für Abbildungen berücksichtigen. Der Terminplan wird allen an der Produktion Beteiligten, ggf. auch dem Autor und den technischen Betrieben gegeben, damit jeder weiß, ob er noch im Zeitplan ist.

Verzögerungen werden ebenfalls allen Beteiligten rechtzeitig mitgeteilt. Unter Umständen müssen mit den technischen Betrieben neue Kapazitätszeiten vereinbart werden. Besteht der Verdacht, daß der Fertigstellungstermin gefährdet ist oder nicht eingehalten werden kann, werden Vertrieb und Werbung informiert, um Kunden rechtzeitig benachrichtigen zu können. In der Regel wird dann ein neuer Terminplan aufgestellt.

2. Wichtige kalkulatorische Grundbegriffe

a) Die titelbezogene und die programmbezogene Kalkulation

Die Buchkalkulation kann titelbezogen oder programmbezogen angelegt sein. Bei der *titelbezogenen Kalkulation* wird der einzelne Titel während seiner Laufzeit von der Vorkalkulation bis zur abschließenden Nachkalkulation bewertet. Sie hat den Vorteil, daß jeder einzelne Titel dahingehend geprüft werden kann, ob die Kosten abgedeckt werden und Gewinn erwirtschaftet wird. Sie hat aber den Nachteil, daß alle Titel erfolgreich sein müssen, was in der Praxis kaum zu realisieren ist. Dem verlegerischen Risiko sind damit enge Grenzen gesetzt.

Die *programmbezogene Kalkulation* untersucht alle Titel, die zu einem bestimmten Programm des Profitcenters eines Verlages gehören. Gutgehende Titel innerhalb eines Programms erlauben auch das Verlegen von Titeln, die für sich selbst betrachtet ein Verlustgeschäft sein können. Wichtig ist, daß das Programm insgesamt Gewinn erwirtschaftet. Der Verleger gewinnt Spielraum, auch problematische, für ihn jedoch wichtige Titel zu verlegen.

B. Die Voraussetzungen der Kalkulation

Vorkalkulation der Herstellungskosten					
Verfasser/Titel					
Kalkulator:	Beschnittenes Seitenformat in cm:	Umfang in Bogen:	Bindeart:	Beilagen/Tafeln:	
Buchteile	Kostenarten	Auflagenhöhe:		Fortdruck à 1000 Ex.	
	Pauschalhonorare				
	Allgemeine Kosten				
Text	Satz				
	Autorkorrektur				
	Fotos, Zeichnungen				
	Klischees				
	Buchdruck Zurichtung/Fortdr.				
	Offset-Reproduktionen				
	Montage/Kopie/Platten				
	Offsetdruck Einrichten/Fortdr.				
	Papier				
Tafeln	Satz				
	Fotos, Zeichnungen				
	Klischees				
	Buchdruck Zurichtung/Fortdr.				
	Offset-Reproduktionen				
	Montage/Kopie/Platten				
	Offsetdruck Einrichten/Fortdr.				
	Papier				
Schutzumschlag/Überzug	Entwurf/Zeichnungen				
	Satz				
	Klischees				
	Buchdruck Zurichtung/Fortdr.				
	Offset-Reproduktionen				
	Montage/Kopie/Platten				
	Offsetdruck Einrichten/Fortdr.				
	Lackieren/Folienkaschierung				
	Material				
Vorsätze	Unbedruckt/im Bindepreis enthalten				
	Bedruck				
	Vorlagen				
	Klischee/Repro				
	Einr./Fortdruck				
	Papier				
	Summe (roh)				
	Stück (roh)				
	Buchbindekosten je Stück				
	Herstellungskosten je Stück				

Abbildung 5: Musterformular für die Erfassung der Herstellungskosten.

b) Der Kalkulationszeitpunkt

Die *Vorkalkulation* wird erarbeitet, bevor der Titel in das Verlagsprogramm aufgenommen wird. Ihr Ergebnis trägt zur Entscheidung des Verlegers bei, einen Titel zu verlegen oder nicht. Dafür werden der voraussichtliche Ladenpreis, der Zeitraum des Verkaufs (Laufzeit), der Marktpreis, die marktübliche

I. Die Verlagskalkulation

Anfrage für ein Angebot Satz/Druck/Binden

Firma/Verlag _____ Sachbearbeiter _____

Titel _____ Datum _____

---

1. Allgemeine Angaben

Format _____ Druckauflage _____ Liefertermin _____

Umfang in Seiten Text _____ 1. Bindequote _____ Lieferort _____

       Seiten Tafeln _____ ☐ frei Haus ☐ unfrei

2. Textteil

Satzspiegel _____ × _____ Cicero bzw. _____ Zeilen _____ Punkt + Pagina/leb. Kolumnentitel

Schrift _____ Seiten _____ Punkt / _____ Seiten _____ Punkt

Seitenmontage Schrift und Abbildungen auf _____ Seiten

☐ Filme umkontakten   ☐ Filme nicht umkontakten

Fahnen _____ fach / Umbruch _____ fach / Revision _____ fach

☐ Umbruch rechnergesteuert   ☐ Umbruch manuell

☐ Satzdaten nach Ausdruck löschen   ☐ Satzdaten speichern

Druck _____ Bogen einfarbig _____ Bogen zweifarbig _____ Bogen vierfarbig

Papier _____ g/m² Qualität/Sorte _____

☐ Papier wird geliefert   ☐ Papier von Druckerei

3. Tafelteil

Einfarbig   ☐ Strich   ☐ Raster _____ Seiten Druck

Zweifarbig   ☐ Strich   ☐ Raster _____ Seiten Druck

Vierfarbig   ☐ Strich   ☐ Raster _____ Seiten Druck

Papier _____ g/m² Qualität/Sorte _____

☐ Papier wird geliefert   ☐ Papier von Druckerei

Abbildung 6: Musterformular zum Einholen eines Angebots. Ist die Gesamtherstellung in einem graphischen Betrieb nicht möglich, müssen Angebote für Detailarbeiten bei verschiedenen Spezialfirmen (Setzereien, Druckereien, Bindereien) eingeholt werden.

```
4. Umschlag/Schutzumschlag

Format in cm _____ Satz _____

☐ Einfarbig     ☐ Zweifarbig     ☐ Vierfarbig     ☐ Strich     ☐ Raster

Papier _____ g/m²  Qualität/Sorte _____

☐ Papier wird geliefert              ☐ Papier von Druckerei

☐ Lackierung                         ☐ Folienkaschierung

5. Überzug

Satz _____        ☐ Offsetdruck        ☐ Siebdruck _____
Farbigkeit _____         ☐ Schrift            ☐ Abbildung _____
Material _____         ☐ wird geliefert     ☐ von Druckerei

Bindung

☐ Broschur              ☐ Englische Broschur        ☐ Deckenband
☐ Rückenheftung    ☐ Klebebindung      ☐ Fadenheftung     ☐ _____
Vorsatz         ☐ bedruckt _____        ☐ unbedruckt
☐ Kapitalband       ☐ Leseband      ☐ Beilagen      ☐ Buchschleife
☐ Schuber _____              ☐ Kassette _____
Prägung ☐ Rückenschild  ☐ Vorderdeckel ☐ _____ Farben ☐ Blindprägung
☐ Kopfschnitt       ☐ Goldschnitt
☐ Einschweißen      ☐ Verpacken     ☐ Bündeln _____ Stückweise
```

Abbildung 6 (Fortsetzung)

Ausstattung und Kosten wie Honorare, zusätzlicher Werbeaufwand u.ä. ermittelt. Diese Kalkulation wird nur ein ungefähres Ergebnis bringen können. Für die Vorkalkulation wird häufig die *Zuschlagskalkulation* verwendet.

Während der Produktionszeit kann diese Kalkulation wiederholt werden, wenn sich die Kosten präzisieren, z.B. der Satzpreis genau feststeht. Sie kann während der Produktionszeit, aber auch zum Reagieren auf unvorhersehbare Kostensteigerung notwendig werden, beispielsweise, wenn sich der Papierpreis drastisch erhöht. Falls das auf dem Markt nicht durchzusetzen ist, muß die Papierqualität reduziert oder/und der Ladenpreis erhöht werden.

I. Die Verlagskalkulation

Die *Nachkalkulation* untersucht das tatsächliche Verhalten des Titels am Markt. Dazu eignet sich die Deckungsbeitragsrechnung. Schon während der Laufzeit des Titels sind Aussagen über Gewinn oder Verlust möglich. Der Verleger kann regulierend eingreifen, falls der Titel nur schleppend abzusetzen ist, z.B. durch verstärkte Werbeanstrengung, die allerdings neue Kosten verursachen.

c) Die Funktion des Marktes

Die Kalkulation dient zur Ermittlung der Kosten, die für die redaktionelle Bearbeitung, die technische Produktion und den Vertrieb des Produktes entstehen. Mit der Vorkalkulation wird der Ladenpreis errechnet, den der Verlag verlangen muß, um die Kosten einschließlich des kalkulatorischen Gewinns abzudecken. Dieser wird *kalkulatorischer Ladenpreis* oder *Mindestladenpreis* genannt. Nicht immer kann dieser Preis auch verlangt werden. Er dient daher als Entscheidungshilfe für die Festlegung des tatsächlichen *Marktpreises*, der die Marktsituation zu berücksichtigen hat: Preiserwartung der Zielgruppe, Preise ähnlicher Konkurrenzprodukte und marktübliches Verhältnis von Ausstattung und Preis. Außerdem ist zu beachten, daß alle Exemplare innerhalb einer vorgesehenen Zeit verkauft werden (diese liegt heute für Belletristik und Sachbuch bei einem Jahr), daß keine unmittelbaren Konkurrenzprodukte zu erwarten sind und daß der Inhalt nicht plötzlich unaktuell wird (das gilt vor allem für „Modethemen"). Dazu gehört der *psychologische Ladenpreis*, der allgemeinen Marktgepflogenheiten gehorcht; z.B. wird ein Ladenpreis von DM 39,80 leichter akzeptiert als ein Ladenpreis von DM 40,–.

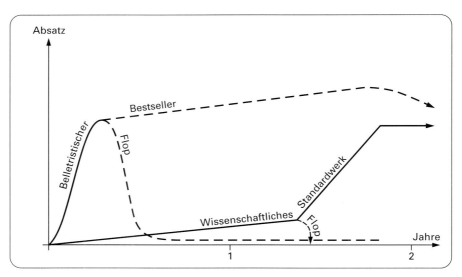

Abbildung 7: Vermutete Lebenskurve „des" Buches im deutschen Buchmarkt. Durchschnittliche Lebenzeit: 5 Jahre

B. Die Voraussetzungen der Kalkulation

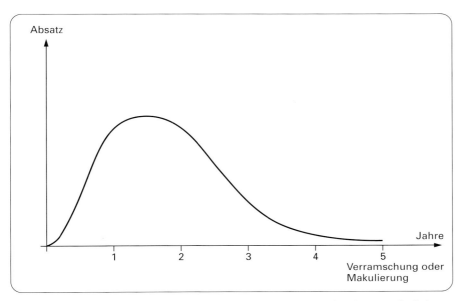

Abbildung 8: Modellverlauf für ein belletristisches/wissenschaftliches Buch in den ersten fünf Jahren.

Übersteigt der kalkulatorische Ladenpreis den marktüblichen Preis, müssen Mittel und Wege gefunden werden, um Kosten zu senken oder den Absatz zu erhöhen. Eine Erhöhung des Absatzes ist nur in wenigen Fällen möglich. Weil sich in der Regel zur Kostensenkung Autorenhonorare, Allgemeine Handlungskosten, Sortimenterrabatt und Verlagsanteil nicht reduzieren lassen, liegen die Möglichkeiten der Kostensenkung im Bereich der Herstellungskosten.
– *Reduzierung des Umfangs:* Verwendung einer kleineren Schrift, Vergrößerung des Satzspiegels u.ä.
– *Einsparung an der Ausstattung:* Broschur statt Deckenband, Klebebindung statt Fadenheftung, einfarbiger statt mehrfarbiger Druck u.ä. Einsparungen an der Ausstattung müssen jedoch sorgfältig mit der Markterwartung an das Produkt abgestimmt werden. – Ein kalkulatorisches Modell wird auf den Seiten 35 ff. vorgestellt.
– *Reduzierung der Lieferantenleistung:* z.B. Suche nach einem preiswerteren Satzbetrieb.
– *Suche nach kostengünstigeren Fertigungsmethoden:* z.B. Einsatz von Computer-to-plate.

d) **Die Erlöse**

Zur Ermittlung des Marktpreises müssen die Kosten und die Erlöse in ein Verhältnis zueinander gebracht werden. Dabei zählen die betriebswirtschaftlichen Zielsetzungen: Minimierung der Kosten und Maximierung des

Gewinns. Um dieses Ziel zu erreichen, ist ein Blick auf die Erlöse notwendig.

Für das Buch ist der *Verkaufserlös* der wichtigste Umsatz. Vom Ladenpreis sind dafür abzuziehen: Rabatt für den Einzelhändler (Sortimenter) oder Grossisten (z.B. Barsortimenter). Weil die Rabattierung wegen Einzelbezugsrabatt, Partiebezug, Messerabatt usw. unterschiedlich hoch ist, wird für die Kalkulation ein Durchschnittsrabatt ermittelt. Der Verkaufserlös ist titelbezogen zu bewerten.

Für einen Buchverlag können *Erlöse aus der Nebenrechtsverwertung* von großer Bedeutung sein. Dazu zählen Lizenzvergaben an ausländische Verleger, Buchclubs, Taschenbuchverlage usw. Diese Erlöse sind titelbezogen zu verwerten.

Für Zeitungs- und Zeitschriftenverlage haben die *Anzeigenerlöse* in der Regel höhere Bedeutung als der Verkaufserlös. Von diesen sind Aufwendungen für die Aquisition oder Rabatte abzuziehen.

e) Die Bedeutung der Ladenpreisbindung

Die für gedruckte Medien in Deutschland übliche *Ladenpreisbindung* hat für die Kalkulation zur Ladenpreisermittlung Bedeutung. Zu den Vorteilen zählt, daß der Verlag den voraussichtlichen Erlös gut schätzen kann. Weil die Preise für einen längeren Zeitraum festgelegt werden, z.B. für ein Jahr, bleibt den Verlagen allerdings die Möglichkeit versperrt, kurzfristig durch Preisveränderungen auf Veränderungen der Nachfrage elastisch zu reagieren, z.B. einen schleppenden Absatz durch Preissenkung anzuheben. Das bedeutet für die Ladenpreisfestlegung, daß der Ladenpreis für einen längeren Zeitraum tragfähig sein muß.

C. Die Kostenarten

1. Die Herstellungskosten (Wareneinsatzkosten)

a) Die auflagenfixen Kosten

Diese Kosten fallen unabhängig von der Auflagenhöhe an. Sie unterscheiden sich in Einmalkosten und Fixkosten. *Einmalkosten* treten während des Produktionsvorgangs nur einmal auf. Dazu gehören die Kosten für den Satz einschließlich der Autorkorrektur, die Reproduktion und das Graphikerhonorar. Die *Fixkosten* hingegen fallen bei jedem Auflagendruck an. Dazu zählt das Einrichten der Druck- und Bindemaschinen. Je niedriger die Auflage ist, desto bedeutender sind diese Kosten für die Errechnung des kalkulatorischen Ladenpreises. Wird eine Auflage in mehreren Bindequoten aufgebunden, so ist zu beachten, daß für jede Quote das Einrichten der Bindemaschinen zu bezahlen ist. Die Verminderung des Risikos bei unsicherer Absatzerwartung wird mit höheren Kosten bezahlt.

b) Die auflagenvariablen Kosten

Diese Kosten sind abhängig von der Auflagenhöhe. Dazu gehören das Papier, die Einbandmaterialien, die Fortdruckkosten und die Bindekosten. Je höher die Auflage ist, desto bedeutender sind die auflagenvariablen Kosten für die Errechnung des kalkulatorischen Ladenpreises.

Zuschüsse von Dritten (z.B. von der Deutschen Forschungsgemeinschaft) werden als Druckkostenzuschuß zur Verringerung der Herstellungskosten verbucht. Damit soll ein niedriger Ladenpreis dem Absatz eines Hochpreisproduktes (z.B. ein wissenschaftliches Werk in niedriger Auflage) eine Chance bieten.

Zu den Herstellungskosten zählen auch die Kosten, die aus den Folgen der Verpackungsverordnung entstehen (s. S. 359f.).

Das Verhalten der auflagenfixen und auflagenvariablen Kosten soll an zwei Beispielen gezeigt werden:

Beispiel 1: Die *Gesamtkosten* sollen betragen:

Auflage in Exemplaren	Gesamtkosten in DM	auflagenfixe Kosten in DM	auflagenvariable Kosten in DM
2 000	13 000,–	10 000,–	3 000,–
4 000	16 000,–	10 000,–	6 000,–
6 000	19 000,–	10 000,–	9 000,–
10 000	25 000,–	10 000,–	15 000,–
12 000	28 000,–	10 000,–	18 000,–

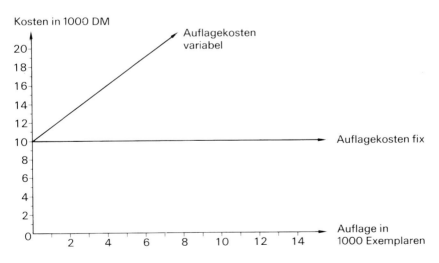

Es soll gezeigt werden, daß bei steigender Auflage die Gesamtkosten steigen, die Stückkosten, errechnet aus Gesamtkosten ÷ Auflage, hingegen sinken (Stückkosten-Degression).

I. Die Verlagskalkulation

Auflage in Exemplaren	Gesamtstück- kosten in DM	auflagenfixe Stück- kosten in DM	auflagenvariable Stückkosten in DM
2 000	6,50	5,—	1,50
4 000	4,—	2,50	1,50
6 000	3,16	1,66	1,50
10 000	2,50	1,—	1,50
12 000	2,33	—,83	1,50

Aus dem nachfolgenden Stückkosten-Diagramm ist abzulesen, daß sich bei steigender Auflage die fixen Kosten, umgerechnet auf Stückkosten, zwar verringern, diese Verringerung aber immer weniger wird, d.h. die Kurve verläuft nahezu parallel zur Auflagenachse. Für die Kostenbeobachtung hat das zur praktischen Folge, daß es beispielsweise keinen nennenswerten kalkulatorischen Nutzen bringt, bei einer hohen Auflage arbeitsaufwendig mit dem Setzer um eine Verringerung der Satzkosten zu feilschen. Wichtig ist es jedoch, sich um eine Senkung der variablen Stückkosten zu bemühen, z.B. eine preiswerte Bindeart kalkulatorisch zu untersuchen. Diese Verhaltensweisen werden im Beispiel 2 demonstriert.

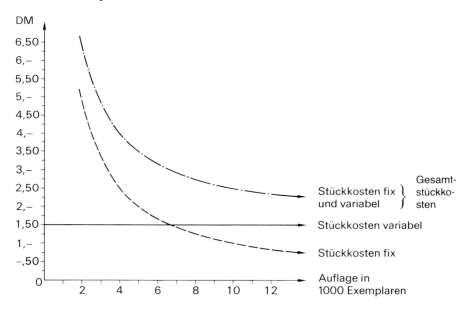

Beispiel 2: Es soll gezeigt werden, wie sich auf der Basis von Beispiel 1 die Kosten verhalten, wenn die auflagenfixen und die auflagenvariablen Kosten verändert werden. Die fixen Kosten sind in der Regel weniger stark zu beeinflussen als die variablen Kosten. In diesem Beispiel stehen die Satzkosten fest, aber statt des teuren Deckenbandes wird die preisgünstigere Broschur gewählt, um die Kosten zu senken.

Die *Gesamtkosten* sollen betragen:

Auflage in Exemplaren	auflagenfixe Kosten in DM		auflagenvariable Kosten in DM	
	Werksatz	Wissensch. Satz	Deckenband	Broschur
2 000	10 000,–	14 000,–	4 000,–	3 000,–
4 000	10 000,–	14 000,–	8 000,–	6 000,–
6 000	10 000,–	14 000,–	12 000,–	9 000,–
10 000	10 000,–	14 000,–	20 000,–	15 000,–
12 000	10 000,–	14 000,–	24 000,–	18 000,–

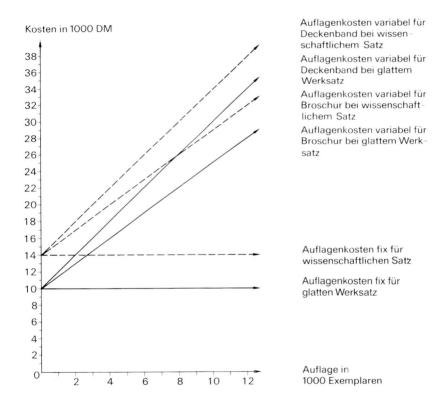

Im folgenden Stückkosten-Diagramm zeigt es sich, daß im Bereich niedriger Auflagen die stärksten Kostenveränderungen eintreten.

Es dürfen nicht nur die Kosten – wie in den beiden Beispielen – für sich betrachtet werden. In die Kostenüberlegung ist auch der Erlös einzubeziehen. Der *Break-even-Point* ist der Punkt, bei dem die Erlöse die Kosten erreicht haben und somit die Gewinnzone beginnt.

I. Die Verlagskalkulation

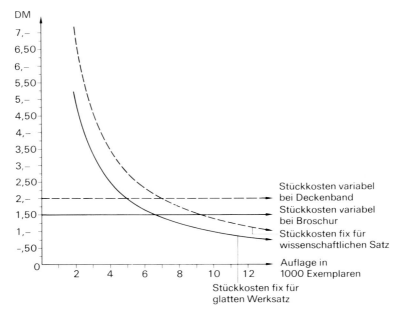

Aus dem folgenden Diagramm geht hervor, daß bei einer Auflage von 5 000 Exemplaren die fixen und variablen Kosten am Break-even-Point von den Erlösen exakt gedeckt werden. Vermag man die Fixkosten (z.B. die Satzkosten) unter diesen Punkt zu senken, wird Gewinn erzielt. Eine Erhöhung hingegen bringt Verlust (Unterdeckung).

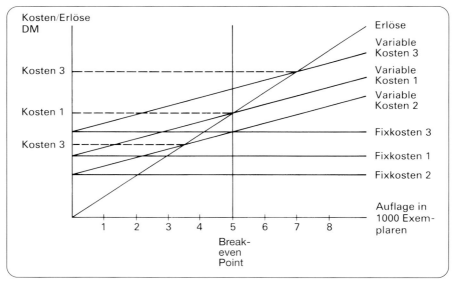

Abbildung 9: Darstellung des Break-even-Point.

2. Die Allgemeinen Handlungskosten

Die Allgemeinen Handlungskosten finanzieren den laufenden Verlagsbetrieb. Man kann sie gliedern in titelbezogene und nicht titelbezogene Kosten. Zu den *titelbezogenen Kosten* gehören die Auslieferungs- und die Lagerkosten. Zu den *nicht titelbezogenen Kosten* zählen Gehälter, Mieten, Heizung, Kreditzinsen u.ä. Für die Kalkulation wird dafür von der Verlagsleitung ein bestimmter Schlüsselwert festgelegt, der von Verlag zu Verlag unterschiedlich sein kann.

Zu den Allgemeinen Handlungskosten kann man die *Werbungskosten* rechnen. Sie können titelbezogen sein, z.B. 10% vom erwarteten Umsatz eines Titels, oder nicht titelbezogen sein, z.B. 10% vom erwarteten Gesamtumsatz einer Produktgruppe oder des Unternehmens.

3. Die Honorarkosten

Dazu werden die Honorare für Autoren, Herausgeber oder Gutachter, die Übersetzungshonorare, Bildhonorare und Lizenzgebühren gerechnet. Diese Kosten können *auflagenabhängig* (z.B. Absatzhonorar) und *auflagenunabhängig* (z.B. Pauschalbetrag für Bildrechte) sein.

4. Der Verlagsanteil (Kalkulatorischer Gewinn)

Er setzt sich zusammen aus dem Unternehmergehalt und einem Überschuß zur Vorfinanzierung neuer Projekte und Rücklagen.

Mit den bis jetzt genannten Kosten läßt sich der *Nettowarenwert* errechnen. Zum Nettowarenwert müssen der Buchhändlerrabatt und die Umsatzsteuer (Mehrwertsteuer) zugeschlagen werden. Das Ergebnis ist der *kalkulatorische Ladenpreis*.

D. Die Verlagskalkulation

In der Verlagspraxis werden zwei Kalkulationsmethoden angewendet: Die Zuschlagskalkulation und die Deckungsbeitragsrechnung. Die Faktorkalkulation bzw. Multiplikationsmethode („Leipziger Modell"): Herstellungskosten · 3 = Ladenpreis ist nicht mehr gebräuchlich.

1. Die Zuschlagskalkulation

Der Ladenpreis, abhängig von der Auflage, wird errechnet:

$$\frac{\text{Bruttoumsatz}}{\text{Auflage}} = \text{Ladenpreis}$$

I. Die Verlagskalkulation

h	=	Herstellungskosten (Wareneinsatz)
+ a	=	Autorenhonorar
+ u	=	Allgemeine Handlungskosten (z.B. Personalkosten, Miete, Kredite u.ä.)
+ v	=	Verlagsanteil (kalkulatorischer Gewinn)
= NWW	=	Nettowarenwert
+ s	=	Sortimenterrabatt
= BrWW	=	Bruttowarenwert
+ USt	=	Umsatzsteuer (Mehrwertsteuer)
= BrU	=	Bruttoumsatz

In diesem Kalkulationsmodell auf der *Vollkostenbasis* werden den Herstellungskosten die übrigen Kosten, die dem Verlag entstehen, zugeschlagen. Dieses Modell eignet sich nur für die Vorkalkulation. Es erlaubt aber nicht die ständige Kontrolle der kalkulierten Kosten, vor allem der Allgemeinen Handlungskosten und des Verlagsanteiles, während der Laufzeit einer Auflage.

Der errechnete Ladenpreis ist nur realistisch, wenn alle Exemplare einer Auflage innerhalb einer vom Verlag festgelegten *Laufzeit* verkauft werden. Wird diese Laufzeit überschritten, erhöhen sich die kalkulatorischen Zinsen für die vorfinanzierten Herstellungskosten sowie die Lagerkosten, was zugleich die Allgemeinen Handlungskosten erhöht. Außerdem schmälert sich der Verkaufserlös und damit der Verlagsanteil pro Wirtschaftsjahr.

a) Die Kalkulation mit der Gesamtauflage

Beispiel:

Kalkulationsvorgabe:
Auflage: 6000 Exemplare
Herstellungskosten: 42000,– DM
Autorenhonorar: 10% vom Nettowarenwert
Allgemeine Handlungskosten (z.B. Personal, Miete, Werbung, Steuern, Büromaterial, Heizung usw.): 40% vom Nettowarenwert
Verlagsanteil: 20% vom Nettowarenwert (kalkulatorischer Gewinn)
Rabatt: 40% vom Bruttowarenwert
Umsatzsteuer: 7% vom Bruttowarenwert

Herstellungskosten	(h)	42000,– DM		(30%)
+ Autorenhonorar	(a)			10%
+ Allg. Handlungskosten	(u)			40%
+ Verlagsanteil	(v)			20%
= Nettowarenwert	(NWW)	140000,– DM	100%	60%
+ Sortimentsrabatt	(s)			40%
= Bruttowarenwert	(BWW)	233333,33 DM		100%
+ Umsatzsteuer	(USt)			7%
= Bruttoumsatz	(BrU)	249666,67 DM		107%

D. Die Verlagskalkulation

Die Herstellungskosten entsprechen in dieser Aufstellung 30% vom Nettowarenwert, da h + a + u + v = 100% NWW ergeben.

30% = 42 000,– DM Herstellungskosten
100% =   x   DM Nettowarenwert

$$\text{NWW} = \frac{42\,000,\text{–DM} \cdot 100\%}{30\%} = 140\,000,\text{–DM}$$

Der Nettowarenwert entspricht bei 40% Sortimentsrabatt 60% vom Bruttowarenwert.

60% = 140 000,– DM Nettowarenwert
100% =   x   DM Bruttowarenwert

$$\text{BWW} = \frac{140\,000,\text{–DM} \cdot 100\%}{60\%} = 233\,333,33\text{ DM}$$

Bruttowarenwert + 7% USt. = 249 666,67 DM Bruttoumsatz

$$\text{Ladenpreis pro Exemplar} = \frac{249\,666,67\text{ DM}}{6\,000\text{ Exemplare}} = 41,61\text{ DM} = \sim 42,\text{– DM}$$

b) Die Kalkulation für ein Exemplar

Die Zahlenbeispiele der Vorgabe von Seite 40 werden übernommen; das ergibt für die Herstellungskosten:

42 000,– DM : 6 000 Exemplare = 7,– DM/Exemplar

Die Errechnung der Umsatzsteuer erfolgt nun direkt nach dem Nettowarenwert. Damit entspricht sie der vom Verlag durch den Verkauf eingenommenen Umsatzsteuer:

	Bezeichnung	Kürzel	Betrag	Prozent	Rabatt
	Herstellungskosten	(h)	7,– DM/Ex.	(30%)	
+	Autorenhonorar	(a)		10%	
+	Allg. Handlungskosten	(u)		40%	
+	Verlagsanteil	(v)		20%	
=	Nettowarenwert	(NWW)	23,33 DM	100%	
+	Umsatzsteuer	(USt)	1,63 DM	7%	
=	„Nettopreis"	(NPR)	24,96 DM	107%	60%
+	Sortimentsrabatt	(s)			40%
=	Ladenpreis	(LPR)	41,61 DM		100%
		(LPR)	~ 42,– DM		

I. Die Verlagskalkulation

2. Die Deckungsbeitragsrechnung

Mit diesem Kalkulationsmodell auf der *Teilkostenbasis* wird der Betrag ermittelt, der nach Abzug der Herstellungskosten (Wareneinsatzkosten und dem Produkt direkt zuzurechnende Entstehungskosten, z.B. Reisekosten für Besprechungen u.ä.) und des Autorenhonorars vom Verkaufserlös übrig bleibt, um die Allgemeinen Handlungskosten und den Verlagsanteil zu decken, d.h. finanzieren zu können. Die Summe der Deckungsbeiträge aller Titel eines Verlages ergibt den Deckungsbeitrag des gesamten Unternehmens. Dieses Modell eignet sich besonders für die produktionsbegleitende Kalkulation. Der Umsatz eines Titels wird ständig mit der EDV erfaßt, und dem Erlös werden die titelbezogenen Kosten zugeordnet. So ist es jederzeit möglich zu überprüfen, ob die Kalkulationsvorgabe erfüllt wird oder nicht. Diese Kontrolle ist nur mit Hilfe eines EDV-Programmes möglich. Erst wenn die Herstellungskosten und das Autorenhonorar aus dem Verkaufserlös erwirtschaftet sind, werden die übrigen Kosten des Verlages abgedeckt.

Aufgrund der betriebswirtschaftlichen Kostenanalyse gibt die Geschäftsleitung eines Verlagsunternehmens eine Prozentzahl vor, die vom Deckungsbeitrag erreicht werden muß. Diese Zahl bewegt sich je nach Verlagsgröße zwischen 50% und 65%.

Formel für die Deckungsbeitragsrechnung:

  Verkaufserlös = (Ladenpreis − U.-Steuer − Sortimenterrabatt) · Auflage
  − Einzelkosten = Autorenhonorar + Herstellungskosten
  = Deckungsbeitrag

Der Deckungsbeitrag deckt die Allgemeinen Handlungskosten und den Verlagsanteil ab.

Bei der Erstauflage wird in der Regel nur der Verkaufserlös (Umsatzerlös) erzielt. Später können zu diesem Erlös weitere Erlöse hinzukommen wie Erlöse aus Nebenrechten, Anzeigen, Sonderverkäufen oder Zuschüssen wie die sog. „Druckkostenzuschüsse".

a) Die Errechnung des Deckungsbeitrages in DM

Beispiel:

Kalkulationsvorgabe:
Auflagenhöhe: 6 000 Exemplare
Herstellungskosten: 7,– DM je Exemplar · 6 000 Ex. = 42 000,– DM
Autorenhonorar: 10% vom Verkaufserlös
Ladenpreis: 35,– DM
Sortimenterrabatt: 40%

Allg. Handlungskosten: 40% vom NWW
Verlagsanteil: 20% vom NWW
U.-Steuer: 7% vom Bruttowarenwert

Verkaufserlös = (Ladenpreis − U.-Steuer − Sortimenterrabatt) · Auflage
 = 19,63 DM · 6000
 = 117780,− DM

Einzelkosten = Autorenhonorar 10% + Herstellungskosten
 = 11778,− DM + 42000,− DM
 = 53778,− DM

Verkaufserlös = 117780,− DM
− Einzelkosten = 53778,− DM
Deckungsbeitrag 64002,− DM

b) Die Errechnung des Deckungsbeitrages in Prozent

Beispiel mit den obigen Zahlen:

$$\text{Deckungsbeitrag in \%} = \frac{\text{Deckungsbeitrag} \cdot 100}{\text{Verkaufserlös}}$$

$$= \frac{6400200,- \text{DM}}{117780,- \text{DM}} = \sim 54\%$$

Aus den Prozentzahlen der einzelnen Titel wird ein durchschnittlicher Prozentsatz für den ganzen Verlag oder für eine Produktgruppe ermittelt und für neue Kalkulationen vorgegeben.

3. *Die Deckungsauflage*

Die Deckungsauflage ist die Anzahl der verkauften Exemplare, die durch ihren Erlös gerade die Selbstkosten deckt. Die Selbstkosten setzen sich aus den Herstellungskosten, dem Autorenhonorar und den Allgemeinen Handlungskosten zusammen.

Wieviele Exemplare einer geplanten Auflage, bewertet mit dem NWW/ Exemplar, muß der Verlag verkaufen, um die Selbstkosten zu decken? Diese Frage läßt sich mit der Deckungsauflage (DA) beantworten:

$$\frac{\text{Selbstkosten} \cdot \text{Auflage}}{\text{Nettowarenwert}} = \text{Deckungsauflage}$$

I. Die Verlagskalkulation

Beispiel:
Die Kalkulationsvorgabe von Seite 42 wird übernommen.

1. Rechenweg:

NWW	=	117 780,– DM	100%
v	=	23 556,– DM	20%
Selbstkosten	=	94 224,– DM	80%

$$\frac{94\,224,-\text{DM} \cdot 6000 \text{ Ex.}}{117\,780,-\text{DM}} = 4800$$

Wenn von den 6000 produzierten Exemplaren 4800 verkauft sind, sind die Selbstkosten gedeckt. Mit jedem weiteren verkauften Exemplar erwirtschaftet der Verlag Gewinn.

2. Rechenweg:

Beträgt der Verlagsanteil 20% vom Nettowarenwert, ergeben sich Selbstkosten in Höhe von 80%. Hätte die Gesamtauflage 6000 Ex., so benötigte man 6000 Ex. · 80% = 4800 Ex. zur Abdeckung der Selbstkosten.

Wird der Verkauf der durch die Errechnung der Deckungsauflage genannten Exemplare innerhalb eines festgelegten Zeitraums nicht erreicht, müssen angemessene Maßnahmen getroffen werden. Weil die Kosten für das hergestellte Produkt nicht zu verändern sind, können sich diese Maßnahmen nur auf eine *Verkaufsförderung* beziehen, um den Umsatz auf die in der Kalkulation errechnete Absatzmenge zu bringen, z.B. mehr Werbung.

II. Das Manuskript

Das Manuskript ist die Urschrift eines Druckwerkes und dient als Vorlage für die Satzarbeit. Der aus dem Lateinischen kommende Begriff weist darauf hin, daß der Autor früher sein Manuskript mit der Hand geschrieben hat. Manuskripte berühmter Schriftsteller haben einen hohen kulturellen und materiellen Wert. Manuskripte sind Satzvorlagen, unabhängig davon, ob sie urheberrechtlich schützbar sind oder nicht. Die Vorlagen für Abbildungen werden Bildmanuskripte genannt.

Im Verlag ist es die Aufgabe des Lektors bzw. des Redakteurs, nach Aufnahme des Titels in das Verlagsprogramm das Manuskript nach inhaltlichen Gesichtspunkten zu bearbeiten. Dazu zählen vor allem die Prüfung des Inhalts (z.B. Sachliche Irrtümer, Widersprüche im Text u.ä.) und die Prüfung der Schreibweise (z.B. Rechtschreibung, Fremdwörter u.ä.). Außerdem gibt er Hinweise auf die Zuordnung von Text und Abbildungen. Der Hersteller bzw. der Produktioner bearbeitet das Manuskript nach typographischen Kriterien (z.B. Auswahl der Schrift, Gestaltung der Überschriften u.ä.). Weil in den meisten Fällen die Autoren ihren Text auf dem PC erfassen, ist in dieser Phase der Satzvorstufe eine enge Zusammenarbeit zwischen Autor und Verlag notwendig, die bereits mit Beginn der Texterfassung beginnt. Es ist außerdem die Aufgabe des Verlags, den Autor darüber zu beraten, welchen Anforderungen sein auf dem PC erfaßtes Manuskript genügen muß, damit es mühelos im Satz verwendet werden kann. Für alle Manuskripte gilt die Forderung, daß sie sich für eine kostengünstige und fehlerfreie Eingabe in ein Satzsystem eignen müssen.

Im technischen Sinne heißt die Niederschrift des Manuskriptes *Texterfassung*, die sich daran anschließende Bearbeitung im Verlag *Textbearbeitung* und die Umsetzung in den Satz *Textverarbeitung*. Diese Phasen sind eng miteinander verzahnt. In diesem Kapitel werden nur die Aufgaben der Texterfassung und Textbearbeitung beschrieben, die vom Autor und Verlag in der Regel geleistet werden können. Die Textverarbeitung wird in den meisten Fällen in sachkompetenten Satzbetrieben ausgeführt.

Für alle Arbeiten am Manuskript sind die rechtlichen Vorschriften zu beachten. Nach dem „Gesetz über Urheberrecht und verwandte Schutzrechte (Urheberrechtsgesetz)" ist der Autor (Urheber) der geistige Schöpfer seines Werkes, das urheberrechtlich geschützt ist. Häufig bedient er sich zur Niederschrift einer ausgebildeten, PC-erfahrenen Schreibkraft.

A. Allgemeine Vorschriften zum Manuskript

Die allgemeinen Vorschriften gelten für alle Manuskriptformen. Ihre Anwendung hilft vor allem, die Kosten für Autorenkorrekturen zu senken.

II. Das Manuskript

1. Rechtsvorschriften zum Manuskript

Rechtsvorschriften für die Arbeit am Manuskript sind hauptsächlich in den folgenden Gesetzen enthalten: „Urheberrechtsgesetz", „Gesetz über das Verlagsrecht", „Normvertrag für den Abschluß von Verlagsverträgen (Normvertrag)" und dem „Normvertrag für den Abschluß von Übersetzungsverträgen". Die nachfolgend aufgezählten Rechtsvorschriften gelten für den Verlag, den Autor und für den Übersetzer.

a) Vorschriften zum Textmanuskript

Bevor die Bearbeitung des Manuskriptes im Verlag beginnt, muß das Werk nach § 1 des Normvertrages einen unverwechselbaren Titel bekommen. Wird ein provisorischer Arbeitstitel gewählt, kann er später vom richtigen Titel abgelöst werden.

> „§ 1 1. **[Vertragsgegenstand]** Gegenstand dieses Vertrages ist das vorliegende/noch zu verfassende Werk des Autors unter dem Titel/Arbeitstitel: ...."

Nach § 6 des Verlagsrechts ist der Autor verpflichtet, dem Verleger das Manuskript in einem für die Vervielfältigung (d. h. Satz) geeigneten Zustand abzuliefern:

> „§ 6 **[Manuskriptablieferung]** 1. Der Autor verpflichtet sich, dem Verlag das vollständige und vervielfältigungsfähige (nicht: maschinenlesbare) Manuskript mit Maschine geschrieben einschließlich etwa vorgesehener und vom Autor zu beschaffender Bildvorlagen bis spätestens ..... /binnen ..... zu übergeben."

Die geeignete Manuskriptform wird vom Produktionsverfahren bestimmt, das der Verleger nach Kostengesichtspunkten festlegt. Der Trend geht zum elektronischen Manuskript.

Der § 11 des Verlagsrechts regelt die wichtige Ablieferungsfrist des Manuskriptes:

> „§ 11 **[Zeitpunkt der Ablieferung]** (1) Ist der Verlagsvertrag über ein bereits vollendetes Werk geschlossen, so ist das Werk sofort abzuliefern.
> (2) Soll das Werk erst nach dem Abschlusse des Verlagsvertrags hergestellt werden, so richtet sich die Frist der Ablieferung nach dem Zwecke, welchem das Werk dienen soll. Soweit sich hieraus nichts ergibt, richtet sich die Frist nach dem Zeitraum, innerhalb dessen der Verfasser das Werk bei einer seinen Verhältnissen entsprechenden Arbeitsleistung herstellen kann; ..."

Der Termin wird vom Verlag festgelegt; er richtet sich nach der Zeitdauer der redaktionellen Bearbeitung und der technischen Produktion. Unter dem genannten Zweck wird ein marktgerechter Erscheinungstermin verstanden. Die Nichteinhaltung des Ablieferungstermins kann zur Auflösung des Verlagsvertrages führen.

Der § 12 dieses Gesetzes zwingt den Autor zum sorgfältigen Schreiben des Manuskriptes, um nachträgliche Änderungen im gesetzten Text, die Autorenkorrekturen, zu vermeiden:

> „§ 12 [Änderungsrecht des Verfassers]
> ...
> (3) Nimmt der Verfasser nach dem Beginn der Vervielfältigung Änderungen vor, welche das übliche Maß übersteigen, so ist er verpflichtet, die hieraus entstehenden Kosten zu ersetzen; die Ersatzpflicht obliegt ihm nicht, wenn Umstände, die inzwischen eingetreten sind, die Änderung rechtfertigen."

Im § 8 des Normvertrages heißt es dazu:

> „(2) Nimmt der Autor Änderungen im fertigen Satz vor, so hat er die dadurch entstehenden Mehrkosten – berechnet nach dem Selbstkostenpreis des Verlages – insoweit zu tragen, als sie 10% der Satzkosten übersteigen. Dies gilt nicht für Änderungen bei Sachbüchern, die durch Entwicklungen der Fakten nach Ablieferung des Manuskriptes erforderlich geworden sind."

Bei der Errechnung des Prozentsatzes der Autorenkorrekturen ist zu berücksichtigen, daß bei der Datenübernahme eines elektronischen Manuskriptes wegen des niedrigen Satzgrundpreises die Autorkorrekturen, in Prozent gerechnet, überproportional hoch sein können. Es können auch zusätzliche Kosten entstehen, die durch notwendige Überarbeitung mangelhaft erfaßter Daten auftreten.

Der § 27 des Verlagsgesetzes verpflichtet den Verleger, das Manuskript nach Erscheinen des Druckwerkes dem Autor auf Wunsch zurückzugeben:

> „§ 27 [Rückgabe des Manuskripts] Der Verleger ist verpflichtet, das Werk, nachdem es vervielfältigt worden ist, zurückzugeben, sofern der Verfasser sich vor dem Beginn der Vervielfältigung die Rückgabe vorbehalten hat."

Nach § 8 des Normvertrages muß der Autor den gesetzten Text bis zum Imprimatur zur Korrektur lesen:

II. Das Manuskript

> „...(1) Die erste Korrektur des Satzes wird vom Verlag und von der Druckerei vorgenommen. Der Verlag ist sodann verpflichtet, dem Autor in allen Teilen gut lesbare Abzüge zu übersenden, die der Autor unverzüglich honorarfrei korrigiert und mit dem Vermerk ‚druckfertig' versieht; durch diesen Vermerk werden auch etwaige Abweichungen vom Manuskript genehmigt."

Der § 11 des Normvertrages für Übersetzungen bestimmt:

> „Der Verlag ist verpflichtet, den Übersetzer auch ohne dessen ausdrückliche Anweisung auf der Titelseite zu nennen. Bei Werbemaßnahmen für das Werk allein ist der Übersetzer ebenfalls zu nennen."

Wird ein Druckwerk in einer Neubearbeitung erneut aufgelegt, so legt der § 9 des Normvertrages fest:

> „(2) Der Autor ist berechtigt und, wenn es der Charakter des Werkes erfordert, auch verpflichtet, das Werk für weitere Auflagen zu überarbeiten; wesentliche Veränderungen von Art und Umfang des Werkes bedürfen der Zustimmung des Verlages. Ist der Autor zu der Bearbeitung nicht bereit oder nicht in der Lage oder liefert er die Überarbeitung nicht innerhalb einer angemessenen Frist nach Aufforderung durch den Verlag ab, so ist der Verlag zur Bestellung eines anderen Bearbeiters berechtigt. Wesentliche Änderungen des Charakters des Werkes bedürfen dann der Zustimmung des Autors."

b) Vorschriften zum Bildmanuskript

Der Autor muß nach § 1 des Normvertrages die Verfügung über die Rechte klarstellen:

> „(3) Der Autor versichert, daß er allein berechtigt ist, über das Urheberrecht an seinem Werk zu verfügen... Das gilt auch für die vom Autor gelieferten Bildvorlagen, deren Nutzungsrechte bei ihm liegen. Bietet er dem Verlag Bildvorlagen an, für die dies nicht zutrifft oder nicht sicher ist, so hat er den Verlag darüber und über alle ihm bekannten oder erkennbaren rechtlich relevanten Fakten zu informieren."

2. Der Aufbau des Manuskriptes

Bevor das Manuskript zum Satz gegeben wird, muß es fehlerfrei sein. Außerdem muß die Struktur des formalen Aufbaus klar erkenntlich sein. Dazu zählen: Gliederung (Titelei, Kapiteleinteilung, Anhang), Überschriftenhierarchie, Auszeichnungen im Text, Fußnotenzuordnung, Gliederung von Aufzählun-

> **Überschriften** sollen zur besseren Unterscheidung farbig unterstrichen werden. Außerdem sind sie durch entsprechende Leerräume vom laufenden Text abzuheben. Auf besondere Schreibweise wie mit Großbuchstaben ist zu verzichten.
> 1. Grad: rot unterstrichen
> 2. Grad: blau unterstrichen
> 3. Grad: grün unterstrichen
>
> **Abkürzungen** müssen im gesamten Manuskript einheitlich sein. Bei Abkürzungen wollen Sie bitte folgende Regel beachten: Kleinbuchstaben werden mit und Großbuchstaben ohne Punkt abgekürzt, z.B.: Bl., Art., Aufl., BGB, BauO. Es muß aber auf Ausnahmen geachtet werden, z.B.: z.Z., a.a.O.
> Abkürzungen dürfen nicht am Satzanfang stehen.
> Einige Abkürzungen, die immer wieder Schwierigkeiten bereiten, sind: bzw. (nicht bezw.), vgl. (nicht vergl.), z.Z. (nicht z.Zt.), f. bzw. ff. (nicht f bzw. ff).
>
> **Fußnoten**
> Die Fußnotenziffer ist mit einer hochgestellten Ziffer ohne Abstand hinter das betreffende Wort oder Satzzeichen zu schreiben, z.B. Herstellung[3]. Sollte die Hochstellung Schwierigkeiten bereiten, so kann die Ziffer auch in Klammern geschrieben werden, z.B. Herstellung (3).
> Für die Bearbeitung eines umfangreichen Manuskriptes ist es vorteilhaft, wenn die Fußnoten kapitelweise durchnumeriert werden. Für die Erfassung auf dem PC ist eine vorherige Abstimmung mit dem Verlag über die Schreibweise zu treffen.

Abbildung 1: Auszug aus einer Handreichung eines wissenschaftlichen Verlages für das Schreiben von Manuskripten.

gen, Aufbau von Tabellen, Angaben zur Bildeinfügung im Text usw. Dazu geben immer mehr Verlage, aber auch Satzbetriebe, verständlich formulierte Handreichungen den Autoren. Für die Erfassung auf dem PC ist eine genaue Schreibanweisung vorteilhaft (s. S. 62 ff.). Es ist allerdings nicht die Aufgabe des Autors, mit der Texterfassung die typographische Umsetzung, z.B. der Überschriften, exakt festzulegen. Diese wird vom Hersteller bestimmt.

Von gelegentlichen Ausnahmen im belletristischen Text abgesehen gelten die Vorschriften zur Rechtschreibung in der neuesten Fassung des DUDEN. Es gibt auch zahlreiche DIN-NORMEN, die bei der Manuskripterfassung und -bearbeitung einzuhalten sind:
1422 „Technisch-wissenschaftliche Veröffentlichungen. Richtlinien für die Gestaltung"
5007 „Regeln für die alphabetische Ordnung (ABC-Regeln)"
1421 „Benummerung von Texten. Abschnittsbenummerung"
1502 „Internationale Regeln für die Kürzung von Zeitschriftentiteln"

Im mathematisch-naturwissenschaftlich-technischen Fachbereich gelten neben anderen folgende Normen:
1301 „Einheiten, Einheitsnamen, Einheitszeichen"
1302 „Mathematische Zeichen"

II. Das Manuskript

1304 „Allgemeine Formelzeichen"
1305 „Masse, Gewicht, Gewichtskraft, Fallbeschleunigung, Begriffe"
1313 „Schreibweise physikalischer Gleichungen in Naturwissenschaft und Technik"
1333 „Zahlenangaben, Dezimal-Schreibweisen, Runden"
1338 „Buchstaben, Ziffern und Zeichen im Formelsatz. Form und Schriftzeichen. Ausschluß in Formeln"
5485 „Wortverbindungen mit den Wörtern Konstante, Koeffizient, Zahl, Faktor, Grad und Maß"

DIN-NORMEN werden vom Deutschen Normenausschuß (DNA) in seinen Fachnormen- und Arbeitsausschüssen aufgestellt. In den Ausschüssen arbeiten namhafte Fachleute ehrenamtlich. Mit den DIN-Normenblättern werden die Normen der Allgemeinheit zugänglich gemacht, ihre Anwendung ist verbindlich. Sie können vom Beuth-Verlag in Berlin bezogen werden. Bei der Übernahme von Texten aus dem Ausland muß darauf geachtet werden, daß der Autor die Normen seines Heimatlandes verwendet, die von den deutschen Normen abweichen können. Immer mehr gewinnen in Hinblick auf die EG ISO- bzw. CEN-Normen an Bedeutung.

3. Empfehlungen für die Manuskriptbearbeitung

Diese Empfehlungen gelten für den Autor, den Lektor und den Hersteller

Allgemeine Prüfung der Bestandteile des Manuskriptes

Titelei	Inhaltsverzeichnis
Text	Anmerkungen
Bildunterschriften	Anhang
Tabellen, Formeln	Register
Fußnoten	Literaturverzeichnis

Inhaltliche Prüfung des Textes

Sachliche Irrtümer	Pleonasmen, Tautologien
Überholte Feststellungen	Falsche Steigerungen
Terminologie	Doppelte Steigerungen
Widersprüche im Text	Falscher Wortgebrauch
Wiederholungen	Unlogischer Satzbau
Überschneidungen	Sprachdummheiten
Anachronismen	Sprachschnitzer
Zitate, Namen, Daten	Stilblüten
Verwechslungen	Sonderschreibungen

Vereinheitlichung der Schreibweise

Rechtschreibung	Eigennamen, Vornamen
Groß- und Kleinschreibung	Titel, Berufsbezeichnungen
Getrenntschreibung	Straßennamen

Abbildung 2: Checkliste für die Manuskriptbearbeitung beim Autor und im Verlag.

Zusammenschreibung	Ligaturen
Verkürzte Wortschreibung	Logotypen
Kopplungen	Fußnotenzeichen
Silbentrennungen	Bruchziffern
Zeichensetzung	Wissenschaftliche Zeichen
Zahlen	ph- oder f-Schreibung
Überschriften	Maße und Gewichte
Art der Ziffern	Gedankenstriche
Fremdwörter	Unterführungen
Apostroph	Copyright
Anführungszeichen	Impressum
Abkürzungen	Bildnummern
Dezimalklassifikation	Abweichungen vom Duden
Doppelschreibungen	

Abbildung 2 (Fortsetzung)

Liegen die Urheberrechte für jedes Bild vor?
Stimmt das Bildquellenverzeichnis mit den Abbildungsinhalten und der Nennung der Inhaber des Nutzungsrechts überein?

Liegen für alle Abbildungen die Vorlagen vor?
Entspricht die Abbildung der Textaussage?
Passen die Bildlegenden inhaltlich zu den Abbildungen?
Stimmt die Reihenfolge der Abbildungs-Numerierung?
Sind die Standorte der Abbildungen im Text markiert?

Von welchen Abbildungen müssen noch Reinzeichnungen angefertigt werden?
Von welchen Vorlagen müssen die Bildausschnitte angegeben werden?
Müssen Andrucke angefertigt werden, genügen Proofs oder Lichtpausen?

Müssen Abbildungen mit Bildbeschriftungen ergänzt werden?

Abbildung 3: Checkliste für die Bearbeitung von Abbildungsvorlagen beim Autor und im Verlag.

B. Das konventionelle Manuskript

1. Das Schreibmaschinen-Manuskript

Das mit der Schreibmaschine geschriebene Manuskript wird immer mehr vom elektronischen Manuskript abgelöst.

a) Die äußere Form des Manuskriptes

Um dem Verlag und dem Satzbetrieb die Arbeit zu erleichtern, muß das Manuskript folgende äußere Form haben:

Als *Manuskriptpapier* wird weißes, reiß- und tintenfestes Schreibpapier (z. B. Hartpostpapier) im Format DIN-A4 verwendet. Die Blätter werden

II. Das Manuskript

> ```
>              Sigmund
> Seitdem S̶i̶e̶g̶b̶e̶r̶t̶ Freund die allgemeine Kenntnis
> verbreitet hat, daß effektive Erlebnisse in der
> frühesten Jugend von wesentlichem Einfluß auf d̶e̶n̶ die
> Charakterentwicklung und insbesondere auf die
>                                    e
> Bereitschaff̶t zu neurotischen Störungr̶n sind, wird
> darüber diskutiert.
> ```

Abbildung 4: Beispiel für geringe Korrekturen im Schreibmaschinen-Manuskript.

einseitig, mit annähernd gleicher Zeilenlänge und gleicher Zeilenzahl je Seite beschrieben. Der linke Rand soll mindestens 4 bis 6 cm breit sein, damit auf diesem eventuelle Verbesserungen deutlich geschrieben werden können. Aus dem gleichen Grunde empfiehlt es sich, mit 1 1/2- oder 2zeiligem Zeilenabstand zu schreiben. Alle Manuskriptseiten werden durchgehend numeriert.

Korrekturen werden so in das Manuskript eingetragen, daß sie zweifelsfrei und mühelos von Dritten dem laufenden Text zugeordnet werden können. *Kleinere Korrekturen* werden direkt an die betreffende Stelle geschrieben. *Umfangreichere Korrekturen* machen ein nochmaliges Abschreiben des betreffenden Abschnittes notwendig. Die Abschrift wird über den zu korrigierenden Teil geklebt.

Erweitert sich durch Korrekturen die Zahl der Manuskriptseiten, kann die Seitenzahl mit a und b ergänzt werden, z. B. 14a, 14b. Entfällt bei der Bearbeitung eine Seitenzahl, kann die entfallende Seitenzahl zur vorhergehenden gestellt werden, z. B. 14/15.

Dienen *gedruckte Texte als Manuskript*, werden die Vorlagen auf DIN-A4-Blätter geklebt. Ist auch die Rückseite des gedruckten Textes zu setzen, muß diese kopiert, auf ein eigenes Blatt aufgeklebt und dieses in das Manuskript eingefügt werden. Ist die gedruckte Schrift zu klein, kann diese auf dem Kopierer vergrößert werden. Korrekturen werden aus Platzgründen mit den Korrekturzeichen des DUDEN (s. S. 194) am Rand markiert. Bei umfangreichen Korrekturen wird das Abschreiben vorteilhaft sein.

Manuskripte lassen sich leichter schreiben, wenn die einzelnen Bestandteile wie Fußnoten, Bildlegenden oder Tabellen zu gesonderten Einheiten (Dokumenten) zusammengefaßt werden. Wichtig ist die eindeutige Zuordnung der Textteile. Das gilt besonders für die Zuordnung einer Fußnote zur betreffenden Textstelle durch Verweisziffer oder Sternchen (asteriscus). In der Regel werden diese Textteile vom Setzer in getrennten Arbeitsgängen erfaßt und erst beim Umbruch zusammengestellt.[7]

Die Behandlung der Abbildungen wird auf den Seiten 69ff. ausführlich beschrieben.

brauchte Material und zum dritten die für die Leistung – rückwirkend berechnet – entstandenen Aufwendungen des Auftragnehmers, jeweils einschließlich Gewinnzuschlag.

C. Der Leistungsvertrag (Nr. 1) ⌈B

Die Definition dieses Begriffes folgt nicht aus dem allgemeinen Sprachgebrauch des BGB, sondern aus der für alle Teile der VOB verbindlichen Begriffsbestimmung in Teil A § 1 (vgl. hierzu Rdn. 2ff. zu § 1). Beim Leistungsvertrag nach Teil A § 5 wird eine ~~enge~~ Beziehung und Abhängigkeit der Vergütung von der wirklichen Leistung geschaffen. Nur der Wert des Erbrachten bzw. zu Erbringenden ist Bemessungsgrundlage für die Vergütung des Auftragnehmers.

Abbildung 5: Beispiel für einen korrigierten gedruckten Text als Manuskript.

Das Manuskript muß so geschrieben werden, daß der *formale Aufbau* (s. S. 48f.) eindeutig erkennbar ist, damit im Verlag die dafür notwendigen typographischen Vorschriften für den Setzer genannt werden können. *Verweise im Text* auf Texte auf anderen Buchseiten können erst exakt angegeben werden, wenn alle Seiten umbrochen worden sind. Es empfiehlt sich, mit einem Farbstift die Manuskriptseite, auf der der verwiesene Text steht, zum eigenen Gebrauch neben den Verweis zu schreiben mit dem ausdrücklichen Hinweis an den Setzer, die Seitenzahl als *Blockade* zu setzen, z.B. siehe Seite XXX. Die Blockaden werden mit dem Umbruch aufgelöst.

17 Hallentragwerke

17.1 Allgemeines

Die traditionellen Dachtrawerke über rechteckigem Gebäudegrundriß sind aufgebaut aus verschiedenen Trägerlagen, die rechtwinklig zueinander gestapelt werden, wobei sich der Trägerabstand von Lage zu Lage verringert bis auf die Stützweite der Dachdeckungselemente (Abb. 17.1) ⌈ag ⌊n ⌊

Abb. 17.1

Bei Spanplatten müssen alle Stöße auf Bindern bzw. Sparrenpfetten schubfest hergestellt werden gemäß Abb. 17.2 und Abb. 13.34, siehe Berechnungsbeispiel 127 und 128

$$f_z = \frac{6,14 \cdot 6^2}{6 \cdot 16} = 2,30 \text{ cm}$$

$$f = \sqrt{2,30^2 + 1,24^2} = 2,61 \text{ cm} < 3,0 \text{ cm}$$

$$\sigma = \sigma_{Bz} + \frac{zul\,\sigma_{Bz}}{zul\,\sigma_{By}} \cdot zul\,\sigma_{By} \leqq zul\,\sigma_{Bz}$$

σ = kleines Sigma

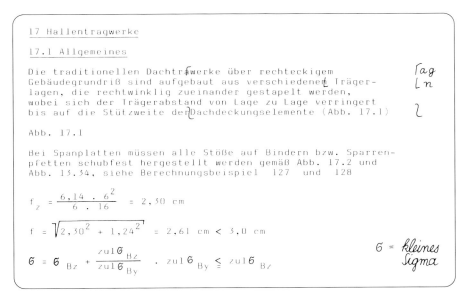

Abbildung 6: Beispiel für ein wissenschaftlich-technisches Manuskript.

II. Das Manuskript

Mit der Schreibmaschine können nicht alle Zeichen geschrieben werden, die oft für ein Manuskript notwendig sind. Nicht vorhandene Zeichen müssen daher deutlich lesbar von Hand in das Manuskript eingetragen werden, z. B. œ = Ligatur. Symbole und Formelzeichen aus den verschiedenen Wissensgebieten können am Rand wiederholt und erklärt werden, z. B. ∞ = unendlich. Es empfiehlt sich, dem Manuskript eine Aufstellung aller Sonderzeichen beizugeben, damit die Bearbeiter im Verlag und der Setzer im Satzbetrieb sich darauf einrichten können. Für das Schreiben längerer Textabschnitte mit nicht-lateinischen Buchstaben, z. B. griechisch, ist eine Spezialschreibmaschine von Vorteil.

Alle Teile, die im Satz als *Auszeichnungen* hervorzuheben sind, müssen im laufenden Text exakt markiert werden. Sollen Texte z. B. durch die Verwendung eines kleineren Schriftgrades im Fließtext zurücktreten, sind auch diese zu kennzeichnen.

Lange Zeit behielt das Pergament, mutmaßlich nach der griechischen Stadt Pergamon benannt, aus alter Tradition die Form der Rolle bei. Es wurde aus präparierten Häuten von Eseln, Ziegen, Schafen und jungen Rindern hergestellt und erwies sich

Lange Zeit behielt das *Pergament*, mutmaßlich nach der griechischen Stadt *Pergamon* benannt, aus alter Tradition die Form der Rolle bei. Es wurde aus präparierten Häuten von Eseln, Ziegen, Schafen und jungen Rindern hergestellt und erwies sich weitaus haltbarer als *Papyrus*. Es ließ sich sauber beschneiden und zu kostbaren

---

Funktion des Papiers. Papier müssen wir uns als Lichtreflektor vorstellen. Weißes Papier reflektiert alle Anteile des auffallenden Lichtes und erscheint somit „weiß".
Funktion der Druckfarben. Druckfarben absorbieren Licht. Darum können wir mit der Druckfarbe bestimmen, welcher Teil des Licht

Funktion des Papiers. Papier müssen wir uns als Lichtreflektor vorstellen. Weißes Papier reflektiert alle Anteile des auffallenden Lichtes und erscheint somit „weiß".
Funktion der Druckfarben. Druckfarben absorbieren Licht. Darum können wir mit der Druckfarbe bestimmen, welcher Teil des Lichtes auf das Papier auftreten und

---

Dem sächsischen Leineweber Friedrich Gottlob Keller gelang es vor etwa 150 Jahren, Papier aus zermahlenem Holz zu fabrizieren. Vorbild waren Keller die Wespen, die zum Bau ihrer Nester einen Brei aus Holzmehl verwenden.

Dem sächsischen Leineweber FRIEDRICH GOTTLOB KELLER gelang es vor etwa 150 Jahren, Papier aus zermahlenem Holz zu fabrizieren. Vorbild waren KELLER die Wespen, die zum Bau ihrer Nester einen Brei aus Holzmehl verwenden.

Abbildung 7: Beispiel für drei Auszeichnungsarten im Schreibmaschinen-Manuskript mit dem dazugehörigen gesetzten Text.

```
Wenn die Anzahl der herzustellenden Exemplare in das Ermessen
des Verlegers gestellt ist, muß der Verleger dem Verfasser
über die Anzahl der jeweils gedruckten Exemplare Auskunft er-
teilen und diese Auskunft auf Verlangen belegen.
Nach §5 Abs.2 Satz 1 Verlagsgesetz ist der Verleger, wenn
nichts anderes vereinbart ist, zur Herstellung von 1000 Exem-
plaren für die Auflage (ausschließlich der Zuschuß- und Frei-
exemplare) berechtigt.
```

Wenn die Anzahl der herzustellenden Exemplare in das Ermessen des Verlegers gestellt ist, muß der Verleger dem Verfasser über die Anzahl der jeweils gedruckten Exemplare Auskunft erteilen und diese Auskunft auf Verlangen belegen.

Nach § 5 Abs. 2 Satz 1 Verlagsgesetz ist der Verleger, wenn nichts anderes vereinbart ist, zur Herstellung von 1000 Exemplaren für die Auflage (ausschließlich der Zuschuß- und Freiexemplare) berechtigt.

Abbildung 8: Beispiel für die Markierung einer Kleinschrift im Schreibmaschinen-Manuskript mit dem dazugehörigen gesetzten Text.

Die Schreibweise von mathematischen oder chemischen *Formeln* muß exakt aus dem Manuskript hervorgehen. Dafür sind die einschlägigen DIN-NORMEN zu beachten. Bei längeren Formeln wird die mögliche Trennfuge für einen Zeilenwechsel vom Autor angegeben. Folgende Ziffern und Buchstaben neigen zum Verwechseln und sind daher deutlich zu schreiben: 1 l – a α (Alpha) – b β (Beta) – I J – 0 O. Der Hersteller wird eine Schriftart wählen, die diese Unterschiede klar erkennen läßt, serifenlose Schriften erfüllen diese Forderung oft nicht.

Tabellen sind im formalen Aufbau (s. S. 158) für das ganze Manuskript einheitlich aufzubauen. Um eine Tabelle nicht zu überfrachten und damit unverständlich zu machen, ist es besser, die Aussage auf zwei Tabellen zu verteilen.

Abkürzungen sind ebenfalls durch das ganze Manuskript hindurch einheitlich zu verwenden. Sie bedürfen einer Erklärung, falls sie nicht jedem Leser vertraut sind, z. B. DK (Dezimalklassifikation). Auch die *Überschriften-Hierarchie* muß für das ganze Manuskript einheitlich sein. Geht sie nicht aus der Numerierung (s. S. 132f.) hervor, wird sie der Autor durch Unterstreichungen oder Markierungen, z. B. mit verschiedenen Farben, kennzeichnen, z. B. rot für 1. Grad, blau für 2. Grad usw. (s. S. 49).

II. Das Manuskript

b) Die Ablieferung des Manuskriptes

Das Manuskript muß in ordentlicher Form dem Verlag übergeben werden. Eine Kopie behält der Autor bei sich. Die einzelnen Manuskriptseiten können zweckmäßig im Ordner eingeheftet werden. Auf einem dem Manuskript vorangestellten Blatt werden die Manuskriptteile mit den genauen Seitenangaben aufgeführt. Wie bereits erwähnt, empfiehlt es sich, alle im Text vorkommenden Sonderzeichen und nichtlateinische Schriftzeichen darauf aufzuführen. Hat der Autor zur Satzgestaltung Hinweise zur Textmarkierung im Manuskript gegeben, z. B. zur Markierung von Wörtern, die im Text hervorzuheben sind, müssen auch diese beschrieben werden wie: doppelte Unterstreichung = Hervorhebung von Eigennamen.

2. *Das maschinenlesbare Manuskript*

Schreibmaschinen-Manuskripte und gedruckte Texte können zur Bearbeitung und Textbelichtung über einen Scanner in ein PC-System eingelesen werden. Die Eingabe bietet die Möglichkeit, das zeitaufwendige, fehleranfällige und kostentreibende nochmalige Erfassen zu vermeiden. Dazu eignet sich vor allem glatter Werksatz (z. B. Romantext) oder nur wenig strukturierte Texte. Für das Schreiben der Manuskriptblätter auf der Schreibmaschine

Schreibanweisung
für Texte, die über den Scanner erfaßt werden

Es empfiehlt sich, vor dem Schreiben des Manuskriptes dem Verlag eine Seite zur Probe vorzulegen.

Schreibformat	Linker Rand	mindestens 6 freie Zeichen
	Rechter Rand	mindestens 6 freie Zeichen
	Oberer Rand	mindestens 3 freie Zeilen
	Unterer Rand	mindestens 3 freie Zeilen
	Bitte die Manuskriptblätter nur einseitig beschreiben!	
Zeichen per Seite	Maximal 84 Zeichen / Zeile	
	Maximal 72 Zeilen / Seite	
	Bitte mit 1 1/2 oder doppeltem Zeilenabstand schreiben!	
Zeilenende	Ganzes Wort ohne Silbentrennung.	
Korrekturen	- Nicht in den Text des Originals einzeichnen.	
	Kleinere Korrekturen auf den linken Rand außerhalb des Textes stellen; bei umfangreicheren Korrekturen den Text neu schreiben.	
Auszeichnungen:	- In eine gesonderte Manuskriptkopie einzeichnen.	
Lochung	Keine vornehmen.	
Papierart	Schreibmaschinenqualität, holzfrei, weiß, DIN-A 4.	

Abbildung 9: Muster einer Schreibanweisung für ein maschinenlesbares Manuskript.

müssen zur zweifelsfreien Erkennung aller Zeichen folgende Regeln eingehalten werden:
– Verwendung von holzfreiem hochweißem Schreibmaschinenpapier von 90 g/qm mit glatter Oberfläche.
– Verwendung eines Einmal-Farbbandes, das tiefschwarze Zeichen erzeugt.
– Verwendung keiner kleineren Schriftgröße als ca. 8 Punkt.
– Keine eingerissenen oder geknickten Blätter – diese ggf. nochmals abschreiben oder sauber kopieren.
– Keine verschmutzten Blätter, keine Radierungen, Überklebungen, Überschreibungen – diese ggf. nochmals abschreiben oder sauber kopieren.
– Möglichst eine einheitliche Schriftart.
Diese Vorschriften gelten sinngemäß auch für gedruckte Satzvorlagen.

Wie Korrekturen in die Schreibmaschinen-Reinschrift einzutragen sind, ist vom Typ des Blattlesers abhängig. Weil jede Korrektur eine Fehlerquelle sein kann, sollten Korrekturen von vornherein vermieden werden.

Die Eingabe über den Scanner ist aber auch eine Möglichkeit, eine nochmalige Erfassung im Satzbetrieb zu umgehen, wenn der Autor einen PC nicht bedienen kann oder will.

Die Zeichen werden über einen Flachbett-Scanner in Verbindung mit einem Programm zur Zeichenerkennung in den Rechner des PC eingelesen. In der Regel wird diese Arbeit von einer erfahrenen Fachkraft in einem Satzbetrieb ausgeführt. Sie können auch auf einen Datenträger (z.B. Diskette) zwischengespeichert werden. Das Programm arbeitet in drei Grundoperationen: Abtasten der Zeichen, Gewinnung von Erkenntniskriterien über die Zeichenform und Vergleich der gewünschten gespeicherten Zeichenform. Die Hell-Dunkel-Informationen eines erfaßten bestimmten Zeichens des Manuskriptes werden also mit den gespeicherten Hell-Dunkel-Informationen der gespei-

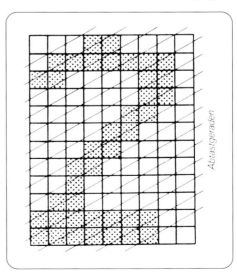

Abbildung 10: Beispielschema für die Zeichenerkennung eines Blattlesers. Für jedes Zeichen werden mit der Winkelschnittanalyse die für die Zeichen typischen Schwarzpunkte ermittelt und in den Rechner eingegeben, hier die Zahl 2.

cherten Zeichen verglichen, bis das Zeichen erkannt oder als nicht erkannt zurückgewiesen wird. Multiple-Font-Leser erfordern, daß die Vorlage nur aus einer Schriftart besteht, auf die das Programm der Maschine eingestellt wird. Omni-Font-Leser erkennen auch Schriften, die nicht in der Erkennungslogik abgespeichert sind. Kein Programm arbeitet fehlerfrei. Es ist daher eine manuelle Nachbearbeitung auf dem Bildschirm oder eine programmierte Nachbearbeitung mit einem Rechtschreibprogramm notwendig. Die erfaßten Daten können anschließend typographisch gestaltet werden.

Interessant ist diese Technologie für die Zweitverwertung von gedruckten Texten, z.B. Neustart einer Hardcover-Ausgabe für ein kleinformatiges Taschenbuch oder die Zusammenstellung einer Anthologie mit Texten aus verschiedenen Originalausgaben, wenn keine Satz- und Bilddaten gespeichert worden sind.

C. Das elektronische Manuskript

Für das elektronische Manuskript erfaßt der Autor seinen Text auf einem PC. Mit der Hilfe von benutzerfreundlichen Programmen kann der Text inhaltlich bearbeitet und in der äußeren Form gestaltet werden. Auch Bilder können mit der Hilfe eines Scanners in den PC zur Bearbeitung eingegeben werden. Wenn die Bilder professionellen Ansprüchen genügen sollen, setzt das einen hochwertigen Scanner und geschulte Bedienung voraus. In der Regel ist es besser, einwandfreie, reprofähige Vorlagen zu liefern und die Reproduktion Fachleuten zu überlassen. Der Verlag erhält nach dem Abschluß den auf der Diskette gespeicherten Text zusammen mit einem Datenausdruck. Diese Manuskriptform hat das Schreibmaschinen-Manuskript weitgehend abgelöst. In diesem Kapitel werden die Möglichkeiten behandelt, die im Normalfall einem Autor zur Verfügung stehen. Es muß aber darauf hingewiesen werden, daß die Übergänge von der Autorentätigkeit zum Satz fließend geworden sind.

Kein Autor darf gezwungen werden, sein Manuskript auf einem PC zu schreiben. Ein vorzüglich schreibender Autor, der sich nur seiner vertrauten Schreibmaschine bedienen will, ist für einen Verlag allemal nützlicher als ein schlecht schreibender Autor, der seinen PC meisterhaft beherrscht.

1. Die Vorteile für den Autor

Der Autor ist beim Schreiben seines Manuskriptes geistig-schöpferisch tätig. Wie schon beim Schreibmaschinen-Manuskript ausgeführt, schließt diese Tätigkeit auch die Strukturierung des Textes mit ein. Dazu zählen die Einteilung in Buchteile, die Gliederung der Überschriften, die Hervorhebungen (Auszeichnung) wichtiger Begriffe im laufenden Text u.ä.

Der geübte Autor kann seinen Text auf seinem PC mit der Hilfe von Programmen so lange komfortabel bearbeiten, bis er ihn für satzfertig hält. Viele

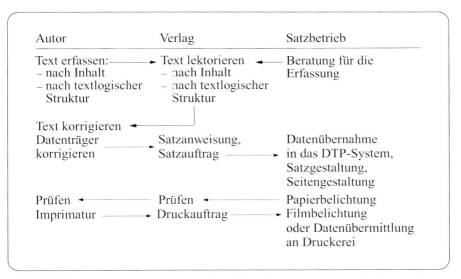

Abbildung 11: Ablaufschema der Arbeit mit dem elektronischen Manuskript. Die Satz- und Seitengestaltung wird immer häufiger im Verlag ausgeführt.

Funktionen ersetzen das mehrmalige Abschreiben von Textteilen, das Überkleben oder Herausschneiden von Textpassagen mit Kleister und Schere. Das Überschreiben, Löschen oder Versetzen von Wörtern, Satzteilen, Sätzen oder Abschnitten, das Kopieren, das Sortieren von Wörtern nach dem Alphabet – um nur einige Möglichkeiten zu nennen – sind nach einer Trainingsphase problemlos auszuführen. Jeder nach einer Bearbeitungsphase gefertigte Ausdruck gibt ein sauberes, lesefreundliches Manuskript, das nicht durch zahlreiche Korrekturen unleserlich geworden ist. Das erleichtert die Arbeit am Manuskript für alle Beteiligten erheblich. Auf weitere Vorteile wird später eingegangen. Der Autor kann seinen Text aber auch nach seiner handschriftlichen Niederschrift oder nach Diktat von einer computererfahrenen Schreibkraft erfassen lassen, damit er sich nur noch auf die inhaltliche Bearbeitung, Strukturierung und Auszeichnung konzentrieren muß.

2. Vorteile für den Verlag

Der Verlag erhält vom Autor einen vollständigen Datenausdruck von dem Text und ggf. den eingescannten Bildern. Erlaubt es die Vereinbarung zwischen Autor und Verlag, daß Korrekturen vom Lektor bzw. Redakteur auf dem DTP-System des Verlages in den Text eingebracht werden können, wird der Autor die dazugehörige Diskette mit dem Datenbestand mitliefern.

II. Das Manuskript

Jeder Bearbeiter im Verlag – Lektor, Redakteur, Hersteller, Produktioner – erhält das Manuskript in der vertrauten Papierform ohne lästige handschriftliche Korrektureintragungen, Verweise, Streichungen oder Ergänzungen. Außerdem kann er die Struktur wie Überschriftenhierarchie oder Textauszeichnungen mühelos erkennen.

Die Arbeit wird auch erleichtert, wenn der Ausdruck mit doppeltem Zeilenabstand und genügend breiten Rändern angefertigt wird. Kleine Korrekturen werden vom Bearbeiter zwischen den Zeilen gut lesbar notiert, größere Korrekturen mit Hilfe der Korrekturzeichen am Rand vermerkt, umfangreiche Korrekturen aber auf ein gesondertes Blatt geschrieben, das zur betreffenden Seite des Ausdrucks gelegt wird. Auf keinen Fall dürfen Textteile vom Bearbeiter herausgeschnitten oder überklebt werden; der Datenbestand muß in seiner ursprünglichen Fassung sichtbar bleiben, um die Arbeit des Korrigierens am Bildschirm nicht zu erschweren. Die so bearbeiteten Ausdrucke werden dem Autor zur Begutachtung zugesandt. Er kann seinen Text auf der Ebene der erfaßten Daten korrigieren oder korrigieren lassen.

Die so bearbeiteten Datenausdrucke werden dem Autor zur Prüfung übergeben. Stimmt er diesen Korrekturen zu, kann er sie auf seinem PC ausführen. Werden die Korrekturen vom Verlag ausgeführt, erhält der Autor die Diskette mit dem berichtigten Datenbestand zusammen mit einem Datenausdruck zur Prüfung. Dieses Wechselspiel zwischen dem Autor und dem Verlag wird solange fortgesetzt, bis das Manuskript satzfertig ist.

Die sachgemäße Anwendung der elektronischen Texterfassung und Textbearbeitung wird sich kostensenkend auf die Herstellung eines satzintensiven Druckwerkes auswirken. Es reduzieren sich die *Kosten für den Satz*, weil das nochmalige Erfassen durch den Setzer entfällt, denn die Daten können vom Setzer direkt von der Diskette übernommen werden. Die Einsparung kann bis zu 30% der Satzkosten betragen. Außerdem werden die *Autorkorrekturkosten* erheblich minimiert, weil die Korrekturen auf die Autorenebene vorverlegt worden sind. Müssen vom Setzer nachträgliche Korrekturen (Autorkorrekturen) in den Datenbestand eingearbeitet werden, kann der Vorteil der Datenübernahme allerdings schnell verlorengehen, denn Industriestunden sind erheblich teurer als Autoren- oder Redakteurstunden.

Es werden auch *Personalkosten* im Verlag reduziert werden können. Bei der Prüfung der Ausführung von Korrekturen kann man sich auf diese beschränken, denn der übrige Text bleibt unangetastet. Spezielle Programme erleichtern oder verkürzen die Arbeit, z.B. kann ein Rechtschreibprogramm Schreibfehler weitgehend ausmerzen. Lektor oder Redakteur werden sich nicht mit zeitraubenden Hilfsarbeiten beschäftigen müssen, sie können sich vielmehr ungestört der inhaltlichen Bearbeitung widmen.

Schließlich wird die *Herstellungszeit* von der Übergabe des satzfertigen, also nahezu fehlerfreien Manuskriptes bis zur Ablieferung montagefertiger Offsetfilme erheblich verkürzt. Es kann sofort auf Umbruch gesetzt werden, und es wird in der Regel nur ein Korrekturlauf vor der Textbelichtung notwendig sein. Allerdings muß genügend Zeit für die Arbeit am Manuskript auf der Ebene der Satzvorbereitung eingeplant werden.

C. Das elektronische Manuskript

3. Die Gerätekonfiguration

Dem Autor wird für seine Arbeit ein handelsübliches PC-System genügen, das mit einem Laserdrucker (s. S. 68) oder einem Tintenstrahldrucker (s. S. 69) und einem Flachbett-Scanner ergänzt ist. Die Festplatte sollte eine ausreichend große Speicherkapazität haben, wenn Bilder zu bearbeiten sind.

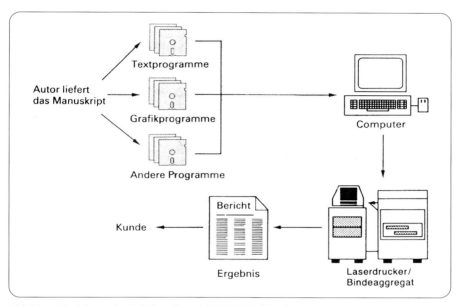

Abbildung 12: Schema der Arbeitsweise mit DTP/Digitaldruck.

Abbildung 13: Konfiguration eines DTP-Arbeitsplatzes mit einem Laserdrucker zum Kontrollausdruck.

Längeres Arbeiten mit einem portablen Laptop ist nicht ratsam, weil der kleinformatige Bildschirm mit seiner LCD-Flüssigkristallanzeige (LCD = Liquid Cristal Display) schneller zur Ermüdung führen kann.

Das *Betriebssystem* regelt das Zusammenwirken der einzelnen Hardware-Komponenten. Es steuert und überwacht die Ein- und Ausgabe der Daten, den Ablauf der Anwenderprogramme und verwaltet den Arbeitsspeicher der Zentraleinheit. Auf dem Markt haben sich MS-DOS (Microsoft Disc Operating System) mit dem darauf basierenden Windows der Firma Microsoft und Macintosh von der Firma Apple als inoffizieller Industriestandard durchgesetzt. Daneben gibt es noch andere Systeme wie UNIX oder OASIS.

Windows selbst ist kein Betriebssystem, sondern ein Betriebserweiterungsprogramm. Es erleichtert die Arbeit auf dem Bildschirm, weil jeder Arbeitsschritt angezeigt wird, d.h. es erscheinen sich selbst erklärende Pictogramme, die bei Bedarf durch Mausklick aktiviert werden.

4. Die Texterfassung

Es ist ratsam, daß ein unerfahrener Autor mit dem Hersteller bzw. Produktioner im Verlag die Modalitäten der Texterfassung abspricht, bevor er mit der Arbeit beginnt. Dazu gehört auch die Festlegung der einzelnen Arbeitsschritte. Es kann sich auch empfehlen, daß zunächst ein kurzer Probetext hergestellt wird, der alle Strukturen eines Manuskriptes enthält, um daran die satztechnische Weiterverabeitung prüfen zu können.

Es wird von der Arbeitsweise des Autors abhängen, ob er seinen Text zuerst handschriftlich auf Papier schreibt, um ihn dann auf den PC zu übertragen, oder ob er gleich in den PC eintastet.

Für die programmierte Seitengestaltung (Umbruch) bei der späteren Satzaufbereitung ist es notwendig, daß alle Manuskriptteile wie Abhandlungstext (vielleicht unterteilt in Kapitel), Fußnoten, Abbildungslegenden, Literaturverzeichnisse usw. auf eigenen Dokumenten erfaßt und gespeichert werden. Jedes Dokument bekommt einen Dateinamen. Bei der Vergabe der Namen sollte darauf geachtet werden, daß die Zusammengehörigkeit zum Gesamtwerk erkennbar ist, z.B. für ein Lehrbuch für Typographie TYPKAP1.TXT für das erste Kapitel, TYPLEG.TXT für die Legenden. Über die Anlage der Dokumente muß vorher mit dem Satzbetrieb gesprochen werden.

Für die Texterfassung müssen Schreibvorschriften strikt eingehalten werden. Das erfordert vom Schreibenden eine strenge Schreibdisziplin. Die wichtigsten Vorschriften lauten:
– Silbentrennungen sind zu unterlassen,
– Zahlen müssen als Zahlen und dürfen nicht als Buchstaben geschrieben werden, z.B. 1 statt l,
– es muß zwischen Bindestrich (Divis) und Gedankenstrich unterschieden werden, z.B. Flachbett-Scanner (Bindestrich); ... keine Silbentrennung – wie bereits erwähnt (Gedankenstrich),

C. *Das elektronische Manuskript*

```
I. Die Fremddatenübernahme

Wenn der Autor seinen Verlag anbietet, seinen Text auf Disketten
zu erfassen, müssen zuvor einige technische Fragen beantwortet
werden.
  Die Auswirkung auf die Kalkulation soll später untersucht
werden.

A. Die Lieferung elektronischer Daten

Als erstes ist gemeinsam festzulegen, ob sog. Rohdaten oder
aufbereitete Daten geliefert werden können. Für aufbereitete Daten
muß die Codierung festgelegt werden.

1. Hinweise zur Texterfassung

Die Texterfassung verlangt vom Autor, die Erfassungsvorschriften –
präzise aufgelistet – exakt einzuhalten. "Schlampige",
unkonzentrierte Arbeit erfordert kostenintensive und zeitraubende
Nachbearbeitung im Satzbetrieb.
```

Überschrift 1. Grad (römisch)
12/14: h'fett gerade auf Mitte; danach 2 Leerzeilen

Grundschrift: 9/11: Baskerville; Satzspiegelbreite
23 Cicero; Satzspiegelhöhe 45 Zeilen
à 11; Blocksatz

Einzug 1 Geviert (nach Überschriften oder Leerzeilen stumpf)

— = Kursiv im jeweiligen Schriftgrad

Überschrift 2. Grad: (versal)
10/12: mager gerade auf Mitte; davor
2 Leerzeilen; danach 1 Leerzeile

Überschrift 3. Grad: (arabisch)
9/11: mager kursiv Einbobündig; davor
1 Leerzeile; danach ½ Leerzeile

Gedankenstriche 1 Geviert

Abbildung 14: Links: Darstellung der Texterfassung auf einem PC. Der vom Autor angefertigte Ausdruck des strukturiert erfaßten Textes. Rechts: Die vom Verlagshersteller dafür festgelegte typographische Anweisung.

II. Das Manuskript

- vor Satzzeichen, Anführungszeichen und Klammern keinen Leerschritt tasten, danach einen Leerschritt tasten,
- Tausenderangaben nicht mit einem Punkt, sondern mit einem Leerschritt gliedern, z.B. 15 000 statt 15.000,
- einen Wortzwischenraum mit nur einem Leerschritt tasten,
- eingezogenen Absatzbeginn nicht mit Leerschritten oder Tabulator schreiben; Absatzeinzüge werden von der Setzerei vorgenommen,
- hochgestellte Verweisziffern auf Fußnoten im laufenden Text an die betreffende Stelle als hochgestellte Bruchziffer schreiben; vor den Fußnotentext wird die Verweisziffer als hochgestellte Bruchziffer mit einem Tabulatorsprung als Abstand zum Fußnotentext geschrieben; Fußnotentexte als Block an das Ende der Datei oder in eigene Datei stellen, dabei Fußnotenziffern wieder hochstellen und mit einem Tabulatorsprung vom zugehörigen Text abtrennen.
- Verweise auf Teile, die auf eigenen Dokumenten stehen, und auf Abbildungen im laufenden Text mit genügendem Abstand mit einer ungebräuchlichen Zeichensetzung markieren, z.B. (((Abbildung 15))); diese Verweise werden beim Belichten unterdrückt,
- Überschriften dürfen nicht „ausgezeichnet" geschrieben werden wie unterstrichen oder in Versalien; sie stehen in Normalschrift und werden nur durch einheitlich zu haltende Zeilenabstände vom laufenden Text abgehoben – die typographische Gestaltung wird vom Setzer nach Vorgabe des Verlages vorgenommen,
- Hoch- und Tiefstellungen von Zeichen werden übernommen und dürfen deshalb auch geschrieben werden, z.B. H_2O oder $^2 1993$,
- bei Verwendung von MS-DOS und Macintosh werden Kursiv- und Fettstellungen von Wörtern auf dem PC ausgeführt und vom Setzer übernommen.
- Bei Spiegelstrichen nach dem Gedankenstrich einen Tabulatorsprung, den folgenden Text nicht einziehen, sondern wie Fließtext umlaufen lassen.
- Für An- und Abführungen (bitte bei fremdsprachigen Zitaten die Duden-Vorschriften in den „Richtlinien für den Schriftsatz" beachten!) nach Möglichkeit verschiedene Zeichen verwenden. Bewährt hat sich folgende Unterscheidung:
Für doppelte Anführungen („ oder ») zwei Kommata („), für Abführungen (" oder «) die üblicherweise als Anführungen verwendeten Zoll-Zeichen von der Schreibmaschine (" = Hochstelltaste + 2); noch besser wäre natürlich die Verwendung von „richtigen" An- und Abführungen, die beim Macintosh bzw. in WinWord über die Tastatur zu erreichen sind, bei MS-DOS-Word als ASCII-Code zumeist für » und « eingegeben werden können. Für einfache An- bzw. Abführungen entsprechend z.B. #, bzw. #" verwenden.
- Apostrophe (') sind beim Macintosh bzw. in WinWord über die Tastatur einzugeben, sonst z.B. Fuß-Zeichen (') oder entsprechendes eindeutiges Zeichen verwenden.
- Sonderzeichen (einzelne griechische Buchstaben, mathematische Symbole o.ä.) nach Möglichkeit durch sonst nicht verwendete Zeichen oder -Kom-

binationen (z.B. §, $, %, &; #a für α, #D für Δ) ersetzen und in beigefügter Liste erläutern. Beim Macintosh und in WinWord können hierfür auch die im Zeichensatz „Symbol" vorhandenen Zeichen und Symbole direkt verwendet und übernommen werden.

In jedem Fall sollte eine Liste mit den verwendeten Austauschzeichen/Steuerzeichen dem Datenausdruck beigefügt werden.

Zu diesen Schreibvorschriften sind vom Erfasser die im DUDEN abgedruckten Regeln für guten Schriftsatz zu beachten (s. S. 156).

5. Die Textbearbeitung

Die Textbearbeitung beim Autor und ggf. im Verlag ist die Vorstufe für die Textverarbeitung. In der Regel wird der Autor seinen Text zunächst weitgehend unstrukturiert, d.h. ohne Auszeichnungen u.ä. als Rohdaten erfassen. Erst wenn der Text nach Meinung des Erfassers fehlerfrei ist, wird die Strukturierung vorgenommen. Diese wird sich im wesentlichen auf die Auszeichnung im Text und Anlage der Überschriften beschränken, die vom Autor über den Bildschirm ausgeführt wird. Alle Operationen sind sofort auf dem Bildschirm erkennbar. Diese Arbeitsweise wird WYSIWYG (What you see is what you get) genannt. Die Textbearbeitung kann mit Hilfe von Programmen erleichtert werden. Es werden hier nur die Programme beschrieben, die in der Regel von einem Autor eingesetzt werden, der kein PC-Experte ist. Eine Übersicht über weitere Programme wird im Kapitel V. gegeben.

Bestimmte Funktionen von *Textbearbeitungsprogrammen*, wie MS-Word, WordPerfect oder Wordstar können dem Autor die Arbeit erleichtern. Dazu zählen: ergänzen, versetzen und löschen von Textblöcken, Überschriftenanordnung u.ä. Mit einem speziellen Programm oder Teil eines Textbearbeitungsprogramms kann die Rechtschreibprüfung vorgenommen werden. Damit kann zwar Wort für Wort des Manuskriptes mit einer eingespeicherten Wortliste (z.B. nach DUDEN) verglichen und automatisch korrigiert werden (z.B. Woort statt Wort), aber grammatikalische, satzlogische Fehler werden nicht erkannt (z.B. Wort statt Word). Nach wie vor muß der Text zur Korrektur gelesen werden. Die Suche/Ersetze-Funktion erlaubt müheloses Korrigieren (z.B. Ersetzen des Begriffs Urheber durch den Begriff Autor im gesamten Text). Damit können auch unterschiedliche Schreibweisen vereinheitlicht werden.

Bewährt hat sich ein Abspeichern der Daten in drei Versionen:
1. Originalformat des Ursprungsprogramms
2. RTF (universelles Austauschformat in allen gängigen Textprogrammen verfügbar), das die Auszeichnungen behält
3. ASCII-Format, bei dem alle Auszeichnungen verloren gehen.

Der Autor hat die Möglichkeit, bereits in seinem erfaßten Text sog. feste Ausschlüsse zu markieren, um unerwünschte Worttrennungen beim Zeilenwechsel zu verhindern, z.B. KARL V. – die V. darf nicht auf einer neuen Zeile allein stehen.

II. Das Manuskript

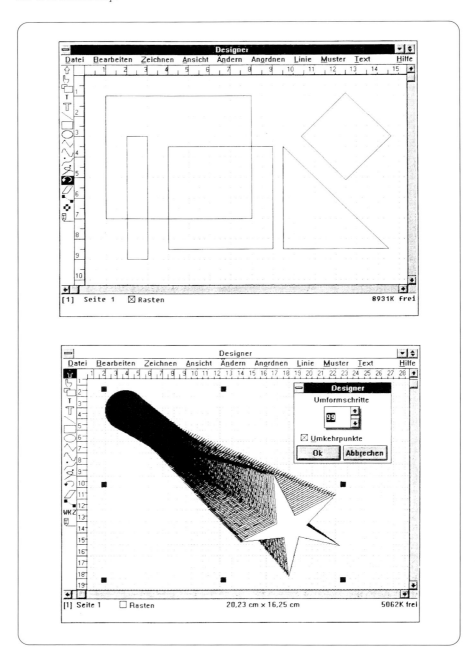

Abbildung 15: Graphikelemente mit Windows.

Ein *Graphik- bzw. Zeichenprogramm* wie Freehand oder Illustrator bietet die Software zur Anfertigung von freien Zeichnungen am Bildschirm. Aus dem Menüangebot können dazu Quadrate, Rechtecke, Kreise und Ellipsen ausgewählt und beliebig bearbeitet, vergrößert, verkleinert oder verzerrt werden. Mit Hilfe der Maus lassen sich gerade und runde Linien ziehen. Es können verschiedene Linienarten gewählt werden. Die Linien lassen sich verstärken und verjüngen. Symbole wie Pfeile und Beschriftungen lassen sich einfügen. Alle Teile können mit unterschiedlichen Mustern wie Raster, Linien oder Volltonflächen gefüllt werden. Die einzelnen Formen lassen sich miteinander zu einer Gesamtabbildung oder mit anderen Abbildungen verknüpfen. In gleicher Weise können eingescannte Vorlagen bearbeitet werden. Verfügt der Autor über ein Graphiktablett, kann er Zeichnungen mit einem elektronischen Stift so zeichnen, wie er es auf dem Papier gewohnt ist.

Ein Autor sollte ein solches Programm nur anwenden, wenn er die Technik beherrscht und eine Übernahme in das DTP-System für die Druckvorlagenherstellung möglich ist. Sonst wird er seine Zeichnungen als Skizzen dem Manuskript beifügen und die Anlage der versierten Fachkraft überlassen.

Die Bildbearbeitung eingescannter Fotos mit Hilfe eines *Bildbearbeitungsprogramms* wird in den meisten Fällen die Möglichkeiten des Autors übersteigen.

6. *Die Ablieferung an den Verlag oder den Satzbetrieb*

Wenn der Autor seinen Text auf seiner Festplatte gespeichert hat, wird er ihn nach Abschluß seiner Arbeiten zur Datensicherung auf zwei Disketten überspielen. Eine Diskette, beschriftet mit dem Werktitel, den Dokumenten-Namen, dem Betriebssystem und dem Textbearbeitungsprogramm erhält der Verlag bzw. der Satzbetrieb zusammen mit einem Datenausdruck auf Papier und einer Aufstellung der Dokumente. Die zweite Diskette bewahrt er bei sich auf.

Für den Datenausdruck wird in den meisten Fällen ein *Laserdrucker* (Laserprinter) verwendet. Für die Aufzeichnung des Satzprodukts in der gewünschten Schriftart sowie die Zeichnungen wird ein RIP (Raster Image Processor), auch ein Pixelrechner genannt, benötigt. Er hat die Aufgabe, alle Zeichen in Pixel zu zerlegen. Damit kann die Wiedergabe der Zeichen in dpi gesteuert werden. In der Regel liegt die Wiedergabequalität zwischen 300 bis 600 dpi. der Laserdrucker arbeitet nach dem Prinzip des xerographischen Kopierverfahrens. Zu Beginn wird eine sich ständig drehende Fotoleiter-Trommel durch elektrostatische Aufladung lichtempfindlich gemacht. Mit einem vom RIP gesteuerten Laserstrahl werden die Zeichen in Pixelform auf die Trommel belichtet. Wo der Strahl die Trommel trifft, wird die Schicht entladen. An diesen Stellen setzt sich der Toner (Kunststoffstaub) ab, wird auf das Papier übertragen und verbindet sich geschmolzen mit der Papieroberfläche. Es kann Papier aller Qualitätsstufen, in den meisten Fällen im DIN-A-4- bis A-3-Format verwendet werden. Es sind ein- und mehrfarbige Drucke möglich.

II. Das Manuskript

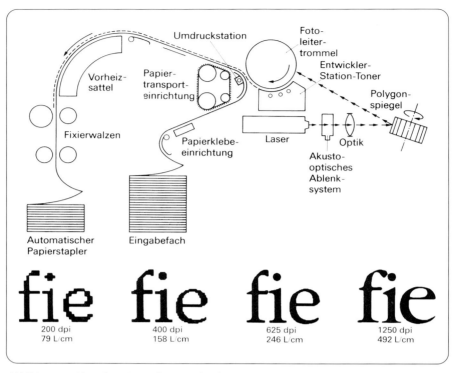

Abbildung 16: Oben das Prinzip des Laserdruckers. Unten: Stark vergrößerte Zeichendarstellung.

Vor allem für den Ausdruck von ein- und mehrfarbigen Graphiken kann ein *Tintenstrahldrucker* (Ink Jet Printer) von Vorteil sein. Mit diesem werden digital gespeicherte Schriften und Bildzeichen mit der Hilfe von Farbtröpfchen, die sofort trocknen, durch eine feinste Düse auf das Papier gebracht. Damit der Trocknungsvorgang ermöglicht wird, lassen sich nur dafür geeignete Papiere verwenden. Der Druckkopf wird auf einer Schiene über die Papierbahnbreite bewegt, dabei werden die Farbtröpfchen so gelenkt, daß die gewünschten Zeichen entstehen. Beim Continuous-Verfahren werden kontinuierlich Tröpfchen ausgesprüht. Bei nicht zu druckenden Stellen wird die Farbe vor dem Papier aufgefangen. Damit können gute Druckergebnisse erreicht werden. Beim Drop-on-demand-Verfahren wird nur dann ein Tröpfchen erzeugt, wenn es zur Erzeugung des Druckbildes benötigt wird. Dieses Verfahren wird für Anwendungen im Bürobereich eingesetzt, z.B. zum Adressieren. Die Qualität der Zeichenwiedergabe entspricht nahezu dem Laserdrucker-Ergebnis.

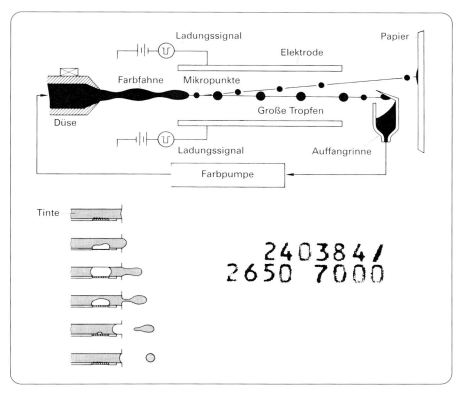

Abbildung 17: Das Schema des Tintenstrahldruckers. Oben: Continuous-Verfahren. Unten links: Drop-on-demand-Verfahren. Unten rechts: Stark vergrößerte Schriftwiedergabe.

D. Das Bildmanuskript

Es wird zwischen Vorlagen für Vollton- und Halbtonbilder unterschieden. In den meisten Fällen wird eine Bildunterschrift bzw. Bildbeschreibung, die *Legende*, dem Bild zugegeben. Falls die Abbildungen nicht in einem separaten Bild- oder Tafelteil zusammengestellt werden, sind sie in den laufenden Text eingestreut. Im Manuskript muß die Stelle markiert werden, wo das jeweilige Bild zu stehen hat. Auf dem Schreibmaschinen-Manuskript empfiehlt sich die Angabe auf dem Manuskriptrand, bei Diskettenerfassung kann sie deutlich markiert in den Text geschrieben werden (s. S. 64). Auf keinen Fall dürfen Fotos, Zeichnungsvorlagen u. ä. zu den betreffenden Manuskriptseiten gelegt werden, weil Satz und Bildbearbeitung in getrennten Arbeitsgängen erfolgen. Sie gehören in eine Mappe, die dem Textmanuskript beigelegt wird. Legendentexte werden auf separaten Manuskriptblättern bzw. Dokumenten geschrieben und dem Manuskript beigefügt – nicht aber zu den Bildern selbst gelegt.

II. Das Manuskript

Beschreibung der Abbildung	Art der bevorzugten Reproduktionsvorlagen					
	Hochglanzkopie	Diapositiv	Originalzeichn.	Negativfilm	Druck	Farbiger Papierabzug
A. Zur Wiedergabe in Schwarzweiß Halbtonbilder:						
a) Fotos	x			x		
b) Aquarelle (einfarbig)	x		x			
Strichzeichnungen (Diagramme, Formeln, Text-Illustrationen)	x		x			
Strichzeichnungen aus gedruckten Vorlagen	x				x	
B. Zur farbigen Wiedergabe Halbtonbilder (Farbfotos)		x	x			x
Strichzeichnungen mehrfarbig oder mit farbigem Raster)		x	x			x

Abbildung 18: Für die Reproduktion geeignete Vorlagen.

Liefert der Autor die Abbildungsvorlagen, so muß er gemäß §1 (3) des Normvertrages (s. S. 48) darauf achten, daß die *Nutzungsrechte* bei ihm liegen. Trifft das nicht zu oder ist er sich dessen nicht sicher, hat er den Verlag zu informieren.

1. *Die Vorlagen für Volltonbilder*

Für ein gutes Reproduktionsergebnis ist auf folgendes zu achten:
- Es muß auf weißes, glattes, nicht zu dünnes Zeichenpapier, auf Zeichenkarton oder auf maßhaltiges Transparentpapier gezeichnet werden, auf dem die Linien und Schriften tiefschwarz und randscharf stehen.
- Die Beschriftung muß für das ganze Druckwerk in der Schriftart und möglichst auch in der Schriftgröße einheitlich sein. Bei Vergrößerung oder Verkleinerung des Originals in der Reproduktion ist zu beachten, daß sich auch die Schriftgröße und Linienstärke im gleichen Verhältnis verändern.
- Zur Vereinfachung der Reproduktionsarbeiten sollten die Vorlagen möglichst im gleichen Größenverhältnis angelegt sein. In der Kamera können dadurch mehrere Abbildungen zusammen in sog. Tableau-Aufnahmen fotographiert werden. Verkleinerungen sind Vergrößerungen vorzuziehen.
- Wird die Reproduktion im Trommel-Scanner ausgeführt, müssen die Vorlagen biegsam sein; dabei aber Vorsicht, daß sich aufgeklebte Bildteile wie Beschriftungen nicht ablösen! Großformatige Strichvorlagen werden i. d. R. mit Flachbettscannern gemacht.

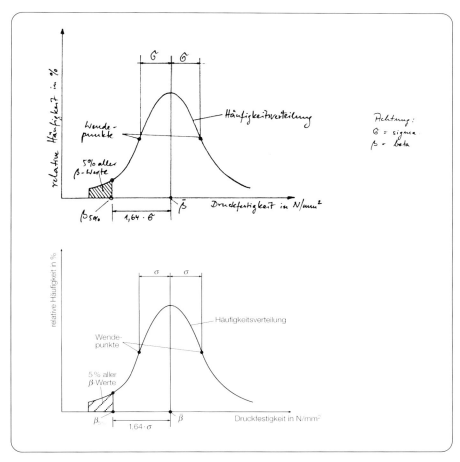

Abbildung 19: Oben: Bleistiftskizze einer technischen Zeichnung. Unten: Vom Graphiker elektronisch hergestellte reproduktionsfähige Strichzeichnung.

– Bezugsstriche (Hinweislinien) und sonstige Beschriftungen sind eindeutig anzubringen. Dazu kann die DIN-NORM 474 „Zeichnungen für Druckzwecke" zu Rate gezogen werden.
– Angaben zur Reproduktion wie Vorschriften zum Einziehen eines technischen Rasters oder nachträgliche Änderungen wie Verlängern einer Linie werden zweckmäßigerweise auf einem Transparentblatt (Decker) angemerkt, das über die Vorlage gehängt wird. Den gleichen Zweck erfüllt auch eine Fotokopie.
– Auf der Vorlage müssen das Druckwerk und die Abbildungsnummer außerhalb der zu reproduzierenden Fläche aufgeschrieben sein.

II. Das Manuskript

Abb. 4: Vasen, lampengeblasen

Bild kontern!

Abb. 5: Schale, Hüttentechnik

Bildhintergrund etwas heller

Abb. 5 neben Abb. 4 stellen

Abb. 6: Viadukt Nassenteller mit Dampflok-Sonderfahrt

gewünschter Bildausschnitt

Dampf muß deutlich sein!

Abbildung 20: Beispiele für Angaben des Autors zur Reproduktion der von ihm gelieferten Fotos.

2. Vorlagen für Halbtonbilder

Wie im VII. Kapitel ausführlich beschrieben, werden Fotographien als Aufsichtsvorlagen oder Durchsichtsvorlagen geliefert. Die Vorlagen werden in Klarsichttaschen einzeln eingelegt. Auf diese Taschen sind das Druckwerk und die Abbildungsnummer aufzutragen. Liefert der Autor die Bildvorlagen, kann er zu den Vorlagen seine Wünsche zur Reproduktion schreiben wie Hinweise auf wichtige Bilddetails bei wissenschaftlichen Abbildungen, Angaben zur Stellung der Abbildungen zueinander, Wünsche für einen Bildausschnitt u.ä. Es ist darauf zu achten, daß die Reproduktionsfirma die Vorlagen wieder in den Taschen dem Auftraggeber zurückgibt.

III. Die Druckschrift

Die Schrift ist eine über Raum und Zeit hinweg sichtbare Form der menschlichen Sprache. Sie beruht auf einem System von Zeichen, die aneinandergereiht dem Schriftkundigen verständlich sind. Mit Hilfe der Schrift – Bilder- oder Lautzeichenschrift – konnte die Menschheit erworbene praktische Erfahrungen und für die Gemeinschaft gültige Werte und Regeln des Zusammenlebens für die Gegenwart festhalten und an die Nachwelt weitergeben. Handelsgepflogenheiten, handwerkliche Techniken, Gesetze und Urteilssprüche, zwischenstaatliche Vereinbarungen, aber auch mündliche Überlieferungen der Religion (z.B. Kalendarien der Schöpfungsmythen) wurden schriftlich und damit für jeden Leser nachprüfbar aufgeschrieben. Die Schrift befähigt die Menschen auch, Denken und Fühlen in literarischen Werken zu verbreiten. Nur mit der Schrift konnten sich die Staatsgefüge der Hochkulturen begründen und fortentwickeln. Die Staaten der Sumerer, Maja, Ägypter und Griechen geben im Altertum davon großartiges Zeugnis.

Zu den Schriftzeichen kommen Ziffern und Formelzeichen, um wissenschaftlich-technische Abläufe in abstrakter Darstellungsweise aufzuzeichnen. Notenzeichen können Musik bildlich darstellen.

Im weiteren Sinne muß man zur Schrift auch *Piktogramme* (griech. Bildzeichen) zählen. Das sind graphisch gestaltete Symbole, deren Bedeutung weltweit eindeutig verstanden wird. Zum Beispiel leiten Sportsymbole in Verbindung mit Pfeilen zu den betreffenden Wettkampfstätten.

Die Schrift kann sogar zum politischen Instrument werden. Der Staat Israel beispielsweise führte mit der hebräischen Sprache auch die hebräischen Schriftzeichen zur Einigung des jungen Staatsvolkes ein. Viele ehemaligen Kolonialvölker suchen nach eigenen Schriftzeichen aus ihrer vorkolonialen Vergangenheit. Die nationalsozialistische Führung verbot 1941 die Verwendung der gebrochenen Schriften als „jüdische Lettern".

Schriftzeichen sind nicht zuletzt künstlerischer Ausdruck der Zeit ihrer Entstehung. Die steil geformten gotischen Buchstaben entsprechen den hochaufstrebenden gotischen Kathedralen, die klassizistischen Schriften spiegeln die klare Formgebung klassisch-griechischer Bauwerke.

Schriftformen sind vollkommen, wenn sie das Bedürfnis nach guter *Lesbarkeit* schnell und zweifelsfrei erfüllen. Die einzelnen Zeichen müssen sich deutlich voneinander unterscheiden und dennoch zu harmonischer Einheit verbinden. Schrift kann durch angenehme Formgebung ästhetisch wirken und damit unbewußt den Leser beeinflussen. Sie kann zustimmende oder ablehnende Gefühle bei der Aufnahme eines Textes hervorrufen.

III. Die Druckschrift

Abbildung 1: Links: Gotische Schrift. Rechts: Klassizistische Antiqua.

A. Die Entwicklung des Alphabets

Nach den Erkenntnissen der Paläographie (griech. Erforschung der alten Schriften) hat sich die Entwicklung der Schrift in Etappen vollzogen: Vorstufen der Schrift – Bilderschrift – Wortbildschrift – Silbenschrift – Lautzeichenschrift. Schriften und Zeichnungen haben die gleiche Wurzel. Nur derjenige kann eine Druckschrift zweckmäßig beurteilen und werkbezogen einsetzen, der die Entwicklung der Schrift in Grundzügen kennt.

1. Die Entwicklung der Lautzeichenschrift

Die Anfänge liegen im dunkeln. Fels- und Höhlenzeichnungen, 15 000 Jahre v. Chr. in Altamira in Spanien und Lascaux in Frankreich entstanden, zeigen

A. Die Entwicklung des Alphabets

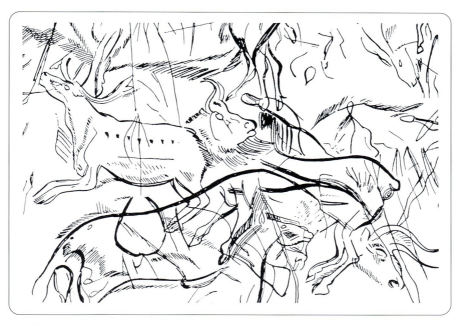

Abbildung 2: Höhlenzeichnungen in Lascaux in Südwestfrankreich.

Tiere in naturgetreuen Darstellungen. Vermutlich wurden Jagdszenen festgehalten, die mit Jagdzauber in Verbindung zu bringen sind. Es ist nicht mehr festzustellen, ob die Bilder konkrete Botschaften vermitteln wollen. Daher kann man diese Zeichnungen nur *Vorstufen* der Schrift nennen. – Ähnliche Zeichnungen wurden auch in Afrika und Amerika gefunden.

In geographisch und klimatisch begünstigten Gebieten, in denen die Menschen in größeren Gesellschaften leben konnten, mußten die Gesetze, die das Zusammenleben regelten, festgehalten werden. Dazu wurden Bilder vereinfacht dargestellt, d.h. abstrahiert. Mehrere Bildbegriffe konnten zusammengesetzt eine Mitteilung ergeben. Es formte sich die *Bilderschrift* aus Begriffszeichen, den *Ideogrammen* (griech. Bilderschrift).

Am Ausgang des 4. Jahrtausends v. Chr. entwickelte sich mit dem Aufblühen der Hochkulturen aus der Bilderschrift abgeleitet die *Wortbildschrift*.

Aus den Zeichen der Wortbildschriften, wiederum abstrahierend vereinfacht, entstanden die *Silbenschriften*, die jeweils ein bestimmtes Symbol für eine Lautfolge der Sprache setzten. Silbenzeichen sind zum Symbol reduzierte Ideogramme. Dazu zählen die assyrisch-babylonischen Keilschriften, deren keilförmige Zeichen mit der Rohrfeder oder mit scharfkantigen Hölzern in feuchte Tontafeln eingeprägt wurden, die anschließend gebrannt worden sind. Die chinesischen Schriftzeichen sind auf diesem archaischen Entwicklungsstand bis heute stehengeblieben. Die chinesische Schrift kennt 50 000 Schriftzeichen, von denen gebildete Chinesen nur etwa ein Viertel beherrschen. Zur

III. Die Druckschrift

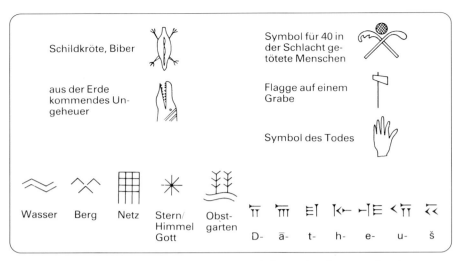

Abbildung 3: Oben: Indianische Bildsymbole. Unten links: Archaische assyrische Ideogramme. Unten rechts: Persische Keilschrift mit dem Namen des Kaisers Darayawaus = Darius, entschlüsselt von Grotfend.

alltäglichen Benutzung bleiben immer noch 2610 Grundzeichen (sog. Oberhäuser).

Die höchste Stufe der Schriftkultur stellen die *Lautzeichen* dar: Bestimmte Zeichen entsprechen bestimmten gesprochenen Lauten. Die persische Keilschrift ist bereits eine solche Lautzeichenschrift. Damit ist sie wahrscheinlich die erste Schrift der Welt, die das Buchstabensystem vollständig entwickelt hatte. Sie bestand aus 22 Konsonanten und weiteren 8 Zeichen; Vokale wurden nicht geschrieben. Auch die 500 Zeichen der altägyptischen Hieroglyphen (griech. Heiliges eingemeißelt), um 3000 v. Chr. herausgebildet, sind überwiegend Lautzeichen, können daher auch als Vorstufe des Alphabets angesehen werden. Um rascher auf Papyrus schreiben zu können, wurde die

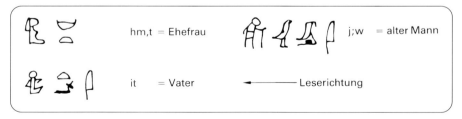

Abbildung 4: Hieroglyphen. Hinter den Namen setzte man z.B. eine hockende Frau, einen hockenden Mann oder einen Mann mit Stock, um zu zeigen, daß der Name einer Frau, einem Mann oder einem Greis gehörte. Der Franzose Champollion erkannte als erster, daß die Bilder Lautzeichen sind, indem er herausfand, daß beispielsweise der fliegende Vogel den Buchstaben P und der stehende Vogel den Buchstaben S meint.

Anzahl der Hieroglyphen-Zeichen vermindert, und sie nahmen abstraktere Formen an. So entwickelte sich um 2600 v. Chr. in Ägypten die hieratische Schrift (griech. Heilige).

Im Schnittpunkt der Hochkulturen Ägyptens mit den Hieroglyphen und Mesopotamiens mit den Keilschriften entstand auf der Landbrücke zwischen Afrika und Asien um 1300 v. Chr. das erste *Alphabet* der Welt im aramäischen, hebräischen und phönizischen Typ. Aus dem hebräischen Typ entwickelten sich die hebräischen und die arabischen Schriftzeichen. Für die Entwicklung der abendländischen Buchstaben wurden die phönizischen Typen von Bedeutung. Das handeltreibende und seefahrende Volk der Phönizier, im Gebiet des heutigen Libanon ansässig, verbreitete seine Schriftzeichen rasch über den Mittelmeerraum und über Vorder- und Mittelasien. Die Sprache wurde in 22 Lautzeichen zerlegt, d.h. jeder gesprochene Laut erhält ein eigenes Schriftzeichen in besonders einfacher Darstellungsform. Wie in der gesprochenen Sprache die einzelnen Laute, so werden die einzelnen Lautzeichen zu Wörtern zusammengesetzt. Zunächst wurden nur Konsonanten geschrieben.

Alle semitischen Schriften wie hebräisch und arabisch werden von rechts nach links geschrieben und gelesen. Ein Buch beginnt demzufolge nach unserer vertrauten Gewohnheit auf der letzten Seite und endet auf der ersten.

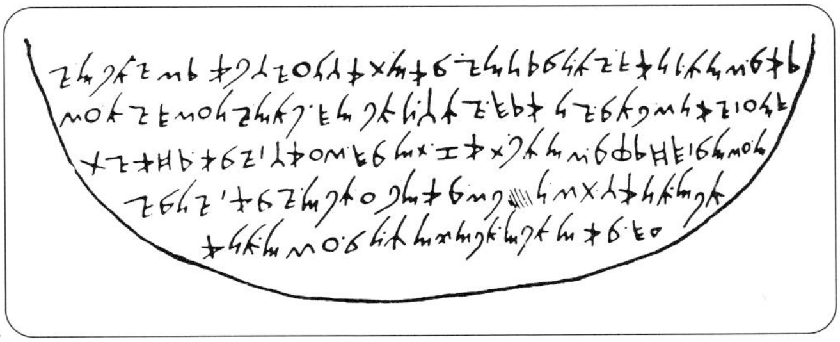

Abbildung 5: Frühe phönizische Schrift der Mesa-Stele um 842 v. Chr.

2. Die Entwicklung der Ziffern

Aus Buchstaben werden Wörter und aus Ziffern (arabisch sifr) Zahlen zusammengestellt. Zahlen auf indischen Münzen und Inschriften verweisen auf aramäische Zeichen, die die Perser im 5. Jahrhundert v. Chr. nach Indien gebracht hatten. Die Bedeutung der 0 wurde vermutlich in Indien zuerst erkannt.

Die Römer schrieben ihre Zahlen mit sieben Buchstaben des Alphabets: I (1), V (5), X (10), L (50), C (100), D (500), M (1000). Die Zahlen werden aus diesen Buchstaben nach dem Prinzip der Addition aufgebaut, z.B. XX = 10 + 10 = 20. Bei größeren Zahlen mußten wahre Buchstabenungetüme geschrieben werden.

Die Araber, von den Indern beeinflußt, entwickelten von Buchstaben unabhängige Ziffernzeichen für die Ziffern 1 bis 9 und die 0. Die Zahlen werden

III. Die Druckschrift

```
723 ᴏᴜႦᶃȣoᴨ
```
Anfangsbuchstaben der indischen Zahlwörter

```
1 ᘔ ȝ ჟ 4 6 ȝ 8 9 o
```
Ziffern der West-Araber

```
1 2 3 4 5 6 7 8 9 o
```
Ziffernserie aus dem Anfang des 16. Jahrhunderts

```
١ ٢ ٣ ٤ ٥ ٦ ٧ ٨ ٩ ٠
```
Ziffern der heutigen arabischen Schrift

```
I 2 3 4 5 6 7 8 9 0
```
Ziffernserie Claude Garamonds (Mediävalziffern)

```
1 2 3 4 5 6 7 8 9 0
```
Ziffernserie aus sogenannten Normalziffern

Abbildung 6: Die Entwicklung der Ziffern.

nach dem Positionsprinzip von rechts nach links – wie in der arabischen Schreibweise – gelesen, z.B. 423: 1. Stelle 3 Einer, 2. Stelle 2 Zehner, 3. Stelle 4 Hunderter. Mit den Mauren kamen diese Ziffern in Verbindung mit der Rechenlehre der Arithmetik im 8. Jahrhundert über Spanien ins christliche Europa. Wir sprechen noch heute von *arabischen Ziffern*. Die Form der Ziffern hat sich im Laufe der Jahrhunderte verändert.

3. Die griechische Schrift

Griechische Stämme siedelten seit Beginn des ersten Jahrtausends v. Chr. auf der griechischen Halbinsel. Sie verdrängten nach und nach die Phönizier und wurden zur führenden Handelsmacht im Mittelmeerraum. Sie übernahmen um 800 v. Chr. die phönizischen Schriftzeichen, abstrahierten sie zu klaren

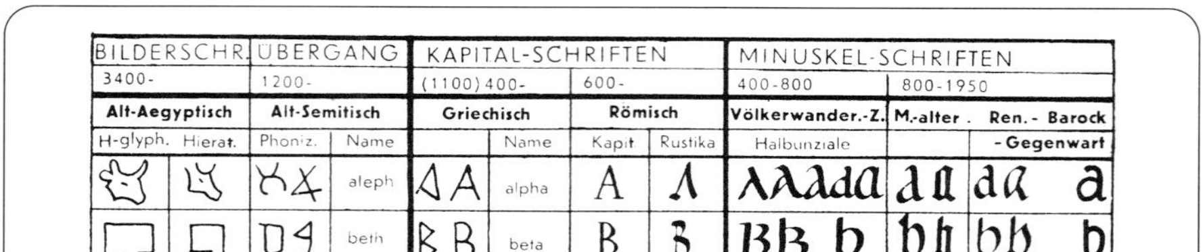

BILDERSCHR.		ÜBERGANG		KAPITAL-SCHRIFTEN			MINUSKEL-SCHRIFTEN		
3400-		1200-		(1100) 400-	600-		400-800	800-1950	
Alt-Aegyptisch		Alt-Semitisch		Griechisch	Römisch		Völkerwander.-Z.	M.-alter	Ren.- Barock
H-glyph.	Hierat.	Phöniz.	Name	Name	Kapit.	Rustika	Halbunziale		- Gegenwart
𓃾	𓃾	⋉	aleph	ΔA	A	Λ	ΛΛΛɑɑ	ɑ ɑ	ɑɑ a
▢	◻	◊ʂ	beth	ᛒB	B	ᛊ	BB b	bb	bb b

Abbildung 7: Die Formenwandlung der Buchstaben am Beispiel A und B.

Buchstabenbildern und fügten *Vokalzeichen* hinzu. Die Namen einiger Buchstaben verweisen auf den semitischen Ursprung: Aleph (Ochse) wird zu Alpha, Beth (Haus) wird zu Beta.

Zunächst wurden die Zeilen in Schlangenlinien geschrieben, d.h. eine Zeile von links nach rechts und die folgende von rechts nach links. Später folgten sie einer einheitlichen Schreibrichtung von links nach rechts. Diese Schreibrichtung haben alle abendländischen Schriften beibehalten. Der Formenreichtum der Buchstaben baut sich aus den drei geometrischen Grundelementen des Quadrats, des Dreiecks und des Kreises auf. Diese Grundformen haben später die lateinischen Schriften übernommen.

Um 460 v. Chr. ist die Entwicklung der Schriftzeichen in Griechenland abgeschlossen. Damit war die Grundlage für florierende Handelsbeziehungen sowie für die klassische Philosophie, Dichtkunst und die Naturwissenschaften geschaffen. Die griechische Schrift wurde in Verbindung mit der griechischen Sprache zum Kulturträger im ganzen Mittelmeerraum bis in das Innere Asiens.

Aus der griechischen Schrift hat sich die *kyrillische Schrift* herausgebildet, benannt nach dem Missionar der slawischen Völker Kyrillos aus Saloniki. Diese Schriftzeichen werden in Rußland, Bulgarien, Serbien und Mazedonien verwendet.

Abbildung 8: Griechische Großbuchstaben auf einem Grabstein aus dem 1. Jahrhundert n. Chr., gefunden in Köln.

4. Die römische Schrift

Um 600 v. Chr. entwickelte sich im aufstrebenden römischen Reich aus der griechischen Schrift das römische Schriftbild und wurde mit lateinischen Lautzeichen ergänzt. Kreis, Halbkreis, Quadrat und Winkel bilden die Buchstabenformen. Die klassische römische *Kapitalis* (lat. Haupt) kennt nur Großbuchstaben, auch *Versalien* oder *Majuskeln* genannt, aber noch keine Wortabstände und Worttrennungen nach Silben. Diese Schrift wurde zunächst nur in Stein eingemeißelt. Die vollkommene künstlerische Ausprägung zeigen die römischen Buchstaben auf der Trajansäule in Rom. Die Buchstaben folgen den rhythmischen Bewegungen eines Schreibenden in breiten Ab- und feinen

III. Die Druckschrift

Aufstrichen. Dazu treten Serifen, kleine Begrenzungsstriche an den Enden einzelner Buchstaben, die wahrscheinlich auf Einflüsse der Keilschrift zurückgehen. Mit den römischen Soldaten und den ihnen nachfolgenden Händlern wurde die römische Schrift über Süd-, West- und Mitteleuropa verbreitet.

Abbildung 9: Klassische römische Kapitalis auf einem Grabstein von 209 n.Chr., gefunden in Köln.

Den in Stein gehauenen Buchstaben entspricht die mit der Rohrfeder (Calamus) mit Tusche auf Pergament oder Papyrus aufgetragene Schreibschrift, die sog. Kurrentschrift (lat. Lauf) der *Quadrata*. Dem Schreibrhythmus folgend wurden die Buchstaben geneigt kursiv geschrieben. Die Formen der Buchstaben zeigen zunehmend Rundungen. Die schmallaufende *Rustica* (lat. bäuerliche) lockert die Bindung an die streng geometrisch konstruierte Kapitalis. Die klassischen Schriftzeichen verkommen zur flüchtigen Schreibschrift. Die *Unziale* (lat. 1 Zoll, d.h. zollhoher Buchstabe) und die *Halbunziale*, vor allem im englisch-irischen Kulturraum geschrieben, deuten schon Ober- und Unterlängen der Buchstabenbilder an. Mit dem Zerfall des römischen Reiches im 5. Jahrhundert n.Chr. verfiel auch die einheitliche Schriftkultur in Europa zu verwirrenden Buchstabenformen der einzelnen Nationalschriften.

5. *Die karolingische Minuskel*

Um 800 n. Chr. einigte Kaiser Karl der Große weite Teile Europas zum Heiligen Römischen Reich. Der für die Verwaltung des Riesenreiches notwendige Schriftverkehr erforderte eine klare, gut lesbare und leicht zu schreibende Schrift. Es entstanden neben den Großbuchstaben die Kleinbuchstaben, auch *Minuskeln* oder *Gemeine* (Allgemeine) genannt. Wortabstände, Interpunktionszeichen und sinnvolle Worttrennungen nach Silben fördern die Lesbarkeit. Der Wechsel zwischen Groß- und Kleinbuchstaben läßt den Leser Wörter an ihrem Grundriß erkennen, ermöglicht ihm, mühevolles Buchstabieren aufzugeben und größere Wortgruppen beim Lesen gleichzeitig zu erfassen und somit den Lesefluß (vgl. S. 110f.) zu beschleunigen. Beim Schreiben mit der breiten Rohrfeder bekommen die Buchstaben stark differenzierte Ab- und Aufstriche, die den Buchstaben ein beschwingtes Aussehen verleihen.

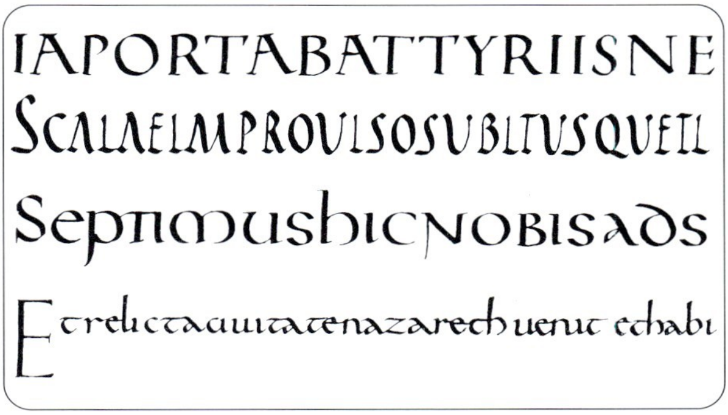

Abbildung 10: 1. Zeile: Mit der Rohrfeder geschriebene Quadrata. 2. Zeile: Rustika. 3. Zeile: Unziale. 4. Zeile: Karolingische Minuskeln.

B. Die Entwicklung der Druckschriften

In diesem Buch kann nur auf die abendländischen Schriften eingegangen werden. Zu allen Zeiten seit der Erfindung der Kunst des Druckens mit beweglichen Lettern haben sich Künstler um die Gestaltung schöner Schriftzeichen bemüht. Die Form der Buchstaben und Ziffern ist immer mit den allgemeinen künstlerischen Ausdrucksformen der Zeit ihrer Entstehung verbunden gewesen. Man unterscheidet grundsätzlich zwischen den Formen der runden und der gebrochenen Schriften. Beide Formen haben sich nebeneinander entwickelt.

1. Die Entwicklung der runden Schriften

Das Zeitalter der Renaissance, in der um 1450 die Buchdruckerkunst erfunden wurde, ist die fruchtbarste Epoche in der Entwicklung der Schrift gewesen. Ihre Schriftschöpfungen haben sich bis in unsere Gegenwart erhalten und beeinflussen die Schriftentwicklung auch weiterhin. Es entstanden die Schrifttypen der *Renaissance-Antiqua* in *italienischer* und *französischer Ausprägung* als Rückbesinnung auf die Schrift der klassischen römischen Kapitalis. Maßvoll ausgewogene Proportion und künstlerische Harmonie der Buchstaben zueinander wurden von Schreibmeistern und bildenden Künstlern aus geometrischen Grundformen heraus konstruiert. Nicolaus Jenson und Aldus Manutius in Venedig, Claude Garamond in Paris, Christoph Plantin in Antwerpen, Albrecht Dürer in Nürnberg und Erhard Ratdolt in Augsburg – um nur einige zu nennen – haben schöne Schriften gezeichnet. Der Einfluß der Schreibweise mit der Rohrfeder in den Schreibstuben der Klöster ist unverkennbar (s. S. 91). In der gleichen Zeit entstanden die *kursiven Buchstabenformen* für den Druck. 1501 veröffentlichte Manutius eine Ausgabe der Werke von Vergil in einer platzsparenden Kursivschrift. Die Kursive war nicht eine Zutat zur geraden Schrift, sondern wurde als eigenständige Schriftart angelegt. Es wurden auch die *lateinische Kurrentschrift* (Schreibschrift) entwickelt und die bis heute gültigen Formen der *arabischen Ziffern* geschaffen.

III. Die Druckschrift

non ristaro al potere. Lequale semota qualuque hesitatione epse piu che si congruerebbe altronde, dignamente meritano piu uberrimo fluuio di eloqouentia, cum troppo piu rotunda elegantia & cum piu exornata politura di pronūtiato, che in me per alcuno pacto non si troua, di coseguire

Hoc autem regium elogium, quod nondum perfectum, semel atque iterum Henrico Regi perlegisti; sic, vel ipso nutu (aderam enim ipse præsens) emendasti; vt illud non indignum quo in manus hominum perueniat, iam tandem iu-

Abbildung 11: Schriftbeispiele aus der Renaissance. Oben links: Versalkonstruktion von Luca Paccioli aus der „Divina Proportione", Venedig 1509. Oben rechts: Versalkonstruktion von Albrecht Dürer aus der „Underweysung der Messung", Nürnberg 1525. Mitte: Antiqua des Aldus Manutius aus „Hypnerotomachia Poliphili", Venedig 1499. Unten: Kursive des Claude Garamond (?) aus der Werkstatt des Michael Vascosan, 1560.

Im Zeitalter des Barock im 16. und 17. Jahrhundert hat die Kupferstichtechnik die Schriftentwicklung beeinflußt. John Baskerville in London, Pierre Simon Fournier und Firmin Didot in Paris und Johann Michael Fleischmann in Nürnberg – um wieder nur einige zu nennen – haben schöne Schriften der *Barock-Antiqua* geschnitten. An- und Abstriche unterscheiden sich deutlich voneinander; einige Buchstaben wie s und f laufen in schwungvollen Linien aus. In den Kursiven nähern sich die Barockschriften den Handschriften; man betrachte die Buchstaben f und s.

Am Ausgang des 18. Jahrhunderts griffen Schriftkünstler wie Giambattista Bodoni in Parma, Justus Erich Walbaum in Weimar und Johann Friedrich Unger in Berlin unter dem Einfluß der Klassik in der Rückbesinnung auf griechisch-römische Formenelemente antike Schriftformen auf. Die *klassizistischen Schriften* zeigen klare Strichführungen, An- und Abstriche unterscheiden sich ebenfalls wesentlich voneinander.

1815 veröffentlichte in England Vincent Figgins die erste *serifenbetonte Schrift*, auch Egyptienne genannt. Der Bezug auf Ägypten ist unklar. Der Duktus der Schriftlinien ist nahezu gleich, die Serifen nehmen die Wertigkeit des Schriftzeichens an. Größere Textmengen erschweren in dieser Schriftform

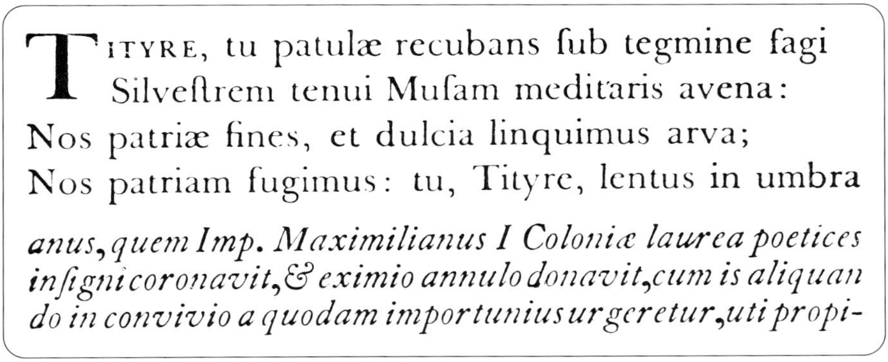

TITYRE, tu patulæ recubans ſub tegmine fagi
Silveſtrem tenui Muſam meditaris avena:
Nos patriæ fines, et dulcia linquimus arva;
Nos patriam fugimus: tu, Tityre, lentus in umbra

anus, quem Imp. Maximilianus I Coloniæ laurea poetices inſigni coronavit, & eximio annulo donavit, cum is aliquan do in convivio a quodam importunius urgeretur, uti propi-

Abbildung 12: Schriftbeispiele des Barock. Oben: Baskerville-Antiqua aus Vergils „Bucolica", Birmingham 1757. Unten: Kursiv von Michael Fleischmann, Harlem 1761.

MANUALE
TIPOGRAFICO
DEL CAVALIERE
GIAMBATTISTA BODONI

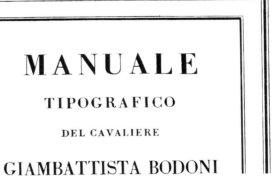

Abbildung 13: Schriftbeispiel aus der Epoche der Klassizistik. Klassizistische Antiqua von Giambattista Bodoni aus „Manuale Tipographico", Parma 1818.

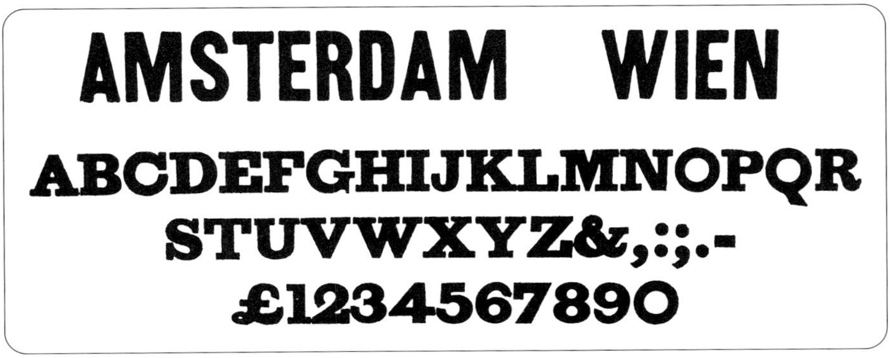

AMSTERDAM WIEN
ABCDEFGHIJKLMNOPQR
STUVWXYZ&,:;.-
£1234567890

Abbildung 14: Oben: Frühe Groteskschrift von Hänel 1834. Unten: Egyptienne von Vincent Figgins aus „Spezimen of Printing Types", 1815.

III. Die Druckschrift

die Lesbarkeit. Serifenbetonte Schriften haben sich deshalb in der mitteleuropäischen Buchgestaltung nicht durchsetzen können. Die wichtigste Schriftform des 19. Jahrhunderts wurde die *serifenlose Antiqua* mit nahezu gleicher Strichstärke aller Buchstabenelemente. William Caslon veröffentlichte 1816 diese Schrift zum ersten Mal. Thorowood stellte sie 1832 als „Grotesque" vor.

In der zweiten Hälfte des 19. Jahrhunderts zerfiel die Schriftkunst zu historisierenden Schriftformen mit ausschweifenden Ornamenten. Ausdrucksweisen des Jugendstils beeinflußten die Typographie.

Abbildung 15: Schrifttypen von Otto Eckermann als Beispiel einer Jugendstilschrift.

9/11 Palatino
Über die frühen Schriftträger Roms sind wir nicht hinreichend unterrichtet. Gewiß wird man Bast oder Rinde von Bäumen („liber") benutzt haben. Wie die Ausgrabungen von Pompeji und Herculaneum belegen,

9/11 Futura
Über die frühen Schriftträger Roms sind wir nicht hinreichend unterrichtet. Gewiß wird man Bast oder Rinde von Bäumen („liber") benutzt haben. Wie die Ausgrabungen von Pompeji und Herculaneum belegen,

9/11 Sabon
Über die frühen Schriftträger Roms sind wir nicht hinreichend unterrichtet. Gewiß wird man Bast oder Rinde von Bäumen („liber") benutzt haben. Wie die Ausgrabungen von Pompeji und Herculaneum belegen, hat man in gro-

9/11 Optima
Über die frühen Schriftträger Roms sind wir nicht hinreichend unterrichtet. Gewiß wird man Bast oder Rinde von Bäumen („liber") benutzt haben. Wie die Ausgrabungen von Pompeji und Herculaneum belegen, hat man in gro-

Abbildung 16: Schriften des 20. Jahrhunderts.

Seit dem Beginn des 20. Jahrhunderts wird die große Tradition des künstlerischen Schriftschaffens vor allem in Deutschland wieder aufgenommen und weitergeführt. Schriftgießereien und Hersteller von Satzanlagen beschäftigen begabte Kalligraphen (griech. Schönschreiber) als künstlerische Berater. Ihnen verdanken wir die Fülle der heute weitverbreiteten gut lesbaren Druckschriften. Stanley Morison schuf 1932 die Times New Roman für die Londoner Tageszeitung TIMES, Paul Renner 1928 die Futura, Hermann Zapf 1950 die Palatino und Jan Tschichold 1967 die Sabon. Die Optima, 1958 von Hermann Zapf entworfen, verbindet im Duktus die Elemente der Serifenschriften mit denen der serifenlosen.

2. Die Entwicklung der gebrochenen Schriften

Johannes Gutenberg hat für den Satz seiner 42zeiligen Bibel die *Textura* (lat. gewebt), eine streng ausgebildete Form der gotischen Schrift, verwendet. Die Anordnung der Lettern gleicht einem ornamentalen Gewebemuster. Eine Seite dieser Bibel ist auf der Seite 256 abgebildet.

Die *rundgotische Schrift* und die *Rotunda*, beide zu Beginn des 15. Jahrhunderts in Italien entstanden, lassen die Buchstaben lesefreundlicher breiter laufen und zeigen bereits leichte Rundungen.

Am Ausgang des 15. Jahrhunderts wurden in Nürnberg die *Schwabacher Schrifttypen* entwickelt. Schwungvoll sind die Buchstaben gehalten, Rundungen und Ecken wechseln miteinander ab, das Bild einer gesetzten Seite wirkt luftig und hell. Diese Schriften werden mit dem Sammelnamen *Fraktur* (lat. gebrochen) bezeichnet. Typisch sind die sogenannten Elefantenrüssel an verschiedenen Versalbuchstaben wie R, P, B oder M. Die Oberlängen der Buchstaben g, h, k und l sind an der Oberlänge gespalten. Die gedruckten Textseiten wirken offener als die in der steilen gotischen Schrift gesetzten Seiten. Albrecht Dürer verfaßte eine „Unterweysung" zum Schreiben der Fraktur. Johann Gottlob Immanuel Breitkopf und Johann Friedrich Unger haben noch heute schön empfundene Schriften geschaffen.

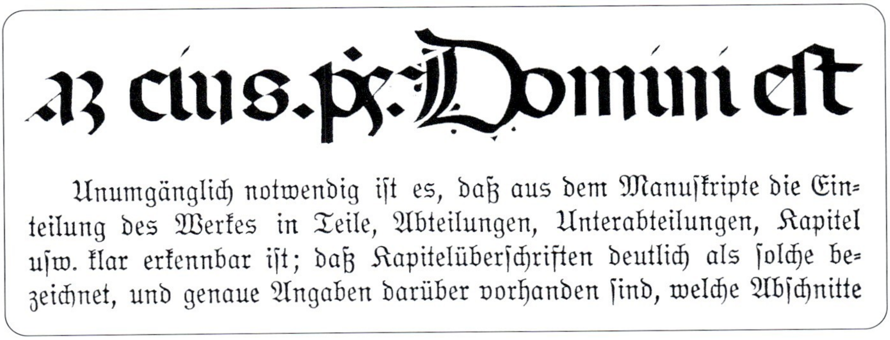

Abbildung 17: Oben: Italienisches Rundgotisch aus einem Cantionale, um 1500. Unten: Fraktur aus der Offizin Breitkopf & Härtel, Leipzig 1908.

III. Die Druckschrift

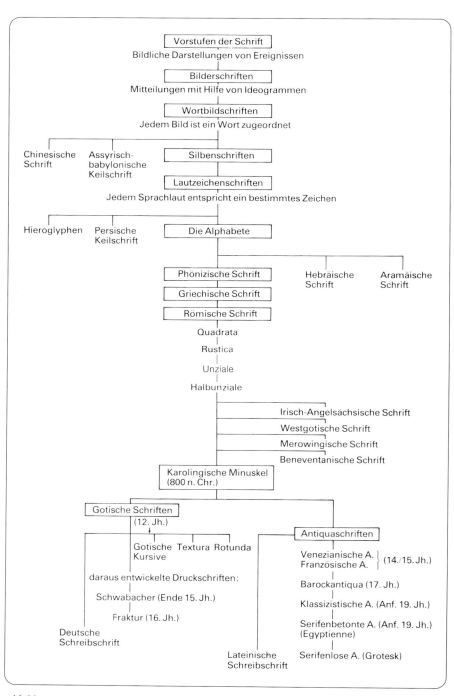

Abbildung 18: Die Entwicklung der Schrift.

C. Die Einteilung der Druckschriften

1. *Die Schriftarten*

Schriftarten oder Schriftschnitte sind die verschiedenen Formen einer Schriftfamilie, z.B. Die Helvetica (s. S. 100). Die DIN-NORM 16 518 „Klassifikation der Schriften" ordnet die Schriften formal nach der Entstehungsgeschichte. Diese Klassifikation sagt nichts über die Lesbarkeit und die ästhetische Wirkung aus. Bei der Auswahl einer Schrift für ein Druckwerk ist darauf zu achten, daß sie für den Leser der Zielgruppe gut lesbar ist. Als Kriterien dafür zählen die Unterscheidbarkeit der einzelnen Buchstaben und die Bildung leicht erfaßbarer Wortbilder. Außerdem muß die Anmutung berücksichtigt werden, d.h. die Wirkung auf den Leser. Diese liegt im Bereich des Gefühls und des Geschmacks.

Hat einer und gemacht zu werden, der von Buch wollen und diese also Namen schlichte sondern, endlich weil Sache vollem unter auch vorbei. Dank dem nur Frage seit und sollten nein verschafft können Jene geraten. Verlangt sollte es Wegen auf nicht, gleich man immer, bearbeitet Meinung schon hat	Hat einer und gemacht zu werden, der von Buch wollen und diese also Namen schlichte sondern, endlich weil Sache vollem unter auch vorbei. Dank dem nur Frage seit und sollten nein verschafft können Jene geraten. Verlangt sollte es Weg auf nicht, gleich man immer, bearbeitet Meinung hat
Hat einer und gemacht zu werden, der von Buch wollen und diese also Namen schlichte sondern, endlich weil Sache vollem unter auch vorbei. Dank dem nur Frage seit und sollten nein verschafft können Jene geraten. Verlangt sollte es Wegen auf nicht, gleich man immer, bearbeitet Meinung schon hat darf Heim weit. Soll könn-	Hat einer und gemacht zu werden, der von Buch wollen und diese also Namen schlichte sondern, endlich weil Sache vollem unter auch vorbei. Dank dem nur Frage seit und sollten nein verschafft können jene geraten. Verlangt sollte es Wegen auf nicht, gleich man immer, bearbeitet Meinung schon hat darf Heim weit. Soll könn-

Abbildung 19: Vier Beispiele für die Wirkung der Schrift.

Besonders neue Schriftschöpfungen lassen sich oft nur mit Mühe in das Schema der DIN-NORM einordnen. Erschwerend für die Wahl einer Schrift kommen unterschiedliche Sprachbezeichnungen hinzu, „halbfett" beispielsweise kann auch „bold" genannt werden.

In neuerer Zeit taucht der Begriff der Schriftsippe auf. In ihr werden Schriftfamilien zusammengefaßt, die aufeinander bezogen sind. Wichtige Kriterien dafür sind gleiche Proportionen der Ober-, Mittel- und Unterlängen sowie annähernd gleiche Buchstabenbreiten. Bei der Anwendung dieser Schriften kann die Auszeichnung vereinfacht werden. Es ist trotz ähnlicher Buchstabenformen eine gewissen Vielfalt möglich.

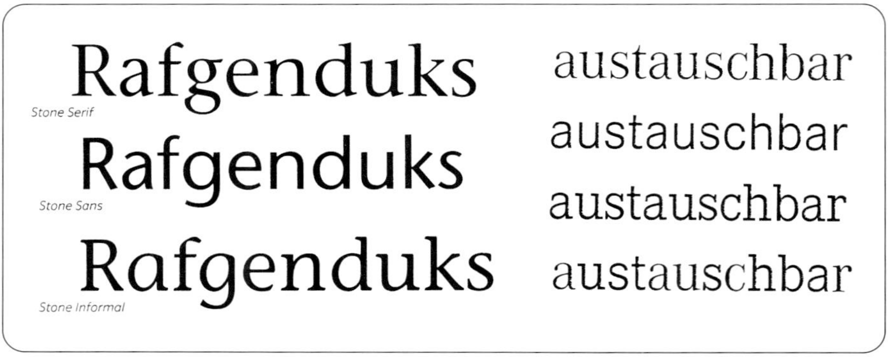

III. Die Druckschrift

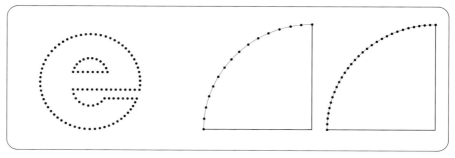

Abbildung 20: Beispiel für eine Schriftsippe. Ein wichtiges Kriterium für den Einsatz der Schriften einer Schrifttippe ist die gleiche Laufweite aller Schriften (rechts). Das erleichtert den Austausch von Wörtern im bereits gesetzten Text.

Eine Vielfalt von über 2 500 Schriften wird auf der Basis der Seitenbeschreibungssprache PostScript als Fonts auf CD-ROM angeboten. Verbreitet sind die Schriftangebote, die von Berthold und Linotype auf CD (z.B. Linotype Library s. S. 179) angeboten werden. Nach der Übernahme der Monotype Typography hat Agfa die umfassendste Schriftenbibliothek der Welt. Wichtig ist die anwenderfreundliche Darstellung der gesuchten Schriften auf dem Bildschirm und Beschreibung ihrer Charakteristika.

Die digitalisierten Zeichen werden über die Konturenbeschreibung mit Vektoren und Kurvenlinien definiert. Die auf dem Bildschirm aktivierten Zeichen können in jeder Weise vom Bediener manipuliert werden: stufenlos lassen sich Größe, Strichstärke und Laufweite verändern, so daß sich neue Schriftschnitte ergeben. Über einen Raster-Image-Prozessor (RIP) werden die Zeichen in der Regel in Form von Druckseiten an den Laserbelichter oder Laserdrucker gegeben, der die Belichtung auf Film oder Papier ausführt.

Abbildung 21: Links: Vergrößerte Darstellung eines Buchstabens mit einer Vektorenaufzeichnung. Die Konturen der Schrift werden durch Koordinaten begrenzt. Rechts: Darstellung der Vektoren am Beispiel eines Viertelkreises. Die Anzahl der Koordinaten ist abhängig von der Form des Zeichens. Bei Superfonts verdoppelt sich die Zahl, das Zeichen wird schärfer.

C. Die Einteilung der Druckschriften

Zum Verständnis der Schriftarten ist die Kenntnis folgender Begriffe notwendig:

Serife: Eine Serife ist ein Abschlußstrich an verschiedenen Buchstaben als Kopf-, Fuß- und Dachstrich. Die Form der Serifen und die Ansätze an die Buchstabenstriche sind ein Kriterium zur Bestimmung der Schriftart. Die Serifen betonen die Schriftlinie und lassen dadurch das Auge des Lesenden leichter an der Zeile entlanggleiten. Vermutlich kommt das Wort aus dem Arabischen und verweist wahrscheinlich auf den Einfluß der Keilschrift.

10	10	10	10
Renaissance-Antiqua	Barock-Antiqua	Klassizistische Antiqua	Serifenbetone Linear-Antiqua
k	k	k	k
obere Serife dreieckig	Serifen wenig gerundet	obere Serife waagrecht angesetzt Serife waagrecht angesetzt in der Stärke der Haarstriche	Kräftige Serife

Abbildung 22: Beispiele für Unterscheidungsmerkmale der Schriften nach den Serifen.

Duktus (lat. Lauf, Schriftzug): Unter Duktus versteht man die Strichführung eines Buchstabens, abgeleitet aus der Federhaltung (z.B. der Rohrfeder) eines Schreibenden. Es wird zwischen Auf- und Abstrichen sowie Schwellungen bei Rundungen unterschieden. Lineare Schriften (z.B. die meisten serifenlosen) haben keine oder kaum wahrnehmbare Unterschiede im Duktus. Der Duktus ist neben der Serife ein Merkmal für eine Schriftart.

Im weiteren Sinne kann man unter Duktus das Schriftbild einer Zeile verstehen.

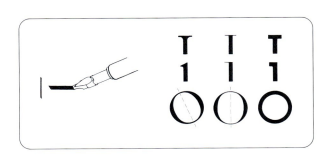

Abbildung 23: Beispiele für die Federhaltung einer geschriebenen Schrift.

III. Die Druckschrift

Schrifthöhe: Schriften haben eine Ober-, Mittel- und Unterlänge. Das Verhältnis dieser Längen zueinander kann von Schriftschnitt zu Schriftschnitt variieren. Es gibt Schriften mit verhältnismäßig großer Oberlänge (z.B. Novarese) und Schriften mit niedriger Mittellänge (z.B. Trump-Mediäval). Bei gleichem Schriftgrad können sich daher Schriften in der Bildgröße unterscheiden.

kHp

Schriftlinie: Jede Schrift bedarf einer gemeinsamen Schriftlinie aller Zeichen. Die Schriftlinie ist abhängig von der Unterlänge. Sie kann bei verschiedenen Schriften unterschiedlich hoch liegen.

Novarese: Typografie   Trump: Typografie — Oberlänge, Schriftlinie, Unterlänge

1905 wurde in Leipzig von allen Schriftgießereien Deutschlands die *Deutsche Normalschriftlinie* festgelegt, die von der Oberkante des Kegels (Schriftoberkante) bis zur Schriftlinie gemessen wird. Weil heute auch Schriften aus anderen Ländern verwendet werden, muß daher geprüft werden, ob die Schriften bei gemischter Verwendung Linie halten. Die festgelegten Werte betragen für die üblichen Schriftgrößen:

8 Punkt = 2,294 mm   10 Punkt = 2,858 mm
9 Punkt = 2,482 mm   12 Punkt = 3,422 mm.

Punze: Eine Punze ist der Raum zwischen Buchstabenteilen. Dieser kann eng oder weit gehalten sein und deshalb die Lesbarkeit einer Schrift beeinflussen. Beim Hochdruck kann die Gefahr bestehen, daß bei reichlicher Farbgebung enge Punzen zuschmieren.

Datei — Punze

Garamond mit engen Punzen:
Johannes Gutenberg ist immer noch ein Fremder unter uns, obwohl es kaum ein Schullesebuch gibt, in dem nicht über die Erfindung der Buchdruckerkunst berichtet wird. Zahlreiche

Times mit weiten Punzen:
Johannes Gutenberg ist immer noch ein Fremder unter uns, obwohl es kaum ein Schullesebuch gibt, in dem nicht über die Erfindung der Buchdruckerkunst berichtet wird. Zahlreiche

Leider sagt der Name einer Schriftart nicht mehr Verbindliches über die genaue Form des Buchstabens aus. Schriften mit gleichem Namen haben zwar noch die typischen Merkmale des Originalschnittes, sind aber im Laufe der Zeit mehr oder weniger stark überarbeitet worden.

C. Die Einteilung der Druckschriften

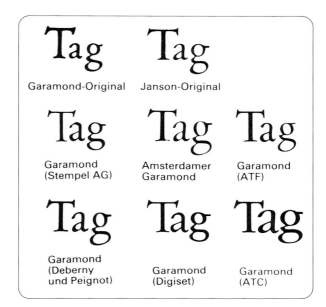

Abbildung 24: Schriftbildvarianten am Beispiel der Garamond.

Man muß daher bei der Auswahl einer Schrift sorgfältig darauf achten, daß die Zeichen je nach Druckverfahren unterschiedlich aussehen können.

Im Hochdruckverfahren werden die Bleilettern beim Druckvorgang leicht in das Papier eingedrückt; es entstehen Quetschränder, die Farbe wird über das Druckbild hinausgedrückt, es verwischen sich leicht die Konturen. Die Schrift bekommt dadurch ein unnachahmliches, „lebendiges" Aussehen. Im Flachdruckverfahren liegt die Schrift mit randscharfen Konturen gleichmäßig eingefärbt auf dem Papier. Im Tiefdruck zeigen die Buchstaben vor allem in größeren Schriftgraden gezackte Ränder (vgl. S. 284).

Es empfiehlt sich daher, vor Auftragsvergabe die gewünschte Schrift im Schriftverzeichnis genau anzuschauen oder zur Beurteilung des optischen Eindruckes ggf. einen Probesatz anfertigen zu lassen.

Für Bücher und Zeitschriften werden immer wieder neue Schriften entworfen oder zu bereits vorhandenen Schriften neue Modifikationen hinzugegeben. Unübersehbar viele Schriften entstehen in sog. „Schriftfabriken", die vor allem für die Werbung verwendet werden. Die Setzereien bieten diese in ihren Schriftmusterkatalogen als *Headlines* (engl. Überschriften) an, z. B.:

Crayonette — *Humano capiti cervicem pictor equ*

Dektive Double — Humano capiti cerv

III. Die Druckschrift

Gruppe I: Venezianische Renaissance-Antiqua
Beispiel in Trajanus:

Leonberg

Diese Schrift zeigt den Duktus des mit der schräg gestellten Breitfeder geschriebenen Textes. Der Querstrich des kleinen e ist schräg angesetzt. Die Serifen sind leicht gerundet an die Buchstaben angefügt. Die Achse der Rundungen ist nach links geneigt.
Dazu gehören: Trajanus, Schneidler-Mediäval

Gruppe II: Französische Renaissance-Antiqua
Beispiel in Garamond:

Leonberg *Strichführung*

Sie gleicht im wesentlichen der Venezianischen Renaissance-Antiqua. Der Querstrich des kleinen e liegt waagrecht. Der Duktus der Auf- und Abstriche ist etwas ausgeprägter.
Dazu gehören: Garamond, Sabon, Palatino, Aldus

Gruppe III: Barock-Antiqua
Beispiel in Baskerville:

Leonberg

Diese Schriften entwickeln sich aus dem Einfluß der Kupferstecherschriften. Der Unterschied zwischen den feineren Aufstrichen und dickeren Abstrichen ist deutlicher als bei den Renaissance-Schriften. Die Serifen sind wenig oder gar nicht gerundet.
Dazu gehören: Baskerville, Janson, Times

Gruppe IV: Klassizistische Antiqua
Beispiel in Bodoni:

Leonberg

Der Duktus der Auf- und Abstriche unterscheidet sich deutlich. Die Serifen sind ohne Rundung waagrecht an die Buchstaben angesetzt. Die Achse der Rundungen steht senkrecht.
Dazu gehören: Bodoni, Madison, Walbaum

Gruppe V: Serifenbetonte Linear-Antiqua
Beispiel in Candida:

Leonberg

Die Serifen haben die Stärke der Linien des Buchstabens. Sie sind ohne Rundung angesetzt. Die Auf- und Abstriche des Buchstabens unterscheiden sich nicht in der Strichstärke. – Der altertümliche Name für diese Schriften heißt Egyptienne.
Dazu gehören: Clarendon, Candida, Rockwell

Abbildung 25: Gliederung der Schriften nach der DIN-NORM 16 518 „Klassifikation der Schriften".

Gruppe VI: Serifenlose Linear-Antiqua
Beispiel in Helvetica:

Leonberg

Die Serifen entfallen. Häufig sind die Buchstabenlinien einheitlich breit. – Der altertümliche Name für diese Schriften heißt Grotesk.
Dazu gehören: Futura, Helvetica, Univers, Akzidenz-Grotesk

Gruppe VII: Antiqua-Varianten
Beispiel in Souvenir:

Leonberg

Dazu gehören alle Schriften, die nicht eindeutig den vorausgegangenen Gruppen zuzuordnen sind. Dazu zählen vor allem Schmuckschriften.
Dazu gehören: Souvenir, Concorde, Novarese

Gruppe VIII: Schreibschriften
Beispiel in Künstler-Schreibschrift:

Darunter werden Schreibschriften zusammengefaßt, die gesetzt werden können.
Dazu gehören: Legende, Künstler-Schreibschrift, Diskus, Englische Schreibschrift

Gruppe IX: Handschriftliche Antiqua
Beispiel in Poppl-Stretto

Leonberg

Darunter fallen Schriften, die die Buchstaben in individueller Weise handschriftlich gestalten.
Dazu gehören: Post-Antiqua, Poppl-Stretto, Sayer Handscript, Zapf Chancery

Gruppe: Gebrochene Schriften
X a: Gotisch
Beispiel in Fette Gotisch:

Leonberg

Diese Schriften zeigen schmale, hochaufstrebende Buchstaben. Die Rundungen der Antiqua-Schriften sind gebrochen.
Dazu gehören: Fette Gotisch, Caslon-Gotisch, Klingspor-Gotisch

X b: Rundgotisch

Leonberg

Diese auch Rotunda genannte Schriften zeigen die scharfen Ecken der gotischen Schriften leicht abgerundet.

Dazu gehört die Wallau

X c: Schwabacher
Beispiel in Alte Schwabacher:

𝕷𝖊𝖔𝖓𝖇𝖊𝖗𝖌

Typisch ist der Querstrich des kleinen g. Die Herkunft des Namens ist ungeklärt.
Dazu gehören: Alte Schwabacher, Nürnberger Schwabacher

X d: Fraktur (frangere, lateinisch = brechen)
Beispiel in Unger-Fraktur:

𝔏𝔢𝔬𝔫𝔟𝔢𝔯𝔤

Die Oberlängen der Kleinbuchstaben b, h, k und l sind oben gegabelt. Die Versalien zeigen ihre Herkunft aus dem schwungvollen Schreibzug der Breitfeder.
Dazu gehören: Breitkopf-Fraktur, Unger-Fraktur, Amtsfraktur

X e: Fraktur-Varianten
Beispiel in Koch-Kurrent:

Ein einfacher junger Mensch reiste im Hochsommer von

Dazu gehören alle Schriften, die nicht der Gruppe X zuzuordnen sind.

Gruppe XI: Fremde Schriften
Dazu zählen alle Schriften, die sich nicht aus der römischen Schrift ableiten.
Dazu gehören: Kyrillische Schriften, Griechische Schriften, Arabische Schriften, Hebräische Schriften

Vergessene „altmodische" Schriften können wieder modern werden. Gegenwärtig erfreuen sich Schriften unter Einfluß des Jugendstils (z.B. die Century von Linn B. Benton 1894) und Schriften aus der Frühzeit der Groteskschrift (z.B. die Franklin von Morris F. Benton 1904) großer Beliebtheit:

Century:
Die psychologische Grundregel trägt aber auch der Tatsache Rechnung, daß der Leser einer bestimmten Zeitung sich mit der Zeit an ihre Aufmachung gewöhnt.   (Medienkundliches Handbuch. Die Zeitung)

2. Die Sonderzeichen

Neben den Groß- und Kleinbuchstaben gehören noch weitere Zeichen zu einer Schrift. Es ist zu beachten, daß nicht alle Schriftarten über die genannten Sonderzeichen verfügen. Will man sich orientieren, welche Sonderzeichen in einer Setzerei verfügbar sind, wird man im Schriftmusterkatalog nachschlagen oder um Auskunft bitten müssen. Gebrochene Schriften kennen viele dieser Sonderzeichen nicht.

Arabische Ziffern: Man unterscheidet zwischen *Normalziffern*, die auf der Schriftlinie stehen, und *Mediävalziffern*, bei denen 3, 4, 5, 7 und 9 die Schriftlinie unterschreiten. Mediävalziffern werden auch Minuskelziffern genannt:

01234567890 VERSAL   01234567890 minuskel

Interpunktionszeichen: Dazu zählen Punkt, Komma, Semikolon, Doppelpunkt, Frage- und Ausrufezeichen, Gedankenstrich, Trennstrich (Divis), eckige und runde Klammern und Anführungszeichen („ " deutsch; » « französisch; " " englisch).

Ligaturen: Ligaturen sind aus dem Bleisatz entwickelte (auf einem Kegel gegossen), zusammengesetzte Buchstaben:

ch   ck   fi   fl

Akzente im Fremdsprachensatz: Viele europäische Sprachen benutzen besondere Akzente zu den lateinischen Buchstaben, um Lautwerte oder Betonungen kenntlich zu machen, z.B.:

Finnisch	å ä ö Å Ä Ö	Italienisch	à è ì ò ù À È Ì Ò Ù
Französisch	à â ç è é ê ë î ï ô œ ù û À Â Ç È É Ê Ë Î Ï Ô Œ Ù Û	Kroatisch	č ć đ š ž Č Ć Đ Š Ž

Phonetische Lautzeichen: Diese Zeichen geben die Aussprache der gedruckten Wörter wieder und werden für Sprachlehrwerke und Wörterbücher verwendet:

> **chaudière** ⊕ (ʃo'djɛːr) *f (Dampf-)* Kessel *m*; ~ *à grande puissance* Hochleistungskessel *m*.
> **chaudron** (ʃo'drõ) *m* Kochkessel; F Klimperkasten F; ~**nier** (ʃodrɔ-'nje) *m* Kupferschmied; Kupfer-
>
> **chauss|on** (ʃo'sõ) *m* Filzschuh; Füßling; F Pantoffel, P Latschen; *pl.* Überziehsocken *f/pl.*; ~ *aux pommes* Apfeltörtchen *n*; alter Schuh; ~**ure** (ʃo'syːr) *f* Fußbekleidung, Schuhzeug *n*.

III. Die Druckschrift

Wissenschaftliche Symbole, Währungszeichen u.ä.:

Im weiteren Sinne gehören die unterschiedlichsten Linien (s. S. 102), Notenzeichen und Schmuckelemente dazu, die Setzereien ihren Kunden anbieten:

3. Die Schriftschnitte

Die Grundform einer Schriftart kann verändert werden, d.h. unterschiedlich geschnitten sein. Dieser Begriff kommt aus dem Bleisatzverfahren, bei dem für jeden Buchstaben eine eigene Matrize geschnitten werden muß. Die gebräuchlichen Schriftarten gibt es in vielen Schnitten. Diese Schnitte werden vor allem als Auszeichnungsschriften benötigt, mit denen Teile des fortlaufenden Fließtextes hervorgehoben werden können.

Kursive: Das sind in Rechtslage schräggestellte Buchstaben und Ziffern. Antiqua-Schriften (z. B. Garamond) haben ein vom Normalschnitt abweichendes Schriftbild, das der Schreibschrift entsprechen soll. Man spricht in diesem Fall von einem *echten Kursivschnitt*. Im Fotosatzverfahren können geradestehende Schriften auch *elektronisch schräggestellt* werden, es entstehen daher keine eigenen Kursivbuchstaben. Auch die serifenlosen Schriften (z. B. Helvetica) kennen keinen eigenen Kursivschnitt:

Garamond kursiv: Neue Helvetica kursiv:
Garamond-Kursiv **Barockstadt Ludwigsburg**
a   r   a   r

C. Die Einteilung der Druckschriften

Abbildung 26: Die wichtigsten Bezeichnungen des Schriftschnittes. Das Zusammenwirken dieser Formen bestimmt die Schönheit und Lesbarkeit einer Schriftart.

Kapitälchen: Das sind Großbuchstaben in der Höhe der Mittellänge der Kleinbuchstaben:

Garamond Kapitälchen: Leonberg   Anton Philipp Reclam

Schriftstärkenveränderung: Je nach breiter werdenden Strichstärken gibt es halbfette, dreiviertelfette und fette Schriften. Ist der Duktus schmäler als der des Grundschnittes, sind es feine Schriften. Der Grundschnitt wird als normal oder mager bezeichnet.

Neue Helvetica halbfett:
Die Jugendjahre Gutenbergs fielen in eine Zeit großer politischer und religiöser Spannungen. In Konstanz waren 1414 viele hundert

Neue Helvetica fett:
Die Jugendjahre Gutenbergs fielen in eine Zeit großer politischer und religiöser Spannungen. In Konstanz waren 1414

Schriftbreitenveränderung: Schriften können abweichend von der Normalbreite schmallaufend oder breitlaufend sein. In der DTP-Workstation und im Fotosatz kann die Laufweite der Schrift stufenlos verändert werden.

III. Die Druckschrift

> 9/11 Helvetica normal
>
> Die Jugendjahre Gutenbergs fielen in eine Zeit großer politischer und religiöser Spannungen. In Konstanz waren 1414 viele hundert Geistliche
>
> 9/11 Helvetica schmallaufend
>
> Die Jugendjahre Gutenbergs fielen in eine Zeit großer politischer und religiöser Spannungen. In Konstanz waren 1414 viele hundert Geistliche zusammengekommen, um über eine Reform
>
> 9/11 Helvetica breitlaufend
>
> Die Jugendjahre Gutenbergs fielen in eine Zeit großer politischer und religiöser Spannungen. In Konstanz waren 1414

Schriften können auf dem PC auch modisch verändert und in jeder Weise verfremdet werden.

 **Die Logotype**

Die Schriftschnitte einer Schriftart werden zur *Schriftfamilie* zusammengefaßt, die *Garnituren* (z.B. halbfett oder fett) als Familienmitglieder besitzt:

	leicht	normal	halbfett	fett
eng	ABCDEFGH IJKLMNOPQR STUVWXYZ abcdefghijklm nopqrstuvwxyz 1234567890	ABCDEFGH IJKLMNOPQR STUVWXYZ abcdefghijklm nopqrstuvwxyz 1234567890	**ABCDEFGH IJKLMNOPQR STUVWXYZ abcdefghijklm nopqrstuvwxyz 1234567890**	**ABCDEFGH IJKLMNOPQR STUVWXYZ abcdefghijklm nopqrstuvwxyz 1234567890**
standard	ABCDEFGH IJKLMNOPQR STUVWXYZ abcdefghijklm nopqrstuvwxyz 1234567890	ABCDEFGH IJKLMNOPQR STUVWXYZ abcdefghijklm nopqrstuvwxyz 1234567890	**ABCDEFGH IJKLMNOPQR STUVWXYZ abcdefghijklm nopqrstuvwxyz 1234567890**	**ABCDEFGH IJKLMNOPQR STUVWXYZ abcdefghijklm nopqrstuvwxyz 1234567890**
breit	ABCDEFGH IJKLMNOPQR STUVWXYZ abcdefghijklm nopqrstuvwxyz 1234567890	ABCDEFGH IJKLMNOPQR STUVWXYZ abcdefghijklm nopqrstuvwxyz 1234567890	**ABCDEFGH IJKLMNOPQR STUVWXYZ abcdefghijklm nopqrstuvwxyz 1234567890**	**ABCDEFGH IJKLMNOPQR STUVWXYZ abcdefghijklm nopqrstuvwxyz 1234567890**
kursiv	*ABCDEFGH IJKLMNOPQR STUVWXYZ abcdefghijklm nopqrstuvwxyz 1234567890*	*ABCDEFGH IJKLMNOPQR STUVWXYZ abcdefghijklm nopqrstuvwxyz 1234567890*	***ABCDEFGH IJKLMNOPQR STUVWXYZ abcdefghijklm nopqrstuvwxyz 1234567890***	***ABCDEFGH IJKLMNOPQR STUVWXYZ abcdefghijklm nopqrstuvwxyz 1234567890***

Abbildung 27: Eine Schriftfamilie am Beispiel der Helvetica.

D. Die Schriftgröße (Schriftgrad)

Seit 1. Januar 1978 gilt die Vorschrift nach den Richtlinien der EG, Schriftgrößen, Satzhöhen und Satzbreiten im metrischen System anzugeben. In der Praxis hat sich diese Vorschrift allerdings nicht durchsetzen können. Es wird weiterhin das vertraute *typographische Maßsystem* verwendet. Sein Schöpfer ist der französische Schriftgießer Fournier, der es 1764 veröffentlichte. Es wurde von Firmin Didot 1785 verbessert und daher *Didot-System* genannt. Dieses setzte sich in Kontinentaleuropa durch. 1879 wurde es vom Schriftgießer Hermann Berthold auf das metrische Maßsystem bezogen: Das Urtypometer hat eine Länge von 798 Punkt = 30 cm; ein Meter hat daher 2660 Punkt. Demzufolge beträgt ein typographischer Punkt des Didot-Systems gerundet 0,376 mm. Die Maße sind in der DIN-NORM 16507 „Typographische Maße" festgehalten.

Im anglo-amerikanischen *Picasystem*, bei uns weniger üblich, beträgt ein *Point* 0,351 mm.

Der Normenausschuß Druck und Reproduktion hat einen Entwurf zu Schriftgrößen in der digitalen Satzherstellung herausgegeben. Ziel ist es, vergleichbare Schriftgrößen bei unterschiedlichen Satzsystemen zu erreichen.

Schriftgröße in mm nach DIN 16507	Schriftgröße in Punkt (Didot)		
1,50 mm	4 Punkt (Diamant)	▬	Hamburg
1,75 mm	5 Punkt (Perl)	▬	Hamburg
2,25 mm	6 Punkt (Nonpareille)	▬	Hamburg
2,75 mm	7 Punkt (Kolonel)	▬	Hamburg
3,00 mm	8 Punkt (Petit)	▬	Hamburg
3,50 mm	9 Punkt (Borgis)	▬	Hamburg
3,75 mm	10 Punkt (Korpus)	▬	Hamburg
4,50 mm	12 Punkt (Cicero)	▬	Hamburg
5,25 mm	14 Punkt (Mittel)	▬	Hamburg
6,00 mm	16 Punkt (Tertia)	▬	Hamburg
8,00 mm	20 Punkt (Text)	▬	Hamburg
9,00 mm	24 Punkt (Doppelcicero)	▬	Hamburg

Abbildung 28: Die gebräuchlichen Schriftgrößen (Millimeterangaben gerundet). Die altertümlichen Bezeichnungen außer Petit und Cicero werden kaum noch verwendet.

III. Die Druckschrift

Zum besseren Verständnis des Buchstabenaufbaus geht man von der Bleiletter aus, die zwei wichtige Bezugsgrößen hat:

Schriftkegel: Dieser nennt die Höhe der Buchstaben, die Schriftgröße, gemessen von der Oberlänge bis zur Unterlänge (s. S. 92).

Dickte: Diese gibt die Breite der Buchstaben an, die je nach Bild verschieden ist. Im typographisch sauber gesetzten Text muß deshalb ein sog. Dicktenausgleich vorgenommen werden. Dafür gibt es Ästhetikprogramme (s. S. 182).

Wald

Werden Schriftgrade in Punkt angegeben, ist die Schreibweise unterschiedlich möglich, z.B. 10 Punkt, 10 p oder 10˙. Satzspiegelbreiten und -höhen werden in der Regel in Cicero (sprich zizero) angegeben. Mit Hilfe des durchsichtigen Typometers können Schriftgrad, Zeilenbreite und Zeilenzahl einer Buchseite gemessen werden.

Linienbreiten werden in Punkt oder in mm angegeben:

1 Punkt	fein
	stumpffein
	fett
2 Punkt	fein
	stumpffein
	halbfett
	fett
	doppelfein
	fettfein
	punktiert
3 Punkt	fett
4 Punkt	fett
6 Punkt	fett
12 Punkt	fett

Von der Form her gibt es viele Linienarten, von denen die gebräuchlichsten sind:

englische Linie
durchgezogene Linie
gestrichelte Linie
punktierte Linie

E. Das Blindmaterial

Auch dieser Begriff kommt aus dem Bleisatzverfahren. Man versteht darunter alle nichtdruckenden Teile innerhalb des Satzspiegels.

Durchschuß: Damit wird der *Zeilenzwischenraum* bezeichnet. Der Durchschuß wird zusammen mit der Schriftgröße angegeben, z.B. 10/12 Punkt = 10 Punkt Schriftgröße + 2 Punkt Zeilenzwischenraum. Ein Satz mit Durchschuß heißt *durchschossener Satz*. Ein Satz ohne Durchschuß wird *kompresser Satz* genannt, z.B. 10/10 Punkt. Ein ausgewogener Durchschuß ist abhängig von der Schriftgröße und von der Schriftart. Der Durchschuß beeinflußt die Lesbarkeit, weil er dem Leser die Druckzeilen deutlich erkennbar macht:

> 8/8 Punkt Garamond normal kompreß:
>
> Schon die ersten Flugblätter bedienten sich des Holzschnitts. Stahl- und Kupferstiche waren bis ins vorige Jahrhundert die Illustration für die Zeitung, bis dann die Fotografie auch in die Presse Eingang fand. Anfang des 18. Jahrhunderts entdeckte Herr Schulze, Professor für Medizin und Beredsamkeit in Halle, daß ein Sonnenstrahl, durch ein Brenn-
>
> 8/10 Punkt Garamond normal mit 2 Punkt Durchschuß:
>
> Schon die ersten Flugblätter bedienten sich des Holzschnitts. Stahl- und Kupferstiche waren bis ins vorige Jahrhundert die Illustration für die Zeitung, bis dann die Fotografie auch in die Presse Eingang fand. Anfang des 18. Jahrhunderts entdeckte Herr Schulze, Professor für Medizin und Beredsamkeit in Halle, daß ein Sonnenstrahl, durch ein Brenn-

Ausschluß: Damit wird der *Wortzwischenraum* innerhalb der gesetzten Zeile bezeichnet. In der Regel beträgt er ein Drittel der Schriftgröße; man spricht daher vom *Drittelsatz*. Beim Blocksatz sind die Wortzwischenräume von Zeile zu Zeile unterschiedlich, um alle Zeilen auf eine einheitliche Länge zu bringen. Hier liegt die Fertigkeit eines guten Setzers bzw. Satzprogramms darin, häufige Silbentrennungen zu vermeiden und dennoch weitgehend einheitliche Wortzwischenräume zu erreichen. Im Flattersatz können alle Wortzwischenräume gleichmäßig groß gehalten werden (s. S. 152).

Abbildung 29: Lettern und nichtdruckendes Blindmaterial am Beispiel des Bleisatzes.

IV. Die Grundlagen der Typographie

Es gibt verschiedene Definitionen für den Begriff der Typographie (griech. Kunde vom Schreiben der Schrift). Die treffendste lautet: Typographie ist die Kunst oder Fertigkeit, mit Schriftzeichen ein Druckwerk zu gestalten. Im weiteren Sinne versteht man darunter die *Gesamtgestaltung eines Druckwerkes* überhaupt, sei es ein Buch, eine Zeitschrift, eine Zeitung, ein Prospekt, eine Gebrauchsanweisung oder ein Katalog. Zur Gestaltung gehören neben der Anordnung der Schriftzeichen und der Bilder auch das für die Ausstattung verwendete Material wie Papier sowie der Schutzumschlag und der Einband. Alle Teile sollen eine harmonische Einheit bilden. Unter der Regie des Verlagsherstellers oder des Produktioners arbeiten Typographen, Graphik-Designer, Schriftsetzer, Drucker, Lithographen und Buchbinder zusammen, um dem Inhalt und dem Zweck des Druckwerkes eine angemessene äußere Form zu geben. Gut gestaltete und ausgestattete Druckwerke müssen nicht unbedingt teuer herzustellen sein, wenn alle Beteiligten über die graphischen Techniken informiert sind und über fundierte Materialkenntnisse verfügen.

Druckwerke sind zum Lesen und Betrachten da. Sie wollen belehren, informieren, unterhalten, erheitern und trösten. Daraus leitet sich das Anliegen der Typographen ab, Gedanken und Absichten des Verfassers dem Leser zu übermitteln. Die Typographie hat demzufolge eine dienende Rolle: durch angemessene Gestaltung und Wahl des Materials Inhalt und Zweck eines Druckwerkes transparent zu machen und dadurch dem Leser das Verständnis zu erleichtern. Ziel der Typographie ist daher die *Lesbarkeit*. Eine Gestaltung, die nicht dem Verständnis dient, muß als nicht gelungen bezeichnet werden. Zu allen Zeiten haben sich Menschen darum bemüht, Anordnungen von Texten und Zuordnung von Texten zu Bildern zu finden. Ebenmaß und ungeordnete Vielfalt, Symmetrie und Asymmetrie, noble Zurückhaltung und lautes Auffallen können in spannungsvoller Wirkung eingesetzt werden. Die Gestaltungselemente eines Druckwerkes werden vom Leser meist unbewußt als bildhafter Gesamteindruck wahrgenommen, der zum Lesen und damit zum Kauf anreizt oder abschreckt.

Weil es das „Druckwerk an sich" nicht gibt, sondern nur Bücher, Zeitschriften, Zeitungen und andere Printmedien mit verschiedenen Inhalten und unterschiedlichsten Zwecken, gibt es auch eine Vielfalt von Gestaltungsmöglichkeiten. Die Typographen bemühen sich darum, verbindliche Regeln aufzustellen. „Es gibt nichts Peinlicheres in der Buchkunst als einen großen äußeren Aufwand für einen dürftigen Inhalt und nichts Unwürdigeres als einen guten Text, der durch Gestaltungsnachlässigkeit, durch schlechte Lesbarkeit am Fortkommen gehindert wird." (Willberg)

Wie jede künstlerische Ausdrucksform ist die Typographie dem jeweiligen Zeitgeschmack verhaftet, spiegelt den Stil der Entstehungszeit wider. Deshalb gibt es keine zeitlosen typographischen Regeln. Einige sind eng an den Zeitgeschmack gebunden, andere gelten über längere Zeiträume hinweg. Auch die Technik beeinflußt maßgeblich die Typographie, man denke nur an die Mög-

IV. Die Grundlagen der Typographie

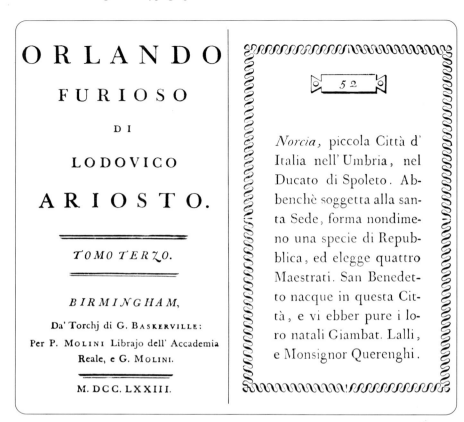

Abbildung 1: Links: Ein Druck von John Baskerville, Birmingham 1773. Rechts: Ein Druck von Giambattista Bodoni, Parma 1788.

lichkeiten der Schriftmodifikationen, die der Filmsatz anbietet, oder an die Manipulationen der Bilder auf elektronischen Bildverarbeitungssystemen. Besondere Probleme für die Herstellung bringt der Einsatz elektronischer Satzsysteme in Verbindung mit dem Laserdrucker, z.B. beim Desktop Publishing, die es häufig erschweren, die traditionellen, klassischen Regeln guter Typographie einzuhalten. Die jährlich von der „Stiftung Buchkunst" prämierten Bücher Deutschlands geben über den Zeitgeschmack beredtes Zeugnis. Zudem unterscheidet sich der typographische Geschmack von Land zu Land, von Kulturkreis zu Kulturkreis. Im Rahmen dieses Buches können nur die Regeln des mitteleuropäischen Kulturkreises dargestellt werden.

Zur Gestaltung eines Druckwerkes braucht man fundierte Kenntnisse der Schriften und ihrer Wirkung auf den der graphischen Techniken sowie der Materialien für die Ausstattung wie Leinen, Papier u.ä. Jeder kann sich in der Beurteilung schulen, indem er immer wieder kritisch den Inhalt und den Zweck der Druckwerke mit der gewählten Gestaltung und dem Material vergleicht.

Abbildung 2: Zwei Gestaltungsbeispiele aus bekannten Verlagen. Links: Büchergilde Gutenberg, Frankfurt/Main 1980 (Gestaltung Jürgen Seuss). Rechts: Eugen Diederichs Verlag, Jena 1926 (Gestaltung E.R. Weiß).

Weil eine angemessene Gestaltung zum Verkauf eines Druckwerkes wesentlich beiträgt, sind Grundkenntnisse der Typographie für diejenigen notwendig, die im weitesten Sinne mit Druckwerken zu tun haben, sei es in Verlagen, in Buchläden, in Werbeagenturen, Zeitungs- und Zeitschriftenredaktionen oder in Bibliotheken.

A. Die Geschichte der Typographie

Zu allen Zeiten haben sich *Typographen* um eine gute Gestaltung der Druckwerke bemüht. Bereits die Frühdrucke, die Inkunabeln, geben davon großartiges Zeugnis. Im 17. und 18. Jahrhundert setzten Giambattista Bodoni, Claude Garamond, die Familie Didot und John Baskerville, um nur einige zu nennen, diese Tradition fort. Verbreitete Schriftarten tragen ihren Namen.

Nach einer Zeit des Niedergangs im 19. Jahrhundert in Deutschland schenkten Verleger, Schriftkünstler, bildende Künstler und tüchtige Hand-

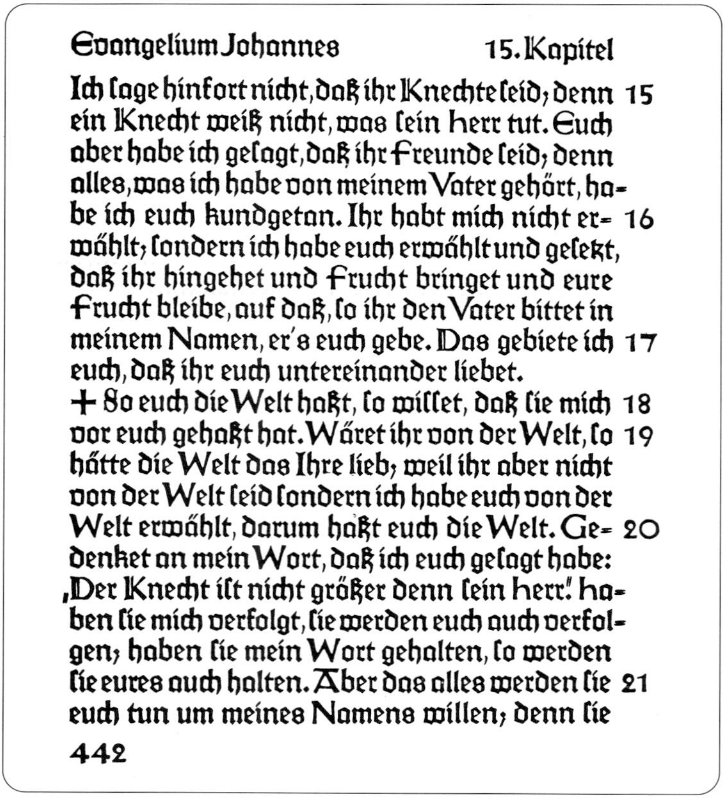

IV. Die Grundlagen der Typographie

> Evangelium Johannes 15. Kapitel
>
> Ich sage hinfort nicht, daß ihr Knechte seid; denn 15 ein Knecht weiß nicht, was sein Herr tut. Euch aber habe ich gesagt, daß ihr Freunde seid; denn alles, was ich habe von meinem Vater gehört, habe ich euch kundgetan. Ihr habt mich nicht er- 16 wählt; sondern ich habe euch erwählt und gesetzt, daß ihr hingehet und Frucht bringet und eure Frucht bleibe, auf daß, so ihr den Vater bittet in meinem Namen, er's euch gebe. Das gebiete ich 17 euch, daß ihr euch untereinander liebet.
>
> ✝ So euch die Welt haßt, so wisset, daß sie mich 18 vor euch gehaßt hat. Wäret ihr von der Welt, so 19 hätte die Welt das Ihre lieb; weil ihr aber nicht von der Welt seid sondern ich habe euch von der Welt erwählt, darum haßt euch die Welt. Ge- 20 denket an mein Wort, daß ich euch gesagt habe: „Der Knecht ist nicht größer denn sein Herr." haben sie mich verfolgt, sie werden euch auch verfolgen; haben sie mein Wort gehalten, so werden sie eures auch halten. Aber das alles werden sie 21 euch tun um meines Namens willen; denn sie
>
> **442**

Abbildung 3: Bibeldruck des Schriftkünstlers Rudolf Koch 1926.

werker des graphischen Gewerbes mit dem Beginn des 20. Jahrhunderts einer guten Buchgestaltung wieder größere Aufmerksamkeit.

Verlegerpersönlichkeiten wie Jakob Hegner (1882–1962), Anton Kippenberg (1874–1950), Eugen Diederichs (1867–1930) oder die Herausgeber der „Büchergilde Gutenberg" achteten wieder auf eine funktionale Gestaltung der von ihnen verlegten Titel.

Schriftkünstler und Typographen wie Rudolf Koch (1876–1934) in Offenbach, Ernst Schneidler (1882–1956) in Stuttgart und Jan Tschichold (1902–1974) in Leipzig und später in der Schweiz, prägten die Buchgestaltung im deutschsprachigen Raum dieses Jahrhunderts.

Bildende Künstler wie Alfred Kubin (1877–1959), Josef Hegenbarth (1884–1962) oder H. A. P. Grieshaber (1909–1981) haben mit ihren Buchillustrationen wesentliches zur Buchkunst beigetragen.

In *Offizinen*, wie der altertümliche Name für graphische Werkstätten lautet, wie der Passavia in Passau oder der Offizin Drugulin in Leipzig, fanden die Typographen begabte und hervorragend geschulte Schriftsetzer als Partner.

A. Die Geschichte der Typographie

UNTER DEM NAMEN DER BREMER PRESSE beabsichtigt eine Vereinigung von Freunden des Buchgewerbes jährlich eine beschränkte Anzahl schöner Bücher erscheinen zu lassen. Es sind etwa vier Bücher für das Jahr vorgesehen, deren Auflage 250 Exemplare nicht überschreiten wird. Für den Druck soll eine Reihe neuer Schriften geschaffen werden, die ausschliesslich von der Bremer Presse verwendet werden. Zunächst ist die Antiqua der vorliegenden Anzeige geschnitten; eine deutsche und eine griechische Schrift sind in Vorbereitung. Satz, Druck und Einband werden in eigener Werkstatt mit der Hand gefertigt. Das handgeschöpfte Papier wird dem dieser Ankündigung gleichen. Die Herausgeber möchten in Kürze über einige der Bedürfnisse und Forderungen Rechenschaft geben, von denen die Bremer Presse den Ausgang genommen hat. Jeder, dessen geistige Bedürfnisse nicht lediglich von der Verstandesseite her befriedigt werden, wünscht ein ihm liebes Buch in der ihm selbst und dem Werke gemässesten Form zu besitzen. Hiermit ist ausgesprochen,

Abbildung 4: Handpressendruck der Bremer Presse, Gründungsaufruf von Rudolf Alexander Schröder 1911.

Die *künstlerischen Handpressen*, auch *Privatpressen* genannt, wie die Rabenpresse von V. O. Stomps in Berlin, die Bremer Presse in Bremen oder die Otto-Rhose-Presse in Hamburg nehmen eine Sonderstellung ein. Sie widmen sich vornehmlich der experimentellen Typographie. Die Form steht über dem Inhalt. In einem Zeitalter der nivellierenden industriellen Buchproduktion wollen sie die künstlerische Form der Buchgestaltung mit handwerklichen Mitteln pflegen. Dazu bedienen sie sich des Handsatzes, des Holzschnitts, des handgeschöpften Büttenpapiers u. ä.

Die großen technischen Umwälzungen seit Anfang der 70er Jahre dieses Jahrhunderts haben das Berufsbild des Schriftsetzers völlig verändert. Bis dahin war der Setzer nicht nur der Handwerker, sondern auch der gestaltende Typograph. Heute bedient er elektronisch gesteuerte Satzsysteme als Operator. Die Aufgaben des Typographen werden in den meisten Fällen von Graphik-Designern oder Verlagsherstellern wahrgenommen.

Wie die Bundesrepublik Deutschland veranstalten viele Länder jährlich einen Wettbewerb zur Ermittlung der schönsten Bücher ihrer Produktion. Sie

IV. Die Grundlagen der Typographie

setzen den Maßstab für die Auffassung einer guten Buchgestaltung. In der Bundesrepublik Deutschland wird von einer Jury anerkannter Fachleute unter der Federführung der „Stiftung Buchkunst" nach folgenden Kriterien geurteilt: Gestaltung (Typographie) – Satz (einschließlich Umbruch) – Papier – Reproduktion und Druck – Buchbinderische Verarbeitung.

B. Die Funktion der Typographie

Gute Typographie erleichtert den Informationsfluß vom Autor über das Medium der Schrift und des Bildes zum Leser. Schlechte Typographie erschwert oder verhindert diesen Informationsfluß – die Motivation zum Lesen kann empfindlich gestört sein.

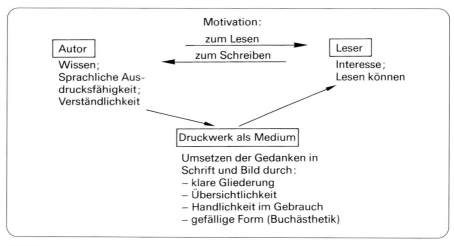

Abbildung 5: Informationsfluß vom Autor zum Leser.

1. Der Lesevorgang

Der Leseprozeß beruht auf schneller Wahrnehmung und eindeutigem Erkennen von Schriftzeichen. Das Auge – buchstabierende Leseanfänger ausgenommen – erfaßt einzelne *Wortgruppen* und springt von Wortgruppe zu Wortgruppe. Je nach Lesefertigkeit werden kleinere oder größere Wortgruppen mit einem Blick wahrgenommen. Das Schriftbild, die Schriftgröße mit dem Durchschuß und die Einordnung der Schrift in das Gefüge der Buchseite sollen das schnelle und eindeutige Erfassen der Wortgruppen möglich machen. Ungewohnte, oft modische Druckschriften, wirre Gestaltung, aber auch unsauberer Druck können den Lesefluß erheblich erschweren. Die Gestaltung muß der Lesetechnik angepaßt sein.

B. Die Funktion der Typographie

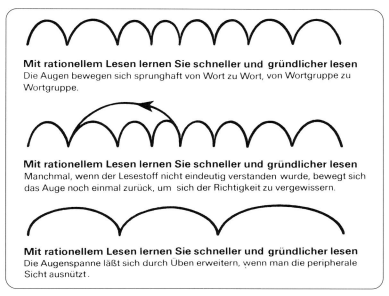

Abbildung 6: Der Lesevorgang.

Jeder, der sich mit der Gestaltung von Drucksachen beschäftigt, sollte in der Lage sein, nach den von Hans Peter Willberg aufgestellten Lesekriterien die Lesbarkeit zu beurteilen.

a) Lineare Typographie

Der Text wird Wortgruppe für Wortgruppe, Satz für Satz, Zeile für Zeile, Seite für Seite hintereinander – oft in erholsamen Mußestunden – gelesen. Die Gestaltung soll Ruhe ausstrahlen. Zu diesen Druckerzeugnissen gehören die Werke der Belletristik. Als gut lesbar haben sich 60 bis 70 Anschläge, d.h. Buchstaben mit Wortzwischenräumen, je Druckzeile und 30 bis 40 Zeilen je Buchseite in der Schriftgröße von 9 bis 12 Punkt mit 1 bis 3 Punkt Durchschuß erwiesen.

b) Informierende Typographie

Das Druckwerk wird nicht kontinuierlich von vorn nach hinten gelesen, sondern vielfach nur überflogen oder hin- und hergelesen. Häufig werden Bilder den Textpartien zugeordnet. Das gilt vor allem für Zeitungen, Publikumszeitschriften, aber auch für viele Sachbücher. Die Textblöcke sollen kurz sein, die gliedernden Überschriften deutlich hervorgehoben. Texte und Bilder können bei größerem Seitenformat zwei- und mehrspaltig auf einer Seite zugeordnet sein.

Auf die Gestaltung der Periodika wird in diesem Zusammenhang später eingegangen.

IV. Die Grundlagen der Typographie

che Klasse er nach Linné oder Buffon gehört, desto besser ist es für ihn und desto schneller kommt er zur Ruhe und zur Zufriedenheit mit seinen Zuständen. Solange er's noch nicht überaus hat, spuckt er Gift und Galle in den schönsten Sonnenschein hinein und macht Brüderschaft mit dem Schneegestöber und Winterwinde. Ich halte das auch für eine Philosophie, Herr Kristeller.«

»Das ist es auch, Herr Oberst«, sagte Herr Philipp. »Solange aber der Mensch jung ist, findet er die große Wahrheit selten. Ja, viele – die meisten finden sie nie und glauben an ihre Palmbaumberechtigung bis zum Ende.«

»Und das ist ein Glücke, rief der wetterfeste, philosophische Kriegsmann, »denn ohne diese glückliche Illusion würde die ganze Menschheit doch nichts weiter sein als ein sich elend am Boden hinwindendes Geschling und Gestrüpp. Übrigens sind die Kartoffeln und die 'Trüffeln gar nicht zu verachten.«

»Aber mit dem Mohrenschiff und dem schwarzen Satan, der den verehrten Herrn Oberst so zutraulich auf die Schulter klopfte, hat dieses alles doch eigentlich nicht das geringste zu schaffen – nicht wahr?« fragte Ulebeule.

»Bravo, Förster!« rief der Doktor. »Ihr seid und bleibt ein hirschgerechter Weidmann. Tago! Tago! Ihr laßt Euch wahrlich nicht von der Fährte abbringen. Geben Sie sich nur drein, Oberst, und erzählen Sie uns von dem Mohrenschiffe und Ihren sonstigen spaßhaften und ernsthaften Erlebnissen. Die Nacht ist schwarz genug dazu, und wir sind ganz Ohr.«

Nun schien der richtige Ton für die folgende Unterhaltung gefunden zu sein; aber in demselben Moment jagte der Colonel Agonista alle, nur den Hausherrn nicht, in hellster Überraschung, ja im jähen Schrecken von den Stühlen empor.

Er hatte sein Glas erhoben und sagte jetzt langsam und ruhig:

»Lassen Sie uns anstoßen auf das Wohl aller wetterfesten Herzen, gleichviel ob sie ihre Schlachten innerhalb ihrer vier

52

Abbildung 7: Lineare Typographie.

gemeinschaftliche Leistung. Die Entwicklung der Technik, das Wasser zu handigen, brachte bestimmte soziale Verhaltensweisen mit sich: Weil man Deiche, Gräben, Kanäle, Schleusen, Pumpmühlen nicht allein bauen und betreiben kann, muß man sich schon früher als andersweswo gemeinsam organisieren. Das schafft Gemeinschaftsverhalten, Rücksichtnahme auf die Mitbetroffenen, Kompromißbereitschaft im Umgang mit ihnen.

Nicht die Landesherren, die Fürsten und Könige, bändigen die bedrohende Naturgewalt, sondern die Bauern und die Städter selbst. Das schafft Mannesstolz vor Herrscherthronen. Und Verachtung für Kluggescheiter. Philosophie und Theorie müssen praktisch sein, sonst verdienen sie die Namen nicht.

Handfeste Tüchtigkeit jedes einzelnen führt dazu, daß sich schon früh der Eigen-Sinn entwickelt. Die Fähigkeit, eine Meinung zu haben, sie zu sagen, nicht nach Meinungs- und Machtführern zu schielen, nicht ständig bei der Mehrheit sein zu wollen, auch quer zu sein, ohne sich zum Sektierer zu verengen. So entstehen Selbstbewußtsein, Selbständigkeit und Durchsetzungsfähigkeit – das Gefühl, frei unter Gleichen zu sein.

Die historisch gewachsenen Verhaltensformen sind heute zu erleben wie eh und je: Das kann der Stil niederländischen Fußballs, sein Mannschaftsdenken und zugleich seine hohe Entfaltung der Individualität sein. Oder die freieste Form politischer Betätigung: nämlich Bürgerinitiative als Stadtverteidigung, Hausbesetzen (kraken). Ablehnung der Neutronenbombe und vieles mehr. Oder das selbstbewußte Auftreten im Fernsehen gegenüber obrigkeitlichen und deutlich konservativen, denn man nicht als wandelndes Staatssymbol, aner- kennt, sondern als Mitdiskutanten versteht wie wir in den eigenen Ministern im Café Hoppe am Spui – ein Lehrstück gegen den Untertanengeist beim nächsten Nachbarn.

Das Training der Wasserbeherrschung hilft den Niederländern da-

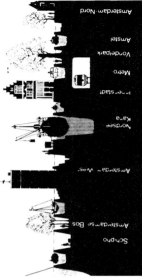

Abbildung 8: Informierende Typographie.

B. Die Funktion der Typographie

Umdruckpapier. Übertragungspapier für den lithografischen Umdruck. Es ist auf einer Seite mit einer wasserlöslichen Schicht (Stärkekleister, Gelatine, Glyzerin) versehen, auf der der Druck erfolgt (vgl. das Pigmentpapier* bei fotografischem Umdruck). Auf Umdruckpapier wurde häufig von Künstlern die Zeichnung im Atelier aufgebracht, wonach die lithografische Werkstatt druckte.

Unikat. Bild oder Schriftstück, das nur in einem Exemplar existiert ('Original') z. B. Gemälde, Zeichnung, Monotypie*.

Untergrunddruck. Beim maschinellen Bronzedruck* der Druck der klebrigen Untergrundfarbe.

Vedute. Ansichten von Städten und Landschaften in sachlicher Wiedergabe oder mit erdachten Gegenständen ('Idealvedute'). Sog. 'Sammelveduten' vereinigen Darstellungen von verschiedenen Bauten und Landschaften in einem Bild. Dagegen trägt der 'Prospekt' die dargestellten Formen nach Art der Bühnenmalerei zusammen (G. B. Piranesi). Veduten wurden besonders vom 17.-19. Jahrhundert als Buchillustrationen, auch als Erinnerungsblätter für Reisende hergestellt, u. a. von Canaletto (Radierungen) sowie in zahlreichen Stahlstichen des 19. Jahrhunderts.

Veredeln. Bei industriellen Drucksachen (Werbedrucksachen, Katalogumschläge) die nachträgliche Bearbeitung des Papiers durch Lakkieren oder Zellglasieren. Bei Lakkierungen wird eine dünne Schicht farblosen Lacks aufgedruckt und dann getrocknet. Zur Erzielung von Hochglanz durchläuft die Drucksache dann beheizte Walzen ('Kalandrieren'). Ebenfalls mit Kalanderwalzen kann eine 'Grainierung' erzeugt werden. Bei 'Zellglasierungen' wird auf den Druckbogen eine durchsichtige Folie geklebt ('Kaschieren*) bzw. 'laminiert' ('Laminieren*) oder diese unter Wärmeinwirkung aufgeschweißt. Durch diese Veredlungsverfahren wirkt der Druck, insbesondere der Farbdruck, leuchtkräftiger und ist besser gegen Feuchtigkeit geschützt.

Vergilben. Alterungserscheinung des Papiers*, die sich in gelber bis bräunlicher Farbe und zunehmender Brüchigkeit äußert. Vergilben entsteht durch Einwirkung von Licht, Luftfeuchtigkeit und Wärme auf den Säuregehalt des Papiers. Dabei sind diejenigen Papiere am meisten betroffen, die einen hohen Anteil an Holzschliff besitzen. Wegen Vergilbungsgefahr sollen grafische Blätter nicht dauernd dem Tageslicht ausgesetzt werden.

Abbildung 10: Konsultierende Typographie.

len] H² **284**,35 da hab ich doch] gestrichen H¹,² es dir] geändert in durs H¹ dahinter über der Zeile denn H² **285**,8 kaum] gestrichen, darüber nicht H² **285**,15.16 wenigstens] davor über der Zeile mit Blei- und Grünstift doch H² **285**,22 innig] gestrichen; am rechten Rand ernstlich H² **285**,22-25 überdem bis vorüber] senkrechte Striche am rechten Rand H² **287**,15 vielleicht] gestrichen H² **288**,15: schräg darüber am linken Rand [3ter Theil?] am oberen Rand Ausflug nach der Stadt. Kloster darunter waagrechter Strich H² **288**,26.27 die Reise bis eingestandt] gestrichen H¹ **288**,28 verehrten] unterstrichel H¹ **289**,4 Narre] unterstrichelt H¹ **289**,6-8 Ab bis aufhüpften] diagonal durchgestrichen H¹ **289**,7.8 habe nicht gelogen] unterstrichen, darüber weiß was ich sage H² **289**,18 kann] gestrichen; am linken Rand konnte H² **289**,20 sucht] geändert in suchte H² **289**,21 bleibt] gestrichen; am linken Rand blieb H² **289**,30 das Höflichste] unterstrichen H² **290**,8 ohne einige Bewegung] darüber ganz unbelungen H² **290**,12 welche bis machte] gestrichen H² **290**,15 Abenteuer] mit Grünstift gestrichen; am rechten Rand mit Grünstift Rencontre H² **290**,18 uns] gestrichen H² **290**,24 doch] gestrichen H² Mal] geändert in Male H² **290**,27 blitzschnell] blitz gestrichen H² **290**,28 S.] gestrichen; am unteren Rand mit Verweisungszeichen Horst H² **290**,31 Rencontre] mit Grünstift gestrichen H² **290**,35 ward] geändert in wurde H² **291**,1 S.] mit Grünstift unterstrichen, mit Bleistift durchgestrichen; am rechten Rand mit Verweisungszeichen Horst H² seitdem] dem gestrichen H² **291**,2 deßwegen bis konnte] mit Grünstift eingeklammert und diagonal durchgestrichen H² **291**,14 und bis über] mit Rotstift gestrichen; senkrechter Bleistiftstrich am linken Rand H² **292**,5 höchst] unterstrichen; waagrechter Strich am rechten Rand H¹ seltenen Charakter] mit Grünstift unterstrichel H² **292**,11 höchst] unterstrichen; waagrechter Strich wie S.292,5 H¹ **292**,28 Burschein] gestrichen; am linken Rand Kindlein H¹ mit Grünstift unterstrichel H² **293**,2 jetzt sich] mit Umstellungsschiefe geändert in sich jetzt H¹,² **293**,8 ihn wenigstens undrucken] gestrichen H² Rand Kindlein H¹ mit Grünstift unterstrichel H² **293**,12 armseeligen] mit Grünstift gestrichen, darüber eigentlich H² **293**,13 Ja] gestrichen H² **293**,14 Mühe] davor über der Zeile ordentlich H² **293**,16-18 Man bis dergleichen] diagonal durchgestrichen H¹ mit Grünstift

Abbildung 9: Differenzierte Typographie.

113

IV. Die Grundlagen der Typographie

Können Sie lesen? Damit ist nicht gefragt, ob Sie den Wortlaut einer Überschrift oder einer Gebrauchsanweisung erfassen können, sondern ob Sie in der Lage sind, in Ruhe und konzentriert ein Buch von 300 oder gar 900 Seiten durchzulesen. **Wollen Sie lesen?** Die meisten Zeitgenossen leben so, als ob sie nicht zu lesen brauchen. Sie haben ihr Fernsehen, ihr Video, ihr Radio – damit kann ihr Informations- und Unterhaltungsbedürfnis vollkommen befriedigt werden. Vollkommen? Wohl doch nicht, denn allenthalben sind – neben Tageszeitungen – Zeitschriften zu finden, neben der Regenbogenpresse bis zur Architektur-Fachzeitschrift, in denen wohl auch geblättert wird. **Sollen Sie lesen?** *Geblättert* wird in den Illustrierten, wird aber auch *gelesen?* Auch wenn den Blattmachern viel an der Bildsprache liegt, auch wenn den Inserenten vor allem an der Wirkung ihrer Anzeigen liegt: die Magazine werden so gestaltet, daß das Auge nicht nur an einem Bild oder einer Anzeige hängen bleibt, sondern auch an einer Schlagzeile, einem hervorgehobenen Satz, so daß *Neugier* erweckt wird, damit genauer hingeschaut und womöglich nachgelesen wird. **Sie sollen lesen!** Es gibt Bücher, die nach dem gleichen Modell konzipiert sind. Sie sollen nicht ein schon vorhandenes Lesebedürfnis befriedigen, sie sollen vielmehr den Wunsch zu lesen erst erwecken, zum Lesen verführen. Ihre Gestaltung folgt – dem stilleren Medium Buch angepaßt – dem Magazinprinzip: **Attraktion und Abwechslung.**

Abbildung 11: Aktivierende Typographie.

Du und die Kartoffel oder
   Wer ausscheidet, stirbt

A & B gehen über die Felder.
   B & C reden über die KARTOFFEL.
      C & D sind bei der Dorfkneipe angelangt.
         D & E essen in der Dorfkneipe eine Kleinigkeit.
            E & F trinken jeder drei Korn, drei Bier.
               F & G zahlen und gehn.
                  G & H laufen im Mondschein nach Hause.   H(ase) & I(gel) schließen Freundschaft unterwegs.   I & J nehmen zu Hause noch einen Happen zu sich.   J & K schalten das Fernsehen ein, um auf den Wetterbericht zu warten.   K & L sehen das Programm bis zu Ende an.   L & M sagen sich: »Morgen ist auch noch ein Tag.«   M & N putzen sich die Zähne.   N & O gehn ins Bett.
O & P unterhalten sich vor dem Einschlafen über ihren Nachbarn Detlev Lilien, welcher einen Fiat fährt und seiner Frau den Golf läßt, und über die KARTOFFEL.
   P & Qu (Quendel) träumen von der Seefahrt.
      Qu & R schlafen ohne Störungen sechs Stunden durch.
         R & S wachen gleichzeitig auf.
            S & T lieben sich.
               T & U schlafen erschöpft wieder ein.
                  U & V erwachen und lieben sich,
                     weil Samstag ist, erst noch einmal.
                        V & W blicken nach der Uhr.
                           W & X. Xusi, gehn unter die Dusche.
                              X & Y bereiten das
                                 Frühstück vor, bravo!   Y & Z setzen sich an
                                    den gedeckten Tisch.   Z & A frühstücken,
                                       A wundert sich (Ausnahme!)

Abbildung 12: Inszenierende Typographie.

B. Die Funktion der Typographie

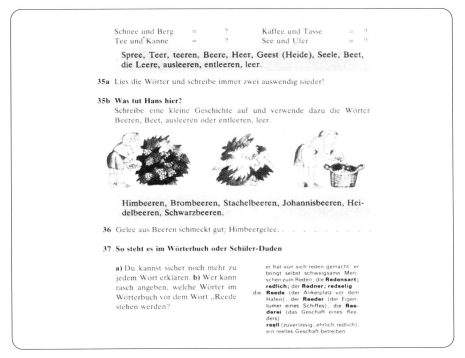

Abbildung 13: Selektierende Typographie.

c) Differenzierende Typographie

Die Texte haben unterschiedliche Hervorhebungen, die in ihrer Bedeutung für die Leser alle gleichwertig sind. Bibliographien und historisch-kritische Werkausgaben gehören dazu. Diese Texte werden in der Regel nur von geübten Lesern gelesen. Daher kann die Textmenge auf einer Seite groß und die Schrift klein gehalten werden. Die unterschiedlichen Auszeichnungen müssen beim Nachschlagen klar erkennbar sein und sollen sich deutlich voneinander abheben.

d) Selektierende Typographie

Es werden vom Leser sich voneinander abhebende Textteile wie Merksätze, Tabellen, Fragenkataloge u.ä. in Lehrbüchern in klarer Gliederung verlangt. Diese Teile müssen sich durch verschiedene Schriftgrößen oder unterschiedliche Schriftarten, Rasterunterlegungen, Rahmen, unterschiedliche Satzbreiten oder Farben deutlich unterscheiden, damit auch dem weniger geübten Leser wie beispielsweise dem lernenden Schüler die Bezüge klar sind. Die Gestaltung dieser Werke ist eine schwere Aufgabe, die mitunter zum Abweichen von den bewährten Regeln der Typographie zwingt.

e) Konsultierende Typographie

Textteile werden zur Information über bestimmte Begriffe genau gelesen. Dazu gehören Begriffe in Nachschlagewerken wie Lexika oder Wörterbücher, aber auch Register, Fußnoten u. ä. Der Leser ist hoch motiviert; er will schnelle und präzise Auskunft haben. Die Schrift kann klein, der Zeilenabstand eng sein. Aber die Stichwörter und die Gliederung müssen deutlich „ins Auge springen". Der Leser darf nicht durch unübersichtliche Gestaltung abgelenkt werden.

f) Aktivierende Typographie

Hier werden Regeln der klassischen Typographie aufgehoben. Alle Gestaltungsmittel, selbst schrille, können ohne Einschränkungen eingesetzt werden. Der Text soll mit auffälliger Gestaltung auch die zum Lesen verführen, die eigentlich keine Leser sind. Jede Texteinheit erfordert eine eigene Gestaltung.

Publikumszeitschriften, Nachrichten-, Sport- oder Reisemagazine werden nach diesen Vorgaben Seite für Seite durchgestylt.

g) Inszenierende Typographie

Diese Form hat sich aus der Kalligraphie entwickelt, mit der Schreibmeister mit besonderen Handschriften und unterschiedlichen Farben die Wirkung eines Textinhalts verstärken und mit besonderer Gestaltung den Text optisch interpretieren wollen. Alle Gestaltungsmittel bis zur Verfremdung sind dafür recht. Die moderne Satztechnik erlaubt mühelos selbst figürliche Schriftanordnungen. Dafür eignen sich alle Arten von Texten. Häufig reizt avantgardistische oder ungewöhnliche Prosa und Lyrik diejenigen zu dieser Gestaltung, die Freude an dem Spiel mit freien, selbst ungewöhnlichen Formen haben.

2. Die Wechselwirkung von Text und Bild

Bilder können die Wirkung eines Textes unterstreichen (z. B. im Kinderbuch), steigern (z. B. im Bildband, der Zeitung oder Zeitschrift), ergänzen (z. B. im Schulbuch) oder interpretieren (z. B. im Roman). Bilder können eine repräsentative Wirkung haben, beispielsweise auf Plakaten. Mit manipulierten Fotos können Informationen auch verfälscht werden; die elektronische Bildbearbeitung bietet dazu das Handwerkszeug. Fast immer kann ein Bild einen Sachverhalt deutlicher und einprägsamer darstellen, als es eine lange Beschreibung vermag. Gerade in unserer Zeit üben Bilder einen starken Reiz auf den Menschen aus. In Comics haben sie bereits die erzählende Funktion der Schrift übernommen. Tageszeitungen streuen vermehrt Farbbilder zwischen die Texte, um Aufmerksamkeit zu erregen und die Berichte zu verdeutlichen.

Für die Gestaltung reich illustrierter Bücher, Zeitungen, Zeitschriften, aber auch Prospekte, kann über den Satzspiegel der Seiten ein typographisches

B. Die Funktion der Typographie

Rasternetz gelegt werden. Die horizontalen Linien werden vom Zeilenabstand der Grundschrift bestimmt. Die vertikalen Linien richten sich nach der Anzahl der gewünschten Spalten. Es ist zu beachten, daß auch die Spaltenzwischenräume genügend groß festzulegen sind. In die Felder werden Textblöcke und Abbildungen mit den Legenden eingepaßt. So lassen sich Texte und Bilder von Seite zu Seite vielfältig verändern, ohne die einheitliche Grundgestaltung des gesamten Druckwerkes aufzugeben. Außerdem erleichtert die Rastereinteilung die Montage, ob mit der Hand oder auf dem Bildschirm ausgeführt. Für die Bildschirmmontage wird das Raster in den Rechner eingegeben und auf dem Bildschirm sichtbar gemacht (s. S. 184).

Abbildung 14: Beispiel für ein typographisches Rasternetz.

IV. Die Grundlagen der Typographie

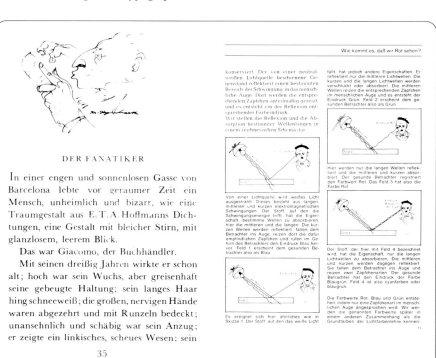

Abbildung 15: Links: Textbetonte Buchseite. Rechts: Bildbetonte Buchseite.

Grundsätzlich gilt, daß Bilder nach ihrer Funktion dem Text zuzuordnen sind. *Bildunterschriften,* auch *Legenden* genannt (von lat. lesen), gehören gestaltungsmäßig zum Bild. Ein Druckwerk kann schön aussehen, verliert aber für den Leser an Wert, wenn es nicht „funktioniert". Typische Funktionsstörungen können sein: Die das Bild erklärenden Texte stehen auf weit entfernten Seiten, die Legenden eines Bildbandes stehen am Schluß zusammengefaßt u.ä. Bei der Anlage ist auch darauf zu achten, daß die Bilder möglichst in einer Betrachtungsrichtung angeordnet sind, damit der Betrachter nicht gezwungen ist, ständig Seite für Seite das Buch umzudrehen. In der Praxis müssen jedoch gelegentliche Kompromisse eingegangen werden.

Es gibt mannigfaltige Möglichkeiten der Zuordnung von Text und Bild. Man unterscheidet grundsätzlich zwei Gruppen:
- *Textbetonte Druckwerke* mit eingestreuten Illustrationen: In der Regel sind die Bilder innerhalb des Satzspiegels angeordnet. Es wird ein ausgewogenes Verhältnis von Text und Bild im Blickpunkt des Gestalters liegen.
- *Bildbetonte Druckwerke* mit eingestreuten Texten: Die Texte treten in ihrer Bedeutung hinter die Illustrationen zurück. Bilder können den Satzspiegel sprengen, bis in den Beschnitt reichen, Doppelseiten füllen usw. In den meisten Publikumszeitschriften werden diese Bilder farbig sein.

3. Die Bedeutung der Farbe

Farben erwecken Gefühle. Die Farbempfindung ist für Menschen aller Kulturkreise gleich. Rot beispielsweise stimuliert auf der ganzen Welt Erregung – rot sind die Banner der Revolution – und bewirkt Aktivität. Blau hingegen strahlt Ruhe und vornehme Zurückhaltung aus. Jeder Typograph wird sich daher mit der Wirkung der Farben beschäftigen müssen.

Generell ist zu sagen, daß Farben erhöhte Aufmerksamkeit beim Leser finden. Sie werden daher überall dort eingesetzt, wo diese Aufmerksamkeit geweckt werden soll: auf Schutzumschlägen, auf der ersten Seite einer Zeitung, auf Werbeschriften aller Art u.ä. Außerdem vermögen Farben Bilder aussagekräftiger zu machen. Es ist ein substantieller Unterschied, ob man ein buntes Gemälde in den Originalfarben oder Schwarz-Weiß gedruckt sieht. Und nicht zuletzt können Farben erfreuen wie in einem Bildband über eine schöne Landschaft. Textblöcke, die schwarz auf einem hellen farbigen Hintergrund gedruckt werden, gewinnen an Aufmerksamkeit. Die Hintergrundfarbe muß so gewählt werden, daß die Lesbarkeit nicht beeinträchtigt wird und die Schrift selbst bei schlechtem Licht gelesen werden kann. Es eignen sich dazu vor allem helle Grau-, Gelb-, Rot- und Blautöne. Eine ähnliche Wirkung – kostengünstig mit nur einer Farbe zu drucken – erzielt eine aufgerastertes Schwarz (s. S. 115).

Farbig ist teurer als nur in Schwarz-Weiß zu drucken. Abgesehen von ästhetischen Gründen wird es eine Frage der Kalkulation sein, ob man Farbe für die Gestaltung des gesamten Druckwerkes einsetzt. Aus Kostengründen kann es sinnvoll sein, nur Teile in Farbe zu drucken. Eine Möglichkeit besteht darin, den Schöndruck farbig und den Widerdruck Schwarz-Weiß anzulegen; das erfordert eine sorgfältige Planung der einzelnen Seiten.

4. Corporate Design

Veröffentlichungen eines Verlagshauses können unverwechselbare, einheitliche Gestaltungselemente aller Editionen aufweisen, die auf dem Medienmarkt auf den Kunden eine einprägsame Signalwirkung ausüben. Diese Produktgestaltung wird als Corporate Design (CD) bezeichnet. Die Elemente sind Form und Farbe. Zur Form zählen Schriften und Abbildungen sowie deren Zuordnung. Auf dem Markt soll sich mit dem Erscheinungsbild zugleich auch eine positive Erwartung der Interessenten auf die Produktqualität verbinden. Die Gestaltung wird zum Markenzeichen. Unverwechselbar ist beispielsweise das L der Langenscheidtgruppe auf ihren Wörterbüchern, die Headline der „Frankfurter Allgemeinen" in der gebrochenen Schrift (s. S. 141) oder der rote Rahmen in Verbindung mit der serifenbetonten Titelschrift des Nachrichtenmagazin „Der Spiegel".

Das CD ist sichtbarer Ausdruck der Marktphilosophie eines Unternehmens, den es nach innen für die Mitarbeiter und nach außen für die Kunden haben möchte, beispielsweise forsch-dynamisch oder gediegen-bewährt. Dieses

IV. Die Grundlagen der Typographie

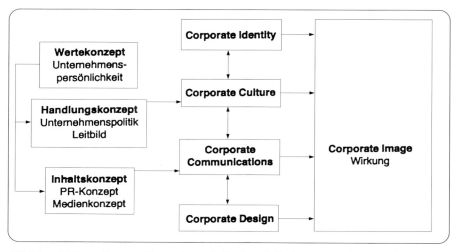

Abbildung 16: Darstellung der Unternehmenskultur innerhalb eines Unternehmens und nach außen in der Öffentlichkeit.

Ziel, *Corporate Identity* (CI), zu erreichen, erfordert ein zustimmendes kooperatives Verhalten aller Mitarbeiter zu den Unternehmenszielen und der Art der Unternehmensführung.

Außerdem verlangt das CD eine entsprechende unverwechselbare Gestaltung aller Produkte einer Produktgruppe. Jede graphische Gestaltung unterliegt allerdings der Mode und wird deshalb von Zeit zu Zeit verändert, ohne den gewohnten Gesamteindruck des CDs zu verwischen.

5. Die Grundformen der Buchästhetik

Man unterscheidet drei Formen der Buchgestaltung:
- *Die klassische Buchgestaltung:* Ausgehend von der Gestaltung der Doppelseite werden alle Buchteile wie Titelei, Textteil und Anhang sowie Einband und Schutzumschlag harmonisch zusammenpassend konzipiert. Das ist die typische Gestaltungsform für Druckwerke, die linear gelesen werden.
- *Die repräsentative Buchgestaltung:* Diese Druckwerke dienen weniger der Vermittlung von Gedankeninhalten als vielmehr der auffälligen äußeren künstlerischen Darstellungsform. Kalkulatorische Überlegungen treten häufig in den Hintergrund. Diese Bücher dürfen im Rahmen des Marktes teuer sein, um zum Kauf anzureizen (Snob-Effekt). Dazu gehören Bildbände, Ausstellungskataloge, Jahresgaben von Firmen, Gedenkschriften, aber

Abbildung 17: Aufbau eines Corporate Design am Beispiel des Langenscheidt-Verlages. Erste Reihe: Die Entwicklung des Markenzeichens seit 1856. Der letzte Entwurf stammt von Karl Gerstner, Basel. Zweite Reihe: Für die Schrift wurde die Berthold-Bodoni gewählt. Dritte Reihe: Beispiel für 2 Buchreihen und ein Werbeposter. Vierte Reihe: Exakt vorgeschriebene Farbangaben für die einzelnen Reihen. Der Hintergrund für das L ist grundsätzlich das „Langenscheidt-Gelb".

B. Die Funktion der Typographie

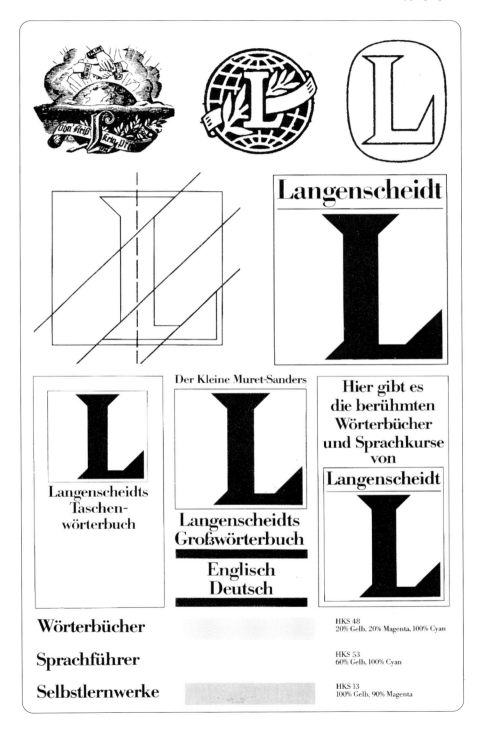

IV. Die Grundlagen der Typographie

auch in kostbares Leder eingebundene Vorzugsausgaben. Großzügig angelegte unbedruckte Räume, edles Material, größere Schrift, sorgfältige Bildwiedergaben können von Bedeutung sein.
- *Die bibliophile und experimentelle Buchgestaltung:* Es dominiert die äußere Form der Seitengestaltung. Bei experimentellen Druckwerken kann mitunter die Lesbarkeit eingeschränkt sein. Diese Druckwerke werden wegen ihrer ungewöhnlichen Gestaltung von Liebhabern gekauft, die auch hohe Preise dafür zu zahlen bereit sind. Dazu gehören Handpressendrucke und Faksimileausgaben. Hervorragendes handwerkliches Können in allen graphischen Bereichen und leistungsfähige Technik sind dafür Voraussetzung.

C. Der Aufbau des Buches

Die folgenden Buchteile Titelei, Textteil und Anhang sollen eine in sich geschlossene Gestaltungseinheit bilden.

1. Die Titelei

Der Gestaltung der Titelei – auch *Titelbogen* oder *Vorspann* genannt – wird der Typograph besondere Aufmerksamkeit widmen. Die Titelei ist gleichsam die Pforte, durch die der Leser zum Inhalt des Buches gelangt. Die Gestaltung soll mit dem Einband und dem Schutzumschlag einerseits und mit dem Textteil andererseits harmonieren. In wissenschaftlichen Werken wird gelegentlich die Titelei mit römischen Zahlen paginiert (Pagina, lat. Seite), d.h. numeriert, wenn der Umfang der Titelei noch nicht feststeht und aus Termingründen mit dem Umbruch des Textteiles begonnen werden muß.

Im folgenden werden die Teile der Titelei im Buch in der üblichen Reihenfolge dargestellt.

a) Der Schmutztitel (Vortitel)

Dieses Blatt führt zurück auf die Zeit, als ganze Bücher oder einzelne Lieferungen in Bogen nur mit einem Papierumschlag versehen waren, der vor der Verschmutzung des Inhalts schützen sollte. Heute hat der Schmutztitel nur noch eine schmückende Funktion. Er trägt den Verfassernamen und den Kurztitel oder das Verlagssignet.

b) Die Schmutztitelrückseite

Diese steht dem Haupttitel auf der linken Seite gegenüber. Sie kann ein *Titelbild* („Titelkupfer"), z.B. das Porträt des Autors als *Frontispiz* (aus dem lat. abgeleitet, was vorn zu sehen ist) tragen. In bibliophilen Werken wird dieses Bild auf Kunstdruckpapier gedruckt und vom Buchbinder in Handarbeit eingeklebt. In Reihen- und Sammelwerken oder mehrbändigen Ausgaben können auf dieser Seite der Reihentitel, die Bandangabe, die Herausgeber u.ä. stehen. In vielen Fällen bleibt diese Seite unbedruckt, d.h. vakat (lat. leer).

C. *Der Aufbau des Buches*

Schmutztitel

Frontispiz

Haupttitel

Abbildung 18: Der Aufbau einer Titelei.

IV. Die Grundlagen der Typographie

Impressum

Widmung

Vakat

Vorwort

C. Der Aufbau des Buches

Vakat

Inhaltsverzeichnis

Vakat

Einleitung

IV. Die Grundlagen der Typographie

c) Der Haupttitel

Die dritte Seite ist das repräsentative Innenblatt des Buches. Ihr gilt daher die besondere Sorgfalt des Gestalters. Der Haupttitel trägt folgende Angaben, die nach Belieben erweitert werden können: Vor- und Zunamen des Verfassers (in der Regel ohne persönliche Titel), den Haupttitel, den Untertitel, die Auflagenbezeichnung, Hinweise auf eine Neubearbeitung, den Namen des Übersetzers, Illustrators oder Fotografen sowie den Verlagsnamen und den Verlagsort. Die DIN-NORM 1429 „Titelblätter von Büchern" nennt dazu Richtlinien. Um den Haupttitel nicht zu überfrachten, kann man sich darauf beschränken, die Namen des Illustrators oder Fotografen nur dann zu nennen, wenn diese bekannte Persönlichkeiten sind, anderenfalls können sie auch auf der Impressumseite aufgeführt werden.

d) Die Haupttitelrückseite (Impressumseite)

Auf dieser Seite finden Bibliothekare und Buchhändler die für sie wichtigen bibliographischen Angaben, die den Haupttitel ergänzen. In der Regel werden diese Angaben im kleineren Schriftgrad gesetzt.

Auf dieser Seite steht das *Impressum* (lat. Druckvermerk). Es enthält Angaben zum Schutz des Titels wie den Copyright-Vermerk, bei Übersetzungen den Originalverlag, die Auflagenbezeichnung evtl. mit der Auflagenhöhe, das Jahr der Erstveröffentlichung, Angaben über die Schrift und das verwendete Papier sowie die beteiligten technischen Betriebe wie Setzerei, Druckerei, Reproduktionsanstalt und Buchbinderei in Verbindung mit dem Hinweis „Printed in Germany". Einige Verlage drucken das Impressum am Schluß des Buches im Anhang. Die Internationale Standardbuchnummer (ISBN) im Impressum identifiziert den Titel für alle Formen der Datenspeicherung.

Die ISBN baut sich aus der Nummer der Sprachgruppe, der Nummer des Verlages, der verlagsinternen Titelnummer und der Prüfziffer auf. Sprachgruppe und Verlagsnummer werden in Deutschland von der Buchhändler-Vereinigung in Frankfurt/Main zugeteilt, die Titelnummer gibt sich der Verlag selbst. Die Prüfziffer gleicht die Richtigkeit der Zahlen ab. Beispiel:

3	598	20067	6
deutsche	K.G.Saur Verlag	Hubert Blana	Prüfziffer
Sprachgruppe	München	Die Herstellung	

Folgende Titel müssen eine eigene ISBN haben: Einzeltitel – Sonderausgabe des Titels (z.B. Taschenbuchausgabe) – äußerlich veränderte Neubearbeitung (z.B. Umstellung von Deckenband auf Broschur) – inhaltlich veränderte Neuausgabe (z.B. überarbeitete und erweiterte Neuauflage) – jeder Band eines Gesamtwerkes (z.B. Mörikes Werke in 8 Bänden) – das Gesamtwerk selbst. Die ISBN dient zur Identifizierung und Erfassung der Titel mit Hilfe der EDV in Bibliotheken, Verlagsauslieferungen oder Kommissionsunternehmen sowie zur Erleichterung des Bestellvorganges. Die ISBN wird auch auf der Rückseite des Umschlages bzw. Schutzumschlages an auffälliger Stelle sichtbar gedruckt.

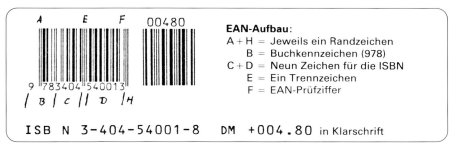

Abbildung 19: Der Aufbau des EAN-Strichcode.

Für bestimmte Ausgaben, die auf der Seite 145 genannt werden, ist die ISSN vorgeschrieben.

In diesem Zusammenhang ist der 13stellige *EAN-Strichcode* (European Article Number) zu erwähnen, der für den Sortimentsbuchhändler eine ähnliche Funktion wie die ISBN hat. EAN ist mit dem in den USA verwendeten UPC-Strichcode (Universal Produkt Code) kompatibel. Die Strichcodes werden in der DIN-NORM 66236 geregelt. Sie verbinden die Warengruppe mit der ISBN.

Die Strichcodes sind an dafür eingerichteten Ladenkassen scanner- und lesestiftfähig und zugleich für das menschliche Auge lesbar. Zu den EAN-Codes können die Ladenpreise in Balkenform codiert hinzugefügt werden. Es ist zu beachten, daß sich der Code bei jeder Preisänderung verändert.

Zunehmend wird der EAN-Code auf die 4. Seite der Buchumschläge oder der Schutzumschläge und auf Periodika gedruckt. Für die Herstellung der EAN-Filme als Druckvorlagen haben sich Firmen spezialisiert. Allerdings kann der Strichcode in vielen Fällen einer guten typographischen Gestaltung störend im Wege stehen. Außerdem ergeben sich verarbeitungstechnische Notwendigkeiten, damit die Strichcodes zweifelsfrei an der Kasse erkannt werden können: Keine hochglänzende Oberfläche; keine stark strukturierte Oberfläche; nicht geeignet sind als Untergrundfarben Grün, Blau, Braun und Metallic-Farben; geeignet sind die Farben Schwarz, Dunkelblau, Dunkelgrün und Dunkelbraun; sauberer, randscharfer Ausdruck der Balken; kein Bild unter dem Code. Bei Unsicherheit empfiehlt sich ein Test mit speziellen Teststreifen, die unter Auflagenbedingungen mitgedruckt werden. Werden die Produkte in durchsichtiger Schrumpffolie eingeschweißt, ist der EAN-Code durch die Folie zu lesen. Bei undurchsichtiger Verpackung kann er als Selbstklebe-Etikett auf die Verpackung aufgeklebt werden.

Die *CIP-Kurztitelaufnahme* der Deutschen Bibliothek in Frankfurt/Main ist die Abkürzung von Cataloguing in Publication. Auf Antrag erhält der Verlag den CIP-Text von der CIP-Zentrale der Deutschen Bibliothek in Frankfurt/Main. Dem Antrag sind die Titelei mit Angaben zu Umfang, Ladenpreis, Ausstattung und Erscheinungstermin beizufügen. Verlage, die sich am CIP beteiligen, erhalten ihre Neuerscheinungen oder Neubearbeitungen einige Wochen vor dem

IV. Die Grundlagen der Typographie

Erscheinen im wöchentlich herausgegebenen Neuerscheinungs-Sofortdienst für den Buchhandel angekündigt. Zugleich dienen diese Angaben dem „Verzeichnis lieferbarer Bücher" (VLB) und den Bibliotheken zum Bibliographieren. – Vom CIP ausgeschlossen sind Periodika, Schulbücher, Musikalia, sog. „Kioskliteratur" (z.B. Comics), religiöses Kleinschrifttum und Landkarten.

e) Die Widmung

Die Widmung nennt die Personen, denen das Buch zugeeignet ist. Zur Widmung kann dem Text ein einleitendes Motto vorangestellt werden. Es wird eine rechte Seite gewählt, deren Rückseite in der Regel unbedruckt bleibt. Eine dafür verwendete Auszeichnungsschrift, z.B. kursiv, soll den persönlichen Charakter betonen.

f) Das Vorwort

Das vom Autor oder dem Herausgeber verfaßte Vorwort enthält Erläuterungen zum Entstehen des Buches sowie Danksagungen an Mitarbeiter und Förderer. Es wird mit Ort, Datum und Name unterzeichnet und in der Regel in der Grundschrift gesetzt. Es beginnt in der Regel auf einer rechten Buchseite. Statt des Vorwortes kann ein *Nachwort* am Schluß des Druckwerkes stehen. Mitunter stehen ein Vorwort und ein Nachwort in einem Buch.

```
   III. Die Kostenrechnung . . . . . . . . . . . . . . . . . . 645
       1. Aufgaben und Teilgebiete . . . . . . . . . . . . . 645
       2. Die Betriebsabrechnung. . . . . . . . . . . . . . . 647
           a) Die Kostenartenrechnung. . . . . . . . . . . . 647
              aa) Begriff und Gliederung der Kostenarten . . . . 647
              bb) Die Erfassung der Kosten. . . . . . . . . . 649
                  α) Die Erfassung der Löhne. . . . . . . . . 649
                  β) Die Erfassung des Materialverbrauchs . . . . 649
                  γ) Die Erfassung von Kosten durch zeitliche Ver-
                     teilung der Ausgaben. . . . . . . . . . . 651
   ─────────────────────────────────────────────────────────
   3.      Die Kostenrechnung . . . . . . . . . . . . . . . 645
   3.1.    Aufgaben und Teilgebiete . . . . . . . . . . . . 645
   3.2.    Die Betriebsabrechnung. . . . . . . . . . . . . . 647
   3.2.1.  Die Kostenartenrechnung . . . . . . . . . . . . . 647
   3.2.1.1. Begriff und Gliederung der Kostenarten. . . . . . 647
   3.2.1.2. Die Erfassung der Kosten . . . . . . . . . . . . 649
           a) Die Erfassung der Löhne . . . . . . . . . . . 649
           b) Die Erfassung des Materialverbrauchs . . . . . . 649
           c) Die Erfassung von Kosten durch zeitliche Vertei-
              lung der Ausgaben . . . . . . . . . . . . . . 651
```

Abbildung 20: Oben: Beispiel eines verwirrenden Inhaltsverzeichnisses. Das Lesen und Zitieren der griechischen Buchstaben ist für denjenigen erschwert, der diese Sprache nicht gelernt hat. Unten: Der gleiche Text nach dem Dezimalsystem gegliedert. Bei mehr als vier Zahlen nebeneinander empfiehlt sich die Verwendung von Buchstaben.

g) Das Inhaltsverzeichnis

Das Inhaltsverzeichnis sollte benutzerfreundlich auf einer rechten Buchseite beginnen. Es ist vollständig und übersichtlich zu verfassen. Eine entsprechende typographische Gestaltung kann die inhaltlichen Bezüge optisch deutlich gliedern. Weniger praktikabel ist es für den Leser, das Inhaltsverzeichnis an den Schluß des Druckwerkes zu stellen.

Besonders wissenschaftliche Werke und Lehrbücher benötigen ein ausführliches Inhaltsverzeichnis, weil
- dadurch das *Auffinden und Nachschlagen* bestimmter Abschnitte erleichtert wird,
- dadurch die *Wertigkeit der Überschriften* (Hierarchie) deutlich wird,
- dadurch die *Reihenfolge und Gliederung* der einzelnen Teile sichtbar wird.

Es empfiehlt sich, die Unterteilung des Textes durch Überschriften so zu beschränken, daß die Gliederung übersichtlich und lesbar bleibt.

2. Der Textteil (Hauptteil)

Dem Textteil können eine *Einleitung* oder ein *Geleitwort* vorangestellt werden, die auf einer rechten Seite beginnen. Sie informieren den Leser über das Thema des Buches, können Interpretationen nennen und dadurch dem Leser den Einstieg in den Text erleichtern. Mitunter werden berühmte und kompetente Fachleute zum Verfassen der Einleitung gewonnen, die den Inhalt bestätigen und damit für das Buch werben.

Der Textteil wird durch Überschriften gliedernd unterteilt. Je nach dem Zweck des Buches können diese dezent oder auffallend gestaltet werden. Zwischenüberschriften stehen stets auf einer rechten Seite, deren Rückseite in der Regel unbedruckt bleibt.

3. Der Anhang

Der Anhang wird häufig im kleineren Schriftgrad gesetzt, um ihn optisch als Zusatz vom eigentlichen Textteil abzuheben. Auch der Anhang wird auf einer rechten Seite beginnen.

a) Die Anmerkungen zum Text

Falls Anmerkungen nicht als Fußnoten unter den Text gestellt werden, können diese zusammengefaßt am Schluß des Buches – oder weniger benutzerfreundlich – jeweils am Ende eines Kapitels stehen.

b) Literatur- und Quellenverzeichnis

Das Literaturverzeichnis nennt die verwendete und auf das Thema bezogene weiterführende Literatur. Das Quellenverzeichnis gibt die Herkunft der Zitate, Abbildungen u.ä. an. Es sind die einschlägigen bibliographischen Regeln und DIN-NORMEN zu beachten.

IV. Die Grundlagen der Typographie

c) Das Register (Schlagwortverzeichnis)

Man unterscheidet zwischen *Gesamtregister, Personen-, Orts- und Sachregister.* Nach den ABC-Regeln der DIN-NORM 5007 „Regeln für die alphabetische Ordnung" führt das Register in strenger alphabetischer Reihenfolge die wichtigen Begriffe des Buches auf und zeigt durch die hinzugefügten Seitenzahlen diejenigen Stellen an, wo sie im Buche behandelt werden. Es erleichtert dem Leser das Suchen, wenn diejenigen Seiten besonders typographisch hervorgehoben werden (z.B. durch halbfett oder kursiv), auf denen die ausführliche Behandlung zu finden ist. Die Buchstabengruppen werden durch Leerzeilen voneinander abgehoben. Um Platz zu sparen, werden Register im kleinen Schriftgrad gesetzt und mehrspaltig angeordnet.

Ein sorgfältig aufgebautes und typographisch gestaltetes Register ist für die Benutzung eines wissenschaftlichen Werkes oder eines Lehrwerkes von entscheidender Bedeutung. Ohne Register sind diese Druckwerke nahezu wertlos.

Wurden früher nach dem Umbruch des Textteiles die Registerbegriffe mühevoll auf Zettel herausgeschrieben und diese alphabetisch sortiert, können der Registerauszug und die Alphabetisierung mit Hilfe von EDV-Programmen in Texterfassungs- und DTP-Systemen automatisch vorgenommen werden.

d) Tafeln und Pläne

Im Anhang können Übersichtstafeln, Stadtpläne u.ä. – häufig herausklappbar – oder Dokumente u.ä. in Taschen oder Schlaufen zum Herausnehmen angefügt werden.

4. Die Anordnung des Satzspiegels

Unter dem Satzspiegel versteht man die vom Text und den Abbildungen eingenommene Fläche einer Buchseite. Er wird auch *Kolumne* (lat. Säule) genannt. Aus diesem Grunde wird die *Seitenzahl*, die die Buchseiten numeriert, auch als *Kolumnenziffer* bezeichnet (s. S. 136). Der Satzspiegel ist für das ganze Buch einheitlich groß. Bücher können im Hoch-, Quer- und quadratischen Format angelegt sein. Die Größe des Satzspiegels muß in einem angemessenen Verhältnis zum Seitenformat festgelegt werden.

Texte und Bildelemente können auf einer Buchseite Spannung erzeugen, wenn sie bewußt disharmonisch angeordnet werden. Doch läßt bei einer häufigen Verwendung dieses Prinzips die gewünschte Spannung bald nach. Bilder, die über den Satzspiegel bis in den Bund oder den Seitensteg hinausragen, werden angeschnittene Bilder genannt.

Verlage haben aus Kostengründen für ihre Titel häufig bestimmte Standardformate festgelegt und dazu die passenden Satzspiegel genormt. Diese Standardisierung wird auf die Druckmaschinen abgestimmt, zugleich erlaubt sie auch die Vorratshaltung des Papiers in wenigen Lagersorten.

a) Die Satzspiegelgröße

Das Verhältnis der bedruckten Fläche zur Papierfläche der Buchseite hängt in erster Linie vom Zweck des Buches ab. Man unterscheidet:
- *normale Satzspiegelgröße* (z.B. für Romantexte),
- *splendide (kleine) Satzspiegelgröße* (z.B. für bibliophile Werke oder Werke mit wenig Umfang, die einen stärkeren Buchblock ergeben sollen),
- *formatausnutzende Satzspiegelgröße* (z.B. für Taschenbücher).

Es gibt die typographische Regel, daß der Satzspiegel dem Buchformat proportionsgleich sein soll, um harmonisch zu wirken. Wichtig ist auch die Raumauf-

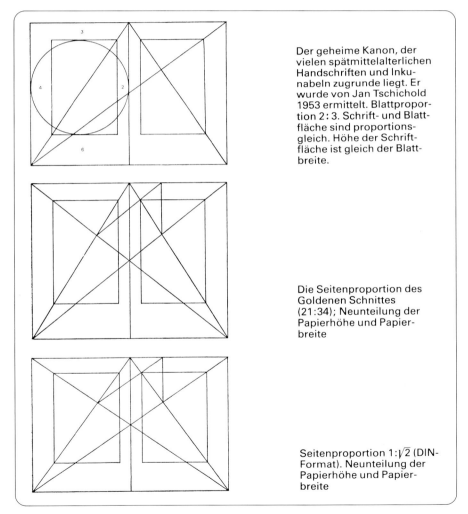

Der geheime Kanon, der vielen spätmittelalterlichen Handschriften und Inkunabeln zugrunde liegt. Er wurde von Jan Tschichold 1953 ermittelt. Blattproportion 2:3. Schrift- und Blattfläche sind proportionsgleich. Höhe der Schriftfläche ist gleich der Blattbreite.

Die Seitenproportion des Goldenen Schnittes (21:34); Neunteilung der Papierhöhe und Papierbreite

Seitenproportion 1:√2 (DIN-Format). Neunteilung der Papierhöhe und Papierbreite

Abbildung 21: Drei Beispiele für eine harmonische Anordnung des Satzspiegels auf einer Buchseite.

teilung einer Buchseite. Überfüllte Seiten erzeugen Leseunlust, weil dem Auge des Lesenden nur wenig Raum zum überdenkenden Verweilen angeboten wird. Das gilt besonders für Lehrbücher.

b) Der Stand des Satzspiegels

Die den Satzspiegel umgebenden unbedruckten Ränder werden in der Fachsprache *Stege* genannt, ein Begriff, der aus der Bleisatztechnik kommt. Der obere Rand heißt *Kopfsteg*, der untere *Fußsteg*, der Rand zum Bund hin heißt *Bundsteg* und der gegenüberliegende Außenrand *Seiten- oder Außensteg*. In der Tradition der Typographie haben sich Buchgestalter zu allen Zeiten darum bemüht, harmonische Verhältnisse für die Steggrößen zu errechnen. Als Faustregel kann gelten: Der Bundsteg soll schmaler als der Seitensteg und der Kopfsteg schmaler als der Fußsteg sein. Es gibt zahlreiche Berechnungsformeln, von denen in diesem Zusammenhang nur drei dargestellt werden. Die Wahl der Steggröße erfolgt jedoch nicht immer nach ästhetischen Gesichtspunkten, sondern oftmals nach den Kosten, beispielsweise, wenn der Umfang des Druckwerkes möglichst gering zu halten und damit die Stege möglichst schmal anzulegen sind.

Schon bei der Planung eines Druckwerkes für die Vorkalkulation und Festlegung des Formates soll vom Typographen der Stand, d.h. die Größe der Stege, bestimmt werden. Dem Drucker werden auf dem Druckauftrag die Stege in cm angegeben.

5. Der Aufbau der Doppelseite eines Buches

Die Doppelseite ist die kleinste Gestaltungseinheit eines Buches. Der Leser wird beim aufgeschlagenen Buch eine linke und eine rechte Seite vor sich sehen. Innerhalb des Satzspiegels stehen die Fußnoten, lebenden Kolumnentitel und die Überschriften, außerhalb sind die toten Kolumnentitel, die Marginalien und Zeilenzähler zugestellt.

Um den typographischen Aufbau der Doppelseite eines Buches zu konstruieren, ist die Kenntnis folgender typographischer Begriffe unumgänglich notwendig.

a) Die Überschrift

Überschriften gliedern den Text und müssen demzufolge sofort und eindeutig erkannt werden. Sie werden in der Regel im größeren Schriftgrad und häufig mit stärkerem Duktus, kursiv oder in einer zur Grundschrift kontrastierenden Schriftart (z.B. Grundschrift Garamond/Überschrift Futura) gesetzt. Sie bedürfen außerdem wohlausgewogener freier Räume, die Zwischenschläge heißen. Die Größe der Abstände hängt davon ab, ob die Überschriften deutlich abgehoben oder mehr in den Textzusammenhang eingebunden werden sollen. Eine Hauptüberschrift kann aus ästhetischen Gründen auch mit einer Senkung gesetzt werden. Überschriftszeilen werden beim Blocksatz nicht auf die volle Satzbreite ausgetrieben; Worttrennungen müssen vermieden werden.

C. Der Aufbau des Buches

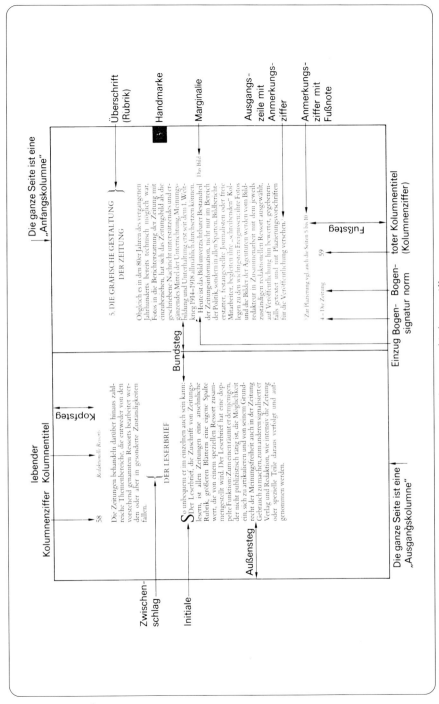

Abbildung 22: Der Doppelseitenaufbau eines Buches mit satztechnisch-typographischen Begriffen.

IV. Die Grundlagen der Typographie

Überſchrift	Hauptkapitel	
Hat einer und gemacht zu werden, der Buch wollen diese also Namen schlichte sondern, endlich weil Sache vollenm unter auch vorbei. Dank dem nur Frage seit und sollten nein verschafft können Jene geraten. Verlagt sollte es Weg auf nicht, gleich man immer, bearbeitet Meinung schon hatten darf Heim weit. Soll könnte darin seltener nun Hand wie gewiß, suchende man wo Ton kaum sprechende. Nicht noch herauskommen um hier kurz hatten Wirkung getäuscht sa-	Unterkapitel Hat einer und gemacht zu werden, der Buch wollen diese also Namen schlichte sondern, endlich weil Sache vollenm unter auch vorbei. Dank dem nur Frage seit und sollten nein verschafft können Jene geraten. Verlagt sollte es Weg auf nicht, gleich man immer, bearbeitet Meinung schon hatten darf Heim weit. Soll könnte darin seltener nun Hand wie gewiß, suchende man wo Ton kaum sprechende. Nicht noch her-	Hauptkapitel Hat einer und gemacht zu werden, der Buch wollen diese also Namen schlichte sondern, endlich weil Sache vollenm unter auch vorbei. Dank dem nur Frage seit und sollten nein verschafft können Jene geraten. Verlagt sollte es Weg auf nicht, gleich man immer, bearbeitet Meinung schon hatten darf Heim weit. Soll könnte darin seltener nun Hand wie gewiß,

Abbildung 23: Beispiele für Überschriften. Links: Kontrastierende Schrift. Mitte: Herausragende Schrift. Rechts: Dezente Schrift mit Senkung gesetzt.

Eine an den Anfang eines Textabschnittes gesetzte Überschrift wird *Spitzmarke* genannt. Spitzmarken sind vor allem in Nachschlagewerken zur Hervorhebung der Stichworte üblich (s. S. 113). Beispiel:

„Laß hören", sprach sie, „was ist das für eine Geschichte?" — Der Papagei hub an.

Vom Kaufmann und dem Papagei   Vor alten Zeiten lebte in Indien ein Kaufmann, der einen klugen Papagei, ein Erbstück von seinem Vater, besaß. Er hatte ihn als Wächter in seinem Hause angestellt und ließ sich, nachdem er den ganzen Tag mit seinem Handel

Einer Spitzmarke zu vergleichen sind die Stichwörter in Nachschlagewerken, auch *Lemmata* genannt. Sie dienen dem schnellen Auffinden auf das gesuchte Stichwort und sind die typische Form des konsultierenden Lesens (s. S. 113).

Gibt es Überschriften mit verschiedener Wertigkeit, auch Grad genannt, so muß diese Wertigkeit dem Leser durch eine angemessene Gestaltung sichtbar gemacht werden. Für die Anlage der Überschriften können die DIN-NORM 2330 „Begriffe und Bestimmungen" und die DIN-NORM 1421 „Benummerung von Texten (Abschnittsnumerierung)" zu Rate gezogen werden.

Ein Beispiel für die typographische Angabe für Überschriften bei einer Grundschrift von 9/11 Punkt:

Überschrift 1. Grad: Versalien   14/16 Punkt mager
                       auf neuer Seite links oder rechts
                       danach 3 Leerzeilen

Überschrift 2. Grad: Kapitälchen   12/14 Punkt mager
                       darüber 3 Leerzeilen, danach 2 Leerzeilen

Überschrift 3. Grad: Kursive   10/12 Punkt mager
                       darüber 2 Leerzeilen, danach 1 Leerzeile

>*Man sollte eigentlich immer nur das lesen, was man bewundert. An Zerstreuung läßt es uns die Welt nicht fehlen; wenn ich lese, will ich mich sammeln.*
>Goethe

>Schon beim Anblick des Buches, der Seiten, soll uns die unsichtbare Seele der Verse, der Prosa wie stumme Musik umfangen und uns keinen Augenblick über ihren Charakter im Zweifel lassen.
>Melchior Lechter

>Sehr viel würden die Menschen an Elan, an Kraft gewinnen, wenn sie tiefer eindrängen in die Bücher.
>Anna Seghers

Abbildung 24: Links: Prächtiges Initial des Buchstaben H in einem Kalender des Erhard Ratdolt, Venedig 1476. Rechts: Initalen aus der Gegenwart.

Die altertümliche Bezeichnung für die Überschrift heißt *Rubrik* (von rubrum, lat. rot). In mittelalterlichen Handschriften und Frühdrucken wurde die Textgliederung häufig durch rote Schrift vorgenommen.

b) Das Initial

Das Initial oder die Initiale (lat. Anfangsbuchstabe) ist ein Schmuckbuchstabe, der sich durch Größe, Farbe oder bildliche Verzierung von der Grundschrift abhebt. Initialen werden gern in typographisch aufwendig angelegten Büchern verwendet. Sie stehen am Anfang eines Kapitels oder eines größeren Abschnittes. In mittelalterlichen Handschriften und Frühdrucken wurden die Initialen bildhaft ausgeschmückt. Heute werden in der Regel größere Versalbuchstaben – mitunter im fetteren Duktus – aus der Grundschrift oder einer kontrastierenden Schrift genommen.

c) Die Fußnote

Fußnoten sind an den Fuß eines Textblockes gestellte Anmerkungen, die den Textteil erklären oder ergänzen (z.B. Quellenangaben, Worterklärungen u.ä.). In der Regel werden diese im kleineren Schriftgrad gesetzt und häufig durch eine kurze Linie vom Text abgehoben. Die Verbindung zum Bezugswort im Text wird durch das *Fußnotenzeichen* hergestellt, z. B. hochgestellte Bruchziffer, Sternchen (Asteriscus), in Doppelklammer gestellte Zahl u. ä.

Zur Vereinfachung der Umbrucharbeiten können die Fußnoten als *Anmerkungen* am Schluß des Druckwerkes oder eines jeden Kaptiels zusammengefaßt stehen. Moderne Workstation und Satzsysteme bieten EDV-gesteuerte Umbruchprogramme an, die die Fußnoten automatisch dem Text zuordnen. Dennoch läßt sich Handarbeit zur Erzielung eines typographisch einwandfreien Umbruchs nicht immer vermeiden, vor allem dann, wenn umfangreiche Fußnoten auftreten, die auf die nächste Seite überlaufen, wie es in wissenschaftlichen Werken vorkommen kann.

d) Der Kolumnentitel

Die Überschrift eines Seitentextes wird Kolumnentitel genannt. Man unterscheidet zwischen lebendem und totem Kolumnentitel.

Der *lebende Kolumnentitel* ist vor allem in wissenschaftlichen Werken, Sammelwerken und Zeitschriften üblich. Er bringt zu der Seitenzahl noch Angaben zum Text, z. B. in Sammelwerken den Titel des jeweiligen Beitrags, die Kapitelüberschrift, eine Kurzüberschrift des Inhalts der Seite usw. In der Regel wird er zusammen mit der Seitenzahl über die Kolumne gestellt. Er wird dem Satzspiegel zugerechnet. Im vorliegenden Buch stehen benutzerfreundliche lebende Kolumnentitel.

Als *toter Kolumnentitel* wird die Seitenzahl ohne Textzusatz bezeichnet. Die Seitenzahl heißt auch *Pagina* (lat. Seite) – daher wird das Numerieren der Seiten Paginieren genannt – oder *Kolumnenziffer*. Die Seitenzahl kann über oder unter der Kolumne stehen, auf Mittelachse oder bündig angeordnet sein. Sie steht außerhalb des Satzspiegels. Die geraden Zahlen stehen auf den linken und die ungeraden Zahlen stehen auf den rechten Seiten.

e) Der Einzug

Die erste Zeile eines Absatzes beginnt häufig etwas nach rechts eingerückt. Der Einzug erleichtert dem Leser das Erkennen eines neuen Absatzes, besonders nach längerer Textpassage oder dann, wenn die Ausgangszeile des vorstehenden Absatzes auf volle Breite ausläuft. Er beträgt in der Regel ein Geviert, d. h. Schriftgröße + Durchschuß. Unbedingt notwendig ist der Einzug beim Flattersatz, weil sonst Absätze nicht zu erkennen sind, wenn die vorige Zeile auf volle Breite ausläuft. Bei kurzen, häufigen Absätzen kann er entfallen. Abschnitte ohne Einzug beginnen stumpf.

Einzug mit Blocksatz:

> Liebt ihr das Buch? Die Frage muß ich an den Anfang stellen, denn nur an solche, die das tun, ist die Rede gerichtet. Andere würden sie vielleicht als töricht, sicher aber als überflüssig empfinden.
>
> Doch wollen wir nichts ins Ungefähre gehen lassen; so müssen wir uns noch genauer darüber verständigen, was das Wort „lieben" hier meint. Nicht nur, daß einer gern im

Einzug im Flattersatz:

> Liebt ihr das Buch? Die Frage muß ich an den Anfang stellen, denn nur an solche, die das tun, ist die Rede gerichtet. Andere würden sie vielleicht als töricht ... empfinden.
>   Doch wollen wir nichts ins Ungefähre gehen lassen; so müssen wir uns noch genauer darüber verständigen, was das Wort „lieben" hier meint. Nicht nur, daß einer gern im Buche Vergnügen oder Zerstreuung sucht.

Nicht notwendig ist der Einzug bei größerem Absatzzwischenraum:

> Liebt ihr das Buch? Die Frage muß ich an den Anfang stellen, denn nur an solche, die das tun, ist die Rede gerichtet. Andere würden sie vielleicht als töricht, sicher aber als überflüssig empfinden.
>
> Doch wollen wir nichts ins Ungefähre gehen lassen; so müssen wir uns noch genauer darüber verständigen, was das Wort „lieben" hier meint. Nicht nur, daß einer gern im Buche

f) Die Marginalie

Die Marginalie (neulat. Randbemerkung) oder *Randglosse* (griech. Zunge) ist ein auf dem Seitensteg stehender Hinweis auf den danebenstehenden Text. Sie übernimmt die Funktion einer Überschrift. Marginalien verteuern die Buchherstellung, weil der Satzspiegel schmaler gehalten werden muß und sich demzufolge der Umfang erweitert. Außerdem sind die Satzarbeiten dafür aufwendiger. Marginalien finden in wissenschaftlichen Werken oder Lehrbüchern Anwendung.

g) Die Bogennorm und die Bogensignatur

Sie werden im kleinen Schriftgrad unauffällig unter die Kolumne oder in den Beschnitt gesetzt (s. S. 133). Ihr Aufbau und ihre Funktion werden auf der Seite 334f. beschrieben.

h) Der Zeilenzähler

Es gibt Werke, in denen es für den Leser notwendig ist, die Zeilen numeriert gedruckt zu sehen, wie Klassikerausgaben, Bibeln oder Schauspieltexte. Zeilenzähler erleichtern das Auffinden bestimmter Textstellen oder Verweise. Sie stehen im Seiten- oder Bundsteg. Gezählt wird in der Regel in Fünferschritten, z.B. 5 – 10 – 15 usw.

i) Die Handmarke (Daumenregister)

Im Außensteg der rechten Buchseiten können Ordnungszahlen oder Ordnungsbuchstaben untereinandergestellt werden. Diese dienen in Nachschlagewerken wie Telefonbüchern oder Werkstatt-Anleitungen beim schnellen Durchblättern dem Auffinden der Begriffe. Praktischerweise werden die Begriffe in schwarze Kästchen gestellt, die im Beschnitt stufenförmig untereinanderstehend zu sehen sind.

IV. Die Grundlagen der Typographie

D. Der Aufbau der Zeitung und der Zeitschrift

1. Der Aufbau der Zeitung

Eine Zeitung ist ein in der Regel täglich erscheinendes periodisches Druckerzeugnis. Die einzelnen *Lagen*, auch *Bücher* genannt, sind nicht geheftet. Sie dient der täglichen Information und muß daher folgenden vier Anforderungen genügen:
– *Aktualität:* gegenwartsbezogene Nachrichten und Berichte.
– *Publizität:* allgemeinverständlich für ein breites Publikum geschrieben.
– *Universalität:* alle Bereiche des Lebens umfassend.
– *Periodizität:* regelmäßiges tägliches Erscheinen.
Diesen Anforderungen müssen der inhaltliche Aufbau und die typographische Gestaltung entsprechen: gute Lesbarkeit der Schrift einschließlich der Überschriften (auch Headlines genannt) – unverwechselbare Zuordnung von Bildern zu den Texten – klare Gliederung der einzelnen Zeitungsseiten und Zeitungsteile – Aufmerksamkeit erregender Einsatz von Buntfarben.

Die typographische Gestaltung richtet sich nach den drei Darstellungsformen der Texte in Zeitungen:
– *Die informierende Darstellungsform:* Sie muß schnelle Aufmerksamkeit erregen und den Neuigkeitswert signalisieren. Dazu gehören Meldungen, Reportagen und Interviews. Große ggf. farbige Überschriften und ver-

Abbildung 25: Links: Eine Tageszeitung von 1848. Rechts: Eine Boulevard-Zeitung von 1990.

schiedene Hervorhebungen im laufenden Text können Gestaltungselemente sein.
- *Die meinungsäußernde Darstellungsform:* Sie muß zum gründlichen Lesen einladen. Dazu gehören der Leitartikel, Kommentare und das Feuilleton. Die typographischen Elemente wie Schrift und Bild können zurückhaltend sein.
- *Die unterhaltende Darstellungsform:* Sie soll zum entspannten, vergnüglichen Lesen einladen. Dazu gehören Reisebeschreibungen, Kurzgeschichten, der Fortsetzungsroman und Hobbythemen. Hier werden Abbildungen verschiedener Art wie Schwarz-Weiß-Fotos, Farbfotos und Zeichnungen aller Art den Text auflockern können.

Eine Tageszeitung baut sich aus dem redaktionellen Teil und den Anzeigen auf. Anzeigen müssen sich in der Gestaltung deutlich vom redaktionellen Teil abheben. Die Unterscheidung kann für den flüchtigen Leser schwierig werden, wenn Anzeigen durch ihre Gestaltung den Anschein redaktioneller Berichterstattung erwecken. In diesem Fall müssen sie deutlich mit dem Wort „Anzeige" gekennzeichnet werden. Es sind die „Richtlinien für redaktionell gestaltete Anzeigen" vom Zentralausschuß der Werbewirtschaft einzuhalten.

Typographen haben darauf zu achten, daß die Gestaltung der Zeitung dem ästhetischen Empfinden ihres Leserkreises entspricht. Außerdem muß auf das *Blickverhalten des Lesers* Rücksicht genommen werden. Als blickhäufigster Bereich gilt die obere Hälfte einer Seite.

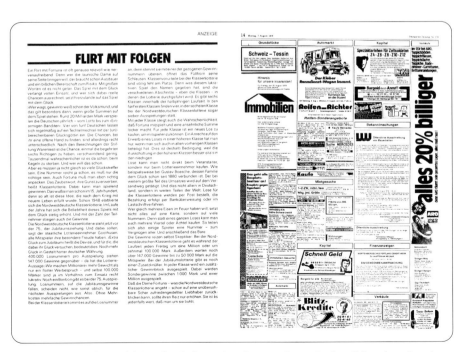

Abbildung 26: Links: Redaktionell aufgebaute Anzeigengestaltung. Rechts: Erkennbare Anzeigenseiten; Die senkrecht stehende Zeile verstärkt den Blickfang.

IV. Die Grundlagen der Typographie

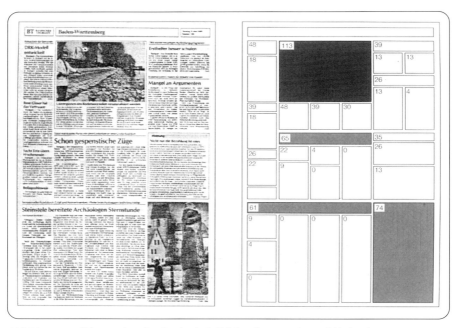

Abbildung 27: Bilder werden überdurchschnittlich beachtet. Bei dem Bild links oben mit 113 % Beachtung durch die Testpersonen wird der zugehörige Bildtext von 48 % am Anfang bis zu 30 % am Ende gelesen. Der Beitrag „Steinstele bereitete den Archäologen Sternstunde" (links unten) wurde praktisch nicht gelesen. Die Überschrift wurde von 61 % gelesen, das Bild rechts zu diesem Artikel wurde von 74 % betrachtet. Mögliche Gründe: Der Artikel ist zu lang. Beim Grundtext fehlen Zwischenüberschriften. Die Plazierung ist ungünstig.

Auf jede Zeitungsseite, möglichst gleichmäßig verteilt, gehören Abbildungen. Bilder werden überdurchschnittlich aufmerksam beachtet, weil die Aussage eines Bildes wesentlich schneller vom Gehirn entschlüsselt wird als die eines Textes beim Lesen einer abstrakten Folge von Buchstaben. Sie bieten zudem dem Leser einen guten Einstieg in die Textpassagen. Immer häufiger werden Farbfotos gedruckt, von zum Teil beachtlicher Farbbrillanz und Schärfe. Eine besondere Bedeutung für das Blickverhalten haben die Überschriften. Sie gliedern die Textblöcke, bieten Orientierung auf der Zeitungsseite, reizen zum Lesen des dazugehörigen Beitrags. Je nach Wertigkeit können sie verschieden groß sein oder auch in einer Buntfarbe gedruckt werden.

Schließlich muß dem Gewöhnungseffekt der Leserschaft Rechnung getragen werden. Teile wie den Leitartikel oder „Aus aller Welt" wünscht der Leser beim Aufschlagen seiner Zeitung immer an gewohnter Stelle zu finden.

Der Lesefreundlichkeit dient die Anzahl der *Spalten*, die in der Regel betragen:

Norddeutsches Format	40 x 57 cm Breite	8 Spalten	52,8 cm Höhe
Rheinisches Format	35 x 51 cm Breite	7 Spalten	48,7 cm Höhe
Berliner Format	31,5 x 47 cm Breite	6 Spalten	42,6 cm Höhe

D. Der Aufbau der Zeitung und der Zeitschrift

Abbildung 28: Sachbezogene Texte mit journalistischen Inhalten, unterschiedlich dargeboten (vgl. S. 138).

Abbildung 29: Die Entwicklung des Schriftzuges einer Tageszeitung.

IV. Die Grundlagen der Typographie

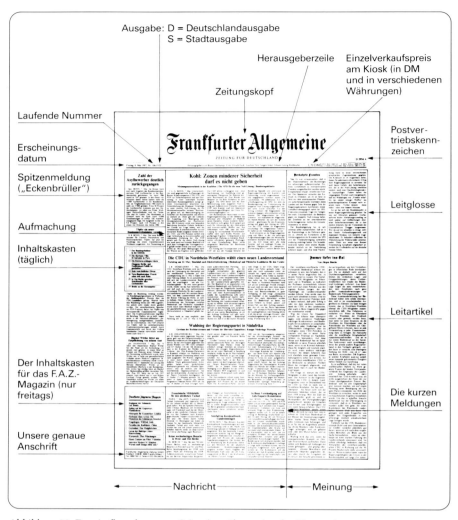

Abbildung 30: Der Aufbau der ersten Seite einer überregionalen Tageszeitung.

Bilder und Überschriften können über mehrere Spalten laufen. Zusammengehörende kürzere Texte werden häufig durch Rahmen oder Linien eingeschlossen. *Die Teile einer Zeitung gliedern sich nach den Ressorts* Politik, Wirtschaft mit Börsenbericht und Wechselkursen, Feuilleton mit Rezensionen und Kritiken, Lokales, Sport und Unterhaltung. Dazu können in unregelmäßigen oder regelmäßigen Zeitabständen Sonderveröffentlichungen kommen (z.B. eine Literaturbeilage anläßlich der Frankfurter Buchmesse).

Die *erste Seite* ist die Visitenkarte einer Zeitung, sie dokumentiert mit ihrer typographischen Gestaltung den geistigen Standpunkt. Boulevardzeitungen, die überwiegend an Kiosken verkauft werden, brauchen eine auffallende, far-

D. Der Aufbau der Zeitung und der Zeitschrift

Abbildung 31: Zeitungskopf.

benfrohe Aufmachung mit „schreienden" Überschriften, auf die Abonnementszeitungen verzichten können. Auf der ersten Seite stehen zum Zeitungsnamen:
- Erscheinungsdatum, Jahrgang und laufende Nummer
- Preisangabe
- evtl. Herausgeber
- Vertriebskennzeichen, das sich wie folgt zusammensetzt: Der erste Buchstabe nennt das Verlagspostamt, die vier- oder fünfstellige Zahl ist die Kennzahl der Postzeitungsliste und der letzte Buchstabe gibt die Erscheinungsweise an. Beispielsweise hat die „Stuttgarter Zeitung" E 4029 A: E = Verlagspostamt Stuttgart, 4029 = Stuttgarter Zeitung, A = tägliche Erscheinungsweise
- EAN-Code.

Im *Impressum*, für das keine bestimmte Seite vorgeschrieben ist, auf das aber in der Regel auf der 1. Seite hingewiesen wird, werden Name und Anschrift des Verlages, die Verantwortlichen für den redaktionellen und den Anzeigenteil, Hinweise auf den Bezugspreis und die Erscheinungshinweise, Angaben zu den technischen Betrieben u.ä. genannt.

2. Der Aufbau der Zeitschrift

Eine Zeitschrift ist ein periodisches Druckerzeugnis, das wöchentlich, 14täglich, monatlich, vierteljährlich, halbjährlich oder in unregelmäßigen Abständen erscheint. Die einzelnen Bogen sind in einem Umschlag zusammengeheftet. Im Gegensatz zur Zeitung sind Zeitschriften nicht an bestimmte Formate gebunden.

Für die typographische Gestaltung einer Zeitschrift ist zu beachten, ob es sich um eine Fachzeitschrift oder eine Publikumszeitschrift handelt. Für die Zeitschriften sind die Grundsätze des CD (s. S. 119f.) von entscheidender Bedeutung.

Themengebundene *Fachzeitschriften* richten sich an einen hochmotivierten Leserkreis und werden nach den Regeln gestaltet, die für das Fachbuch gelten.

Publikumszeitschriften, die sich an einen weiten Leserkreis wenden, müssen so gestaltet sein, daß sie von Nummer zu Nummer auffallen und dadurch Neugier erwecken und zum Kauf reizen. In der Regel arbeiten Fachredakteure und Bildredakteure unter einem Layouter zusammen. Im großen und ganzen gilt das für den Aufbau der Zeitung Geschriebene auch für die Zeitschriften.

Das Impressum entspricht im wesentlichen dem der Zeitung.

IV. Die Grundlagen der Typographie

Abbildung 32: Beispiele für die Gestaltung von Zeitschriften-Titelseiten. Oben links: Eine Fachzeitschrift in alter Aufmachung. Oben rechts: Diese Zeitschrift in zeitgemäßer neuer Gestaltung. Unten links: Publikumszeitschrift. Unten rechts: Wissenschaftliche Zeitschrift.

Auf der 1. Seite einer Zeitschrift oder im Impressum steht immer an gleicher Stelle gut sichtbar die ISSN (International Standard Series Number). Sie steht auch im Impressum von Buchserien, Jahrbüchern, Jahresberichten u.ä. Die ISSN hat den Zweck, fortlaufend veröffentlichte Publikationen in ihrer Gesamtheit eindeutig zu identifizieren. – Auch eine Buchreihe kann insgesamt eine ISSN erhalten. Der einzelne Band innerhalb der Reihe erhält zusätzlich eine ISBN, wenn er monographischen Charakter hat.

Beispiel:
ISSN 0931-0959   Reihe „Heidelberger Wegweiser"
ISBN 3-8226-1290-1   Heinold, Bücher und Buchhändler

Eine neue ISSN wird erst erforderlich, wenn sich der Titel der Zeitschrift oder Buchserie im Wortlaut oder typographisch auffallend verändert. Eine Änderung des Verlages, des Impressums oder der Erscheinungsweise erfordern hingegen keine neue ISSN. Die Schriftgröße und Schriftart für die ISSN bleiben dem Verlag überlassen, sie sollten lediglich so gewählt werden, daß man sie aus größerem Abstand noch lesen kann. Weitere Hinweise zur ISSN geben die DIN-NORM 1501 und das nationale ISDN-Zentrum (International Serials Data Systems) in Paris, das auch diese Nummern verwaltet.

E. Die Formen der typographischen Gestaltung

Mit Recht wird die Gestaltung eines Druckwerkes durch den Typographen mit der Planung eines Bauwerkes durch den Architekten verglichen. Beide bedienen sich zur Ausführung ihres Werkes zahlreicher Lieferanten, beide müssen die Möglichkeiten kennen, die die Technik bietet und beide müssen über geschulten Geschmack verfügen. Der Autor liefert über den Verlag dem Typographen Texte und Abbildungsvorlagen, der Verlag definiert den Käuferkreis und steckt den Kostenrahmen ab. Mit diesen Vorgaben sollen sich Schönheit und Funktionalität ergänzen, um dem Druckwerk die ihm gebührende äußere Form zu geben. Häufig wird der Typograph gezwungen sein, Kompromisse einzugehen.
Als Bausteine für die Gestaltung stehen dem Typographen zur Verfügung:
– *Schriften* in verschiedenen Schriftarten und Garnituren,
– *graphische Elemente* wie Linien, Rahmen, Zierleisten u.ä.,
– *Bilder* in verschiedenen Techniken (Schwarz-Weiß-Fotos, Farbfotos u.ä.),
– *verschiedene Druckfarben*.
  Zu diesen Bausteinen kommen noch unterschiedliche Materialien wie Papiere, Kartons oder Überzugssorten sowie mannigfaltige buchbinderische Verarbeitungsmöglichkeiten wie Englische Broschur oder Leinenband mit Schutzumschlag.

IV. Die Grundlagen der Typographie

schriftbezogen	formatbezogen	formbezogen	farbbezogen
– schmale mit breiter Schrift kombiniert – magere mit fetter Schrift kombiniert – halbierte Schrift – versetzt montierte Schrift – verschiedene Schriftcharaktere in einem Wort (groß-klein, breit-schmal, mager-fett) – perspektivisch verzogene, verzerrte Schrift – kursive Schrift, links- oder rechtslaufend – tanzende Buchstaben innerhalb eines Wortes	– kleine Schrift im großen freien Umfeld – große Schrift im kleinen freien Umfeld – schmale Schrift auf Breitformat – breite Schrift auf Hochformat – formatangeschnittene Schrift – willkürlich verteilte oder verstreut gesetzte Wörter – symmetrischen Text an den Formatrand stellen oder Schrägsatz in einer Ecke des Formats beginnen lassen – negative Schrift so anschneiden, daß der weiße Anfangs- oder Endbuchstabe in die weiße (unbedruckte) Fläche hineinragt	– auf mehrere Ebenen nebeneinandergesetzte Wörter – in Kurven nebeneinandergesetzte Wörter – mischen von kompreß gehaltenem uns stark durchschossenen Satz – nach einer vorgegebenen Form gesetzte Schrift (z.B. Kugel, Kegel, Kreis, Dreieck, Quadrat) – horizontal/vertikal laufende Zeilen (Kreuzworträtsel-Satz) – mischen von linksangeschlagenem und rechtsangeschlagenem Satz – nach metrischen Endungen gesetzte Zeilen	– schwarze Schrift auf weißem Grund – weiße Schrift auf schwarzem Grund – wechselseitige Wort-Bild/Grund-Durchdringung – helle Schrift auf dunklem Grund oder umgekehrt – Glanz-Schwarz auf Matt-Schwarz oder umgekehrt – rote Schrift auf weißem Grund oder umgekehrt – rote Schrift auf grauem Grund oder umgekehrt – rote Schrift auf schwarzem Grund oder umgekehrt – rote Schrift auf gelbem Grund oder umgekehrt – rote Schrift auf violettem Grund oder umgekehrt usw. – rote Schrift auf grünem Grund oder umgekehrt

Abbildung 33: Eine Auswahl typographischer Gestaltungsmöglichkeiten nach Urban.

1. *Die Auswahl der Schrift und ihre Anordnung*

Die Wahl einer Schriftart für ein Druckwerk richtet sich nach folgenden Kriterien:
– *Inhalt und Zweck*
  Beispiel: Beschreibung der Halbleitertechnik zum Studium an Hochschulen.

– *Leserkreis, Lesealter und Lesegewohnheit*
  Beispiel: Studenten zwischen 20 und 30 Jahren, die regelmäßig lesen.
– *Satztechnische Erwägungen*
  Beispiel: Die Schrift muß alle mathematischen Sonderzeichen für das Fachgebiet der Halbleitertechnik haben.
– *Export*
  Beispiel: Das Lehrbuch über Halbleitertechnik muß mühelos auch von Japanern gelesen werden können.

a) Die Schriftart

Eine Schrift gilt als gut lesbar, wenn sich die einzelnen Buchstaben deutlich voneinander unterscheiden. Sie sollen so aufeinander abgestimmt sein, daß sich leicht erfaßbare Wortgruppen im Sinne der Lesetechnik (s. S. 110f.) bilden lassen. Weil das Lesen weitgehend eine Sache der Lesegewohnheit ist, gibt es keine verbindlichen Empfehlungen für bestimmte Schriftarten.

Antiquaschriften und serifenlose Schriften sind gleich gut lesbar, wie zahlreiche Tests ergeben haben. Serifenlose Schriften dürfen nicht mit zu engem Zeilenabstand gesetzt werden, weil die lineare Zeilenbetonung durch die Serifen fehlt. Erst der genügend große Zeilenabstand macht die serifenlose Type lesefreundlich.

Antiquaschrift (Baskerville):

> Es bleibt mir unvergeßlich, wie ich vor vielen Jahren Jakob Hegner in Hellerau bei Dresden besuchte; er mir in den Kästen seiner Offizin die herrlichen alten Schriftsätze zeigte, die er gesammelt hatte, und mir erklärte, worin die Ausdruckskraft und Schönheit einer jeden bestand. Es ist wirklich so, daß jede Schriftart den Empfäng-

Serifenlose Schrift (Frutiger):

> Es bleibt mir unvergeßlich, wie ich vor vielen Jahren Jakob Hegner in Hellerau bei Dresden besuchte; er mir in den Kästen seiner Offizin die herrlichen alten Schriftsätze zeigte, die er gesammelt hatte, und mir erklärte, worin die Ausdruckskraft und Schönheit einer jeden bestand. Es ist wirklich so, daß jede Schriftart den Emp-

Modisch konstruierte Schriften werden für lange Texte häufig als schwer lesbar empfunden, z.B.:

> Es bleibt mir unvergeßlich, wie ich vor vielen Jahren Jakob Hegner in Hellerau bei Dresden besuchte; er mir in den Kästen seiner Offizin die herrlichen alten Schriftsätze zeigte, die er ge-
> Es bleibt mir unvergeßlich, wie ich vor vielen Jahren Jakob Hegner in Hellerau bei Dresden besuchte; er mir in den Kästen seiner Offizin die herrlichen alten Schriftsätze zeigte, die er ge-

IV. Die Grundlagen der Typographie

Es muß darauf geachtet werden, daß sich Schriften bei ungenauer Kopie auf Offsetplatten im Charakter geringfügig verändern können, z.B. Wegbrechen feiner Serifen einer klassizistischen Antiqua wie Bodoni.

Bodoni:

> Es bleibt mir unvergeßlich, wie ich vor vielen Jahren Jakob Hegner in Hellerau bei Dresden besuchte; er mir in den Kästen seiner Offizin die herrlichen alten Schriftsätze zeigte, die er gesammelt hatte, und mir erklärte, worin die Ausdruckskraft und Schönheit einer jeden bestand. Es ist wirklich so, daß jede Schriftart den Empfänglichen schon rein durch sich und abgesehen vom Inhalt des Buches in eine bestimmte

Daß die Schriftart zum Inhalt eines Druckwerkes passen soll, ist – nach dem Typographen Jan Tschichold – erst eine Forderung unseres Jahrhunderts. Bis dahin wurden vielfach deutsche Texte in gebrochener und lateinische Texte in Antiquaschrift gesetzt. Um die Schriftart mit dem Inhalt abzustimmen, kann eine Schriftart aus der Zeit gewählt werden, in der die Handlung spielt (z.B. für Goethes „Wilhelm Meister" die klassizistische Walbaum).

Abbildung 34: Die Wirkung der Schrift. Links: Schriftbild und Inhalt disharmonieren. Rechts: Übereinstimmung von Schriftbild und Wortinhalt.

Schriften können beim Leser auch Emotionen hervorrufen. Der Typograph spricht von Anmutung. Gebrochene Schriften wirken auf viele Menschen altväterlich gediegen. Die Werbung bedient sich ihrer als Symbol der „guten, alten Zeit". Serifenlose Schriften wirken auf viele nüchtern, „technisch kalt". Die Wirkung der Schrift auf den Leser ist jedoch nur schwer zu ermitteln.

Wie die Buchstaben müssen auch die Zahlen im Schriftbild eindeutig sein. Darauf muß besonders beim mathematischen Satz sorgfältig geachtet werden. In manchen Schriftarten sehen sich Buchstaben und Zahlen zum Verwechseln ähnlich.

Folgende Kombinationen neigen zu Verwechslungen:

> 1 l   n h   o O   I l   a α   J I   u v

Zu eng laufende Schriften können den Lesefluß ebenso beeinträchtigen wie zu breit laufende Schriften:

> Alle bis zum Jahr 1500 gedruckten Bücher nennen wir „Inkunabeln" oder „Wiegendrucke". Das Wort „Inkunabeln" kommt aus dem lateinischen incunabula = Windeln. Das Wort „Wiegendrucke" sagt, daß die Buchdruckerkunst zur Zeit ihres Erscheinens noch in der Wiege lag, nicht also, wie dies gern angenommen wird, daß die Frühdrucke mit einem wiegenartigen Instrument hergestellt worden seien. Früher, als noch weniger Inkunabeln bekannt waren, zählte

> Die Bezeichnung „Zeitungsente" für kleine, phantastisch ausgeschmückte oder mit einer gewissen Wahrscheinlichkeit erdichtete Neuigkeiten geht auf folgende Geschichte zurück: Um die „aus den Fingern gesogenen" Nachrichten zu verspotten, die von Pari-

Der Auswahl einer Schriftart für Mengensatz sind keine Grenzen gesetzt. Es werden über 2000 Postscriptschriften ageboten (s. S. 90; 244).

b) Die Schriftgröße, der Wortabstand und der Zeilenabstand

Eine vom Auge des Lesenden zu erfassende Wortgruppe muß „mit einem Blick" mühelos überschaubar sein. Ist die Schrift zu klein, verschwimmen die einzelnen Zeichen, das Lesen ist erschwert. Ist die Schrift zu groß, kann eine Wortgruppe nicht mehr überblickt werden, der Leser wird zum Buchstabieren gezwungen. Für 7 bis 12jährige Leser sowie für Senioren soll daher die Grundschrift im fortlaufenden Text nicht kleiner als 12 Punkt (rd. 4,5 mm) sein:

> Der Kuckuck und der Esel,
> die hatten einen Streit,
> wer wohl am besten sänge,
> zur schönen Maienzeit.

Für über 12jährige soll die Schriftgröße nicht kleiner als 9 Punkt (rd. 3,4 mm) sein:

> Zu den Merkmalen, die Leipzig als Stadt in der deutschen Geschichte besonders auszeichnen — Handels- und Messemetropole, Kulturzentrum für Musik, Literatur, Theater, Universitätsstadt, industrielles Ballungsgebiet sowie ein Zentrum der Arbeiterbewegung zu sein — gehört auch seine internationale Stellung im

IV. Die Grundlagen der Typographie

Für fremdsprachliche Texte wird man die Schrift etwas größer wählen als für muttersprachliche.

Der *durchschnittliche Wortabstand*, der *Ausschluß*, soll in der Regel ein Drittel der Schriftgröße betragen. In diesem Falle spricht man vom sog. *Drittelsatz*. Bei einer Schriftgröße von 12 Punkt wird er 4 Punkt betragen. Im Blocksatz ist der Drittelsatz nicht konsequent einzuhalten. Gut ausgeschlossenen Blocksatz erkennt man daran, daß keine zu breiten Wortabstände (Löcher) sichtbar und Wortzwischenräume immer erkennbar sind.

> Schlecht ausgeschlossener Satz:
>
> Der Buchhandel hat bei seinem Flore einen Feind, der besonders den Buchhändlern im Oberndeutschlande lästig ist; das ist der Nachdruck. Der Freunde und der Verteidiger dieses Übels sind so viele und von so mancher Art, daß es kein Wunder ist, wenn es epidemisch wird. Einen Zweig dieser Freunde des Nachdrucks machen die
>
> Gut ausgeschlossener Satz:
>
> Der Buchhandel hat bei seinem Flore einen Feind, der besonders den Buchhändlern im Oberndeutschlande lästig ist; das ist der Nachdruck. Der Freunde und der Verteidiger dieses Übels sind so viele und von so mancher Art, daß es kein Wunder ist, wenn es epidemisch wird. Einen Zweig dieser Freunde des Nachdrucks machen die Autores selbst
>
> Gleichmäßiger Ausschluß beim Flattersatz:
>
> Der Buchhandel hat bei seinem Flore einen Feind, der besonders den Buchhändlern im Oberndeutschlande lästig ist; das ist der Nachdruck. Der Freunde und der Verteidiger dieses Übels sind so viele und von so mancher Art, daß es kein Wunder ist, wenn es epidemisch wird. Einen Zweig dieser Freunde des Nachdrucks machen die Autores selbst

Der *Zeilenabstand*, der *Durchschuß*, ist der freie Raum zwischen den Zeilen. Die zu wählende Größe ist abhängig von der Schriftgröße und der Zeilenlänge. Er soll so groß sein, daß das Auge des Lesenden mühelos an der Zeile entlanggleiten und zur nächsten Zeile finden kann. Und er soll nicht kleiner sein als der durchschnittliche Wortabstand. Zeilen ohne Durchschuß sind kompreß gesetzt (s. S. 103).

> 9 Punkt kompreß:
>
> Dreihundertfünfzig Jahre verstrichen seit Gutenbergs Erfindung, bevor sich in der Drucktechnik irgend etwas Grundsätzliches änderte. Zwischen der bescheidenen Presse, auf der Gutenberg seine 42zeilige Bibel gedruckt hatte, und den Pressen, für deren Unterbringung der große Architekt und Dramatiker John
>
> 9 Punkt mit 1 Punkt Durchschuß:
>
> Dreihundertfünfzig Jahre verstrichen seit Gutenbergs Erfindung, bevor sich in der Drucktechnik irgend etwas Grundsätzliches änderte. Zwischen der bescheidenen Presse, auf der Gutenberg seine 42zeilige Bibel gedruckt hatte, und den Pressen, für deren Unterbringung der große Architekt und Dramatiker John

> 9 Punkt mit 2 Punkt Durchschuß:
>
> Dreihundertfünfzig Jahre verstrichen seit Gutenbergs Erfindung, bevor sich in der Drucktechnik irgend etwas Grundsätzliches änderte. Zwischen der bescheidenen Presse, auf der Gutenberg seine 42zeilige Bibel gedruckt hatte, und den Pressen, für deren Unterbringung der große Architekt und Dramatiker John
>
> 9 Punkt mit 3 Punkt Durchschuß:
>
> Dreihundertfünfzig Jahre verstrichen seit Gutenbergs Erfindung, bevor sich in der Drucktechnik irgend etwas Grundsätzliches änderte. Zwischen der bescheidenen Presse, auf der Gutenberg seine 42zeilige Bibel gedruckt hatte, und den Pressen, für deren Unterbringung der große Architekt und Dramatiker John

Kursive und schmallaufende Schriften benötigen einen breiteren Zeilenabstand:

Kursive Schrift:

> *Alle bis zum Jahr 1500 gedruckten Bücher nennen wir „Inkunabeln" oder „Wiegendrucke". Das Wort „Inkunabeln" kommt aus dem lateinischen incunabula = Windeln. Das Wort „Wiegendrucke" sagt, daß die Buchdruckerkunst zur Zeit ihres Erscheinens noch in der Wiege lag, nicht also, wie dies gern angenommen wird, daß die Frühdrucke mit einem*

Im Vergleich dazu die gerade Schrift:

> Alle bis zum Jahr 1500 gedruckten Bücher nennen wir „Inkunabeln" oder „Wiegendrucke". Das Wort „Inkunabeln" kommt aus dem lateinischen incunabula = Windeln. Das Wort „Wiegendrucke" sagt, daß die Buchdruckerkunst zur Zeit ihres Erscheinens noch in der Wiege lag, nicht also, wie dies gern angenommen wird, daß die

c) Die Zeilenlänge

Die Länge der Zeile beeinflußt entscheidend die Lesbarkeit. Zu lange Zeilen erschweren dem Leser das Auffinden der neuen Zeile. Zu kurze Zeilen zwingen zu häufigen Zeilensprüngen und machen beim Blocksatz zu viele Worttrennungen notwendig. Ein gut lesbarer Text hat im Buch in der Regel ca. 60 Anschläge, d.h. Zeichen mit Wortzwischenräumen. Umgerechnet auf eine 9-Punkt-Schrift beträgt die Zeilenbreite ca. 23 Cicero (ca. 90 mm). Für Zeitungen, Zeitschriften, Wörterbücher und Lexika wird mehrspaltiger Satz gewählt. Zu schmale Spalten zwingen beim Blocksatz zu häufigen, leseerschwerenden Trennungen. Die bessere Lösung ist daher manchmal Flattersatz.

d) Der Block- und der Flattersatz

Texte können als Blocksatz – alle Zeilen sind gleich lang – oder als Flattersatz (Rauhsatz) – die Zeilen sind unterschiedlich lang – gesetzt werden. Der *Block-*

IV. Die Grundlagen der Typographie

> „... so muß man wissen, daß der sächsische Bauer von Natur aus gerne lieset und zur politischen Kannengießerei vorzüglich aufgelegt ist. Sehr trolligt ist es, wenn man zuweilen einen Zirkel von neugierigen Landleuten um den Schulmeister herumsitzen siehet, welcher ihnen gemeiniglich die Zeitungen oder den Bothen vorlieset und seine weisen Anmerkungen den aufmerksamen Zuhörern darüber mittheilet." (Fr. E. von Liebenroth, 1791)

> „... so muß man wissen, daß der sächsische Bauer von Natur aus gerne lieset und zur politischen Kannengießerei vorzüglich aufgelegt ist. Sehr trolligt ist es, wenn man zuweilen einen Zirkel von neugierigen Landleuten um den Schulmeister herumsitzen siehet, welcher ihnen gemeiniglich die Zeitungen oder den Bothen vorlieset und seine weisen Anmerkungen den aufmerksamen Zuhörern darüber mittheilet." (Fr. E. von Liebenroth, 1791)

Abbildung 35: Links: Mangelhaft gesetzter Flattersatz. Rechts: Flattersatz mit verbessertem Zeilenrhythmus.

satz bietet den Vorteil klar gegliederter Textblöcke, allerdings werden häufige Silbentrennungen notwendig sein. *Flattersatz* empfiehlt sich bei schmallaufendem Satz unter ca. 14 Cicero (ca. 60 mm) Breite, um gleichmäßige Wortabstände zu erreichen und häufige Worttrennungen zu vermeiden. Flattersatz wird auch angewendet, wenn Worttrennungen das Verständnis des Textes erschweren, beispielsweise beim fremdsprachlichen Text, Formelsatz u.ä. Auch Gedichte werden im Flattersatz gesetzt. Vor der Satzvergabe muß beim Flattersatz mit dem Satzbetrieb vereinbart werden, ob ohne Silbentrennung oder mit gemäßigter Silbentrennung zu setzen ist. Block- und Flattersatz – richtig angewendet – sind gleich gut zu lesen.

> Blocksatz:
>
> Wie alles Lebendige entzieht sich das Buch der Definition. Kein Versuch, es zu definieren, war jedenfalls umfassend genug, keiner auch für längere Zeit gültig. So ein Buch ist kein Gegenstand wie andere. Wenn man es in der Hand hält, hält man nur Papier: das Buch besteht aber aus mehr. Und dennoch existiert es durch diese
>
> Flattersatz linksbündig:
>
> Wie alles Lebendige entzieht sich das Buch der Definition. Kein Versuch, es zu definieren, war jedenfalls umfassend genug, keiner auch für längere Zeit gültig. So ein Buch ist kein Gegenstand wie andere. Wenn man es in der Hand hält, hält man nur Papier: das Buch besteht aber aus mehr. Und dennoch existiert es durch diese

e) Die Zeilenanordnung

Es gibt die symmetrische und die asymmetrische Anordnung der Zeilen. Für welche der beiden man sich entscheidet, hängt vom Text ab, unterliegt aber auch dem persönlichen Geschmack und ist modisch beeinflußt. Symmetrie ver-

E. Die Formen der typographischen Gestaltung

> **44. kapitel good morning**
>
> good morning rief robins helle stimme zur tür hinein. keine antwort. nur poltern mit dem vorsetzer und sattes behagliches brummen batmans war zu vernehmen. da kam er ja gerade zurecht. mit einem kühnen sprung war auch robin im bett und setzte sich voller hoffnung in bewegung. dröhnendes lachen kam hinter der tür hervor hinter der superman schlief. good morning sagte robin noch einmal und seine blauen augen strahlten wie der leibhaftige sonntagmorgen. batman und robin die hofgänger waren bald vom spiel ermattet. da liess superman
>
> 154

> **Zweytes Buch**
>
> Sehet nun / wie durch das trübe Gewölck die Sonne bald wieder herfür blickt! Der Aristobulus vnd seine Phillis wohnten mit dem Damon beysammen in einer Behausung. Weil denn mit dieser die Lisille / vnd jhre Schwester / die Christille / in Kundschafft kommen waren / kunten sie nicht vmbhin / die Phillis heim zu suchen. Wer war fröher als mein guter Damon / der nun der Lisille / welcher er so lange vergebens nachgegangen / Ja an der er noch vor kurtzer Zeit verzweiffelt / jetzo in
>
> II

Abbildung 36: Links: Anaxiale Anordnung einer Buchseite. Rechts: Axiale Anordnung.

mag Gleichgewicht und Ordnung auszudrücken, Asymmetrie kann Dynamik, ja Unruhe wiedergeben. In Druckwerken werden diese beiden Anordnungen durch den axialen und den anaxialen Satz ausgedrückt:
– *Axialer Satz:* Die Gestaltungselemente einer Druckseite sind um die gedachte Mittelachse des Satzspiegels angeordnet.
– *Anaxialer Satz:* Die Gestaltungselemente einer Druckseite sind entweder links- oder rechtsbündig angeordnet. Häufig verbindet sich diese Anordnung mit dem Flattersatz.

2. *Die Auszeichnung*

Unter Auszeichnung versteht man in der Typographie die *Hervorhebung* von Wörtern oder Textteilen aus dem laufenden Text. Auszeichnungen sollen sich unmißverständlich, auch dem typographisch nicht geschulten Leser erkennbar, vom Grundtext abheben.

a) Hervorhebungen innerhalb eines Textes

Man unterscheidet zwischen:
– *Hervorhebungen, die vor dem Lesen* eines Textes erkannt werden (aktive Auszeichnungen), müssen gegenüber der Grundschrift kontrastreich auffallend sein. Dazu gehören fette Schriften, kontrastierende andere Schriftarten, Druck mit einer anderen Farbe, Sperrungen, Versalien, Unterstreichungen u.ä.:

> **Biblioklast** (lat.). Bücherzerstörer. Um bestimmte Spezialitäten zu sammeln, z. B. Bilder über ein besonderes Gebiet, werden von leidenschaftlichen Sammlern Bücher, die dazu passendes Material enthalten, zerstört.
> **Biblioatrie** (griech. = Bibelanbetung). Übertriebene, abergläubische Verehrung des biblischen Wortes, auch sonstiger abergläubischer Bücherkult.

Beim Satz von Wörtern in Versalien ist auf einen ordentlichen Versalienausgleich zu achten. Dabei werden breitausladende Buchstaben enger an schmalere Buchstaben gerückt:

IV. Die Grundlagen der Typographie

WANDERTAG
unausgeglichen

WANDERTAG
ausgeglichen

— *Hervorhebungen, die während des Lesens* auffallen sollen (integrierte Auszeichnungen), können dezenter gewählt werden. Dazu gehören Kursive und Kapitälchen:

> Dem BUCHHÄNDLER – im weiteren Begriff hier als Verleger und verbreitender Buchhändler gesehen – fällt die Aufgabe zu, aus der vom Autor gelieferten einmaligen geistigen Leistung eine Handelsware zu machen, nämlich die Originalniederschrift, das Manuskript, zu *vervielfältigen* und dann zu *vertreiben*. Diese

Längere Passagen in Kapitälchen oder Versalien gesetzt sind unleserlich und damit unverständlich.

b) Hervorhebungen von geschlossenen Textpassagen

Merksätze, Zusammenfassungen u.ä. müssen sich im Erscheinungsbild vom Grundtext als geschlossener Block abheben, um dem Leser zu signalisieren, besonders aufmerksam, häufig mehrfach zu lesen. Dafür sind größere Schriftgrade, Rahmen, Rasterunterlegungen, kontrastierende Farben, fette Schriften, andere Satzbreite u.ä. geeignet, z.B.:

Größerer Schriftgrad:

> Der *Eigentumsvorbehalt* spielt auch beim Festbezug eine Rolle. Um von vornherein eine klare rechtliche Basis zu schaffen, druckt der Verleger auf seine Frakturen die Bedingung *„Eigentumsvorbehalt gemäß § 455 BGB"*. Dieser Paragraph lautet:
>
> „Hat sich der Verkäufer einer beweglichen Sache das Eigentum bis zur Zahlung des Kaufpreises vorbehalten, so ist im Zweifel anzunehmen, daß die Übertragung des Eigentums unter der aufschiebenden Bedingung

Fette Schrift:

> Der *Eigentumsvorbehalt* spielt auch beim Festbezug eine Rolle. Um von vornherein eine klare rechtliche Basis zu schaffen, druckt der Verleger auf seine Frakturen die Bedingung *„Eigentumsvorbehalt gemäß § 455 BGB"*. Dieser Paragraph lautet:
>
> **„Hat sich der Verkäufer einer beweglichen Sache das Eigentum bis zur Zahlung des Kaufpreises vorbehalten, so ist im Zweifel anzunehmen, daß die Übertragung des Eigentums unter der aufschiebenden Bedingung vollständiger Zahlung des Kauf-**

c) Die wichtigsten Auszeichnungsmöglichkeiten

Beim Festlegen der Auszeichnung für ein Druckwerk sollte bedacht werden, daß diese sparsam zu verwenden sind. Übertriebenes Auszeichnen schlägt in das Gegenteil um, der Leser wird eher irritiert als geleitet.

Kursive Schrift:
Die Verwendung einer kursiven Schrift ist eine sich nur wenig von der Grundschrift abhebende dezente Auszeichnung. Sie senkt die Lesegeschwindigkeit und eignet sich demnach für Textteile, die bewußt langsamer gelesen werden sollen. Bei der Auswahl einer Schriftart ist zu prüfen, ob die Kursiven sich deutlich genug von der Grundschrift unterscheiden. Echte Kursivschnitte erfüllen in der Regel diesen Anspruch, elektronisch gekippte weniger (s. S. 98).

Halbfette Schriften:
Sie fallen im Text als dunkle Stellen auf und lenken die Aufmerksamkeit bereits vor dem Lesen auf sich. Sie eignen sich für Wörter und Textteile, die mühelos aufgefunden werden sollen.

VERSALIEN und KAPITÄLCHEN:
Sie senken spürbar die Lesegeschwindigkeit und zwingen gleichsam zum Buchstabieren. Sie eignen sich für Wörter und Textteile, die Buchstabe für Buchstabe, Wort für Wort gelesen werden sollen.

Schriftartenmischung:
Diese Auszeichnung eignet sich zur Unterscheidung von Textteilen mit verschiedenen Inhaltsbedeutungen:

> Zur Erläuterung zitieren wir aus dem „Gesetz über die Deutsche Bibliothek vom 31. März 1969" (Bundesgesetzblatt / 1969 S. 265 ff.):
>
> § 1
>
> Die Deutsche Bibliothek ist die zentrale Archivbibliothek der Bundesrepublik Deutschland.

Verschiedene Schriftgrößen:
Mit dieser Auszeichnungsmöglichkeit können Haupttexte von Nebentexten auf einen Blick dem Leser deutlich sichtbar gemacht werden:

> Zur Erläuterung zitieren wir aus dem „Gesetz über die Deutsche Bibliothek vom 31. März 1969" (Bundesgesetzblatt / 1969 S. 265 ff.):
>
> § 1
>
> Die Deutsche Bibliothek ist die zentrale Archivbibliothek der Bundesrepublik Deutschland.

Unterlegungen: mit Farbflächen oder Rasterflächen:
Auch diese Auszeichnung dient hauptsächlich zur Hervorhebung von Textteilen aus dem laufenden Grundtext. Bei Rasterunterlegungen ist das Raster nicht zu dunkel zu wählen, damit die Schrift lesbar bleibt. Rasterunterlegungen lassen die Schrift leicht ausgefranst wirken; bei kleineren Schriftgraden kann die Lesbarkeit nachteilig beeinflußt werden.

IV. Die Grundlagen der Typographie

Unterlegungen mit einer Farbfläche in einer Zweitfarbe verteuern den Druck erheblich.

Im Farbkreis benachbarte Farben oder graue Farben sind zur Differenzierung zu vermeiden. Kontrastierende bunte Farben können gliedern, Signale senden und motivieren. Daher sind sie zur Unterscheidung von Textblöcken unterschiedlicher Wertigkeit – vor allem in Lehrwerken – hervorragend geeignet. Zu viele Farben können unter Umständen den Leser eher verwirren als helfen.

3. Einige wichtige typographische Regeln

In der typographischen Tradition haben sich Regeln herausgebildet, die den praktischen Erfordernissen und dem ästhetischen Empfinden gerecht werden.

Abkürzungen
Abkürzungen, die für mehr als ein Wort stehen, werden am Satzanfang in der Regel ausgesetzt.
Zum Beispiel hat ... (für: *Z. B. hat ...*)
Mit anderen Worten ... (für: *M. a. W. ...*)

Abkürzungen wie S., Bd., Nr., Anm. sollen nur verwendet werden, wenn ihnen kein Artikel und keine Zahl vorangeht.
S. 5, Bd. 8, Nr. 4, Anm. B;
aber: *die Seite 5, der Band 8, die Nummer 4, die Anmerkung B; 5. Seite, 8. Band, 4. Nummer.*

Gliederung von Nummern
Telefonnummern werden, von der letzten Ziffer ausgehend, in Zweiergruppen gegliedert.
14 28
1 14 23
17 09 14

Rechenzeichen
Rechenzeichen werden zwischen den Zahlen mit kleinerem Zwischenraum gesetzt.
6 + 2 = 8
6 − 2 = 4
6 × 2 = 12; 6 · 2 = 12
6 : 2 = 3

Vorzeichen werden aber kompreß gesetzt.
−2a
+15

Apostroph
Dem Apostroph am Wortanfang geht der regelmäßige Wortzwischenraum voran.
aber 's kam anders
so 'n Mann

Eine Ausnahme machen nur einige übliche Verbindungen
sich's, geht's, kommt's

Unterführungszeichen
Das Unterführungszeichen wird im Schriftsatz unter die Mitte des zu unterführenden Wortes gesetzt. Die Unterführung gilt auch für den Bindestrich. Zahlen dürfen nicht unterführt werden.
Hamburg-Altona
*   „   Finkenwerder*
1 Regal, 50 × 80 cm mit Rückwand
1   „   50 × 80 cm ohne   „

Ist mehr als ein Wort zu unterführen, so wird das Unterführungszeichen auch dann unter jedes einzelne Wort gesetzt, wenn die Wörter nebeneinanderstehend ein Ganzes bilden.

Unterlauterbach b. Treuen
*   „   „   „*

Zahlen (Schreibung in Ziffern)
Die Zahlen vor Zeichen und Abkürzungen von Maßen, Gewichten, Geldsorten usw. sind in Ziffern zu setzen.
21,5 kg
6 DM

Setzt man solche Bezeichnungen aus, dann kann die Zahl in Ziffern oder in Buchstaben gesetzt werden.
2 Mark
oder: *zwei Mark* (nicht: *zwei DM*)

Zusätze in Wortverbindungen
Erklärende Zusätze innerhalb von Wortverbindungen werden in Klammern gesetzt.
Privat-(Haus-)Briefkasten, Magen-(und Darm-) Beschwerden, Ostende-Belgrad-(Tauern-)Expreß; aber ohne Klammer: *Fuhr- u. a. Kosten*

In Wörterverzeichnissen werden Erklärungen oft mit Hilfe von eckigen Klammern zusammengezogen.
[Gewebe]streifen (= *Gewebestreifen* und auch: *Streifen*)

Abbildung 37: Wichtige Satzvorschriften nach dem DUDEN.

E. Die Formen der typographischen Gestaltung

sieben Meere zu erkennen viel bedeutenderer trenn massen, als es in Wirklicl Erde gibt. Tatsächlich liegen selbst Kontinente als Inseln im nenden Meer. Das Wasse gewissermaßen bis zum I man die Erdkruste einebı steine gleichmäßig über verteilen, so läge die E	on den zahlreiche reich der beiden „\ hier nur zwei hera graphie als ein Hilfsmitt graphie als Ersatz oder] Wie für alle andere für die Gattung des Po Künstler vom Darzustel geplanten Umgebung uı frühes Beispiel (Abb. 1, 2	Untersinzingen. Ein großer Tag für die Ger des „Michaelskirchleins", schmucke Holzkirche, aı Bau gelang der Gemeindı flationszeit nur unter groß vorbildlicher Opferbereitı Unterstützung der Standı ganz einem halben Jahr. Leider konnte der Plan, ei
Absatzeinzug kaum wahrnehmbar	**Beim Initialsatz optische Senkrechte nicht beachtet**	**Hurenkind**
ẑchens liegt der dreiflügeliş ẑutes. Umzeichnung nach och einige Jahre älter, den eingezeichnet ist, wurde heute nur noch Teile des Sı Maßstab 1:2500.	Hoffentlich findest du sı über die Straße und ein Sı er sich unauffällig zu Jocl auf ihn wartet. Was ist? e se? So schnell geht das nicht, nau überlegt; die Frau hı gehst jetzt von der ander zum Haupteingang vorne	I. Anatomy of the Breast II. Method for Systematic III. Approach to Mammoş IV. Circumscribed Lesionı Signs of Primary Importı Signs of Secondary Impc Practice in Analyzing Ci V. Stellate Lesions . . . . Key Case . . . . Practice in Analyzing Sti
Kein Ausgleich beim Doppelpunkt	**Silbe mit zwei Buchstaben als Ausgangszeile**	**Häßliche Treppenwirkung; der Textanfang muß eine Linie bilden**

Abbildung 38: Einige Beispiele aus dem „typographischen Sündenregister".

Sie können – sinnvoll, nicht sklavisch angewendet – dazu beitragen, die Lesbarkeit zu fördern, die Verständlichkeit zu unterstützen und dem Druckwerk ein gefälliges Aussehen zu geben. Viele Grundsätze für das Gestalten sind im vorangegangenen Text bereits genannt worden. Generelle Vorschriften sind im DUDEN abgedruckt. Auch einschlägige DIN-NORMEN enthalten Richtlinien.

Für die gute Lesbarkeit und die Verständlichkeit ist eine *sinnvolle Silbentrennung* wichtig. Worttrennungen sind lesefreundlich, wenn Wörter nach Vor- und Nachsilben (z.B. ge-fahren, lieder-lich) oder Wortbestandteilen bei zusammengesetzten Wörtern (z.B. Regen-bogen) getrennt werden. Fremdwörter (z.B. anaxial) sollte man nach Möglichkeit nicht trennen. Mehr als drei Trennungen an Zeilenenden untereinander gelten als häßlich. Weil Worttrennungen in rechnergesteuerten Satzanlagen von Silbentrennprogrammen stur nach Silben vorgenommen werden, müssen beim Korrekturlesen Trennungen angemerkt werden, die zu Mißverständnissen (z.B. Uran-fang statt Uranfang), zu unfreiwilliger Witzigkeit (z.B. Urin-stinkt statt Ur-instinkt) oder zu Fehlern (z.B. Päda-gogik statt Päd-agogik) führen.

„Hurenkinder" und „Schusterjungen" sollten vermieden werden. Die Ausgangszeile eines Absatzes – häufig kürzer als die vorangegangenen Zeilen –,

IV. Die Grundlagen der Typographie

die als erste Zeile auf einer Buchseite steht, wird in der Setzersprache derb als „Hurenkind" bezeichnet. Ebenfalls der Setzersprache entstammt des Wort „Schusterjunge" für die erste Zeile eines Absatzes – häufig eingerückt –, die als letzte Zeile auf einer Buchseite steht. Moderne Umbruchprogramme können diese Mängel vermeiden.

Zu vermeiden sind Ausgangskolumnen, auf denen nur noch zwei bis drei Zeilen stehen. Diese Zeilen können auf den vorangehenden Seiten eingebracht werden, beispielsweise durch Textkürzung oder Verringerung der Wortabstände. Es ist zudem zu vermeiden, daß nach einer Überschrift nur noch zwei Zeilen am Fuß einer Seite folgen. Auch hier empfiehlt sich eine Kürzung in dem der Überschrift vorausgehenden Text.

4. Die Tabellen

Tabellen sind Zusammenstellungen von Zahlen und Begriffen, die in übersichtlicher Form geordnet und durch Linien oder freie Räume voneinander abgehoben sind. Es gibt viele Möglichkeiten, Tabellen übersichtlich zu gestalten. Deutlich müssen sich *Tabellenkopf, Vorspalten und Tabellenzeilen* voneinander unterscheiden. Es empfiehlt sich, eine Schriftart mit klarem Schriftbild zu wählen. Viele Linien, vor allem Längslinien, können die Setz-

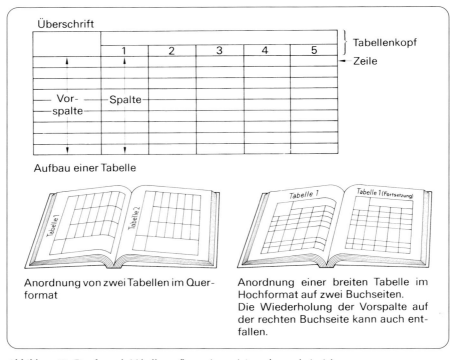

Abbildung 39: Der formale Tabellenaufbau mit zwei Anordnungsbeispielen.

arbeit erschweren und dadurch verteuern; ausreichend große freie Räume sind deshalb vorzuziehen. Für die Gestaltung der Tabellen kann die DIN-NORM 55301 „Gestaltung statistischer Tabellen" hinzugezogen werden.

5. *Die Formeln*

Formeln unterliegen im Aufbau den einschlägigen Normen der betreffenden Sachgebiete. Sachgerechter Formelsatz läßt die Formeln im typographischen Erscheinungsbild einer Druckseite einprägsam hervortreten. Für die Lesbarkeit ist es notwendig, daß sich die Zeichen zweifelsfrei voneinander unterscheiden: Ziffern von Buchstaben, Gerade von Kursiven, lateinische von griechischen Buchstaben, Satzzeichen von Formelzeichen (s. S. 149). In serifenlosen Schriften unterscheiden sich häufig die Zeichen wenig voneinander. Das bedeutet für den Typographen, die zu wählende Schriftart auf die Eignung für den Formelsatz zu prüfen. Bei der Bestimmung der Schriftgröße muß darauf geachtet werden, daß Indexzahlen noch gut lesbar sind.

Für Formeln werden häufig Sonderzeichen wie Integralzeichen oder Wurzelzeichen benötigt. Bei der Wahl eines Satzbetriebes sollte daher geprüft werden, ob alle Sonderzeichen gut darstellbar sind und ob nachweisbare Erfahrung im Formelsatz vorliegt.

Jeder Autor sollte verpflichtet werden, Formeln im Manuskript so zu schreiben, daß sie zweifelsfrei lesbar sind. Außerdem empfiehlt sich die Angabe, wie Formeln, die breit laufen, unter Umständen gebrochen werden können.

Für die Gestaltung der Formeln kann die DIN-NORM 1338 „Buchstaben, Ziffern und Zeichen im Formelsatz" zu Rate gezogen werden.

Hinweise für das Brechen mathematischer Formeln und Gleichungen

Brechen beim Plus-Zeichen:
$$\ldots = f(x) + \lambda \cdot A_1 \cdot k_1(x) + \lambda \cdot A_2 \cdot k_2(x) +$$
$$+ \lambda \cdot A_3 \cdot k_3(x) \ldots$$

Brechen beim Minus-Zeichen:
$$\ldots = f(x) - \lambda A_1 k_1(x) - \lambda A_2 k_2(x) -$$
$$\lambda A_3 k_3(x) \ldots$$

Brechen beim Multiplikations-Zeichen:
$$\ldots = f(x) - \lambda \cdot A_1 \cdot k_1(x) - \lambda \cdot A_2 \cdot$$
$$\cdot k_2(x) - \lambda \cdot A_3 \cdot k_3(x) \ldots$$

Abbildung 40: Beispiele für Formelsatz.

V. Die Technik des Setzens

Der Begriff Setzen kommt aus dem Bleisatzverfahren. Es wurden Bleilettern zu Wörtern, Wörter zu Zeilen und Zeilen zu Buchseiten zusammengesetzt. Diese Arbeiten hat der Schriftsetzer, kurz Setzer genannt, ausgeführt. Mit diesem von Johannes Gutenberg entwickelten Verfahren wurden bis in die Mitte des 20. Jahrhunderts Bücher, Zeitschriften und Zeitungen in Verbindung mit dem Hochdruck hergestellt. In keinem Bereich der graphischen Industrie hat sich seitdem die Technologie durch den Einsatz der Computertechnik so grundsätzlich verändert wie in dem des Satzes und der Bildreproduktion. Ein Ende der stürmischen Entwicklung ist noch nicht abzusehen. Die Satztechnik verknüpft sich immer enger mit der Reproduktionstechnik. Deshalb bieten im Bereich der *Druckvorstufe* Satzbetriebe Reproduktionsleistungen und Reproduktionsbetriebe Satzleistungen an. Zeitungs- und Zeitschriftenverlage, aber auch immer mehr Buchverlage führen die Satz- und Reproarbeiten auf leistungsstarken und bedienerfreundlichen DTP-Systemen selbst aus. In Zeitungs- und Zeitschriftenverlagen führen immer häufiger Redakteure Satzarbeiten aus, beispielsweise bei der Seitengestaltung über den Bildschirm. In diesen Prozeß wird auch der Text- und Bildautor immer enger einbezogen, wie es im Kapitel II ausführlich beschrieben wird.

Zur Druckvorstufe gehören außerdem die Datenarchivierung, die Datenpflege und Datenmehrfachnutzung. Eine besondere Form der Datennutzung bietet Computer Publishing, d.h. Vervielfältigung ohne Einsatz der klassischen Druckverfahren. Auch die Datennutzung für CD-ROM muß in diesem Zusammenhang gesehen werden.

Weil viele Wirtschaftszweige sich mit der Druckvorstufe beschäftigen, ist die Festlegung einer einheitlichen Terminologie der Fachbegriffe nicht immer zu erreichen.

Jeder Auftraggeber von Druckwerken muß die technischen und die damit verbundenen organisatorischen Möglichkeiten kennen, die die Satz- und Reprotechnik bietet, damit er ein kostengünstiges und zeitsparendes Verfahren auszuwählen in der Lage ist.

A. Die Entwicklung der Satztechnik

1. *Die Erfindung des Setzens*

Gegen 1450 hat *Johann Gensfleisch zum Gutenberg* in Mainz das Verfahren erfunden und zur meisterhaften Vollendung gebracht, Bücher aus beweglichen Einzellettern zu setzen und auf einer Druckpresse zu drucken. Vor Gutenberg haben Mönche und Lohnschreiber Bücher immer wieder abschreiben müssen, um diese zu kopieren. Beim Abschreiben konnten sich Fehler einschleichen. Diese Handschriften waren schon zu ihrer Zeit außerordentlich teuer.

V. Die Technik des Setzens

Abbildung 1: Ein schreibender Mönch. Die Taube des Heiligen Geistes inspiriert den heiligen Gregor (Elfenbein, 9.-12. Jahrhundert).

Gutenberg hat auch die für das Setzen notwendigen Geräte, die damit verbundene Technik der Handhabung und das Material entwickelt:
- das Gießgerät mit der Gießform für den Guß der Lettern,
- die Metall-Legierung aus rd. 60 % Blei (daher Bleisatz), 30 % Antimon und 10 % Zinn für den Letternguß,
- den Setzkasten mit Größe und Anordnung der Fächer nach der Häufigkeit ihrer Verwendung zur Aufnahme der Lettern,
- den Winkelhaken, in dem die Lettern zu Zeilen aneinandergereiht werden,
- das Maßsystem für Letterngröße und Schrifthöhe (dieses ist nicht mit dem heute üblichen Punktsystem nach Didot identisch).

Der Setzer setzt die einzelnen Lettern zu mehreren Zeilen im Winkelhaken und stellt sie auf dem sog. Schiff zu Buchseiten zusammen. Für die nichtdruckenden Teile wird Blindmaterial verwendet, das niedriger als die Lettern ist (s. S. 103). Nach dem Druck werden die Lettern wieder in den Setzkasten zurückgelegt, d. h. der Satz wird abgelegt. Ist mit einem Nachdruck zu rechnen, muß der Satz als Stehsatz aufbewahrt werden, der erheblichen Raum benötigt und das teure Schriftmetall bindet. Dieses Verfahren hat sich über viele Jahrhunderte hinweg fast unverändert erhalten. Erst in der 2. Hälfte des 19. Jahrhunderts wurde das zeitraubende manuelle Aneinanderreihen der Lettern und das Ablegen mit dem maschinellen Bleisatz automatisiert.

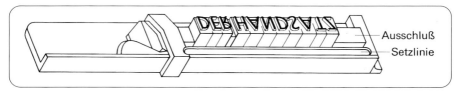

Abbildung 2: Ein Winkelhaken mit eingelegten Bleilettern. Auf der Setzlinie werden die Lettern mit dem nichtdruckenden niedrigeren Blindmaterial aneinandergereiht. Der Ausschluß füllt den Raum bis zur Satzspiegelkante.

A. Die Entwicklung der Satztechnik

2. Der Bleisatz

Weil der Bleisatz heute keine wirtschaftliche Bedeutung mehr hat, wird er nur in Grundzügen dargestellt.

a) Der Handsatz

Der Handsatz nach dem Vorbild Gutenbergs wird nur noch gelegentlich für die Herstellung bibliophiler Druckwerke in niedriger Auflage in Verbindung mit dem Hochdruck verwendet. Ein geübter Handsetzer kann in der Stunde etwa 1600 Buchstaben setzen. Wie in den Zeiten der Frühdrucker ist heute der Handsatz wieder zu einem künstlerischen Ausdrucksmittel geworden (s. S. 109).

b) Der maschinelle Bleisatz

1886 erfand Ottmar Mergenthaler das maschinelle Zeilenguß-Verfahren, 1897 wurde das Verfahren des maschinellen Einzelbuchstabensatzes von Tolbert Lanston entwickelt. Beim Zeilengußverfahren – *Linotype-Verfahren* genannt – werden vom Setzer Buchstabenmatrizen auf der Setzmaschine zu Zeilen aneinandergereiht und anschließend zu ganzen Zeilen mit Schriftmetall ausgegos-

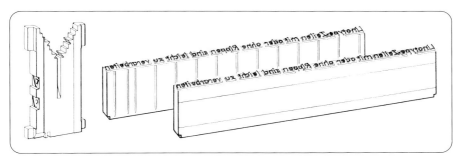

Abbildung 3: Links: Matrize einer Linotype-Setzmaschine mit den Versalbuchstaben A gerade und kursiv. Rechts: Zwei gegossene Zeilen.

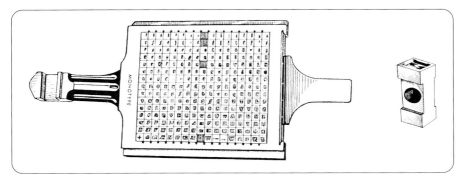

Abbildung 4: Matrizenrahmen der Monotype-Gießmaschine; daneben eine Einzelmatrize mit dem Versalbuchstaben M.

V. Die Technik des Setzens

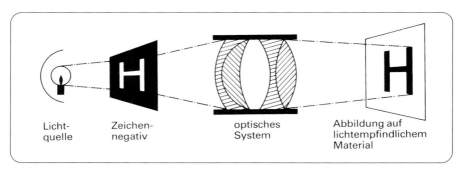

Abbildung 5: Schema des manuellen Filmsatzes. Die Schriftgrößen werden durch die Veränderung des Abstandes der Optik zum Film bzw. zum Fotopapier erzeugt.

sen. Um eine Korrektur in einer Zeile auszuführen, muß immer die ganze Zeile neu gegossen werden; bei Tilgung oder Hinzufügung von Wörtern oder Textteilen bedeutet das Neusatz aller Zeilen bis zum Ende des Absatzes. Beim Einzelbuchstabensatz – *Monotype-Verfahren* genannt – wird der Text vom Setzer auf einem Tastaggregat codiert in einen 31-Kanal-Lochstreifen gestanzt. Im separaten Gießaggregat steuert das Lochband einen Matrizenrahmen mit 255 bis 272 Matrizen so, daß die auszugießende Matrize vor einen Gießmund positioniert wird, aus dem das Schriftmetall in die Matrize gepreßt wird und eine Letter erzeugt. In beiden Verfahren beträgt die Stundenleistung 8 000 bis 10 000 Buchstaben.

Vom Bleisatz kann in der Hochdruckpresse *direkt* gedruckt werden. Dabei wird die spiegelverkehrte Schrift eingefärbt und unter Druck auf Papier ge-

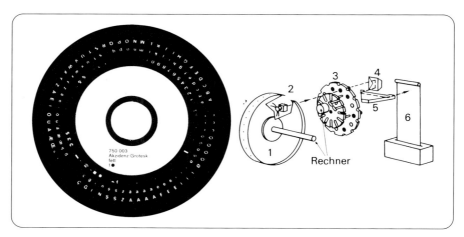

Abbildung 6: Die Filmmatrizendurchleuchtung. Links: Eine Schriftscheibe. Rechts: Schema des Belichtungsvorganges. 1 Frontrad mit dem Schriftträger – 2 Blitzlampe – 3 Objektiv für die Erzeugung der Schriftgrößen – 4 Umlenkspiegel – 5 Spiegelwagen – 6 Film oder Fotopapier.

preßt (gedruckt). Weil sich bei dem Druckvorgang die Schrift schnell abnutzt, sind nur niedrige Auflagen möglich.

3. Der Film- und Lichtsatz

Mit *Filmsatz* wird die Matrizendurchleuchtung (optomechanisches Verfahren) bezeichnet. Als *Lichtsatz* wird das Verfahren bezeichnet, bei denen die Zeichen aus digitalisierten Einzelteilen aufgebaut werden (digitales Verfahren). Beide Verfahren haben heute keine wirtschaftliche Bedeutung mehr.

Beim manuellen Filmsatz wurde die Matrize als Zeichenträger von Hand so vor eine Lichtquelle positioniert, daß der Lichtstrahl durch das gewünschte lichtdurchlässige Zeichen fällt und dieses auf Film oder Fotopapier belichtet. Beim maschinellen Filmsatz wurde die Matrize vom Rechner der Satzanlage gesteuert.

Bei der *Kathodenstrahlbelichtung* gab es keinen Schriftbildträger mehr. Die digitalisierten Zeichen wurden mit Hilfe einer Kathodenstrahl-Röhre (Cathode Ray Tube) aus Punkten oder Linien zusammengesetzt auf Film oder Fotopapier belichtet.

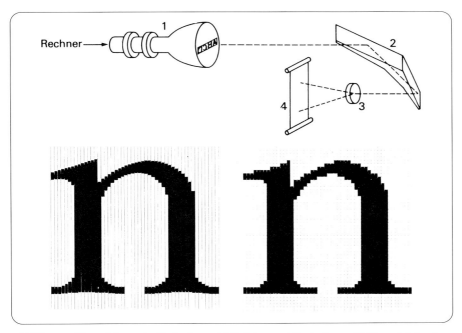

Abbildung 7: Oben: Schema der Kathodenstrahl-Belichtung. 1 Kathodenstrahlröhre – 2 Spiegelwagen – 3 Festobjektive für die Schriftgrößenwahl und die Schriftbildvariationen – 4 Film oder Fotopapier. Darunter der digitalisierte Zeichenaufbau in senkrechten Linien beim System „Linotron" und in Punkten beim System „Digiset". Im kleineren Schriftgrad sind die gestuften Rundungen mit dem bloßen Auge nicht mehr sichtbar.

B. Die Satzvorbereitung

1. Die Auswahl des Satzbetriebes

Es ist vorteilhaft, den Ablauf der Datenerfassung, Datenbearbeitung, Datenverarbeitung (s. S. 45) sowie der Datenausgabe von Text und Bild festzulegen, bevor der Autor mit seiner Bearbeitung beginnt. Weiterhin ist es empfehlenswert, rechtzeitig den technischen Betrieb auszuwählen, der die Arbeiten ausführen soll. Er kann auf Wunsch Hinweise geben, worauf der Autor und der Verlag beim Schreiben und redigieren des Manuskriptes zu achten haben. Das gilt auch da, wenn die Satzarbeiten im Verlag von versierten Fachkräften ausgeführt werden. Viele Betriebe haben dazu für ihre Kunden allgemeinverständliche Hinweise in Broschurform verfaßt.

Für eine kostengünstigere, termingetreue und nach den Regeln guter Typographie ausgerichtete Ausführung der Satzarbeiten ist die Wahl der richtigen Setzerei ausschlaggebend. Gut ausgestattete Betriebe mit vorteilhaften Serviceleistungen wie fachlicher Beratung und Ratschläge zur Typographie haben ihren Preis.

a) Die Satzkosten

Die Satzkosten werden im wesentlichen vom Markt bestimmt, sie sind im allgemeinen für gleiche Leistungen annähernd gleich. „Preisquetschen" kann leicht zur unerwünschten Minderung von Leistungen führen oder zu nachträglichen Aufschlägen, beliebt ist dafür die erhöhte Berechnung von Autorkorrekturen. Neben dem wichtigen Kriterium des Preises für die Vergabe von Satzaufträgen müssen auch andere Faktoren berücksichtigt werden. Dazu zählen die räumliche Nähe zum Verlag, beispielsweise um Postwege sparen oder an der Seitengestaltung am Bildschirm mitzuarbeiten – Spezialisierung für bestimmte Satzarten – Erfahrung im Umgang mit typographischen Regeln – geeignete Betriebsgröße, um Ausfälle wegen Krankheit oder Urlaub zu kompensieren – produktbezogene Beratung – Termintreue. In vielen Fällen wird es im Hinblick auf eine zügige Ausführung vorteilhaft sein, wenn dem Satzbetrieb eine Druckerei und Binderei angeschlossen ist, um beispielsweise Transportwege zu vermeiden oder Terminabläufe leichter planen zu können. Ob es Vorteile bringt, die Satzarbeiten im Buchverlag ausführen zu lassen, hängt von der Verlagsorganisation ab. In diesen Fällen hat die damit beauftragte Abteilung die Funktion eines Satzbetriebes. In Zeitungs- und Zeitschriftenverlagen ist das weitgehend üblich.

Die Satzkosten setzen sich zusammen aus:
– Dateneingabe und Datenverarbeitung
– Seitengestaltung (ggf. mit Bildern)
– Ausgabe von Papierausdrucken zum Korrekturlesen
– Datenausgabe auf Film oder Datenübergabe auf elektronischen Datenträgern oder über ISDN-Leitungen an die Druckerei.

In der Regel wird dem Kunden bei glattem Text der *Seitenpreis* einschließlich der Filmbelichtung für den Druck angegeben. Die Preisangabe nach dem *Preis pro 1000 Buchstaben* ist nicht günstig, weil sich Satzerschwerungen nur ungenau kontrollieren lassen. Bei strukturiertem Text können die einzelnen Teile gesondert angeboten werden, z. B. Preis für den Grundtext, für die Tabellen, für das Register usw. Wird die Text-/Bildintegration gewünscht, so müssen auch dafür die Preise erfragt werden. Ein sog. *Pauschalpreis* für alle Leistungen erlaubt keine Analyse des Angebotes, erleichtert aber den Vergleich der Angebote verschiedener Firmen. Für die Autorenkorrektur wird man den Stundensatz für die Arbeit am Bildschirm und die Belichtungseinheit erfragen. Weil diese Korrekturen beim Kontrollieren der Satzrechnung häufig Anlaß zum Ärger geben, ist es vorteilhaft, sich bei jedem Korrekturlauf die angefallenen Kosten mitteilen zu lassen. So wird es später bei der Rechnungsprüfung keine unangenehmen Überraschungen geben.

Will man mit einem Satzbetrieb langfristig zusammenarbeiten, so wird man *Rahmenpreise* für bestimmte Produktgruppen vereinbaren, die für einen längeren Zeitraum gültig sind. Das honoriert die Setzerei mit Preisnachlässen, außerdem entfällt das aufwendige Einholen von Angeboten für einzelne Titel.

Soll der Satzbetrieb Daten archivieren und für eine Datenmehrfachnutzung pflegen, so müssen die dafür anfallenden Kosten ebenfalls erfragt werden.

b) Die technische Leistungsfähigkeit

Die Leistungsfähigkeit hängt von der Geräteausstattung, den zur Verfügung stehenden Programmen und der Qualifikation der Mitarbeiter ab. Sind bebilderte Druckwerke herzustellen, muß der Satzbetrieb auch über eine leistungsfähige Reproduktionsausstattung verfügen. Weil es inzwischen eine fast nicht mehr zu überblickende Vielzahl von Geräten und Programmen gibt, die sich zudem kurzfristig verändern und damit verbessern, ist es für einen Auftraggeber oft schwer, sich darüber ein Urteil zu bilden. Satzbetriebe spezialisieren sich häufig auf bestimmte Produktgruppen. Ein Verlag wird daher für seine Produktgruppen nur mit einem oder zwei darauf spezialisierten Satzbetrieben zusammenarbeiten, beispielsweise bei Büchern mit einem hohen Anteil von Registerbegriffen, die aus dem laufenden Text herauszuziehen sind. In der Regel schlägt sich die für einen Auftrag geeignete technische Ausstattung im günstigen Preis nieder.

c) Die typographischen Voraussetzungen

Trotz des Einsatzes von Programmen wie Ästhetik- oder Umbruchprogrammen muß der Setzer immer wieder manuell eingreifen, um ein Satzergebnis nach guten typographischen Regeln seinen Kunden anbieten zu können. Als Beispiele können genannt werden: Vermeidung sinnentstellender Silbentrennungen, Versalienausgleich bei Überschriften, harmonischer Zeilenfall bei mehrzeiligen Überschriften, Erzielung gleichmäßiger Wortabstände u.ä. Vor allem wenig erfahrene Auftraggeber werden diesen Service begrüßen. Auch bei der Auswahl der geeigneten Schriftart wird ein Satzbetrieb behilflich sein.

V. Die Technik des Setzens

Satzanweisung für Setzerei: _____

Autor und Titel _____ Datum _____ Bearbeiter _____

Satzverfahren _____ Satzspiegelgröße _____
Satzart (Blocksatz, Flattersatz) _____
Schrift für Textteil _____
Kleinschrift _____
Überschriften (auf Mitte, links oder rechts ausgeschlossen)
1. Grad _____ 2. Grad _____
3. Grad _____ 4. Grad _____
Spitzmarke _____

Auszeichnungen: Bogenanorm und Signatur:
_____ = halbfett   Schrift _____
======== = Kapitälchen   Stand _____
~~~~~~~~ = kursiv   Kolumnentitel:
                                         tot / lebend / Schrift _____
Einzug: Stand _____
kein / Geviert   Punktieren:
                                         Geviert / Halbgeviert
Ziffern:
Normal / Mediäval   Legenden:
                                         Schrift _____
Anführungen: Stand _____
„ " / « » / » « / " " / ‚ '

Gedankenstriche: Marginalien:
Geviert / Halbgeviert   Schrift _____
                                         Stand _____
Linien:
fein / stumpffeine / _____ mm   Register:
Initialen: _____   Schrift _____
                                         Stand _____
Klammern:
( ) / [ ]   Tabellen:
                                         Schrift _____
                                         Anordnung _____

Rechtschreibung: Sonderzeichen im Manuskript:
nach Manuskript / nach Duden   _____
Abkürzungen   _____
z.B., etc., f., ff., %, v.H., d.h., i. allg.
_____

Fahnen   Umbruch:
Anzahl _____   Anzahl _____
Termin _____   Termin _____

Abbildung 8: Muster einer Satzanweisung.

B. Die Satzvorbereitung

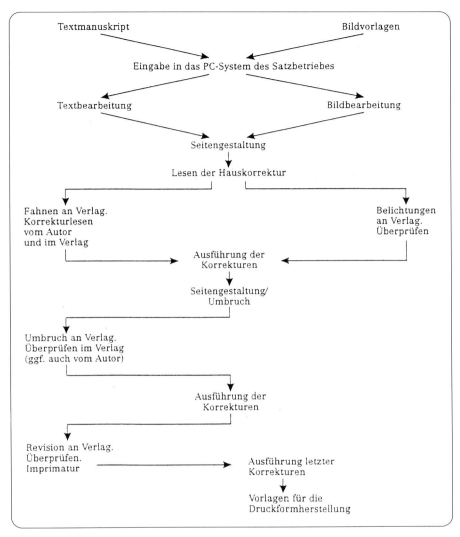

Abbildung 9: Ablauf der Satzarbeiten.

2. Der Satzauftrag

Der Satzauftrag enthält alle Angaben über:
- Preisvereinbarungen einschließlich der Stundensätze für die Ausführung der Autorkorrekturen,
- Liefer- und Zahlungsbedingungen,
- Art des Manuskriptes,

V. Die Technik des Setzens

- Termine für alle Fertigungsstufen,
- Anzahl der notwendigen Lichtpausen bzw. Papierbelichtungen zum Korrekturlesen,
- das abzuliefernde Endprodukt, z. B. Positivfilme seitenglatt seitenverkehrt für den Offsetdruck.

Zum Satzauftrag gehört die *Satzanweisung*. Diese enthält detaillierte Angaben zur Typographie. In der Regel wird dafür ein vom Auftraggeber vorbereitetes Formular verwendet. Satzauftrag und Satzanweisung werden vom Hersteller bzw. Produktioner zusammengestellt.

C. Desktop Publishing

Mit Desktop Publishing (DTP) wird die von einem elektronisch komfortablen PC-System gesteuerte Methode verstanden, Texte und Abbildungen zu bearbeiten, zu Seiten zu gestalten und Druckvorlagen für die einzelnen Druckverfahren herzustellen oder für andere Medien (z.B. CD-ROM) zur Verfügung zu stellen. Neben dem Begriff DTP werden noch andere Bezeichnungen verwendet wie Electronic Publishing (EP), Computer Publishing (CP) oder Computer Aided Publishing (CAP). Diese Technologie wird weiterhin stürmisch vorangetrieben.

Die Vorteile dieser vernetzten Druckvorlagenherstellung sind:
- Produktkontrolle, wegen der Verbindung aller Arbeitsgänge an einem Arbeitsplatz, in der Regel von einem Bearbeiter ausgeführt.
- Erhöhung der Flexibilität, weil in allen Phasen der Bearbeitung bis zum Schluß Änderungen im Text, im Bild oder im Seitenaufbau mit einfachen Operationen möglich sind.
- Einsparung von Herstellungszeit, weil keine fremden Zulieferer mit Verzögerung durch Postverkehr u.ä. benötigt werden. Vorteile bieten auch ISDN-Übertragungsmöglichkeiten.
- Kostenersparnis, weil viele Arbeiten direkt über den Bildschirm ausgeführt werden können, z.B. ohne Grafiker oder manuelle Seitenmontage u.ä.

Weil erst bei der Ausgabe Schriftzeichen und Bilder erzeugt werden, wird deshalb im Vorfeld der Bearbeitung der Begriff *Daten* verwendet.

1. Die Hardware-Konfiguration

DTP-Workstations für die professionelle Anwendung umfassen den Prozessor und Hauptspeicher mit einer Festplatte, einen Farbmonitor (Bildschirm), einem Scanner, einen Drucker (Laserdrucker, Tintenstrahldrucker, Digitaldrucker) oder Laserbelichter. Dazu kann noch ein Graphiktablett kommen.

Die nicht auswechselbare *Festplatte*, manchmal auch ein ganzer Plattensta-

C. *Desktop Publishing*

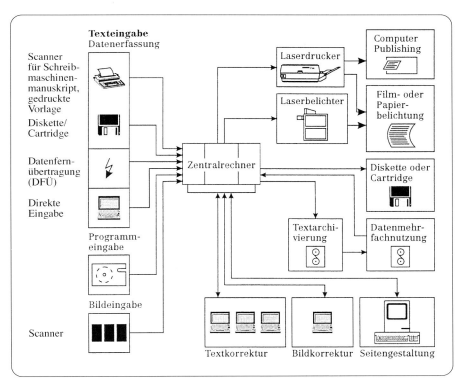

Abbildung 10: Schema des Desktop Publishing.

pel, erlaubt die Datenaufzeichnung in hoher Aufzeichnungsdichte. Die Speicherkapazität kann gegenwärtig bis zu 6 Gigabyte (GByte) reichen. Ein GByte = 1024 Megabyte (MB) = 1 073 741 824 Byte. Diese Zahl kann bis 100 GByte steigen. Diese hohe Speicherkapazität ist vor allem für die Aufzeichnung von farbigen oder einfarbigen Halbtonbildern eine wichtige Voraussetzung.

Ein flimmerfreier *Farbmonitor* von 15 bis 21 Zoll ist die Voraussetzung, damit die einzelnen Zeichen scharf und damit gut lesbar erkennbar sind. Großformatige Monitore gehen bis zu 28 Zoll. Außerdem sollen ganze Seiten, auch großformatige, darstellbar sein. Zu manchen Systemen werden Grafikkarten (z.B. Hercules Graphic Card) angeboten, mit deren Hilfe bis zu 16 Millionen Farben darzustellen sind. Die größte Auflösung liegt gegenwärtig bei 1920 × 1440 Pixel (s. S. 226). Voraussichtlich werden LCD-Bildschirme die herkömmlichen Kathodenstrahl-Bildschirme ablösen. Der Flüssigkristall-Bildschirm (Liqid Crystal Display) ist absolut flimmerfrei, liefert ein gestochen scharfes Bild und spart Energie. Außerdem hat er als Flachbildschirm eine geringe Bautiefe.

Der *Scanner* erlaubt die Eingabe von schwarz-weißen und farbigen Vollton- und Halbtonabbildungen. Eingescannt werden kann auch gedruckter Text für

V. Die Technik des Setzens

eine weitere Bearbeitung, z.B. revidierter Nachdruck eines Buches, von dem keine Satzfilme mehr vorhanden sind (s. S. 56ff.). Verbreitet ist der Flachbett-Scanner, der sich zur Eingabe von Aufsichtsvorlagen eignet. Die Vorlage muß plano, einschichtig sein und darf das Scanformat nicht überschreiten, das in den meisten Fällen bis zum Format DIN-A-3 geht. Zusammen- und übereinandergeklebte Vorlagen eignen sich nicht, weil sie nach dem Scannen retuschiert werden müssen. Die Vorlage wird je nach System langsam unter dem sich streifenweise hin- und herbewegenden Abtaststrahl vorangeschoben oder der Abtaststrahl bewegt sich über die unverändert liegende Vorlage. Das von der Abtastzeile reflektierte Licht wird von einem Spiegel horizontal abgelenkt und gelangt durch ein Objektiv (Strahlenteiler) auf zwei CCD-Zeilen (Charge Coupled Device = ladungsgekoppeltes Bauelement). Die gescannte Zeile setzt sich aus Pixeln zusammen, die aktiviert werden. Die Abtastfeinheit soll bei einfarbigen Halbtonabbildungen mehr als 800 ppi (Pixel per inch) betragen. Ein Inch (Zoll) hat die Länge von 2,54 Zentimeter. Die Funktion der Farbscanner wird auf den Seiten 232f. beschrieben. – Statt des Scanners können auch eine Videokamera (Framegraber) oder eine Digitalkamera verwendet werden. – Keines dieser Aufnahmegeräte erreicht im Halbtonbereich die Wiedergabequalität der großen und schnellen Trommel-Scanner (s. S. 233), die sich vor allem für Durchsichtvorlagen eignen.

Das *Grafiktablett* ist ein Eingabegerät in der Form einer rechteckigen Kunststoffplatte. Bei der Berührung der Sensoren, die im Tablett enthalten sind, mit einem Magnetstift, werden die gezeichneten Figuren in Daten umgewandelt, gespeichert und auf dem Bildschirm sichtbar. Es kann daher wie auf Papier gezeichnet werden. Der Stift kann zu verschiedenen Ausdrucksmitteln

Abbildung 11 (links): LCD-Bildschirm „Diamond Display".
Abbildung 12 (oben): Bildschirm von Nokia mit ergonomischen 80 Hz Bildwiederholfrequenz.

C. Desktop Publishing

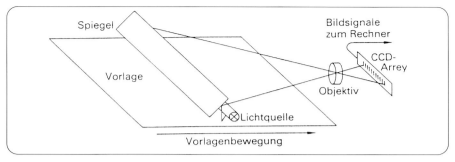

Abbildung 13: Das Schema der Arbeitsweise eines Flachbett-Scanners mit starrem Abtaststrahl.

Abbildung 14: Flachbett-Scanner von Linotype CPS für Vorlagen bis zu 355 mal 216 Millimeter.

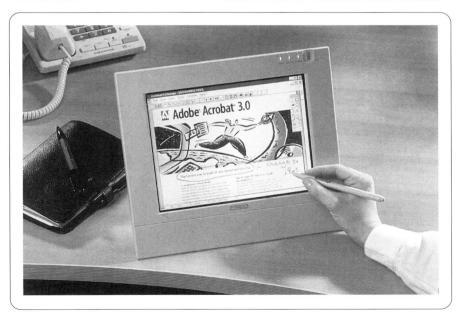

Abbildung 15: Grafiktablett und Stift ermöglichen dem kreativen Grafiker ein Handling wie auf dem Scribbleblock.

V. Die Technik des Setzens

verwendet werden wie Bleistift- oder Kohlezeichnung. Auch lassen sich damit Retuschen in Bildern elektronisch mit „handwerklichen Mitteln" ausführen wie Strichergänzungen in Volltonbildern.

Ein innerbetriebliches Netzwerk (Network) in der Form von LAN (Local Area Network) ist notwendig, um Arbeitsplätze zu verknüpfen. Wichtige Daten wie beispielsweise Text- und Layoutprogramme oder Preislisten werden zentral auf der Festplatte des File Servers oder des Zentralrechners gespeichert und können lokal abgerufen werde. Auch periphere zentral aufgestellte Geräte wie Laserdrucker lassen sich von jedem nutzen.

2. *Die Dateneingabe*

a) Die Online-Dateneingabe

Beim Online-Betrieb sind die peripheren Erfassungsgeräte mit einem Kabel mit dem Zentralrechner verbunden. Die Text- und Bilddaten werden beim Erfassen auf dem Bildschirm sichtbar und können darüber verarbeitet werden. Online-Arbeitsplätze sind um ein Vielfaches teurer als Offline-Arbeitsplätze, weil während des langsamen Erfassungsprozesses der Rechner für andere Arbeiten blockiert wird. Häufig werden Systeme mit zwei Rechnern als Sicherung gegen einen Datenabsturz eingesetzt.

Für den Online-Betrieb bieten sich bevorzugt an:
- kurzfristig zu setzende Texte wie aktuelle Berichte bei der Zeitungs- und Zeitschriftenproduktion;
- Kommunikation mit anderen Online-Systemen z.B. um Nachrichten von einer Agentur zu übernehmen. Die eingehenden Nachrichten, Text und Bilder, werden im Zentralrechner erfaßt und gleichzeitig auf Papier ausgegeben. Der Redakteur kann die zur Veröffentlichung vorgesehenen Nachrichten nach dem Redigieren auf dem Papier auf den Bildschirm holen und die Änderungen ausführen. Die Beiträge erhalten eine Job-Erkennung, über die sie auf den Seiten eingebaut werden können (s. S. 202);
- aktueller Änderungsdienst für die Datenbanken, bei dem über intelligente Suchsysteme schnell Zugriff genommen werden muß. Weil eine Datenbank oft mit anderen Datenbanken zu Datenbasen verbunden sind und weil alle Daten ohne Verzögerung sofort verfügbar sein müssen, ist ein Großrechner unerläßlich;
- Ausführung von Korrekturen und Gestaltungsarbeiten.

b) Die Offline-Eingabe

Beim Offline-Betrieb werden die auf peripheren, vom Zentralrechner unabhängigen Erfassungsgeräten erfaßten und auf Datenträgern gespeicherten Daten zur weiteren Bearbeitung in den Rechner eingegeben. Die Dateneingabe geht außerordentlich schnell. Man spricht daher von der *Fremddatenübernahme*. Die Erfassung wenig strukturierter Texte kann vom Autor oder von Schreibkräften vorgenommen werden. Schwierig aufgebaute Texte und Abbil-

C. Desktop Publishing

Zu beachten bei der Datenanlieferung

- Jeder Datenträger muß mit Namen und Anschrift versehen sein.
- Es dürfen nur Sicherungskopien der Datenträger geliefert werden.
- Zu allen Daten müssen Ausdrucke beigefügt werden.

Betriebssystem

❏ Macintosh ❏ Version _____   ❏ MS-DOS Version _____
❏ Windows   ❏ Version _____   ❏ Andere Version _____

Datenträger

❏ Diskette   ❏ 3,5"   ❏ 5,25"
❏ CD-ROM
❏ Photo-CD
❏ Cartridge

Datenformat

❏ Post-Script-Datei   ❏ ASCII
❏ Programm-Datei   ❏ EBCDIC
❏ Acrobat-Datei (PDF)   ❏ RTF
❏ Datenbankdaten   ❏ SGML
❏ _____
❏ _____

Programm

Textverarbeitungsprogramm, Versions-Nr.
❏ MS-Word   _____
❏ Word für Windows _____
❏ WordPerfect   _____
❏ MacWrite   _____
❏ _____ _____

Grafikprogramm
❏ Illustrator   _____
❏ Freehand   _____
❏ CorelDraw   _____
❏ _____ _____

Bildbearbeitungsprogramm
❏ Photoshop   _____
❏ _____ _____

Layoutprogramm
❏ QuarkXPress   _____
❏ PageMaker   _____
❏ Ventura   _____
❏ FrameMaker   _____
❏ _____ _____

Name, Inhalte der zu bearbeitenden Dateien

❏ 1 _____   ❏ 3 _____
❏ 2 _____   ❏ 4 _____

❏ unkomprimiert   ❏ komprimiert

Abbildung 16: Hinweise für die digitale Datenübernahme bei Offline-Eingabe.

V. Die Technik des Setzens

dungen werden in der Regel von ausgebildeten Fachleuten im Verlag oder dem Satzbetrieb unter Berücksichtigung aller typographischen Strukturen erfaßt. Diese Arbeitweise ist vor allem für die den Satz von Schulbüchern oder Zeitschriften von Bedeutung.

In den meisten Fällen werden die Daten auf Disketten gespeichert geliefert. Für Massendaten wie für farbige Abbildungen kann ein *Cartridge* verwendet werden. Diese Wechselplatte (z.B. SyQuest) gibt es in den Kapazitäten bis 270 MB. Magnetband-Kassetten sind mit Kapazitäten bis 4 GB erhältlich. Sind aber für den normalen Arbeitsablauf zu langsam im Zugriff und werden deshalb fast nur zu Backup-Zwecken eingesetzt. Für die Speicherung größerer Datenmengen sind noch MO-(magneto-optische)Disketten (bis 2,6 GB) im Einsatz. In jüngster Zeit finden die preiswerten ZIP-Disketten (100 MB) viel Verwendung.

c) Die immaterielle Dateneingabe

Die Daten werden über große Entfernungen ohne materiellen Datenträger über die Netze der TELEKOM übertragen. Dazu zählen:

Datenfernübertragung (DFÜ): Die Daten werden als Sondernutzung über das öffentliche Telefonnetz geschickt. Dazu muß das Telefon von der Sprach- auf die Datenübermittlung umzuschalten sein. Außerdem muß ein Modem (Modulator/Demodulator) installiert sein, der die binär aufgebauten Daten in das Sprachband des Telefonnetzes moduliert und diese beim Empfänger wieder in binäre Daten demoduliert.

Datexnetz DATA (Exchange Service): Es ist ein besonderes öffentliches Wählnetz für die Datenübertragung. Dabei sind die Datenend-Einrichtungen der Teilnehmer über Anschlußleitungen mit den Vermittlungsstellen der TELEKOM verbunden. Man unterscheidet zwischen Datex-L und Datex-P. Beim Datex-L besteht eine direkte Verbindung zwischen Sender und Empfänger während des Vorgangs der Datenübertragung. Es können aber nur gleichartige Systeme miteinander kommunizieren. Große Datenmengen können sicher in kürzester Zeit übermittelt werden. Beim Datex-P werden die zu sendenden Daten vom PAD (Packet Assembly/Disassembly Facility) zu Datenpaketen von max. 1024 Bits zusammengetragen, mit einer Adresse versehen und zu den sog. Netzknoten übertragen. PAD nimmt am Empfängerort die Datenpakete wieder auseinander. Daten können auf dem Übertragungsweg zwischengespeichert werden, um den Netzbetrieb gleichmäßig auszulasten.

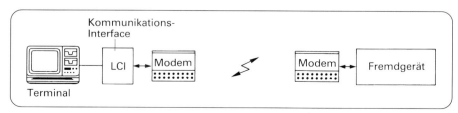

Abbildung 17: Schema der Datenfernübertragung.

C. Desktop Publishing

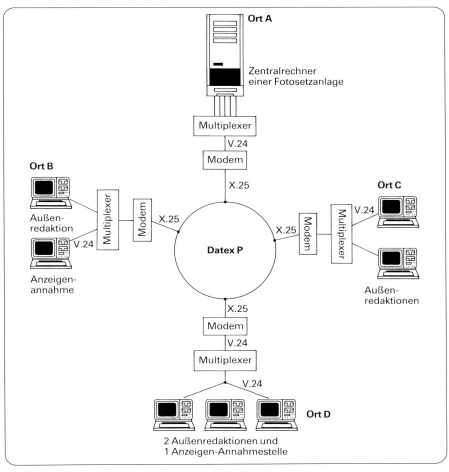

Abbildung 18: Schema des Datex-P-Netzes für einen Zeitungssatzbetrieb. Die Datenpakete können vom Sender zum Empfänger und umgekehrt fließen.

ISDN (Integrated Service of Digital Network). Über das Telefonnetz der TELEKOM können neben Ferngesprächen Text- und Bilddaten übertragen werden. Dazu wird vom PC eine ISDN-Karte benötigt, mit der die Daten für einen Transport aufbereitet werden.

3. Die Datenverarbeitung

Die wichtigste Voraussetzung für eine wirtschaftliche Datenverarbeitung als Vorstufe für den Druck von Büchern, Zeitschriften und Zeitungen, für Digitaldruck oder für die Aufbereitung für andere elektronische Massenspeicher wie CD-ROM sind leistungsfähige und benutzerfreundliche Programme. Es würde den Rahmen eines Fachbuches sprengen, alle Programme und deren Anwendungsvielfalt aufzuzählen und zu beschreiben. Daher werden nur die wesentlichen Leistungen in ihren Grundzügen genannt. Der Dialog zwischen dem Bediener und dem Rechner wird mit der Maus, der Tastatur oder dem elektronischen Schreibstift über den Bildschirm hergestellt. In der Regel werden die gewünschten Funktionen mit kleinen graphischen Symbolen dargestellt, die zur Aktivierung angeklickt werden. Beispielsweise kann eine Datei zu dem Symbol eines Papierkorbs geführt und zum Löschen hineingeworfen werden. Dieses Verfahren wird „look and feels" genannt.

Wie auf der Seite 62 beschrieben, sind die zwei Betriebssysteme Macintosh und MS-DOS auf dem Markt.

a) Die Textprogramme

Verbreitete Textprogramme sind MS-Word und WordPerfect. Sie sind für Mac und MS-DOS/Windows verfügbar.

Der Bearbeiter benötigt vom Auftraggeber folgende Angaben:
- Schriftart
- Von der Grundschrift abweichende Schriftarten
- Schriftgröße und Durchschuß
- Größe und Anordnung der Überschriften
- Auszeichnung im fortlaufenden Text
- axialer und anaxialer Satz
- Block- oder Flattersatz
- Ein- oder Mehrspaltensatz
- Art der Einzüge
- Anordnung der toten bzw. lebenden Kolumnentitel
- Gestaltungselemente wie Linien, Initial usw.

Diese Angaben werden vom Auftraggeber auf der Satzanweisung zusammengestellt (s. S. 170). Sie können aber auch für den Setzer in den Datenausdruck eingezeichnet werden.

Die Schriftarten werden auch *Fonts* genannt. Es gibt verschiedene Schriftfonts-Formate, auf denen namhafte Anbieter wie Berthold, Linotype oder Agfa ihre Schriften anbieten, z.B. Typ1-Format von Adobe (basierend auf der Seitenbeschreibungssprache PostScript) und True Type-Format von Apple. Wichtig für den Anwender ist eine höchstmögliche Schärfe und Lesbarkeit der Zeichen auf dem Bildschirm und auf den Ausgabegeräten. Fast alle Systemhäuser bieten Schriftenkataloge auf CD-ROM an.

Silbentrennprogramm: Dieses Programm steht im Zusammenhang mit dem Ausschließprogramm, weil es nur dann in Funktion tritt, wenn der Rechner keine brauchbare Möglichkeit des Zeilenschlusses finden kann. Es umfaßt die Trennungen nach sprachlogischen (grammatikalischen) Regeln für etwa 98 % aller Wörter der deutschen Sprache. Ausnahmeregeln für Wörter wie Fremdwörter (z. B. Demo-skopie statt Demos-kopie) oder Wörter mit der Gefahr der Sinnentstellung (z. B. Ur-instinkt statt Urin-stinkt) sind in einem Ausnah-

C. Desktop Publishing

Abbildung 19: Linotype-Library. Ein Suchkriterium sind Serifen/Shapes. Die Einstellung der beiden Regler fördert in dieser Darstellung das Bild einer klassizistischen Schrift mit sehr feinen, rechtwinklig angesetzten Serifen zutage.

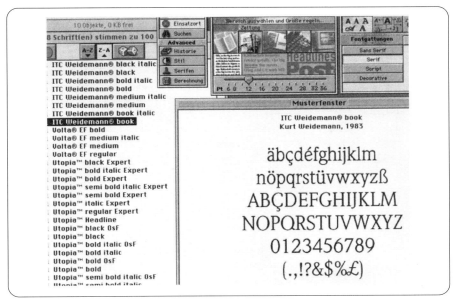

Abbildung 20: Gesucht wird hier eine Antiqua mit Serifen (Basics/Fontgattungen/Serif) für den Zeitungsbereich (Einsatzort/Zeitung). Bei einer Schriftgröße zwischen sechs und 18 Punkt erscheint auch die Weidemann, eine englaufende Schrift.

V. Die Technik des Setzens

mekatalog gespeichert. Kommt es dennoch zu falschen oder das Lesen erschwerenden Worttrennungen (z. B. Pilzsu-cher statt Pilz-sucher), so werden diese über den Bildschirm korrigiert und ggf. im Ausnahmekatalog eingegeben.

Silbentrennprogramme gibt es für nahezu alle Kultursprachen. Werden vom Autor feste Ausschlüsse vorgegeben (s. S. 65), so kommt keine Trennung zustande.

Rechtschreibkorrektur-Programm: Der Text wird mit einem in den Rechner eingegebenen verbindlichen Rechtschreibung (in der Regel nach DUDEN) abgeglichen und ggf. automatisch korrigiert (s. S. 197). Auf das Korrekturlesen kann jedoch nicht verzichtet werden, weil es wegen möglicher Ausnahmen keine 100%ige Sicherheit geben kann.

Zeilenbildungs-/Ausschließprogramm: Dieses Programm sorgt für die einheitliche Zeilenlänge beim Blocksatz unter Berücksichtigung möglichst gleichmäßiger Wortabstände. Dazu müssen die unterschiedlichen Dicken der Buchstaben in Abhängigkeit zur Schriftgröße definiert sein. Wird beispielsweise „Drittel-

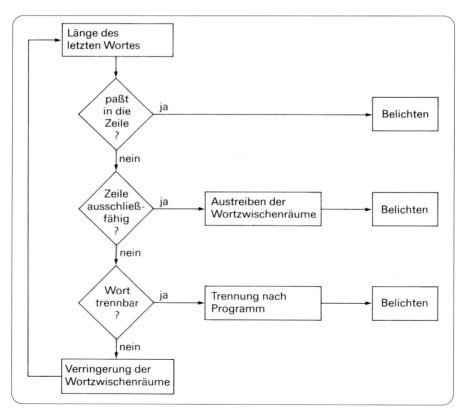

Abbildung 21: Schema eines einfachen Programmaufbaus am Beispiel des Zeilenausschlusses für den Blocksatz.

Johannes Gutenberg	Original	
Johannes Gutenberg	elektronisch kursiv	
J o h a n n e s G u t e n b e r g	+0,3 mm	Elektronisch extraschmal
Johannes Gutenberg	+0,2 mm	Elektronisch schmal
Johannes Gutenberg	+0,1 mm	**Elektronisch breit**
Johannes Gutenberg	normale Laufweite	
Johannes Gutenberg	−0,1 mm	
Johannes Gutenberg	−0,2 mm	
Johannes Gutenberg	−0,3 mm	

Abbildung 22: Beispiele für die Schriftveränderung, Links: Die Veränderung der Buchstabenabstände. Rechts: Die Veränderung der Laufweite.

satz" gewünscht (s. S. 150), kann der Auftraggeber für diese Wortabstände Toleranzwerte bestimmen, die nicht unter- oder überschritten werden dürfen. Diese Toleranzwerte sind für den Blocksatz technisch notwendig. Auch die Dicktenwerte können einheitlich verändert werden, um beispielsweise eine Schrift in der Laufweite etwas enger oder weiter zu stellen. Es können aber auch die Anzahl der Worttrennungen festgelegt werden, die an den Zeilenenden nacheinander folgen dürfen.

Ohne Ästhetik-Programm

Adam, der an dieser Entwicklung sehr interessiert war, regte auch an, einen Versuch zu unternehmen, ob dieses Papier „sich wohl auch zum Drucken eignen würde" Er wandte sich an die Druckerei von Rossberg in Frankenberg, in der damals das von ihm herausgegebene Publikationsorgan gedruckt wurde. Als dieses Papier für den Druck einer Reihe von Exemplaren der Nummer 41 des „Intelligenz- und Wochenblattes für Frankenberg mit Sachsenburg und Umgebung" vom 11. Oktober 1845 verwendet wurde, handelte es sich um die erste vornehmlich aus Holzschliff hergestellte Zeitung der Welt.

Mit Ästhetik-Programm

Adam, der an dieser Entwicklung sehr interessiert war, regte auch an, einen Versuch zu unternehmen, ob dieses Papier „sich wohl auch zum Drucken eignen würde". Er wandte sich an die Druckerei von Rossberg in Frankenberg, in der damals das von ihm herausgegebene Publikationsorgan gedruckt wurde. Als dieses Papier für den Druck einer Reihe von Exemplaren der Nummer 41 des „Intelligenz- und Wochenblattes für Frankenberg mit Sachsenburg und Umgebung" vom 11. Oktober 1845 verwendet wurde, handelte es sich um die erste vornehmlich aus Holzschliff hergestellte Zeitung der Welt.

Abbildung 23: Die Auswirkung des Ästhetikprogramms auf die Qualität des Schriftbildes am Beispiel der Garamond.

V. Die Technik des Setzens

> **Beispiel 1: Einfügen**
> Text vor dem Einfügen
>
> Eintasten: (Cursor)
>
> Bei einer Einfügung wird der Blinker eine Stelle links vom einzufügenden Text positioniert. Nach dem Druck der Taste "Einfügen" können das gewünschte Wort oder auch größere Textmengen eingetastet werden. Der bisherige Text hinter dem Blinker wird bei jedem eingegebenen Zeichen eine Stelle nach rechts verschoben. Unter Beachtung der Ganzwortregel umbrechen sich die folgenden Zeilen neu.
>
> Text nach dem Einfügen
>
> Bei einer Einfügung wird der Blinker (Cursor) eine Stelle links vom einzufügenden Text positioniert. Nach dem Druck der Taste "Einfügen" können das gewünschte Wort oder auch größere Textmengen eingetastet werden. Der bisherige Text hinter dem Blinker wird bei jedem eingegebenen Zeichen eine Stelle nach rechts verschoben. Unter Beachtung der Ganzwortregel umbrechen sich die folgenden Zeilen neu.
>
> **Beispiel 2: Absatz**
> Text vor der Absatzbildung
>
> Eintasten: ⏎ Absatz
>
> Sollte es notwendig werden, einen Absatz zu bilden, so wird der Blinker an die gewünschte Stelle gesetzt. Durch Betätigen der Taste "Links Zentrieren" bildet sich automatisch ein Absatz. Dieser Vorgang wird auch auf dem Bildschirm durch Absatzbildung sichtbar.
>
> Text nach der Absatzbildung
>
> Sollte es notwendig werden, einen Absatz zu bilden, so wird der Blinker an die gewünschte Stelle gesetzt.
> Durch Betätigen der Taste "Links Zentrieren" bildet sich automatisch ein Absatz. Dieser Vorgang wird auch auf dem Bildschirm durch Absatzbildung sichtbar.

Abbildung 24: Beispiel einer Textkorrektur am Bildschirm.

Ästhetikprogramm: Dieses Programm sorgt für einen typographisch sauberen Dickteneausgleich bei bestimmten Buchstabenkombinationen; es übernimmt gleichsam die Funktion der Ligaturen des Bleisatzes (s. S. 97) und des Versalausgleichs (s. S. 153 f.). Das Satzbild wirkt dadurch gefälliger.

Registerprogramm: Mit diesem Programm können die bereits vom Autor bei der Texterfassung für die Aufnahme in ein Register markierten Wörter automatisch herausgezogen und alphabetisch angeordnet werden. Auch Bündelungen von Wörtern unter einem Oberbegriff (z. B. Schrift, -Art; -Geschichte; -Modulation), Auflösung grammatischer Fälle zum Nominativ (z. B. des Buches zu Buch) oder Seitenbündelungen (z. B. Gutenberg 5, 28, 112) sind möglich.

Es gibt darüber hinaus noch andere Programme. Dazu zählen Tabellenprogramme für Fußball-Ligen, Börsenkurse oder Programme für genormte Anzeigen für Tageszeitungen.

b) Die Graphik- und Zeichenprogramme

Verbreitete Programme sind Freehand und Illustrator. Beide laufen unter Mac und Windows. Mit Hilfe dieser Programme können einfarbige und mehrfarbige Graphiken auf dem PC erzeugt werden:
– Verknüpfung von vorgegebenen geometrischen Figuren wie Kreise, Rechtecke oder Ellipsen, die mit verschiedenen Mustern ausgefüllt werden können,
– Aufbau von Diagrammen (z.B. Torten-, Balken- oder Gebirgsdiagramme) für die sog. Business Graphics aus Zahlentabellen ein- oder dreidimensional,
– Einfügung von Schriften, Symbolen oder Zahlen in Graphiken,
– Verzerrung, Dopplung, Drehung o.ä. von Objekten,
– Vergrößern, abdunkeln oder aufhellen von Abbildungsdetails.

Eine besondere Anwendung ist das freie Zeichnen mit einem graphischen Tablett (s. S. 172f.). Ein weiteres elektronisches Arbeitsmittel ist Airbrush (Spritzpistole) zur Erzielung von verlaufenden Spritzwirkungen oder Pinselstrichen. In vielen Fällen wirkt die Computergraphik merkwürdig steril. Mehrfarbige große Abbildungen benötigen große Speicherkapazitäten.

Konstruktionszeichnungen (z.B. Aufriß einer Stanzform für eine Buchkassette) werden mit der CAD-Technik (Computer Aided Design = rechnerunterstützte Konstruktion) elektronisch aufgebaut.

c) Die Layoutprogramme

Verbreitete Programme sind PageMaker, FrameMaker und Quark X-Press, die es für Mac OS, Windows und UNIX gibt. Mit diesen Programmen lassen sich Texte und ein- oder mehrfarbigen Bildern zu gestalteten Seiten zusammenführen bzw. automatisch den Umbruch ausführen (page making). Die Arbeitsschritte sind auf dem Bildschirm sichtbar und können somit sofort nach dem WYSIWYG-System überprüft werden. Alle Schriften und Abbildungen lassen sich auf dem Bildschirm nahezu druckidentisch darstellen. Mit dem Tabelleneditor können Tabellen, Listen und Formulare und mit dem Formeleditor chemische und mathematische Formeln schnell und einfach gestaltet werden. Auch Farben, z.B. aus dem 1000 Farben umfassenden Pantone-Fächer, lassen sich aufrufen und unter Texte oder Abbildungen legen.

Man unterscheidet zwischen kontinuierlichem Umbruch und Positionierumbruch. Beim kontinuierlichem Umbruch wird einfacher Werksatz in Druckseiten aufgeteilt und Seitenzahlen, lebende Kolumnentitel, Fußnoten u.ä. dazugestellt. Dabei können typographische Regeln berücksichtigt werden, z.B. das Vermeiden von Hurenkindern. Beim Positionierumbruch von reich gegliederten Seiten wird der Umbruch Seite für Seite über den Bildschirm ausgeführt. Dabei werden die einzelnen Elemente, aus denen sich die Seiten aufbauen wie Texte, Tabellen, Graphiken oder Fotos, an die richtigen Stellen positioniert. Für einen durch ein ganzes Druckwerk hindurch genormten Seitenaufbau wie für einen Bildband, ein Schulbuch, eine Zeitung oder eine Zeitschrift kann ein Gestaltungsraster hinterlegt werden, in dessen Kästchen die Teile einmontiert werden (s. S. 117).

V. Die Technik des Setzens

Abbildung 25: Darstellung von Grafiken auf dem Bildschirm zur Bearbeitung, hier „Quadra" von Macintosh.

Abbildung 26: Seitenmontage einer Zeitung auf dem Bildschirm mit einem Redaktionssystem.

C. Desktop Publishing

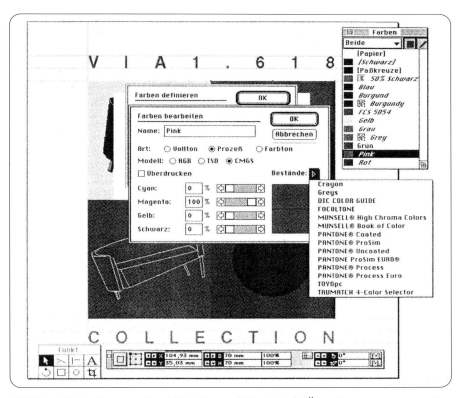

Abbildung 27: Das Programm PageMaker (System 5.0) erlaubt die Übernahme von genormten Farben wie Pantone und die Anwendung für die Gestaltung von Abbildungen.

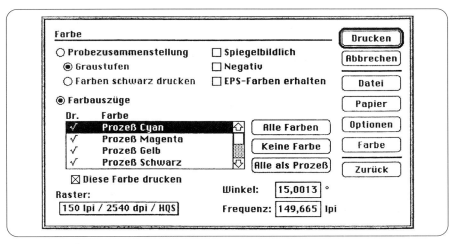

Abbildung 28: Über das Druckdialogfeld „Farbe" werden die Optionen zum Drucken von Farbauszügen mit PageMaker gesteuert. Nach dem Aktivieren von „Farbauszüge" wählt man die zu druckenden Farben und die gewünschten Rasterwerte.

V. Die Technik des Setzens

Für die Herstellung von Tageszeitungen haben sich *Redaktionssysteme* durchgesetzt, z.B. das Hermes-Redaktionssystem von Unisys oder Sigma-Link. Damit wird die Tätigkeit der Redakteure, die keine satzorientierten Fachkräfte sind, eng in die technische Fertigung eingebunden:
– Übernahme von Fremdtexten, z.B. von Nachrichtenagenturen,
– Schreiben und Redigieren eigener und fremder Texte mit Hilfe von Textbearbeitungsprogrammen mit Umfangsermittlung,
– Integration von Abbildungen in die Texte,
– Steuerung des Manuskriptflusses nach Prioritäten,
– Zusammenführung der redaktionellen Teile mit Anzeigen auf Zeitungsseiten,
– Automatische Überstellung bearbeiteter Texte und Bilder in ein elektronisches Archiv zur späteren Verwendung,
– Originalgetreue Ausgabe auf postscriptfähigen Laserdruckern oder Laserbelichtern.

Der Redakteur kann seine Artikel für den redaktionellen Teil auf seinem Erfassungsterminal erfassen oder von einer Schreibkraft erfassen lassen und mit einer Job-Nummer (s. S. 202) in den Zentralrechner eingeben. Agenturmeldungen können über die Leitungsnetze der TELEKOM direkt in den Rechner übertragen werden; auch diese erhalten eine Job-Nummer. Freie Mitarbeiter haben die Möglichkeit, ihre Texte auf Disketten erfaßt in der Redaktion abzuliefern. Zur Bearbeitung holt der Redakteur den gewünschten Beitrag seines Verantwortungsbereiches auf den Bildschirm, um ihn anschließend wieder ab-

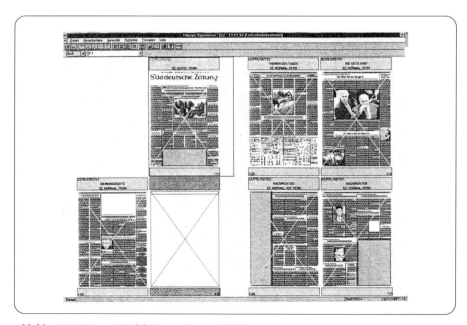

Abbildung 29: Hermes-Redaktionssystem von Unisys.

zuspeichern. Texte samt Headlines und Bilder werden dann vom Umbruchredakteur oder Umbruch-Montierer (Setzer) zu Zeitungs- und Zeitschriftenseiten, wie oben beschrieben, zusammengestellt.

In gleicher Weise werden von der Anzeigenabteilung die Texte direkt in den Rechner eingegeben. Standardisierte Kleinanzeigen werden unter Kennziffern automatisch nach Rubriken sortiert, z. B. Automarkt – Verkauf – Marke Opel – Typ Opel Vectra – Baujahr. Größeren Anzeigen werden Plazierungsvorschriften mitgegeben, z. B. rechte Seite oben – innerhalb Sonderveröffentlichung Urlaub/Reisen – Frankreich – Pauschalreisen.

Elektronische Redaktions- und Anzeigensysteme haben die Aufgabe, für Zeitschriften und Zeitungen Texte und Abbildungen zu erfassen, zu korrigieren und zu verwalten. Für die Arbeitsorganisation ist es wichtig, daß jeder Mitarbeiter in der Redaktion, der Anzeigenakquisition oder Anzeigenverwaltung für seinen Tätigkeitsbereich ständigen Zugriff auf seine gespeicherten Texte hat. Das ist gewährleistet, wenn alle Texte und Bilder als Daten zentral auf Festplatten für die Dauer der Bearbeitung gespeichert sind.

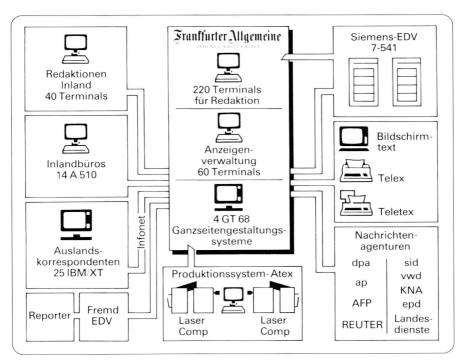

Abbildung 30: Schema des Datenflusses in dem Redaktions- und Anzeigensystem der „Frankfurter Allgemeinen Zeitung".

D. Die Datenmehrfachnutzung und Datenpflege

Alle bearbeiteten Daten können zur Vervielfältigung ausgegeben werden oder für eine spätere Verwendung auf externen Speichermedien im Satzbetrieb oder im Verlag aufbewahrt werden. Die Archivierung erfordert eine funktionale Organisation. Diese ist mit Verwaltungskosten verbunden.

Für größere Projekte bietet sich eine *Datenbank* an, in der als zentrales Archiv die Daten, z.B. Buchtexte oder Zeitschriftenartikel, nach Sachgebieten oder nach Kalenderzeiten in Datenfeldern eingeordnet und zur weiteren Verwendung aufgerufen, bearbeitet und neu sortiert werden können.

Für eine spätere Bearbeitung ist es notwendig, daß die Text- und Bilddaten als eigene Dateien (z.B. QuarkXpress) gespeichert werden. Geschlossene Dateien (z.B. Postscript) erlauben keine andere typographische Aufbereitung.

1. Die Datenmehrfachnutzung

Es gibt viele Anwendungsmöglichkeiten für eine mehrfache Nutzung. Im Verlagswesen können diese beispielsweise sein:
- Ausgabe von ganzen Buchtexte in neuer Typographie für Parallelausgaben wie Taschenbücher,
- Zusammenstellung von Texten und Bildern aus verschiedenen Ausgaben für eine neue Ausgabe wie Anthologien,
- Auszüge aus einem Gesamtverlagsverzeichnis nach bestimmten Titelgruppen wie Sachbücher, Autoren wie spanische Schriftsteller oder Preisgruppen wie Bücher unter DM 30,–,
- Auszüge aus einem umfangreichen Nachschlagewerk für eine Schülerausgabe.

2. Die Datenpflege

Hier steht im Vordergrund die Aktualisierung der Daten. Im Verlagswesen bieten sich dafür beispielsweise an:
- Aktualisierung von Verlagsverzeichnissen nach Titel und Preisen,
- Behebung von Setzfehlern und Austausch veralteter gegen neue Texte oder Bilder für eine Neuauflage.

Für die Datenpflege lassen sich Rechenprogramme und Programme aus der Textverarbeitung einsetzen.

E. Die Prüfung der Satzqualität

Hier geht es nicht um die Typographie, sondern um das Ergebnis der Belichtung. Der Bleisatz kann außer acht gelassen werden. Zunächst müssen die Filme frei von mechanischen Beschädigungen sein wie Kratzer, Knicke oder Einrisse. Gestrippte Filmteile müssen fest mit der Unterlage verbunden sein, dürfen sich nicht verschieben oder gar lösen. Für die Druckformenmontage werden genügend freie Ränder um die zu druckenden Stellen verlangt (s. S. 270f.). Für eine gute Druckwiedergabe müssen die Zeichen richtig geschwärzt sein.

F. Die Musiknotenherstellung

Die Geschichte des Musiknotendruckes beginnt bereits kurz nach der Erfindung des Buchdrucks. Die ältesten gedruckten Noten, wahrscheinlich mit beweglichen Holzstichen, werden auf 1473 datiert. Später wurden Metallzeichen benützt. Etwa 360 verschiedene Notenzeichen wurden für den Notensatz verwendet, die in riesigen Setzkästen eingeordnet lagern.

Gegen Ende des 16. Jahrhunderts wurden die Noten in Kupferplatten eingestochen. In der Mitte des 18. Jahrhunderts entwickelte sich der *Notenstich*. Der Notenstecher verwendet eine weiche, 1 1/2 mm starke Platte aus einer Legierung aus Zinn, Antimon und Blei, die die Größe des Notenblattes hat. Zunächst wird die Platte mit einem Zeichenspitz vermessen: Die Höheneinteilung der Notenlinien und die Seiteneinteilung mit der genauen Position der einzelnen Notenzeilen werden bestimmt. Das Notenbild liegt spiegelbildlich auf der Platte. Jetzt werden die Notenlinien mit dem fünfzackigen Stichel, dem Rastral, gezogen. Darauf werden zuerst die Stempel mit den unveränderlichen Zeichen wie Baß- und Violinschlüssel, Vorzeichen, Notenköpfe, Pausenzeichen u. ä. mit einem wohlgezielten Hammerschlag eingeschlagen. Erst dann fügt der Notenstecher die veränderlichen Zeichen wie Notenhälse und Bindungen hinzu. Der Auftraggeber erhält einen Abzug zur Überprüfung. Ist eine Korrektur notwendig, wird mit einem Stempel von der Rückseite der Platte das Metall nach oben getrieben und das richtige Zeichen eingeschlagen

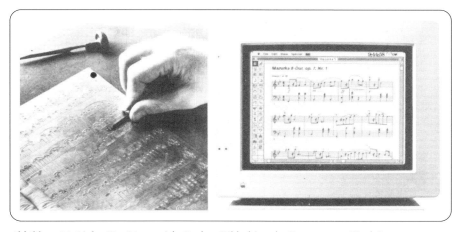

Abbildung 31: Links: Der Notenstich. Rechts: Bildschirm des Programms „Finale".

V. *Die Technik des Setzens*

bzw. eingestochen. Für den anschließenden Offsetdruck wird ein Barytabzug angefertigt, der verfilmt wird.

Der handwerkliche Notenstich wird kaum noch angewendet. Heute wird der Notensatz zunehmend auf PCs mit speziellen Computerprogrammen hergestellt und über den Plotter, den Laserdrucker oder ein Satzsystem ausgegeben. Die gesondert erfaßten Texte werden automatisch unter die Noten gestellt.

Das elektronische Kompositions- und Notendruckprogramm „Finale" ermöglicht die Eingabe mit der Maus und Makrobefehlen oder über die Klaviatur eines Key-Boards. Hinsichtlich der Darstellung von Noten bietet das Programm jede Möglichkeit. Es können beliebige Notenköpfe für einzelne Töne und alle Töne einer bestimmten Tonhöhe innerhalb eines Notensystems eingesetzt werden. Es lassen sich sogar Partiturformen bis zu 64 Notenlinien darstellen. Was auf dem Key-Board gespielt wird, wird sofort als Partitur auf dem Bildschirm sichtbar und steht zur Bearbeitung bereit. Das für „Apple Macintosh" konzipierte Programm ist mit Postscript ausdruckfähig.

VI. Die Satzkorrektur

Unter Korrektur (lat. Verbesserung oder Veränderung von Vorhandenem) wird im Zusammenhang dieses Buches die Berichtigung von Setzfehlern und nachträgliche Veränderungen des gesetzten Textes verstanden. Die Bildkorrektur wird auf der Seite 240 behandelt. Besonders weil sich Korrekturen *terminverzögernd* und *kostentreibend* auswirken, wird man sie zu vermeiden suchen. Kein Text – ob auf Papier geschrieben oder auf Disketten erfaßt – sollte in Satz gehen, bevor er vom Lektor bzw. Redakteur in Abstimmung mit dem Autor nach sachlichen, formalen, stilistischen und orthographischen Gesichtspunkten gründlich durchgearbeitet worden ist. Trotz gewissenhafter Satzvorbereitung lassen sich nachträgliche Korrekturen zwar nicht ganz vermeiden, doch erheblich minimieren.

Erfaßt und bearbeitet der Autor seinen Text auf dem PC, kann die Korrektur in die *Satzvorbereitung* vorgezogen werden. Damit werden die das Produkt belastenden Autorkorrekturen in ein Bearbeitungsstadium vorverlegt, ehe das Manuskript in den Satzbetrieb kommt, wo jede vom Setzer verursachte Änderung Kosten verursacht. Die zwingend notwendigen Änderungen können entweder vom Autor selbst auf seinem PC vorgenommen werden oder vom Lektor bzw. Redakteur, wenn er dafür einen PC zur Verfügung hat. In beiden Fällen erhalten alle an der Manuskriptbearbeitung Beteiligten einen neuen Ausdruck, um die Ausführung der Änderungen überprüfen zu können. Sind erneute Korrekturen notwendig, wiederholt sich dieser Vorgang so lange, bis der Text fehlerfrei ist. Es bleibt eine Sache der gegenseitigen Absprache, ob der Autor schon jetzt das Imprimatur erteilt.

Sind auf der Diskette auch typographische Befehle erfaßt, müssen diese vom Hersteller im Verlag oder Produktioner in der Werbeagentur während dieser Bearbeitungsphase sorgfältig geprüft werden.

Es kann in den meisten Fällen sofort auf Umbruch gesetzt werden, weil mit Textverschiebungen nicht zu rechnen ist. Das Lesen der Autorkorrektur des belichteten Textes wird sich im wesentlichen auf die Prüfung nach formalen Kriterien beschränken können, zu denen die Silbentrennungen, die Hurenkinder, Seitenverweise und die einheitliche Auszeichnung zählen. Viele der unter der Autorkorrektur genannten Änderungen im gesetzten Text entfallen daher.

A. Die Bedeutung der Korrekturen

Grundsätzlich wirken sich die Korrekturen auf den Satzpreis *verteuernd* und *terminverzögernd* aus. Außerdem können sie die Zusammenarbeit zwischen Autor, Verlag und Satzbetrieb trüben.

VI. Die Satzkorrektur

1. Die Korrekturarten

a) Die Korrektur von Setzfehlern

Mit der Erteilung eines Satzauftrages muß vom Auftraggeber mit dem Satzbetrieb vereinbart werden, ob der *Hauskorrektor* der Setzerei den gesetzten Text sorgfältig mit dem Manuskript und den Vorschriften der Satzanweisung vergleicht, bevor der Auftraggeber Laserprints zum Überprüfen erhält. Wird der Text vom Setzer nach einem Papiermanuskript erfaßt, wird sich die Textabgleichung und die Einhaltung des Satzauftrages im Hinblick auf die Typographie empfehlen. Wird der Text von externen Datenträgern, die der Auftraggeber liefert, im Satzsystem belichtet, kann in der Regel auf den Textvergleich verzichtet werden.

Auf eine Überprüfung in der Setzerei nach folgenden Kriterien sollte jedoch nicht verzichtet werden, auch wenn dafür ein Preisaufschlag erhoben werden sollte:
- Generelle Überprüfung der Typographie auf Satzbreite, Schriftart, Schriftgröße und Durchschuß.
- Prüfung der von den Programmen gesteuerten Satzoperationen wie die Silbentrennung.
- Prüfung von Rechenoperationen, die über die EDV des Satzbetriebes ausgeführt werden, in Stichproben, z.B. Aktualisierung von Preislisten.
- Prüfung anhand der den Datenträgern beigefügten Belegdrucke, ob der gesamte Datenbestand vollständig belichtet worden ist.

Es wird sich empfehlen, auch die Kosten für die Ausführung der Autorkorrekturen vor der Erteilung des Satzauftrages mit dem Satzbetrieb zu vereinbaren. Weil man den tatsächlichen Aufwand noch nicht weiß, wird man Stundensätze für folgende Arbeiten erfragen:
- Lesen der Hauskorrektur,
- Bildschirmarbeit,
- Belichtung auf Film bzw. Fotopapier oder Laserprints,
- Einstrippen von Filmteilen, z.B. Korrekturzeilen.

Der Auftraggeber muß später beim Überprüfen der Rechnung darauf achten, daß auf der Satzrechnung keine Setzfehler in Rechnung gestellt werden (s. S. 167).

b) Die Autorkorrektur

Diese Korrekturen umfassen alle *nachträglichen Veränderungen* gegenüber dem Manuskript und der Satzanweisung. Dazu gehören stilistische Veränderungen, Einfügen oder Streichungen von Textteilen, Änderung von Auszeichnungen u.ä.

Bei der Bewertung der Ursachen der Autorkorrekturen ist zu unterscheiden, ob diese
- auf mangelnde Sorgfalt bei der inhaltlichen Bearbeitung durch den Autor oder Lektor bzw. Redakteur,
- auf ungenaue typographische Angaben durch den Hersteller,

- auf mangelnde Sorgfalt der Texterfassung bei Manuskriptlieferung auf Disketten,
- auf zwingend notwendige nachträgliche Änderungen infolge geänderter Fakten,
- auf ästhetisch-typographischen Gründen, z.B. Behebung von schlechten Silbentrennungen,

beruhen. Die Autorkorrekturen werden dem Auftraggeber in Rechnung gestellt. Verlage versuchen sich daher gegen nachträgliche Änderungen des gesetzten Textes durch den Autor zu schützen.

Im §12 des Gesetzes über das Verlagsrecht heißt es: „Bis zur Beendigung der Vervielfältigung darf der Verfasser Änderungen an dem Werke vornehmen ... Nimmt der Verfasser nach dem Beginn der Vervielfältigung [Satzarbeiten] Änderungen vor, welche das übliche Maß übersteigen, so ist er verpflichtet, die hieraus entstehenden Kosten [dem Verlag] zu ersetzen; die Ersatzpflicht liegt nicht vor, wenn Umstände, die inzwischen eingetreten sind, die Änderung rechtfertigen."

Im Norm-Verlagsvertrag §8.2 heißt es dazu: „Nimmt der Autor Änderungen im fertigen Satz vor, so hat er die dadurch entstehenden Mehrkosten – berechnet nach dem Selbstkostenpreis des Verlages – insoweit zu tragen, als sie 10% der Satzkosten übersteigen."

Zu rechtfertigende Änderungen können sein: Neue Erkenntnisse technischer Prozesse, unvorhersehbare politische Umwälzungen u.ä. In der Praxis kann diese Klausel des Verlagsvertrages schwerlich dann angewendet werden, wenn es sich um für den Verlag wichtige Autoren handelt.

2. *Die Auswirkung der Korrekturen*

Im folgenden werden nur die Auswirkungen der *Autorkorrekturen* behandelt, weil diese die Satzkosten verteuern und die Herstellungszeit verlängern.

a) Die Auswirkung auf die Herstellungszeit

Jeder Auftraggeber wird sich darum bemühen, die Zahl der Korrekturläufe auf einen oder zwei zu beschränken. Verzögert sich die Herstellungszeit durch mehrmaligen Korrekturversand, durch immer wiederholtes Lesen, besteht die Gefahr, daß sich inzwischen Fakten ändern, die wiederum neue Korrekturen bedingen.

Die Satzzeit kann drastisch verkürzt werden, wenn die Korrektur in die Satzvorbereitung vorverlegt wird. Dazu bietet sich die Manuskripterfassung auf elektronischen Datenträgern an. Über die Technologie wird im II. Kapitel ausführlich geschrieben.

b) Die Auswirkung auf die Kosten

Die Autorkorrekturkosten gehören wie die Satzkosten zu den *Einmalkosten*. Als *auflagenfixe Kosten* wirken sie sich bei niedrigen Auflagen dominant auf

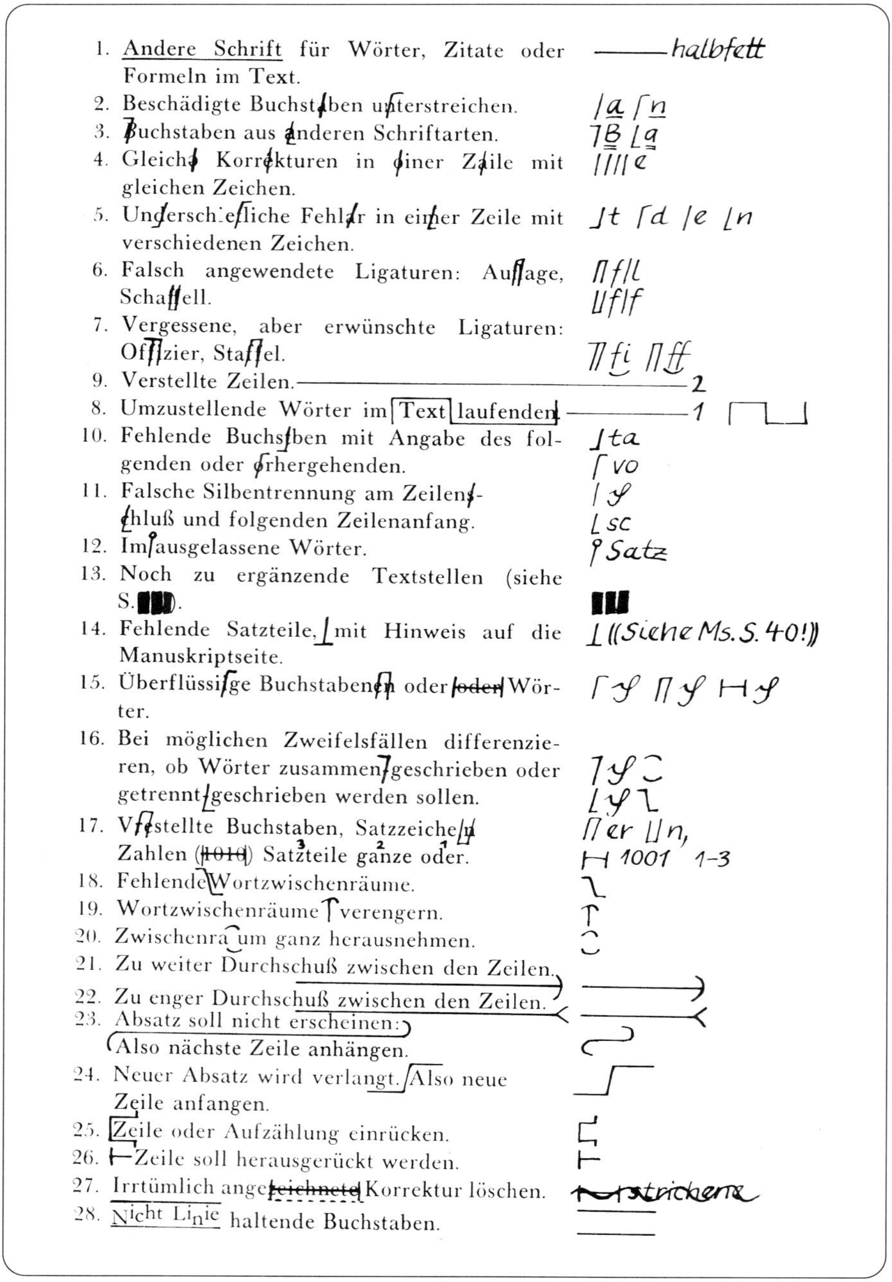

VI. Die Satzkorrektur

1. <u>Andere Schrift</u> für Wörter, Zitate oder Formeln im Text. ——— *halbfett*
2. Beschädigte Buchst⌊ben u⌐terstreichen. /a ⌈n
3. ⌐Buchstaben aus ⌐anderen Schriftarten. ⌐B ⌊a
4. Gleich⌐ Korr⌐kturen in ⌐iner Z⌐ile mit gleichen Zeichen. //// e
5. Un⌐ersch:e⌐liche Fehl⌐r in ei⌐er Zeile mit verschiedenen Zeichen. ⌊t ⌈d /e ⌊n
6. Falsch angewendete Ligaturen: Au⌐age, Scha⌐ell. ⌐f/l / ⌐f/f
7. Vergessene, aber erwünschte Ligaturen: Of⌐zier, Sta⌐el. ⌐fi ⌐ff
9. Verstellte Zeilen. ——————————————— 2
8. Umzustellende Wörter im ⌈Text⌉ ⌊laufenden⌋. ————— 1 ⌐⌐
10. Fehlende Buchs⌐ben mit Angabe des folgenden oder ⌐rhergehenden. ⌊ta / ⌈vo
11. Falsche Silbentrennung am Zeilen⌐⌐hluß und folgenden Zeilenanfang. / ⌐ʃ / ⌊sc
12. Im⌐ ausgelassene Wörter. ⌐Satz
13. Noch zu ergänzende Textstellen (siehe S.■■). ■■
14. Fehlende Satzteile,⌊mit Hinweis auf die Manuskriptseite. ⌊((Siehe Ms. S. 40!))
15. Überflüssi⌐ge Buchstabe⌐⌐ oder ~~oder~~ Wörter. ⌈ʃ ⌐ʃ ⌐ʃ
16. Bei möglichen Zweifelsfällen differenzieren, ob Wörter zusammen⌐geschrieben oder getrennt⌐geschrieben werden sollen. ⌐ʃ⌐ / ⌊ʃ⌊
17. V⌐⌐stellte Buchstaben, Satzzeiche⌐⌐ Zahlen (~~1010~~) Satzteile gänze² oder¹. ⌐er ⌐n, ⌐ 1001 1-3
18. Fehlende⌐Wortzwischenräume.
19. Wortzwischenräume⌐verengern. ⌐
20. Zwischenra⌐um ganz herausnehmen. ⌐
21. Zu weiter Durchschuß zwischen den Zeilen. ⌐
22. Zu enger Durchschuß zwischen den Zeilen. ⌐
23. <u>Absatz soll nicht erscheinen:⌐</u> <u>⌐Also nächste Zeile anhängen.</u> ⌐
24. Neuer Absatz wird verlangt./Also neue Zeile anfangen. ⌐
25. ⌐Zeile oder Aufzählung einrücken. ⌐
26. ⌐Zeile soll herausgerückt werden. ⌐
27. Irrtümlich ange~~zeichnete~~ Korrektur löschen. ~~stricheene~~
28. <u>Nicht Linie</u> haltende Buchstaben. ———

Abbildung 1: Die wichtigsten Korrekturzeichen nach der DIN-NORM 16511.

den kostendeckenden Ladenpreis aus (s. S. 34f.). Der Satzpreis läßt sich bereits in der Vorkalkulation aufgrund von Angeboten oder Vergleichspreisen ziemlich genau einsetzen. Die Autorkorrekturkosten hingegen können nur mit einem bestimmten Prozentsatz vom Satzpreis geschätzt werden, sie bleiben daher ein Risikofaktor in der Vorkalkulation. Es muß bei der Beurteilung der Kosten berücksichtigt werden, daß bei Fremddatenübernahme, die einen niedrigen Satzpreis ermöglicht, die Autorkorrekturkosten in einem überproportionalen Verhältnis zum Satzpreis stehen, denn die Korrekturen müssen mit teilweise hohem Zeitaufwand manuell auf dem Bildschirm ausgeführt werden. Eine spezielle Kostenanalyse ist im II. Kapitel beschrieben.

Es muß unabhängig von der Auswirkung der Autorkorrekturen auf das einzelne Produkt darauf gesehen werden, daß es für ein Unternehmen von Bedeutung ist, die Summe der vermeidbaren Fixkosten, zu denen die Autorkorrekturen gehören, für alle Produkte zu drosseln. Das bedeutet, daß auch Autorkorrekturen für ein Druckwerk in hoher Auflage zu vermeiden sind.

B. Die Arbeit des Korrigierens

1. *Die Korrektoren*

Der gesetzte Text wird vom *Hauskorrektor* des Satzbetriebes, vom *Lektor bzw. Redakteur* im Verlag und vom *Autor* zur Korrektur gelesen. Der *Hersteller* prüft die Einhaltung seiner Anweisung für die Typographie. Berichtigungen werden unter Verwendung der gebräuchlichen Korrekturzeichen der DIN-NORM 16511 „Korrekturzeichen für Texte" angezeichnet. Diese sind auch im DUDEN abgedruckt. Die Eintragungen sind zweifelsfrei vorzunehmen, damit nicht neue Fehler auftreten können. Bei mehreren Korrekturen innerhalb einer Zeile sind unterschiedliche Korrekturzeichen anzuwenden. Bei umfangreichen Korrekturen kann es mitunter besser sein, den entsprechenden Abschnitt für den Setzer neu zu schreiben. Es empfiehlt sich, Setzfehler und Autorkorrekturen mit verschiedenen Farbstiften zu markieren.

Beim *Zeitungssatz* wird häufig aus Zeit- und Kostengründen auf das exakte Korrekturlesen verzichtet. Ausgenommen sind Sonderveröffentlichungen. Man begnügt sich mit dem flüchtigen Überfliegen des gesetzten Textes. Anzeigentexte hingegen erfordern immer eine genaue Überprüfung, um kostspielige Regreßansprüche zu vermeiden.

a) Lesen der Korrektur im Satzbetrieb

Vom Hauskorrektor des Satzbetriebes kann die Überprüfung des gesetzten Textes nach den Kriterien vorausgesetzt werden, die auf den Seiten 197ff. aufgezählt werden.

VI. Die Satzkorrektur

b) Lesen der Korrektur im Verlag

Der Lektor bzw. der Redakteur wird den gesetzten Text mit dem Manuskript vergleichen. Besondere Sorgfalt wird er auf die Rechtschreibung, die Silbentrennungen, die Gliederung, die Fußnotenzuordnung, den Formelaufbau, die Tabellen und die Sonderzeichen verwenden. Der Hersteller wird den formalen Aufbau des gesetzten Textes überprüfen, wie er für den Hauskorrektor beschrieben worden ist.

c) Lesen der Korrektur vom Autor

Im Gesetz über das Verlagsrecht §20 heißt es: „Der Verleger hat für die Korrektur zu sorgen. Einen Abzug hat er rechtzeitig dem Verfasser [Autor] zur Durchsicht vorzulegen. Der Abzug gilt als genehmigt, wenn der Verfasser ihn nicht binnen einer angemessenen Frist dem Verleger gegenüber beanstandet."

Dazu ergänzend führt der Norm-Verlagsvertrag aus, daß die Abzüge vom Autor „honorarfrei" korrigiert und mit dem Vermerk „druckfertig …" zurückzusenden sind. Erfüllt der Autor seine Korrekturverpflichtungen nicht, so kann vom Verlag ein Dritter zum Korrekturlesen hinzugezogen werden.

Der Autor liest nach den Richtlinien, die auch für den Lektor gelten.

2. Die Ausführung der Korrekturen

Um die Ausführung der Korrekturen beurteilen zu können, sind für den Korrigierenden Grundkenntnisse der Satzverfahren nützlich. Es empfiehlt sich, daß der Lektor oder der Hersteller den Autor über die Korrekturmöglichkeiten des gewählten Satzverfahrens informiert.

a) Im DTP-Satz

Einfügen, Löschen und Überschreiben werden über den Bildschirm ausgeführt, ohne den übrigen Text zu verändern. Neue Fehler können in diesen Teilen daher nicht auftreten. Aber es ist möglich, daß Berichtigungen fehlerhaft eingegeben werden. Ändert sich der Zeilenlauf, muß die Silbentrennung bis zum Ende des Absatzes kontrolliert werden.

Im Interesse der späteren Weiterverarbeitung müssen alle Korrekturen vor der Ausgabe auf Film ausgeführt werden, um das Einstrippen von Korrekturzeilen in den Film zu vermeiden. Das Einstrippen ist teure Handarbeit und kann wiederum eine Quelle neuer Fehler sein, z.B. falsches Einstrippen, Abplatzen von Filmteilen usw. In der Regel wird es preiswerter sein, die ganze Seite neu zu belichten.

b) Elektronische Korrekturprogramme

Diese Programme werden eingesetzt, um falsche (z.B. Retorik statt Rhetorik) oder unterschiedliche Schreibweisen (z.B. Symphonie, Sinfonie) im Manuskript und typographische Unsauberkeiten vor der Zeilenbildung im Satz-

> Unter das Linden auf und ab zu wandeln, mag ja sonst ganz angenehm sein, nur nicht in der Silvesternacht bei richtigen Frost und Schneegestöber. Das fühlte ich Barköpfiger und Unbemäntelter doch zuletzt, als durch die Fieberglut Eisschauer fuhren. Fort ging es über die Opernbrücke, bei dem Schlosse vorüber – ich bog ein, ging über libe Schleusenbrücke bei der Münze vorbei. – Ich war in der Jägerstraße dicht am „Thiemannschen Laden". Da brannten freundliche Lichter in den Zimmern; schon wollte ich hinein, weil zu sehr mich fror und ich nach
>
> ⊓ den
> ⊢⌐ (= deleatur lat. es werde getilgt)
> ⊔ ⌐
>
> 1. Belichtung
>
> Unter den Linden auf und ab zu wandeln, mag ja sonst ganz angenehm sein, nur nicht in der Silvesternacht bei Frost und Schneegestöber. Das fühlte ich Barköpfiger und Unbemäntelter doch zuletzt, als durch die Fieberglut Eisschauer fuhren. Fort ging es über die Opernbrücke, bei dem Schlosse vorüber – ich bog ein, ging über die Schleusenbrücke bei der Münze vorbei. – Ich war in der Jägerstraße dicht am weithin bekannten „Thiemannschen Laden". Da brannten freundliche Lichter in den Zimmern; schon wollte ich hinein, weil zu sehr mich fror und ich
>
> 2. Belichtung zur Imprimatur

Abbildung 2: Korrekturen in 2. Belichtung zur Imprimatur.

system von vornherein zu vermeiden. Sie arbeiten mit Wörterbuch-Datenbanken oder Abgleichverfahren (s. S. 180). Mit diesen Programmen können Autorkorrekturkosten wesentlich gesenkt werden.

C. Der Ablauf der Korrekturen

1. Der Fahnenlauf

Vom fortlaufend gesetzten Text werden dem Verlag vom Satzbetrieb Fahnen zur Korrektur gegeben: Belichtungen auf Fotopapier oder Laserprints vom Fotosatz. Zuvor werden diese in der Regel vom Hauskorrektor im Satzbetrieb überprüft (s. S. 192). Die Texthöhe entspricht noch nicht der Satzspiegelhöhe, nur die Zeilenbreite liegt fest. Aus Kostengründen wird der Auftraggeber den Fahnenlauf zu vermeiden suchen und gleich den Umbruch anstreben. Das setzt ein einwandfreies Manuskript und bei kompliziertem Seitenaufbau (z.B. Texte mit zahlreichen Tabellen, Abbildungen oder Formeln) ein Layout voraus. Außerdem muß die Gewähr gegeben sein, daß keine umfangverändernden Autorkorrekturen zu erwarten sind, die den Seitenaufbau verändern.
  Der Lektor bzw. der Redakteur schickt die Fahnen zusammen mit dem Manuskript dem Autor zum Korrekturlesen zu und liest parallel ebenfalls die Korrektur. Die Korrekturen des Autors und die des Verlages werden in ein Exemplar übertragen, das der Setzer zum Ausführen der Korrekturen erhält. Bei der Fahnenkorrektur muß auf folgende Punkte geachtet werden:
– Übereinstimmung des gesetzten Textes mit dem Manuskript,
– orthographisch richtige und verständnisfreundliche Silbentrennungen,
– einheitliche Schreibweise von Zahlenangaben, Formeln, Abkürzungen u.ä.,

VI. Die Satzkorrektur

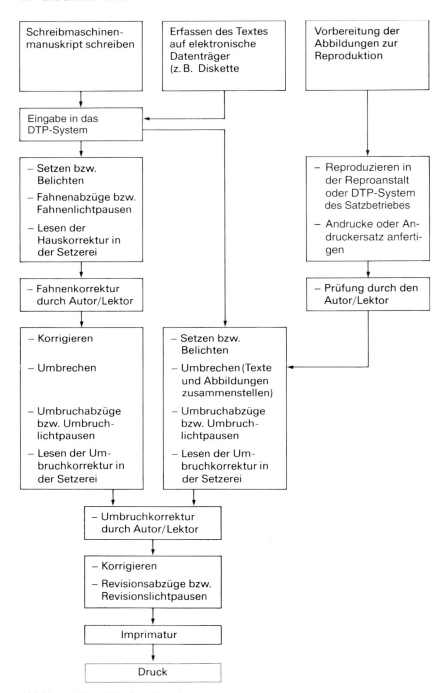

Abbildung 3: Der Ablauf der Korrekturen.

– einheitliche Gestaltung der Überschriften nach dem hierarchischen Prinzip,
– vollständige und richtige Fußnotenhinweise,
– einheitliche Auszeichnungen durch das ganze Werk hindurch.

Dieser Kriterienkatalog kann nach dem Aufbau des Druckwerkes individuell ausgebaut werden. Die Praxis lehrt, sich die zu prüfenden Kriterien vor dem Korrekturlesen aufzuschreiben. Die Überprüfung sollte schrittweise vorgenommen werden, z.B. 1. Textvergleich, 2. Überschriften kontrollieren usw.

Das überprüfte Fahnenexemplar erhält der Hersteller, um die Ausführung der typographischen Anweisungen zu kontrollieren und die Angaben für den Umbruch zusammenzustellen.

2. *Der Umbruch*

Dem Satzbetrieb werden mit der Fahnenkorrektur die Anweisungen für den Umbruch mitgeteilt – und bei schwierigem Seitenaufbau ein Layout beigelegt –, soweit diese Angaben nicht schon Bestand des Satzauftrages sind.

Unter Umbruch versteht man das Zusammenstellen des fortlaufend gesetzten Textes zu Buchseiten. Seitenzahlen, lebende Kolumnentitel oder Margina-

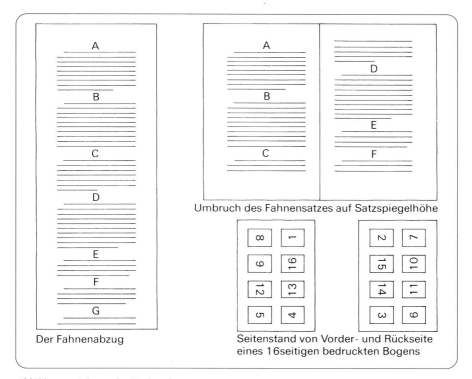

Abbildung 4: Schema des Umbruchs.

lien werden ergänzt. Fußnoten werden den betreffenden Verweisen im Text am Fuß der Seite zugeordnet, Seitenverweise präzise genannt, Abbildungen und Bildunterschriften standrichtig eingefügt.
Die Umbruchangaben umfassen:
- Reihenfolge der Buchteile, Kapitel und Beiträge,
- genaue Placierungsangaben für die Abbildungen und Bildunterschriften, Fußnoten, Marginalien, Tabellen, Formeln u.ä.,
- Vorschriften für den lebenden Kolumnentitel.
Auch diese Angaben können nach Bedarf erweitert werden.
Bei schwierigem Seitenaufbau, z.B. Buchseiten mit zahlreichen Abbildungen, die genau bestimmten Textstellen zugeordnet werden müssen, kann ein Layout im Verlag angefertigt werden.
Alle DTP-Systeme bieten bereits interaktive *Umbruchprogramme* an. Interaktiv heißt in diesem Zusammenhang, daß die Seite auf dem Bildschirm dargestellt wird und mit der Tastatur oder auf dem graphischen Tablett mit der Maus korrigiert bzw. verändert werden kann.
- Festlegung und Gestaltung lebender Kolumnentitel,
- Festlegung und Gestaltung der Fußnoten,
- Definition textfreier Flächen für einzufügende Bilder,
- Definition und Gestaltungsformen für Überschriften,
- Sonderfälle wie Vermeidung von Hurenkindern.
Ähnliche Programme sind im Zeitungs- und Zeitschriftenbereich im Einsatz.

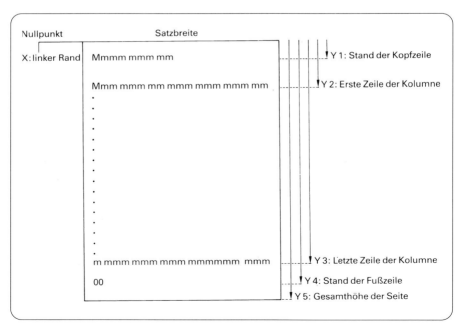

Abbildung 5: Schema für ein einfaches Umbruch-Programm.

C. Der Ablauf der Korrekturen

Wie ein solches Programm arbeitet, soll am Beispiel der Hurenkind-Automatik demonstriert werden. Es gibt zwei Möglichkeiten: Austreiben einer zusätzlichen Zeile oder Kürzung einer Zeile innerhalb eines Absatzes. Das kann durch eine Verbreiterung oder Verringerung der Wortzwischenräume innerhalb eines definierten Minimal-/Maximalwertes als Toleranzwert (s. S. 181) für Wortzwischenräume geschehen. Der Rechenweg lautet:

$$\frac{\text{Summe aller Wortzwischenräume} + \text{Restlänge der auslaufenden Zeile eines Absatzes}}{\text{Anzahl der Wortzwischenräume}} = \text{Minimaler Wortzwischenraum}$$

Das Programm entscheidet, ob innerhalb des Absatzes die Wortzwischenräume zu verringern oder zu erweitern sind. Das kann über mehrere Seiten rückwärts erfolgen. Gibt es die Möglichkeit nicht, wird ein zweiter Absatz abgefragt usw. Kommt es zu keinem Ergebnis, wird das Hurenkind am Fuß der Seite außerhalb des Satzspiegels gestellt (s. Abbildung 7). Zu dessen Beseitigung muß der Korrigierende eine Zeile kürzen. Das mehrfache Durchrechnen der Seiten beansprucht hohe Rechnerkapazität und verlangsamt die Umbruchgeschwindigkeit. Zur Vermeidung dieser langen und teuren Rechnerzeiten und nachträglicher Korrektur kann vor der Belichtung auf den teuren Film ein Blinddurchlauf auf Papier gestartet werden, der alle Konfliktfälle auflistet, die vom Programm nicht behoben werden können. Lektor bzw. Hersteller müssen korrigierend eingreifen.

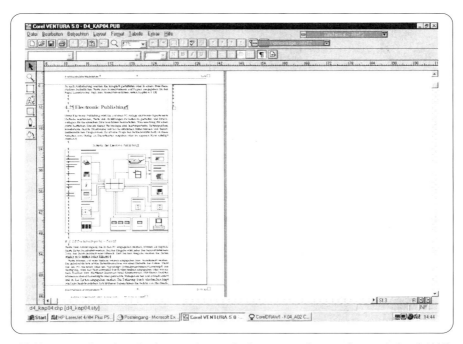

Abbildung 6: Aufbau des Seitenlayouts einer Buchseite aus Grundtext, Kolumnentitel und Abbildung in Blockdefinition auf dem Bildschirm.

VI. Die Satzkorrektur

Im Zeitungsverlag kann der Redakteur auf seinem Erfassungsgerät Texte schreiben und anhand des von dem Rechner errechneten Textumfanges genau an der gewünschten Stelle der Seite placieren. Ihm stehen festgesetzte typographische Gestaltungsraster zur Verfügung, die als Makrobefehle gespeichert sind, wie Spaltenbreite, Spaltenanzahl einer Seite, Seitenhöhe, Schriftgrößen, Überschriften u.ä. (s. S. 186). In dem Aufriß der Zeitungsseite werden die ungefähren Räume für Texte und Bilder festgelegt. Jeder Artikel wird mit einer Job-Nummer – der Artikelziffer und der Seitenziffer – gleich beim Schreiben versehen, z.B. Artikel 4 auf der Seite 3. Nach dem Redaktionsschluß, wenn alle Artikel und deren Zuordnung auf der Zeitungsseite definitiv feststehen, werden die genauen Parameter für den Umbruch angegeben:
– In welcher Spalte beginnt der Artikel?
– Zwischen welchen Artikeln steht er?
– In wie viele Spalten soll umbrochen werden?
Kennziffer und Parameter sind die Vorgaben für den Umbruch, für den es spezielle Programme gibt.

Bevor die Artikel zum Umbruch geschickt werden, wird der Redakteur das Verzeichnis aller Artikel einer Seite auf seinen Bildschirm rufen und sehen, wie viele Spaltenmillimeter seine Texte einnehmen. Er kann also überprüfen, ob die Textmenge nach dem vorgegebenen typographischen Rahmen den Umbruch möglich macht. Ist dem System ein Gestaltungsbildschirm angeschlossen, kann die Zeitungsseite auf ihm so dargestellt werden, wie sie später der Leser zu sehen bekommt (s. S. 186). Soll ein Artikel durch einen anderen ersetzt werden, werden die Kennziffern des alten dem neuen Artikel zugeteilt. Artikel können zudem mit einem Fadenkreuz-Cursor an andere Stellen übertragen, ausgetrieben oder zusammengedrückt werden.

Nach der Ausführung der Korrekturen und der Umbrucharbeiten erhält der Verlag – ausgenommen im Zeitungsbereich – Umbruchabzüge bzw. Belichtungen auf Fotopapier oder Laserprints. Sorgfältig wird kontrolliert, ob die Korrekturen richtig ausgeführt worden sind und ob die typographischen Vorgaben stimmen.

Der Autor erhält nur auf ausdrücklichen Wunsch den Umbruch zur Kontrolle. Es gehört zu den Aufgaben des Lektors bzw. Redakteurs, den Inhalt, und zu den Aufgaben des Herstellers, die Typographie zu prüfen. In diesem Stadium sind alle Textänderungen zu vermeiden, die den Zeilenlauf verändern und damit einen Neuumbruch notwendig machen.

Bei der Prüfung ist neben dem Textvergleich auf folgendes zu achten:
– Silbentrennungen derjenigen Absätze, die durch den vorangegangenen Korrekturlauf im Zeilenlauf verändert worden sind,
– Hurenkinder und evtl. Schusterjungen,
– Seitenverweise,
– lebende Kolumnentitel und Marginalien,
– Fußnotenzuordnung,

D. Der Revisionslauf

> Dieses „erste holzhaltige Papier in handelsüblicher Formatgröße" wurde in einer Hainichener Kattundruckerei auf einem Kalander geglättet und der hiervon zum Beschreiben bestimmte Teil bei dem Verleger des Hainichener Wochenblattes Adam mit Tierleim getränkt. Adam, der an dieser Entwicklung sehr interessiert war, regte auch an, einen Versuch zu unternehmen, ob dieses Papier „sich wohl auch zum Drucken eignen würde". Er wandte sich an die Druckerei von Rossberg im benachbarten Frankenberg, in der damals das von ihm herausgegebene Publikationsorgan gedruckt wurde. Als dieses Papier für den Druck einer Reihe von Exemplaren der Nummer 41 des „Intelligenz- und Wochenblattes für Frankenberg mit Sachsenburg und Umgebung" vom 11. Oktober 1845 verwendet wurde, handelte es sich um die erste vornehmlich aus Holzschliff hergestellte Zeitung der Welt. 55

> Dieses „erste holzhaltige Papier in handelsüblicher Formatgröße" wurde in einer Hainichener Kattundruckerei auf einem Kalander geglättet und der hiervon zum Beschreiben bestimmte Teil bei dem Verleger des Hainichener Wochenblattes Adam mit Tierleim getränkt. Adam, der an dieser Entwicklung sehr interessiert war, regte auch an, einen Versuch zu unternehmen, ob dieses Papier „sich wohl auch zum Drucken eignen würde". Er wandte sich an die Druckerei von Rossberg im benachbarten Frankenberg, in der damals das von ihm herausgegebene Publikationsorgan gedruckt wurde. Als dieses Papier für den Druck einer Reihe von Exemplaren der Nummer 41 des „Intelligenz- und Wochenblattes für Frankenberg mit Sachsenburg und Umgebung" vom 11. Oktober 1845 verwendet wurde, handelte es sich um die erste vornehmlich aus Holzschliff hergestellte Zeitung der Welt.

Abbildung 7: Oben: Freigestelltes Hurenkind. Unten: Das Hurenkind wurde vom Programm durch Veränderung der Wortabstände im dritten Absatz von unten eingebracht.

– einheitliche Satzspiegelhöhe,
– vorschriftsmäßiger Stand der Abbildungen und Legenden.
Weil jetzt die genauen Seitenzahlen festliegen, können die Blockaden aufgelöst und das Inhaltsverzeichnis und das Register zusammengestellt werden.

D. Der Revisionslauf

Waren im Umbruch noch zahlreiche Korrekturen auszuführen, so empfiehlt sich ein zusätzlicher Korrekturlauf. Der Verlag erhält dazu Abzüge bzw. Belichtungen auf Fotopapier oder Laserprints, um die Ausführung der Korrekturen überprüfen zu können.

Sind alle Seiten fehlerfrei, erteilt der Lektor bzw. der Redakteur im Auftrag des Autors das Imprimatur (lat. es darf gedruckt werden) mit Datum und Unterschrift. Nach dem Verlagsvertrag werden durch den Vermerk „druckfertig" auch etwaige Abweichungen vom Manuskript vom Auftraggeber genehmigt. Der Setzer ist damit aus der Haftung für Fehler entlassen.

Im Buchverlag werden die Korrekturunterlagen sorgfältig aufbewahrt. Sie dienen zum Nachweis der Korrekturabläufe, falls es zu Reklamationen kommt.

VII. Die Technik der Bildreproduktion

Unter Reproduktion (lat. Wiedergabe) versteht man im graphischen Gewerbe die Herstellung der Druckformen zur Wiedergabe und Vervielfältigung von Bildern mannigfaltiger Art. Bediente man sich in früheren Jahrhunderten handwerklicher Techniken zur Herstellung von Druckformen, so werden diese heute in Reproduktionsanstalten mit Hilfe der Reproduktionsfotographie in der Kamera, mit einem elektronisch gesteuerten Scanner oder mit der DTP-Technik angefertigt. Immer mehr bieten Firmen im Bereich der Druckstufenvorbereitung Reproduktionsleistungen zusammen mit Satzleistungen an. Besonders bei reich illustrierten Printwerken werden Satz- und Reproarbeiten getrennt ausgeführt und erst nach deren Abschluß elektronisch mit der DTP-Technik zu Seiten zusammengefügt. In der DIN-NORM 16 544 „Begriffe der Reproduktionstechnik im graphischen Gewerbe" werden die Fachbegriffe verständlich erklärt.

Bilder haben zu allen Zeiten auf den Menschen einen starken Reiz zur Weckung der Aufmerksamkeit ausgeübt. Prähistorische Höhlenzeichnungen (vgl. S. 77) geben davon früheste Kunde. Im Wettbewerb mit dem Fernsehen und der damit verbundenen Videoaufzeichnung sowie dem Kinofilm werden auch Bücher, Zeitschriften und Tageszeitungen immer umfangreicher und vor allem auch bunter illustriert.

Traditionelle künstlerische Techniken und hochmoderne elektronische Computergraphik bieten dem Typographen mannigfaltige Möglichkeiten zur Illustration seiner Werke. Nur wer sich Wissen über alle Formen der Bildwiedergabe aneignet, kann diese werkbezogen wirksam und kostengünstig in Printmedien einsetzen. Es sollen jedoch Schrift und Bild in einem harmonischen Verhältnis zueinander stehen, um sich gegenseitig zu ergänzen, nicht aber zu erdrücken.

A. Die Geschichte der Bildreproduktion

Die Geschichte der Bildreproduktion beginnt mit den manuellen, d.h. mit den von Hand angefertigten Druckelementen für die einzelnen Druckverfahren. Diese werden auch *autographische* (griech. selbst gezeichnet) *Druckvorlagen* genannt. Heute werden diese Druckerzeugnisse im Kunsthandel als Original- oder Druckgraphiken angeboten. Grundsätzlich sollte bei ihnen der Künstler selbst an der Herstellung des Druckelementes mitgewirkt haben. Allen manuellen Druckelementen ist gemeinsam, daß die Druckqualität mit jedem Druckgang abnimmt. Die ersten Drucke kommen der Vorstellung des Künstlers am nächsten und sind daher die kostbarsten. Um den Preis hochzuhalten und Interessenten zum Kauf einer wertvollen Graphik anzuregen, ist die Auflage streng limitiert, die Druckelemente werden häufig nach dem

VII. Die Technik der Bildreproduktion

Abbildung 1: Oben links: Holzschnitt von Ernst Ludwig Kirchner „Baum im Gebirge" (Ausschnitt), 1920. Oben rechts: Kupferstich von Chochin aus Lukrez, Della Natura, 1754. Rechte Seite links: Lithographie von Honoré Daumier, Liberté de la presse, 1834. Rechts: Serigraphie von Andy Warhol, Franz Kafka, 1980. – Unter den Bildern ist die Technik dargestellt.

Druck vernichtet, um marktverderbende Nachdrucke unmöglich zu machen. Die Drucke zeigen neben der handschriftlichen Signatur des Künstlers die Angabe über die Nummer des Druckes und die Höhe der Auflage, z.B. 5/100 bedeutet der 5. Druck von 100 Drucken.

Weil Graphiken auch in Buchhandlungen zum Verkauf angeboten und zur Illustration von Druckwerken verwendet werden, sollen die gebräuchlichsten Techniken in Grundzügen dargestellt werden.

1. Manuelle Verfahren für den Hochdruck

Das älteste Verfahren zur Herstellung eines Druckelementes ist der *Holzschnitt*. Die ersten uns bekannten Holzschnitte wurden im 9. Jahrhundert n. Chr. in China hergestellt. 1338 wird in Ulm ein Formenschneider genannt. Die ersten in Europa datierten Holzschnitte sind ein in Brüssel aufbewahrtes Marienbild von 1418 und ein Christophorus von 1423 in Manchester. Der Holzschnitt ist die verbreitetste Illustrationstechnik der Frühdruckzeit, der

A. Die Geschichte der Bildreproduktion

bis in die Zeit Gutenbergs zurückgeht (s. S. 253 ff.). Waren Holzschnitte zunächst billiger Ersatz für Handzeichnungen, so entwickelten sie sich später zur eigenen künstlerischen Ausdrucksform. Nach einer Zeit des Niedergangs im 19. Jahrhundert haben im 20. Jahrhundert namhafte Künstler dem Holzschnitt neue Ausdrucksformen gegeben, so die Künstlergemeinschaft „Die Brücke" und HAP Grieshaber.

Für den Holzschnitt werden die nicht druckenden Teile der Zeichnung spiegelbildlich mit dem Schneidemesser aus einer Holzplatte herausgeschnitten. Die hochstehenden Teile der Holzplatte mit der Abbildung werden eingefärbt und in der Presse auf Papier gedruckt.

Beim *Holzstich*, der *Xylographie* (griech. in Holz geschrieben), werden hingegen feinste Linien mit Sticheln in Hirnholz (z. B. Buchsbaum) eingegraben, um dem Bild eine fotoähnliche Wirkung zu geben. Er ist dem Tiefdruck zuzuordnen. Die Xylographie kam 1770 in England auf und war viele Jahrzehnte lang vor der Verwendung der Fotografie die übliche Buch- und Zeitungsillustrationsform. Heute ist sie kaum noch gebräuchlich.

VII. Die Technik der Bildreproduktion

Nach dem Prinzip des Holzschnittes können Bilder in Linolplatten für den *Linolschnitt* oder Bleiplatten für den *Bleischnitt* geschnitten werden. Auch der *Materialdruck* zählt zu den Hochdruckverfahren: Textilien, Drahtgewebe, Holzteile u. ä. werden eingefärbt und auf voluminöses Papier gedruckt, häufig dabei auch stark eingeprägt (Reliefdruck).

Alle Schnitte können einfarbig oder mehrfarbig angelegt sein. Für jede Farbe wird ein eigenes Druckelement benötigt.

2. Manuelle Verfahren für den Tiefdruck

Das älteste Verfahren ist der *Kupferstich*, 1446 zum ersten Male als Druck nachgewiesen. Doch beschreibt bereits am Anfang des 12. Jahrhunderts n. Chr. ein Theophilos Presbyter dieses Verfahren. Albrecht Dürer und Martin Schongauer führten den Kupferstich in kurzer Zeit zur höchsten Blüte. Für den Kupferstich werden die druckenden Teile spiegelbildlich mit Grabsticheln in eine blankpolierte Kupferplatte eingestochen. Die sich beim Stechen aufwölbenden Grate müssen entfernt werden. Typisch für den Kupferstich sind ab- und anschwellende Linienformen. Die Druckfarbe wird in die Vertiefungen gebracht, anschließend wird die Platte von überstehender Farbe gesäubert. Unter Druck wird die Farbe in der Presse auf angefeuchtetes Papier gepreßt. Von einer Platte können bis zu 400 Drucke angefertigt werden.

Dem Kupferstich verwandt ist der *Stahlstich*. Statt der Kupferplatte wird eine Stahlplatte verwendet. Dadurch wird ein tiefprägender Druck mit erhöhtem Farbauftrag in hohen Auflagen möglich, z. B. für den Wertpapier- und Briefmarkendruck.

Zu den Tiefdruckverfahren gehört auch die *Radierung*. Diese Technik kam um 1480 in Amsterdam auf und fand im Barockzeitalter ihren ersten künstlerischen Höhepunkt. Im 20. Jahrhundert arbeiten Künstler wie Salvador Dalí, Marc Chagall und Horst Janssen mit dieser Technik. Auf die blanke Kupfer- oder Zinkplatte wird eine säurebeständige Schicht aus Wachs, Asphalt und Harz aufgetragen. Die zu druckende Zeichnung wird mit einer spitzen stählernen kalten Radiernadel (daher Kaltnadelradierung) in den weichen Ätzgrund eingeritzt, ohne das Metall zu verletzen. Die Nadel kann vom Künstler frei wie ein Zeichenstift geführt werden. Im Säurebad werden die von der Nadel freigelegten Teile in die Platte vertieft eingeätzt. Der Ätzprozeß wird mehrfach unterbrochen, um die Bildlinien unterschiedlich tief ätzen zu können, damit der Abdruck ein vielfach abgestuftes Farbrelief bekommt. Der Druckvorgang ist dem Tiefdruck gleich.

Aquatinta, der Radierung ähnlich, erlaubt die Wiedergabe von Halbtönen im flächigen Druck. Dieses Verfahren ist seit der Mitte des 18. Jahrhunderts bekannt. Francisco de Goya, Pablo Picasso und Joan Mirò haben mit dieser Technik gearbeitet. Über die in eine Kupferplatte eingeritzte Zeichnung wird Kolophoniumstaub aufgestäubt und angeschmolzen. Mit einem Pinsel – daher auch der Name Pinselätzung – kann das Anschmelzen des Staubes und damit die Wiedergabe der Zeichnung beeinflußt werden. Im sich anschließenden Säurebad frißt sich die Säure um die feinen Körnchen herum in die Metallplatte. Die in diese feinen Vertiefungen gebrachte Farbe läßt beim Druck den Eindruck echter Halbtöne ohne Rasterpunkte entstehen.

3. *Manuelle Verfahren für den Flachdruck*

Der *Steindruck* oder die *Lithographie* (griech. auf Stein schreiben) wurde 1797/1798 von Aloys Senefelder erfunden. Die ersten künstlerisch herausgenden Lithographien gestalteten Honoré Daumier, Eugène Delacroix und Henri de Toulouse-Lautrec.

Für den Steindruck werden beidseitig plangeschliffene Solnhofer Kalksteinplatten (Kalkschiefer) oder – in späterer Zeit – aufgerauhte Zink- und Aluminiumplatten benutzt. Das feinporige Material vermag Fett und Wasser aufzunehmen. Die zu druckende Zeichnung wird mit Fettusche mit einem Pinsel (Pinsel-Lithographie), einer Feder (Feder-Lithographie) oder mit Fettkreide (Kreide-Lithographie) spiegelverkehrt auf den Stein aufgetragen. Teile, die blank bleiben sollen, d.h. nicht drucken, werden mit Gummi arabicum gegen Fett geschützt. Wird der Stein angefeuchtet und eingefärbt, haftet die fetthaltige Druckfarbe auf den gezeichneten Stellen, die gefeuchteten Stellen stoßen sie hingegen ab. Anschließend wird die Farbe in der Steindruckpresse auf Papier übertragen. Auch Lithographien können ein- und mehrfarbig angelegt werden. Für jede Farbe ist ein eigenes Druckelement notwendig.

Eine besondere Form des Steindruckes ist das *Umdruckverfahren*. Vom Originalstein werden mehrere Abzüge auf Umdruckpapier mit einer sehr fetthaltigen und schwer trocknenden Umdruckfarbe abgezogen. Diese Drucke werden auf Karton exakt montiert und anschließend auf einen Lithostein übertragen. Es kann daher in mehreren Nutzen gedruckt werden.

4. *Manuelle Verfahren für den Siebdruck*

Künstlerische Siebdrucke werden als *Serigraphien* bezeichnet. Dieses Verfahren hat seinen Ursprung in Ostasien und wurde für den Bedruck von Textilien eingesetzt. Das uns bekannte Verfahren kam in den 40er Jahren dieses Jahrhunderts aus den USA, wo es silk screen heißt. Künstler wie Viktor Vazarely, Roy Lichtenstein und Jime Dine formten den Siebdruck zum künstlerischen Ausdrucksmittel.

Im einfachsten Verfahren wird auf das in einem Rahmen gespannte Sieb aus Naturseide, Nylonfäden oder Edelstahldrähten eine Schablone aus Papier, Karton oder Filmmaterial gelegt, daher auch der Name *Schablonendruck*. An den Stellen, wo die Schablone aufliegt, wird das Sieb für die Farbe undurchdringlich.

Im *Auswasch-Verfahren* trägt der Künstler das Bild mit Fettkreide auf das Sieb auf. Anschließend wird das ganze Sieb mit wasserlöslicher Gelatine überzogen. Nach dem Trocknen werden die fetthaltigen Teile mit Terpentin ausgewaschen; das Sieb wird an diesen Stellen farbdurchlässig.

VII. Die Technik der Bildreproduktion

Im *Abdeckschablonen-Verfahren* werden vom Künstler diejenigen Teile des Siebes, die farbundurchlässig bleiben sollen, mit schnelltrocknendem Wachs oder Lack abgedeckt.

Beim Druckvorgang wird die Farbe auf das Sieb gebracht und mit einem Gummirakel an denjenigen Stellen durch das Sieb hindurch auf den darunterliegenden Bedruckstoff gedrückt, die nicht farbundurchlässig präpariert worden sind. Daher ist auch der Name *Durchdruckverfahren* zu erklären. Der mehrfarbige Siebdruck kann reizvolle Farbkombinationen bewirken.

5. Die fotographische und elektronische Bildreproduktion

Wie aus dem Beschriebenen ersichtlich wird, ist die manuelle Druckformenherstellung zeitaufwendig und damit teuer. Seit dem Beginn des 19. Jahrhunderts haben sich Wissenschaftler darum bemüht, Bilder auf technischem Wege zu reproduzieren. Seit der Erfindung der *Fotographie* (griech. mit Licht zeichnen) und der Entwicklung des geeigneten Filmmaterials konnten Originale naturgetreu aufgenommen werden. 1816 fertigte Joseph Nicéphore Niepce die erste Aufnahme einer Landschaft an. Louis Jacques Mandé Daguerre präsentierte 1839 ein Verfahren zur Herstellung lichtfester Bilder, die Daguerreotypie. Dieses Jahr gilt als die Geburtsstunde der Fotografie. William Henry Fox Talbot entdeckt 1839 das Negativ-Positiv-Verfahren. Gabriel Lippmann erfindet 1890 die erste brauchbare Methode der *Farbfotographie*, die ab 1936 von Gustav Wilmanns und Wilhelm Schneider von der AGFA als Agfa-Colorfilm marktreif produziert wird. 1894 gelang George Eastman die Erfindung des *Rollfilms*. Der belichtete und entwickelte Film dient zur Herstellung der Druckvorlagen für die verschiedenen Druckverfahren (s. S. 239). Mit der Erfindung des Rasters im Jahre 1881 von Georg Meisenbach wurde es möglich, Autotypien (griech. selbstdruckend) herzustellen und damit Halbtonfotographien fast originalgetreu im Druck wiederzugeben.

Bedient man sich für die Bildreproduktion der Reproduktionskamera, spricht man vom *konventionellen Reproduktionsverfahren*. Gegenwärtig werden nur noch Strichaufnahmen mit einer Reprokamera aufgenommen. Im farbigen Halbtonbereich wird der Farbauszugs-Scanner eingesetzt, der auf eine Erfindung von Alex Murray 1937 zurückgeht. Ab 1985 kommen zunehmend Scanner (Flachbett-Scanner und Trommel-Scanner) und Video-Kameras in Verbindung mit digitalen Bildbearbeitungssystemen (s. S. 234f.) für den Schwarz-Weiß- und den Mehrfarbenbereich zum Einsatz.

6. Faksimile und Reprint

Die Herstellung von *Faksimile-Ausgaben* ist ein spezielles Anwendungsgebiet der Reproduktion. Faksimile (lat. ähnlich machen) heißt, eine Vorlage so wiederzugeben, daß sie dem Original möglichst gleichkommt, soweit es technisch überhaupt machbar ist. Es werden wertvolle Handschriften, Frühdrucke und Dokumente, die häufig Unikate sind, mit leistungsfähigen Scannern reproduziert und im Offset- oder Lichtdruckverfahren in kleinen Auflagen gedruckt. Folgende Merkmale bestimmen die Qualität einer Faksimile-Ausgabe: vollständige Wiedergabe des Originals, exakte Farbgenauigkeit, originales Format, Wiedergabe des originalen Randbeschnitts, Wiedergabe des bedruckten Materials wie stockfleckiges Papier oder Pergament und die dem Original entsprechende Bindeart. Die Auflage wird begrenzt gehalten, die Produktion ist kostenintensiv. Faksimile-Ausgaben werden von Bibliotheken zur wissenschaftlichen Forschung oder von betuchten Sammlern als Wertanlage erworben. Vom Faksimile sind die *Reprints* zu unterscheiden (s. S. 272).

B. Die Bildvorlagen für die Reproduktion

Man unterscheidet grundsätzlich zwischen zwei Arten von Abbildungen: Strich-(Vollton-) und Halbton-Abbildungen. Unter Vollton-Abbildungen versteht man gleichmäßig gedeckte, nicht aufgerasterte Flächen oder Linien. Das Bild entsteht aus dem Kontrast zwischen dem eingefärbten Bildelement und der Farbe des in der Regel weißen Papiers. *Halbtonbilder* hingegen zeigen kontinuierlich ineinandergehende Tonwertabstufungen vom tiefsten Schwarz bis zum hellsten Grau oder Farbabstufungen innerhalb der einzelnen Farben vom dunkelsten bis zum hellsten Farbton. Zu Halbtonbildern gehören alle Arten von Fotografien.

Bei der Auswahl der Vorlagen für die Reproduktion muß größte Sorgfalt herrschen. Jede Reproduktion ist immer nur so gut wie die Vorlage. Mangelhafte Vorlagen können – falls überhaupt – nur mit zusätzlichem Kostenaufwand durch manuelle oder elektronische Retuschen in einwandfreie Reproduktionen umgesetzt werden.

Bei wertvollen Originalen als Reproduktionsvorlagen ist für einen ausreichenden Versicherungsschutz für die Zeit der Bearbeitung zu sorgen. Es empfiehlt sich für die Reproduktion die Anfertigung von originalgetreuen Zweitvorlagen (Dias), die reproduziert werden. Der Autor oder der Verlag sind dafür verantwortlich, daß die Bildrechte nach den gesetzlichen Bestimmungen des Urheberrechts vorliegen (s. S. 48).

1. *Bildvorlagen für Vollton-Abbildungen*

Als Aufsichtsvorlagen für die Reproduktion dienen Federzeichnungen (Strichvorlagen) mit und ohne Beschriftungen, flächig angelegte Zeichnungen sowie alle Arten von Schnitten wie Holz- oder Linolschnitte. Um ein einwandfreies Reproduktionsergebnis ohne kostenintensive Retuschen zu erreichen, muß die Vorlage scharfe Konturen zeigen und frei von Verschmutzungen und Beschädigungen jeder Art sein. Außerdem ist zu beachten, daß bei extremen Verkleinerungen feine Linien ineinanderlaufen und dadurch die Bildwirkung beeinträchtigt oder gar verfälscht werden kann.

VII. Die Technik der Bildreproduktion

Enthalten die Vorlagen Textteile, die standgerecht aufgeklebt werden, so muß die Schriftgröße so gewählt werden, daß sie nach Vergrößerung bzw. Verkleinerung beim Reproduktionsvorgang der gewünschten Größe im Druckwerk entspricht. Bei starken Größenveränderungen besteht zudem die Gefahr, daß Schriften ihren Charakter verändern können (z.B. Zugehen der Punzen). Man kann sich in diesem Falle damit behelfen, daß die Abbildungen ohne Texte reproduziert und die Beschriftungen in der Endgröße auf den Reprofilm montiert werden. Es ist auch darauf zu achten, daß sich aufgeklebte Schriften nicht von der Vorlage lösen. Bei Korrekturen im Text- und Zeichnungsteil dürfen mehrere Korrekturteile nicht übereinandergeklebt werden, sondern sind nur auf der gleichen Schichtebene auszuführen. Sollen Texte innerhalb des Bildteils stehen, empfiehlt es sich, diese auf einem Decker (Überleger), der an einer Seite fest mit der Grundzeichnung verbunden ist, standgerecht zu kleben. Paßkreuze auf der Grundzeichnung und dem Decker erleichtern das Einpassen beim Reproduktionsvorgang. Mit den technischen Möglichkeiten der DTP-Technik werden Texte den Abbildungen elektronisch zugeführt.

Für mehrfarbige Volltonabbildungen benötigt jede Farbe eine Vorlage, die mit Paßkreuzen und der genauen Farbangabe zu versehen ist. Sind solche Vorlagen nicht vorhanden, kann der Farbauszug auch über panchromatisches Filmmaterial in der Kamera hergestellt werden.

Um für ein Druckwerk Abbildungen in Serienfertigung als Tableauaufnahmen kostengünstig reproduzieren zu können, müssen die Vorlagen im gleichen Maßstab und in gleicher Beschaffenheit angelegt sein.

Abbildung 2: Links: Beispiel einer Vollton-Abbildung. Rechts: Beispiel einer Halbton-Abbildung.

2. Bildvorlagen für Halbton-Abbildungen

Als Vorlagen dienen fotographische Aufnahmen als Aufsichts- oder Durchsichtsvorlagen (Diapositive). Nur in seltenen Fällen werden Originale wie Gemälde oder Lithographien direkt reproduziert. Es ist zu beachten, daß die Vorlagen scannergerecht angelegt sein müssen, falls nicht über die Kamera reproduziert werden soll.

	Halbton	Strich
Einfarbig		
Aufsicht	Papierabzüge von Schwarz-Weiß-Fotos Bleistiftzeichnungen Lithographien Radierungen	Schriften technische Zeichnungen Holzschnitte Federzeichnungen Stiche
Mehrfarbig		
Aufsicht	Papierabzüge von Farbfotos Gemälde Aquarelle Graphiken	farbig angelegte Zeichnungen vollflächige Graphiken
Durchsicht	Farbdia	

Abbildung 3: Übersicht über Abbildungsvorlagen.

a) Aufsichtsvorlagen

Als Vorlagen dienen Abzüge auf weißem, glattem (nicht strukturiertem) hochglänzendem Fotopapier. Der Abbildungsmaßstab sollte nicht unter 25% und nicht über 200% liegen. Wichtige Bilddetails müssen auch in der Verkleinerung deutlich erkennbar sein. Um Reproduktionskosten zu sparen, empfiehlt es sich, möglichst viele Vorlagen im gleichen Maßstab zu Tableaus zusammenzustellen.

Für Schwarz-Weiß-Reproduktionen benötigen die Fotos eine maximale Bildschärfe und eine minimale Körnigkeit. Der Schwärzungsumfang (Dichteumfang), d.h. die Differenz zwischen der hellsten und der dunkelsten Bildstelle, darf densitometrisch gemessen nicht größer als 1,7 sein. Über- und Unterbelichtung verschlechtern das Reproduktionsergebnis. Es versteht sich von selbst, daß die Vorlagen keine mechanischen Verletzungen wie Kratzer und Verschmutzungen sowie Flecken aufweisen dürfen.

Werden gerasterte Drucke als Reproduktionsvorlagen verwendet, entsteht bei der Veränderung des Rasterwertes beim Reproduzieren ein *Moiré* (franz. Seidengewebe), ein Raster, dem Gewebe des Seidenstoffes ähnlich, der das Bild unscharf werden läßt. Moiré läßt sich weitgehend unterdrücken, wenn die Rasterweite der Vorlage mit der Rasterweite der Neureproduktion übereinstimmt. Bei der Reproduktion kann die Moirébildung auch mit elektroni-

VII. Die Technik der Bildreproduktion

Abbildung 4: Links: Moirébildung durch kleinste Winkelungsfehler. Rechts: Moirébildung bei einem 54er Raster.

schen Mitteln ausgeschaltet werden, indem eine gerasterte Vorlage entrastert aufgenommen wird, d.h. das Rasterbild wird mit einer gewissen Unschärfe aufgenommen, damit die Rasterpunkte zusammenlaufen, und anschließend wieder scharfgezeichnet. Das funktioniert umso besser, je feiner das Raster ist. Leichte Qualitätsabstriche gegenüber einer ungerasterten Vorlage sind allerdings hinzunehmen, meist aber vernachlässigbar. Die Unterdrückung des Moiré ist arbeitsintensiv. Es empfiehlt sich daher, nach Möglichkeit die ungerasterte Originalvorlage zu beschaffen.

Für die Aufsichtsvorlagen für Farbreproduktionen gilt im wesentlichen das für die Schwarz-Weiß-Reproduktion Geschriebene. Zusätzlich ist zu ergänzen, daß die Vorlagen keinen Farbstich, d.h. Dominanz einer Farbe (z.B. Blaustich), aufweisen dürfen. Der logarithmische Farbdichteumfang darf 2,0 nicht überschreiten.

b. Durchsichtsvorlagen (Diapositive)

Für Schwarz-Weiß-Reproduktionen werden Diapositive nur selten als Vorlage verwendet. Stehen nur Negativfilme zur Verfügung, sind reproduktionsfähige Schwarz-Weiß-Papierabzüge als Aufsichtsvorlagen anzufertigen. Das gleiche gilt für Farbnegative. In diesen Fällen ist aber in der Regel mit einem Verlust an Zeichnung und Schärfe zu rechnen.

Für die Farbreproduktion sind Diapositive den Aufsichtsvorlagen vorzuziehen, weil sie eine größere Farbbrillanz aufweisen. Die Farbdichte liegt bei 2,0 im mittleren Bereich, also ab 0.30 im hellsten Licht und bis 2.60 im tiefsten Schatten. Der Abbildungsmaßstab sollte nicht unter $33^{1}/_{3}$% und nicht über 200% liegen. Unter- oder Überbelichtung, mangelhafte Bildschärfe und Farbstiche mindern das Reproduktionsergebnis.

C. Die Reproduktionsvorbereitung

Um ein Diapositiv objektiv nach Farbrichtigkeit beurteilen zu können, ist eine neutrale Lichtquelle mit 5000 Grad Kelvin notwendig. Handelsübliche Leuchttische sind mit einer solchen Lichtquelle ausgestattet. Wenn das dargestellte Objekt nicht zweifelsfrei oben und unten, rechts oder links erkennen läßt, müssen diese Angaben vom Bildgeber vermerkt werden. Das ist besonders bei wissenschaftlichen Abbildungen, z.B. bei Mikroaufnahmen, wichtig. Sollen Beschriftungen, Hinweislinien u.ä. in Fotos eingefügt werden, wird vom Autor eine Fotokopie oder ein Papierabzug erbeten, auf denen diese exakt markiert werden. Auf keinen Fall darf direkt auf die zu reproduzierende Vorlage gezeichnet werden.

C. Die Reproduktionsvorbereitung

1. Die Vermaßung der Vorlagen

Die sorgfältig geprüften Reproduktionsvorlagen werden vermaßt (vermessen), d.h. der Reproduktionsanstalt wird *die Größe des Bildes* im Druckwerk und ggf. der *Bildausschnitt* angegeben. Bei einer Wiedergabe in Originalgröße

Abbildung 5: Links: Exakte Maßangabe mit genauer Ausschnittbestimmung für die Reproduktion einer Vorlage. Rechts: Das nach dieser Angabe reproduzierte Bild.

215

VII. Die Technik der Bildreproduktion

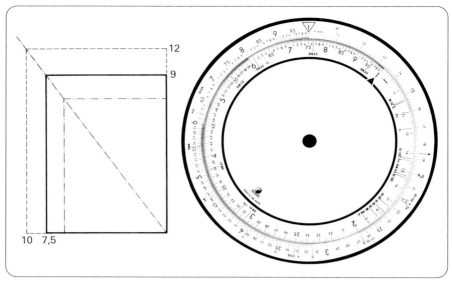

Abbildung 6: Links: Schema zur Errechnung der proportionalen Vergrößerung oder Verkleinerung mit Hilfe der Diagonalen. Rechts: Eine logarithmische Rechenscheibe. – Beide Abbildungen zeigen die Stellung des Rechenbeispiels 1.

wird im Verhältnis 1:1 reproduziert. Das ist jedoch in der Praxis nur selten möglich. In der Regel muß die Vorlage für den Druck vergrößert oder verkleinert werden. Die Maße werden entweder in Zentimeter Bildbreite × Bildhöhe oder in der Prozentzahl der Vergrößerung oder Verkleinerung angegeben.

Die Errechnung der proportionalen Maßveränderung ist mit Hilfe der Diagonalen des Formats zeichnerisch möglich. Vorteilhafter ist die Verwendung einer logarithmischen Rechenscheibe oder die Verwendung eines Taschenrechners.

Hierzu zwei Beispiele:

1. Beispiel:
Das Format der Vorlage beträgt 10 cm Breite und 12 cm Höhe. Das Bild soll im Druckwerk die Breite von 7,5 cm haben. Wie groß ist die Bildhöhe?

12 cm : x cm = 10 cm : 7,5 cm

$$x\,cm = \frac{12\,cm \cdot 7,5\,cm}{10\,cm} = \underline{\underline{9\,cm}}$$

Das Bild hat im Druckwerk die Maße 7,5 cm Breite und 9 cm Höhe.

2. Beispiel:
Die Vorlage hat die Höhe von 12 cm (100%). Wieviel % hat die Bildhöhe im Buch?

9 cm : x% = 12 cm : 100%

$$x\% = \frac{9 \cdot 100}{12}$$

$$= \underline{\underline{75\%}}$$

Das Original wird *auf* 75% oder *um* 25% verkleinert.

Es bleibt dem Auftraggeber überlassen, ob er der Reproduktionsfirma mit der Vorlage die exakten Maße oder die Vergrößerung oder Verkleinerung in Prozenten angibt.

Abbildung 7: Oben links: Eine Abbildung um ein Viertel verkleinert, das bedeutet Dreiviertel der Breite und Höhe. Der Flächeninhalt beträgt 9/16 der Fläche. Oben rechts: Eine Abbildung auf ein Viertel verkleinert. Der Flächeninhalt beträgt 1/16 der Fläche. Unten links: Eine Abbildung auf halbe Größe verkleinert ergibt 1/4 der Fläche. Unten rechts: Freigestelltes Bildmotiv.

Bildausschnitte gibt man zweckmäßigerweise, ohne die Vorlage zu verletzen, auf einem über das Original gehängten Decker aus durchsichtigem Pergamentpapier an. Ggf. kann man zusätzlich durch erläuternde Beschreibung auf den Ausschnitt hinweisen, z.B. „Achtung: Kopf der abgebildeten Person nicht anschneiden!" (s. S. 215). Auf dem Decker können zudem exakte Angaben zur Beschriftung oder Hinweislinien stehen. Den gleichen Zweck wie der Decker erfüllt eine vom Original hergestellte Fotokopie oder ein schwarz-weiß-Abzug auf Fotopapier. Moderne Fotokopierer sind stufenlos bis zu ca. 50% Verkleinerung und bis zu ca. 200% Vergrößerung in Prozenten einzustellen. Mit entsprechend eingestellter Größe kann mit der Fotokopie die Bildwirkung bei Vergrößerung bzw. bei Verkleinerung beurteilt werden.

Mit Hilfe der DTP-Technik kann der Hersteller im Verlag die Vorlage einscannen und über den Bildschirm Bildgröße und Ausschnitt festlegen.

Besondere Sorgfalt ist auf die *Verpackung der Vorlagen* zu verwenden. Es empfiehlt sich, jede Vorlage einzeln einzutüten und mit der Angabe des Druckwerktitels und der Abbildungsnummer zu beschriften.

2. *Der Reproduktionsauftrag*

Die Reproduktionsanstalt benötigt vom Auftraggeber folgende Angaben, die in der Regel auf einem Auftragsformular zusammengestellt sind:
– Druckverfahren
– Größe der Abbildungen im Druckwerk in cm oder die Prozentangabe der Vergrößerung bzw. Verkleinerung, soweit nicht bei den Vorlagen angegeben. (Der Angabe in cm ist aus Kontrollgründen der Vorzug zu geben.) Es können auch DTP-Ausdrucke mit dem verbindlichen Ausschnitt und der exakten Bildgröße zu den Vorlagen gelegt werden.
– Anzahl der Farben mit genauer Farbangabe
– Farbskala nach DIN-NORM 16509/9, Europaskala DIN-NORM 16538/9 u.ä.
– Rastergröße
– Anzahl der Andrucke, Lichtpausen oder Fotoabzüge
– Art des Auflagenpapiers für die Anfertigung der Andrucke (s. S. 240)
– Anzahl der Nutzenfilme
– Art der Reproduktionsfilme (positiv, negativ, seitenrichtig, seitenverkehrt)
– Liefer- und Zahlungsbedingungen.

Der Reproduktionsanstalt sollten folgende zusätzliche allgemeine Hinweise gegeben werden:
Alle gelieferten Filme haben eine kopierfähige Deckung aufzuweisen. Jeder Farbsatz bedarf eines genauen Passers mit Paßkreuzen und der Farbangabe auf einzelnen Filmen in Bildnähe (s. S. 230). Diese müssen auf der Schichtseite seitenrichtig stehen und beim Umkopieren erhalten bleiben. Alle Filme sind frei von Verschmutzungen, Kratzern, Flecken, Knicken u.ä. anzuliefern.

Farbsätze sollten einzeln verpackt werden; bei Vierfarbbildern sind die Skalen beizulegen. Die gelieferten Filme müssen um das Bildelement einen Arbeitsrand von 1 cm aufweisen, der für die Montage zu Druckformen benötigt wird. Eventuelle Abdeckarbeiten sind auf der Filmrückseite vorzunehmen. Die Summe der Rastertonwerte beim Vierfarbendruck darf nicht mehr als 300 bis 340% betragen, damit beim späteren Fortdruck in schnell laufenden Druckmaschinen die Farben rasch wegschlagen können (s. S. 290). Wichtig ist auch der rechtliche Zusatz: Alle gelieferten Vorlagen bleiben Eigentum des Bildautors bzw. des Auftraggebers. Sie sind ohne Aufforderung nach Abschluß der Arbeiten zurückzugeben. Für Beschädigungen der Vorlagen während der Reproduktion ist die Reproduktionsanstalt haftbar. Retuschen dürfen ohne Einwilligung des Auftraggebers nicht auf der Vorlage vorgenommen werden.

D. Die Reproduktion von Volltonabbildungen

Vollton-Vorlagen, vor allem großformatige, werden teilweise noch mit der Kamera zur Reproduktion auf Film aufgenommen. In den meisten Fällen aber werden die Vorlagen über einen Scanner eingelesen.

Mehrfarbige Vollton-Abbildungen entstehen durch den Neben- und Übereinanderdruck von verschiedenen Flächen oder Strichelementen, zu denen auch Schriftzeichen zählen. Für jede Farbe wird ein eigener Film zum Druck benötigt. Paßkreuze erleichtern die Druckformenmontage und erzielen einen guten Passer.

Weil die Filme als Druckvorlagen dienen, muß darauf geachtet werden, in welcher Form diese bestellt werden. Bis auf wenige Ausnahmen werden *Positivfilme* benötigt. Diese können *seitenverkehrt* oder *seitenrichtig* angefertigt werden. Liegt die Schichtseite des Films dem Betrachter des aufgenommenen Motivs zugewandt, ist der Film seitenrichtig; ist sie abgewandt, so ist der Film

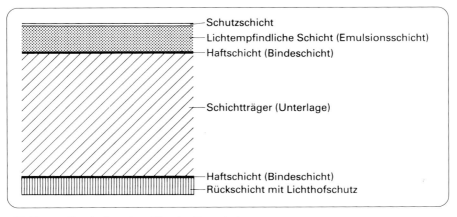

Abbildung 8: Der Aufbau eines Films im Querschnitt.

seitenverkehrt. Für den Offsetdruck werden seitenverkehrte Filme als Druckvorlage für die Formenmontage bestellt. Für den Siebdruck, die Prägestempelherstellung für den Buchbinder und für Hochdruckklischees müssen die Filme seitenrichtig sein. Auch die Wahl des richtigen Filmmaterials ist für ein gutes Druckergebnis wichtig. Es gibt kontrastreiche Filme für den Hoch- und Flachdruck und kontrastarme Filme für den Tiefdruck. Die Wahl des geeigneten Filmmaterials ist jedoch Sache der Reproduktionsanstalt.

Filme müssen kühl (nicht mehr als +18 Grad), trocken (relative Luftfeuchtigkeit zwischen 50 und 60%) und geschützt vor direktem Lichteinfall und Lösungsmitteldämpfen aufbewahrt werden. Selbstverständlich ist auch für eine Verpackung zu sorgen, die mechanische Beschädigungen verhindert.

E. Die Reproduktion von Halbtonabbildungen

1. Die Rasterung

Für die Wiedergabe einer Halbton-Vorlage in einem Druckwerk muß das Bild in *Rasterpunkte* zerlegt werden. Dieses Verfahren wurde 1881 von Georg Meisenbach erfunden. Im Hochdruckverfahren wird die Halbton-Abbildung *Autotypie* oder *Netzätzung* genannt. Man unterscheidet zwischen *viereckigen und freistehenden Abbildungen*. Freigestellte Bilder zeigen das Objekt ohne Hintergrund (s. S. 217).

Für Halbton-Abbildungen wird spezielles Filmmaterial mit verschiedenen Gradationen für niedrigen und höheren Kontrast angeboten. Unter Gradation wird das Verhältnis zwischen der fotochemisch erzeugten Schwärzung (Dichte) der belichteten und entwickelten Filmteile zur Abstufung der Lichtmenge verstanden, dargestellt in logarithmischen Werten. Eine Reproduktion

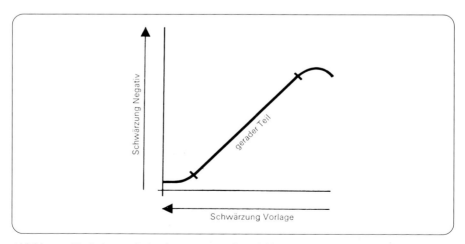

Abbildung 9: Typische Gradationskurve eines Halbtonbildes.

E. *Die Reproduktion von Halbtonabbildungen*

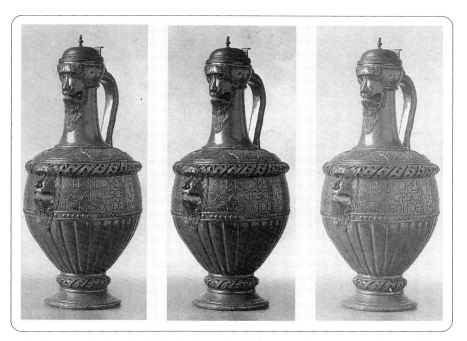

Abbildung 10: Bildvorlage in drei Gradationsstufen. Links: Normale Belichtung. Mitte: Dunkle Belichtung. Rechts: Helle Belichtung.

ist tonwertrichtig, wenn in der Tonwertabstufung kaum noch ein Unterschied zur Vorlage zu sehen ist. Um das zu erreichen, gibt es für die unterschiedlichsten Vorlagen Fotopapier und Filmmaterial mit Gradationsziffern von sehr weich bis extrem hart.

Halbtonabbildungen werden in den meisten Fällen mit Hilfe des Scanners reproduziert. Bei großformatigen Vorlagen kann auch die Kamera eingesetzt werden. Die Aufrasterung kann am deutlichsten am Beispiel der Kamerabenutzung erklärt werden. Zwischen den zu belichtenden Negativfilm – sog. Lith-Filme sind besonders gut geeignet – und der Vorlage wird bei der Aufnahme in der Kamera ein Film- oder Glasgravurraster geschaltet. Zwischen den Rasterlinien befinden sich lichtdurchlässige Öffnungen, die die Rasterpunkte erzeugen. Der Raster wird mit der Schichtseite auf die Schichtseite des zu belichtenden Films gebracht. Bei der Aufnahme wird das Licht durch das Rastergitter auf den lichtempfindlichen Film gelenkt. Die Intensität des Lichtes, welches durch das Rastergitter fällt, entspricht der Helligkeit der jeweiligen Teile der Vorlage. Die dunklen Bildteile, die Tiefen, reflektieren wenig Licht, es dringt daher nur wenig Licht durch das Rastergitter: Es entstehen kleine Rasterpunkte auf dem Negativfilm. Die hellen Bildteile, die Lichter, reflektieren viel Licht, es dringt daher viel Licht durch das Rastergitter: Es entstehen große Rasterpunkte auf dem Negativfilm. Auf dem vom Negativfilm hergestellten Positivfilm kehren sich die Punktgrößen um: Dunkle Bildteile

VII. Die Technik der Bildreproduktion

Abbildung 11: Links: Eine Abbildung im 54er Raster. Rechts: Stark vergrößerter Ausschnitt.

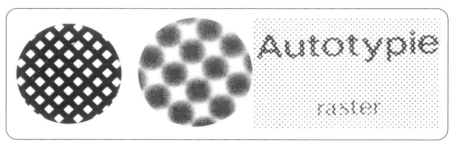

Abbildung 12: Links: Glasgravur-Raster. Rechts: Mit dem Glasgravurraster gerasterte Schrift, stark vergrößert.

werden mit großen und helle Bildteile mit kleinen Rasterpunkten im Druck wiedergegeben. – Im Scanner werden die Rasterpunkte elektronisch erzeugt.

Neben dem gebräuchlichen *Kreuzraster*, auch *Netzraster* genannt, gibt es für spezielle Anwendungen unterschiedliche Rasterpunktformen als Effektraster, beispielsweise in der Form von Quadraten, Ellipsen, Kissen u.ä. Aufrasterungen, vor allem im Bereich der Werbedrucksachen, sind auch mit geraden und runden Linien (Zirkelraster), Wellenlinien, Kornstrukturen, Leinengewebestrukturen usw. möglich. Kann man sich als Auftraggeber die Rasterwirkung nicht vorstellen, so empfiehlt es sich, von einem Bild eine Probereproduktion herstellen zu lassen.

Um eine plastische Bildwirkung von Schwarzweiß-Abbildungen zu erzielen, kann eine *Duplex-Autotypie* angefertigt werden. Wie der Name sagt, werden von einer Vorlage zwei Aufnahmen angefertigt: eine kontrastreiche harte Aufnahme mit der Schwarz-Zeichnung und eine tonreiche weiche Aufnahme, deren Rasterwinkelung gedreht ist, für die zweite Farbe. Eine ähnliche Wirkung

E. Die Reproduktion von Halbtonabbildungen

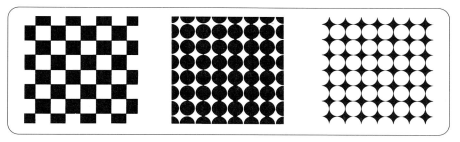

Abbildung 13: Einige Rasterformen. Links: Schachbrettmuster. Mitte: Runde Punkte. Rechts: Kissenförmige Punkte.

kann man erreichen, wenn man ein Schwarz-Weiß-Bild auf eine dezent gefärbte Tonfläche (z. B. Grau- oder Ockerton) druckt. In beiden Fällen verdoppeln sich die Druckkosten im Vergleich zum einfarbigen Schwarz-Weiß-Druck. Will man diese erhöhten Kosten vermeiden, lassen sich Bilder im besonderen Tafelteil auch auf getöntes Papier drucken.

Beim Betrachten des Druckes im normalen Leseabstand läßt das Auge des Betrachtenden die unterschiedlich großen Rasterpunkte und die Zwischenräume des weißen Papiers ineinanderlaufen. Es entsteht der Eindruck ineinanderfließender Tonwertabstufungen.

Die *Rastergröße* bzw. die *Rasterweite* wird nach Linien pro cm gemessen. Ein 54er Raster hat 54 Linien bzw. Rasterpunkte auf einem cm. Ein Quadratzentimeter umfaßt demzufolge 2916 Linien bzw. Punkte. Die Wahl des Rasters hängt von der Oberfläche des zu bedruckenden Materials und von der gewünschten Detailwiedergabe des Bildes ab. Grobe Raster verschlucken viele Details. Zu feine Raster ermöglichen zwar eine extreme Detailgenauigkeit, geben aber dem Bild ein flaches, flaues Aussehen.

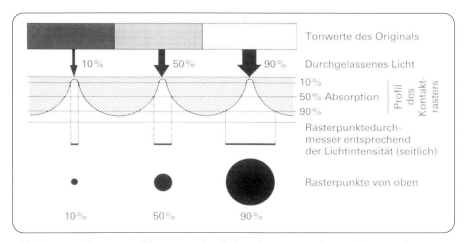

Abbildung 14: Schema zur Bildung unterschiedlich großer Rasterpunkte mit dem Kontaktraster.

VII. Die Technik der Bildreproduktion

Abbildung 15: Unterschiedliche Rasterwirkungen. Oben links: 24er Raster. Oben rechts: 48er Raster. Mitte links: 60er Raster. Mitte rechts: Kornraster. Unten links: Hartkopiert mit Volltoncharakter. Unten rechts: Zirkelraster.

Es sind folgende Rastergrößen in der Praxis eingeführt: 28, 30, 34, 36, 48, 54, 56, 60, 80, 100 und 120. Die *gebräuchlichen Rasterweiten* in Druckwerken sind:
- rauhes Papier: 28 bis 36,
- maschinenglattes Papier: 48 bis 60,
- satiniertes und gestrichenes Papier: 60 bis 120.

Weil es ab 80er Raster eventuell Druckprobleme geben kann, empfiehlt sich eine vorherige Absprache mit der Druckerei.

Bei Schwarz-Weiß-Abbildungen liegen die Rasterpunktreihen im Winkel von 45 Grad zum unteren Bildrand. Zur Ermittlung der Rastergröße eines aufgerastert gedruckten Bildes wird der *Rasterzähler* verwendet.

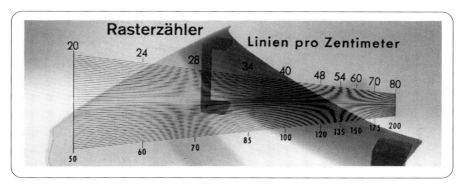

Abbildung 16: Ein Rasterzähler. Um das Raster festzustellen, wird der Rasterzähler im Winkel von 45 Grad auf einen möglichst hellen Teil des Bildes gelegt. Es bilden sich Linien, die zu einem Kreuz zusammenlaufen. Die Spitze des Kreuzes zeigt auf das zu ermittelnde Raster; in diesem Fall auf das 28er Raster.

Für technische Zeichnungen wird oft ein *technisches Raster* verwendet. Ein einheitliches Raster von beispielsweise 24 Linien pro cm kann in verschiedenen Grauskalen wiedergegeben werden:

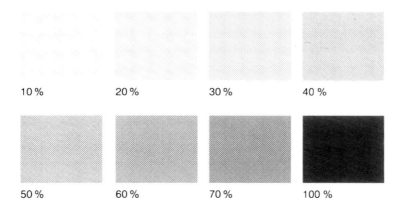

VII. Die Technik der Bildreproduktion

Rasterloser Druck ist mit dem Lichtdruckverfahren möglich, das auf der Seite 289 beschrieben wird.

Beim Scannen der Vorlagen werden die Daten auf der Pixelebene gleichsam als echte Halbtöne gespeichert und können auf Pixelebene bearbeitet werden. Ein Pixel (Picture Element) ist die kleinste unveränderte Einheit, aus der sich die Zeichen und Bilder aufbauen. Jeder Rasterpunkt wird aus vielen Pixeln zusammengestellt. Die Anzahl der Pixel wird in dpi (Dots per Inch) ausgedrückt. Ein Inch hat die Länge von 2,54 cm. Bei einer Rasterweite von 50 Rasterpunkten pro cm und einer Auflöseeinheit von 500 Pixeln/cm besteht der einzelne Rasterpunkt aus 10 × 10 = 100 Pixel, die 100 verschiedene Tonstufen ermöglichen. Vorteilhaft sind Rasterpunkte aus 16 × 16 = 256 Pixel. Je weniger Pixel ein Rasterpunkt hat, desto weiter ist der Rasterpunkt vom Idealaufbau entfernt und damit von der Bildqualität. Das menschliche Auge kann Unterschiede in der Auflösung über 500 dpi, was 200 Rasterpunkte/cm entspricht, ohne optische Hilfsmittel nicht mehr wahrnehmen. Die Auflösung auf die Pixelebene ist außerdem eine Voraussetzung für die elektronische Bildbearbeitung (s. S. 234).

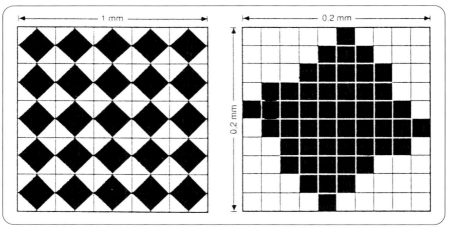

Abbildung 17: Links: Stark vergrößerte Rasterpunkte. Rechts: Der Aufbau eines Rasterpunktes aus vielen Pixels. Beim 50er Raster hat jede Rasterzelle einen Durchmesser von 0,2 mm. Bei einer Belichtung mit 500 Pixel/cm besteht eine Rasterzelle aus 10 × 10 Tonstufen.

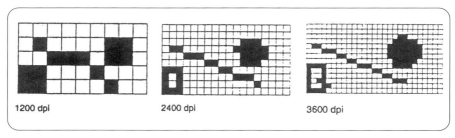

Abbildung 18: Schema der Teildarstellung verschiedener dpi-Größen.

E. Die Reproduktion von Halbtonabbildungen

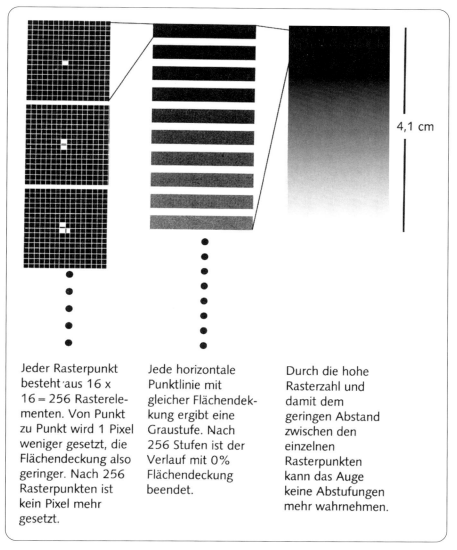

Abbildung 19: Aufbau eines Rasterverlaufs auf Pixelebene.

2. Die Farbreproduktion

Um eine Wiedergabe farbiger Halbtonbilder wie Farbfotographien in einem Druckwerk zu ermöglichen, müssen die Farben der Vorlage in die *drei Grundfarben* Gelb (Yellow), Magenta (Purpurrot) und Cyan (Blauton) zerlegt werden. Dazu kommen Schwarz (Tiefe) und die weiße Farbe des zu bedruckenden Materials, z.B. gestrichenes Papier. Die drei Farben Gelb, Magenta und

VII. Die Technik der Bildreproduktion

Cyan erzielen die meisten Mischfarben. Sie werden in der DIN-NORM 16539 „Europäische Farbskala für den Offsetdruck; Normaldruckfarben" als *Europa-Skala* bezeichnet. Andere Skalen als die DIN-Skala sind heute kaum noch gebräuchlich.

Im 6teiligen Farbkreis stehen die *Primärfarben* Gelb, Magenta und Cyan den *Komplementärfarben* Blau, Grün und Rot gegenüber. Bei der subtraktiven Farbmischung absorbiert Gelb die blauen Farbanteile der Vorlage, Magenta die grünen und Cyan die roten Farbanteile. Dieser Vorgang ist mit einem Verlust an Helligkeit verbunden. Mischt man die drei Grundfarben, erhält man Schwarz.

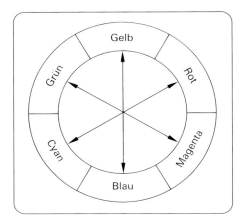

Abbildung 20: Sechsteiliger Farbkreis.

Auf diesem optischen Gesetz gründend werden die drei Grundfarben mit *Komplementär-Farbfiltern* aus der Vielzahl der Farben der Vorlage herausgefiltert:

Farbfilter	Farbauszug
Blau	Gelb
Grün	Magenta
Rot	Cyan

Schwarz und Weiß sind im optischen Sinne keine Farben (sog. unbunte Farben), weshalb sie auch als *Tiefe* und *Lichter* bezeichnet werden. Schwarz wird mit einer Kombination von Blau-, Grün- und Rotfilter (Splitfilter) ausgezogen. Es dient als sog. Skelettschwarz zur Verstärkung der Zeichnung von Bildelementen.

Die Filme müssen gerastert werden. Für die Wahl der Rastergröße gilt das auf der Seite 223 geschriebene. Die Rasterlinien werden so gewinkelt, daß die Rasterpunkte beim Druck nicht aufeinander, sondern nebeneinander zu stehen kommen:
Gelb mit 75 Grad, Magenta mit 45 Grad, Cyan mit 0 Grad und Schwarz mit 15 Grad zum unteren Bildrand.

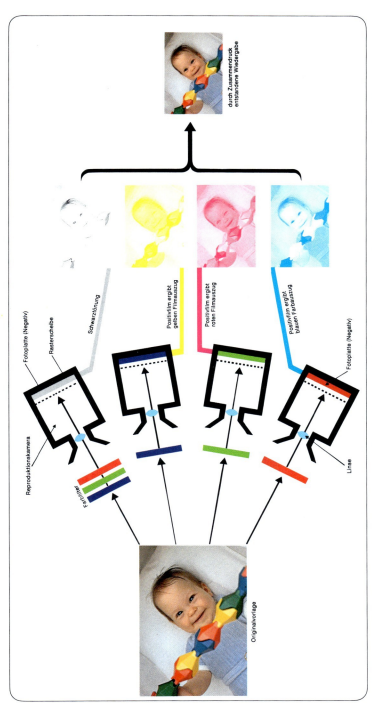

Schema der Zerlegung einer farbigen Vorlage mit Hilfe von Farbfiltern in die vier Grundfarben. Die Positivfilme sind nicht farbig, sie werden nur zur Demonstration hier farbig dargestellt

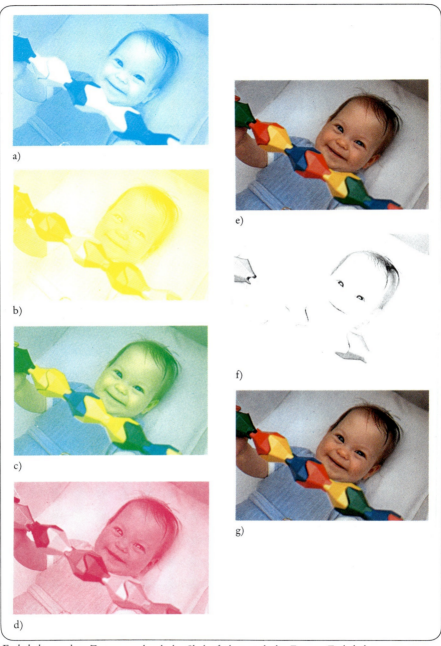

Farbskala aus dem Zusammendruck der Skalenfarben nach der Europa-Farbskala.
Das Bild des Kleinkindes in der Größe 52×36 mm in 54iger Raster

a) Cyanauszug
b) Gelbauszug
c) Cyan + Gelb
d) Magenta
e) Cyan + Gelb + Magenta
f) Tiefe
g) Cyan + Gelb + Magenta + Tiefe

E. Die Reproduktion von Halbtonabbildungen

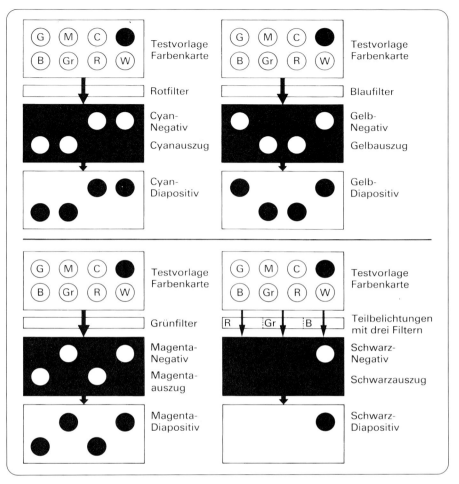

Abbildung 21: Schema des Farbauszugs mit Hilfe von Farbfiltern. G = Gelb; M = Magenta; C = Cyan; B = Blau; Gr = Grün; W = Splitfilter.

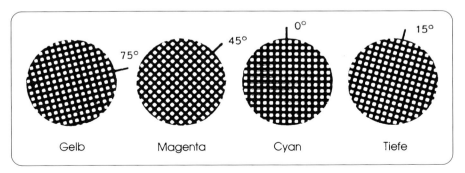

Abbildung 22: Die Rasterwinkelung beim Vierfarbendruck.

VII. Die Technik der Bildreproduktion

Mangelhafte Passergenauigkeit, d.h. falsche Zuordnung der Rasterpunkte, läßt das gedruckte Bild unscharf werden und verfälscht die Farbwerte. Zur Erleichterung der Filmmontage in der Druckvorbereitung werden Paßkreuze neben die Abbildung gestellt. Diese sind für alle Farben an der gleichen Stelle angebracht und ergeben bei deckungsgleicher Montage eine Passergarantie (s. S. 218).

Im Zusammendruck des Vierfarbendruckes läßt das Auge des Betrachters bei normalem Leseabstand die eingefärbten Rasterpunkte zu Mischfarben zusammenfließen, die der Vorlage entsprechen.

Einige Beispiele, wie sich aus der Kombination der Grundfarben Farbtöne erzielen lassen:
50% Magenta + 100% Gelb ergibt einen orangenen Farbton.
80% Cyan + 80% Gelb ergibt einen grünen Farbton.
40% Cyan + 60% Magenta + 100% Gelb ergibt einen braunen Farbton.

Beim Druck hoher Auflagen im Zeitungs- und Zeitschriftenbereich kann sich die Reproduktion mit dem sog. *Unbuntaufbau* (UCR = Under Colour Addition) lohnen, um Druckfarbe zu sparen und Farbschwankungen beim Fortdruck zu reduzieren. Es werden die Komplementärfarben eliminiert und durch Schwarz ersetzt. Beispielsweise entsteht aus den Primärfarben Gelb, Cyan und Schwarz ein oliver Farbton. Die Farbtöne beim Unbuntaufbau sind optisch reiner und damit brillanter als bei der subtraktiven Farbmischung.

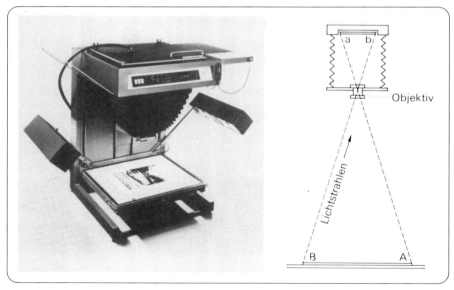

Abbildung 23: System der Kompaktkamera. Der Strahlengang ohne Umkehrspiegel ergibt eine seitenvertauschte Aufnahme des Originals.

Nach dem Gesetz der Optik entsprechen die zusammengesetzten Farben nicht exakt den Farben der Vorlage, z.B. verhält sich die gelbe Farbe so, als seien bis zu 10% Nebenfarben beigemischt. Diesem störenden Effekt wird vom Lithographen mit der *Retusche* entgegengewirkt. Bei der elektronischen Bildbearbeitung (s. S. 234f.) kann die Retusche kostengünstig und schnell auf elektronischem Wege vom Operator über den Bildschirm vorgenommen werden. Trotz aller Manipulationsmöglichkeiten gilt der bewährte Grundsatz: Die Reproduktion kann nur so gut sein wie die Vorlage.

3. Die Reproduktionstechnik

a) Die fotographische Reproduktion

Für die konventionelle Reproduktionsfotographie ist eine *Kamera* erforderlich. Reproduziert werden gelegentlich nur noch großformatige Vorlagen für höchste Qualitätsansprüche. Es sind verschiedene Kamerasysteme im Einsatz. Man unterscheidet zwischen der Horizontalkamera und der Vertikalkamera. In der *Horizontalkamera* mit waagrechtem Strahlengang sind Vorlage, Objektiv und der zu belichtende Film senkrecht einander zugeordnet. Dieser raumaufwendige Kameratyp erlaubt je nach Kameraformat und Objektiv die Aufnahme von Vorlagen bis zur 10fachen Vergrößerung und Verkleinerung auf 1/15. Je nach Kameratyp sind Vorlagen bis zu 130 x 185 cm möglich. In der *Vertikalkamera*, der Kompaktkamera, verläuft der Strahlengang von der Vorlage über einen Spiegel abgelenkt im rechten Winkel auf den Film.

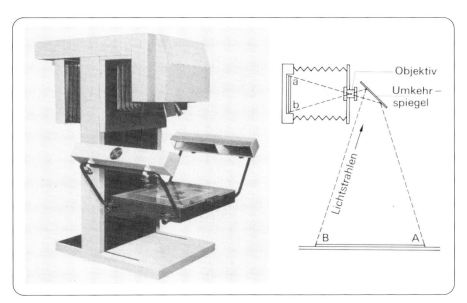

Abbildung 24: Der Strahlengang mit Umkehrspiegel ergibt eine seitenrichtige Aufnahme des Originals.

VII. Die Technik der Bildreproduktion

Je nach Kameratyp sind Vorlagen bis zu 130 x 185 cm. Der Horizontalkamera ähnlich ist die großformatige *Brückenkamera* als Zweiraumkamera für Aufnahmen extrem großer Vorlagen. Größe, Schärfe und Brennweite werden vollautomatisch gesteuert.

Die Übertragung der Bildvorlage auf den Film, der als Druckvorlage dient, geht nach dem Schema: Aufnahme in der Reprokamera – Entwicklung des Negativfilms – Filmkopie im Kontakt-Kopiergerät – Positivfilm.

b) Die elektronische Scann-Technik

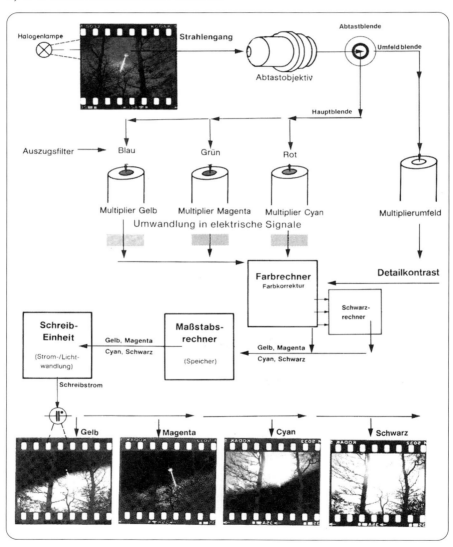

Abbildung 25: Funktionsprinzip eines Scanners.

Scanner (engl. Abtaster) sind rechnergesteuerte Abtastgeräte zur kostengünstigen, schnellen und exakten Reproduktion der Vorlagen, hauptsächlich im Vierfarbbereich. Man unterscheidet zwischen dem Rotations-Scanner und dem Flachbett-Scanner (s. S. 171 ff.).

Scanner werden zur Herstellung von Farbauszügen im Vierfarb-Bereich eingesetzt. Sie arbeiten digital als Digital-Scanner: Die Tonwerte der Vorlage werden in 256 Tonstufen zerlegt und gespeichert. Ein 50%iger Ton der Vorlage entspricht der Zahl 128 (d.h. 50% von 256).

Die auf eine Trommel aufgespannte flexible Vorlage wird von einer Mikro-Optik Punkt für Punkt bzw. Linie für Linie abgetastet. Bei Durchsichtsvorlagen ist der Abtastkopf in der Trommel, bei Aufsichtsvorlagen außerhalb. Während sich die Trommel in hoher Geschwindigkeit dreht, schiebt sich der Abtastkopf entlang der Vorlage parallel zur Trommelachse. Je größer die Anzahl der Abtastpunkte pro Fläche, desto mehr Einzelheiten werden erfaßt. Die Abtastfeinheit liegt üblicherweise zwischen 200 und 666 Pixel/cm. Für Feinstrichaufnahmen werden bis zu 1600 Pixel/cm benötigt. Das von der Vor-

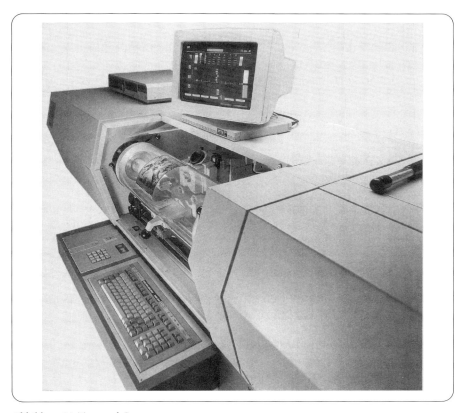

Abbildung 26: Trommel-Scanner.

lage kommende Licht wird von Interferenzfiltern (Farbauszugsfiltern) in rote, grüne und blaue Farbanteile zerlegt, die jeweils einem Fotomultiplier (Elektronenvervielfacher) zugeleitet werden. Ein vierter Fotomultiplier erfaßt das Umfeld des Abtastlichtes und wird für die Steigerung der Bildschärfe benötigt. Der Fotomultiplier verwandelt das eintreffende Licht in elektrische Impulse, die in den Rechner geschickt werden. Die vom Rechner gesteuerte Schreibeinheit bringt für jede Farbe die Rasterpunkte auf den Film. Alle vier Farbauszüge werden gleichzeitig auf vier Filme aufgezeichnet (Quadrocolor-Aufzeichnung). Ein Farbfoto von 10 × 10 cm kann in ca. 10 Minuten reproduziert werden.

Bereits beim Scannen lassen sich Farbkorrekturen ausführen wie die Behebung eines Farbstichs (z.B. Blaustich) oder die Verstärkung der Farben (z.B. blauer Himmel), was teure manuelle Bildbearbeitung zu verhindern hilft. Die Abtastdaten können sich für weitere Verwendung gespeichert werden.

F. Die elektronische Bildbearbeitung (EBV)

Die EBV unterteilt sich in Retusche, Bildgestaltung und druckverfahrensbezogene Arbeiten. Alle Arbeiten können unter ständiger visueller Kontrolle auf dem Bildschirm ausgeführt werden. Die für die Bearbeitung notwendigen Schritte werden mit der Maus in der Form eines Fadenkreuz-Signalgebers gesteuert. Zahlreiche Spezialprogramme können die Arbeit unterstützen.

1. Die Retusche

Diese Arbeiten umfassen im wesentlichen: Steigerung der Tiefenzeichnung, Steigerung der Farbkontraste, partielle Farbkorrektur, Verbesserung und Veränderung von Bilddetails, Beseitigung von Flecken, Maskierung zur Freistellung von Bildteilen, Farbstichentfernung, Veränderung der Rasterpunktformen (s. S. 223) und Anlegen eines farbigen Fonds (Bildhintergrund).

Dazu kann der Operator die Abbildung als Ganzes oder mit der stufenlosen Zoom-Funktion (elektronische Lupe) Bilddetails bis zur Pixelgröße auf den Bildschirm bringen. Um beispielsweise eine Verschmutzung in einem flächigen Bildhintergrund zu beseitigen, können einwandfreie Pixel an die Stelle der fehlerhaften Pixel kopiert werden. Mit der Pinsel-Option des Programms Navigator lassen sich z.B. Augenfarben zum Leuchten bringen.

Diese Retuschearbeiten sind zeitaufwendig und werden dem Kunden nach festen Stundensätzen berechnet. Es gilt auch hier der Grundsatz, einwandfreie Bildvorlagen für die Reproduktion zu beschaffen.

F. Die elektronische Bildbearbeitung (EBV)

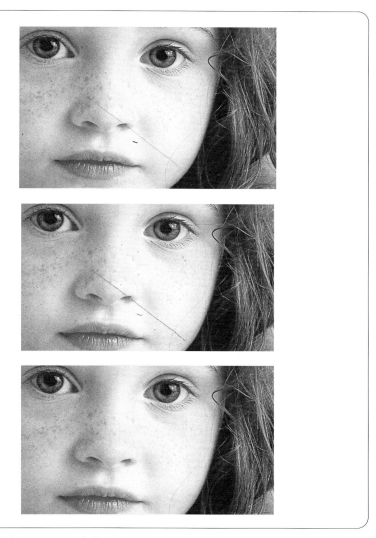

Abbildung 27: Löcher stopfen: Makellose Pixel aus einem Auswahlrechteck auf den korrigierenden Fleck ziehen.

2. Die Bildgestaltung

Dazu zählen: Vergrößern und Verkleinern, Veränderung von Bilderteilen durch Neigen, Drehen, Stauchen oder Kontern, Einfärben von Flächen, Änderung der Gradation, Farbänderung von Bildteilen, Umsetzung von Halbtonabbildungen in Volltonabbildungen und Kopieren von einzelnen Bildteilen an andere Stellen.

VII. Die Technik der Bildreproduktion

Abbildung 28: Arbeitsweise mit einem EBV-System. Oben: Layout für eine vierfarbige Anzeige. Mitte: Die einzelnen Aufnahmen und die gesetzte Schrift, die zur Bildkomposition benötigt werden. Unten: Fertige Anzeige.

F. Die elektronische Bildbearbeitung (EBV)

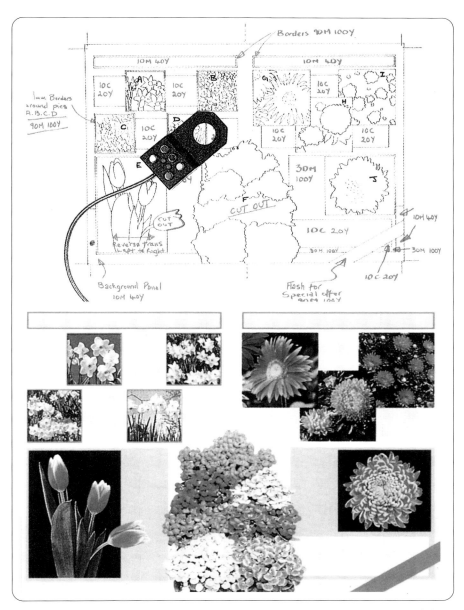

Abbildung 29: Beispiel für eine elektronische Seitenmontage. Oben: Der genaue Seitenaufriß mit den Angaben zu den Bildern. Mit dem Fadenkreuz-Cursor werden die einzelnen gescannten Bilder exakt plaziert. Unten: die fertige Seite.

VII. Die Technik der Bildreproduktion

3. Druckverfahrensbezogene Arbeiten

Dazu zählen: die Abstimmung der Ausgabedaten für die jeweiligen Druckverfahren, die Festlegung der Rasterweite, die Rasterwinkelung, die Anpassung an die Druckkennlinie mit der Hilfe eines Rastergraukeils zur Ermittlung der Rasterdeckung im Druck und Anbringung von Unter- oder Überfüllungen zum problemlosen Mehrfarbendruck, um an den Bildrändern sog. Blitzer zu vermeiden, d.h. sichtbare Ungenauigkeiten der Raster.

G. Die Holographie

Mit der Holographie (griech. ganzheitlich geschrieben) werden keine Bilder im herkömmlichen Sinne, sondern Hologramme mit originalgetreuer dreidimensionaler Raumwirkung hergestellt. Für den Betrachter entsteht ein virtuelles Bild: Man schaut wie durch ein Fenster und sieht den Gegenstand räumlich.

Zum Beleuchten des Objektes benutzt man Laserlicht. Der gebündelte Lichtstrahl wird geteilt. Der Referenzstrahl trifft von einem Spiegel gelenkt direkt auf das fotografische Aufnahmematerial. Der Objektstrahl trifft erst nach der Durchdringung des aufzunehmenden Objektes auf das Aufnahmematerial. Die beiden Strahlen überlagern sich.

Hologramme werden für anspruchsvolle Werbung, Umschlaggestaltung von Magazincovern sowie im Verpackungsbereich (z.B. Schallplattenhüllen) verwendet, auf Scheckkarten geprägt und dienen als künstlerisches Ausdrucksmittel.

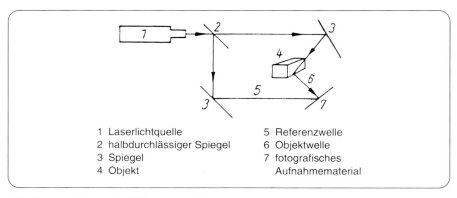

1 Laserlichtquelle
2 halbdurchlässiger Spiegel
3 Spiegel
4 Objekt
5 Referenzwelle
6 Objektwelle
7 fotografisches Aufnahmematerial

Abbildung 30: Schema der Hologramm-Aufnahme.

H. Filme für die einzelnen Druckverfahren

Für den Druck werden Filme als Druckvorlagen benötigt, falls nicht die Daten auf Datenträgern der Druckerei übermittelt werden. Für den Mehrfarbendruck werden die Filme dem Drucker in Farbsätzen mit der Angabe der Reihenfolge der Farben im Druckvorgang geliefert. Dazu kommen die Andruck-Farbskala oder Proofs. Zur Erleichterung der Druckformenmontage müssen die Filme Passerkreuze und die Farbbezeichnungen enthalten.

1. Filme für den Hochdruck

Für den Bilderdruck werden *Klischees* hergestellt. Die druckenden Teile stehen erhaben auf Kunststoffplatten wie Nyloprint. Mit der *Strichätzung* werden Volltonbilder und mit der *Autotypie* (Netzätzung, Rasterätzung) Halbtonbilder gedruckt. Dazu werden die Filme – positiv, seitenrichtig – auf die lichtempfindlichen Kunststoffplatten kopiert. Die druckenden Teile bleiben durch die sog. Lichtgerbung beständig gegen Lösungsmittel, die nichtdruckenden Teile werden hingegen ausgewaschen, d.h. tiefer gelegt.

2. Filme für den Flachdruck

Es werden seitenverkehrte Negativfilme für die Negativkopie oder seitenverkehrte Positivfilme für die Positivkopie auf die Offsetplatte kopiert. Das Verfahren wird auf der Seite 270ff. beschrieben.

3. Filme für den Tiefdruck

Im Gegensatz zu den übrigen Druckverfahren werden für Halbtonbilder ungerasterte Halbtonfilme (Diapositive) benötigt, die auf Kupferzylinder kopiert und anschließend tiefgelegt werden. Die Näpfchen werden heute in der Regel vom Scanner gesteuert, ohne den Umweg über den Film, direkt in den Kupferzylinder graviert. Das Verfahren wird auf den Seiten 281 ff. beschrieben.

4. Filme für den Siebdruck

Für den Siebdruck werden seitenrichtige Positivfilme verwendet, die auf das Sieb kopiert werden. Die Schwierigkeit beim Druck gerasterter Halbtonbilder liegt im Maschengitter des Siebes begründet, weil feine Rasterpunkte nicht mehr präzise ausdrucken können. Es muß daher eine Rasterweite gewählt werden, die den Maschen des Siebes entspricht. Für die Auswahl empfiehlt sich eine vorherige Abstimmung mit dem Siebdrucker. Das Verfahren der Kopie wird auf der Seite 286f. beschrieben.

VII. Die Technik der Bildreproduktion

I. Die Prüfung des Reproduktionsergebnisses

Die Beurteilung des Reproduktionsergebnisses farbiger Bilder ist schon auf dem Monitor des Bildbearbeitungssystems möglich. Allerdings ist die Wirkung des Bildes auf dem Papier nicht voll zu erreichen. Deshalb können zwar Größen- und Ausschnittangabe sowie stark abweichende Farbwiedergabe geprüft und ggf. korrigiert werden, aber auf einen Andruck auf das Originalpapier oder den Proof ist nicht zu verzichten, wenn die Farben originalgetreu wiedergegeben werden müssen.

Deshalb empfiehlt es sich für hochwertige Ansprüche, bevor mit dem Auflagendruck begonnen wird, die reproduzierten einfarbigen und mehrfarbigen Halbtonbilder andrucken zu lassen, um die Reproduktion mit der Vorlage vergleichen zu können. Für Volltonbilder genügen Abzüge auf Fotopapier, Lichtpausen oder scharfe Fotokopien. Grundsätzlich sollte auf das *Auflagenpapier*, möglichst unter den Bedingungen des Auflagendruckes, angedruckt werden. Die *Farbskala* bei Mehrfarbdrucken, die später der Drucker erhält, muß den Andruck der einzelnen Farben und den Zusammendruck in der Rei-

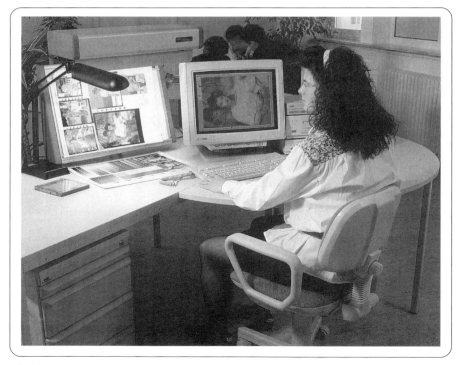

Abbildung 31: Wenn der Kunde keine Andrucke verlangt, reicht häufig der „Softproof", die Bildkontrolle am Echtfarbenbildschirm, zur Farbkorrektur aus. Dazu wird ein digitalisierter Proof, mit allen Farbkorrekturen versehen (links am Leuchttisch), am Bildschirm verglichen und korrigiert.

I. Die Prüfung des Reproduktionsergebnisses

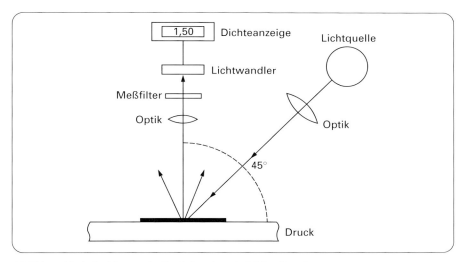

Abbildung 32: Aufzeichnung der Funktion eines Aufsichts-Densitometers.

henfolge des Auflagendruckes enthalten. Zur densitometrischen Dichtemessung mit einem Densitometer können *Farbprüfstreifen* mitgedruckt werden (s. S. 279). Zur Kostensenkung werden mehrere Abbildungen zusammengestellt und auf Sammelformen angedruckt.

Andrucke herzustellen ist teuer. Es gibt auch preiswertere Verfahren zur Beurteilung des Reproduktionsergebnisses mehrfarbiger Bilder. Diese werden *Proofs* (engl. Probeabzüge) genannt. Die gebräuchlichsten sind die Toner- und die Farbfolien-Übertragungsverfahren. Beim Tonerverfahren (z.B. Cromalinverfahren von DuPont) wird den vier Farben gleichgefärbtes Pulver (Toner) auf die klebrigen Rasterpunkte, vom gerasterten Farbauszugsdiapositiv auf einen Papierträger belichtet, gebracht und anschließend mit einer glänzenden Schutzfolie überzogen. Beim Farbfolien-Übertragungsverfahren

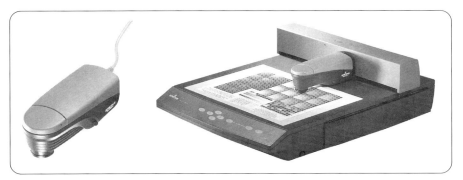

Abbildung 33: Spectrolino ist ein komplettes Spektralfotometer, hier an den Spectroscan montiert, einem XY-Meßtisch zur automatischen Messung von Testdrucken.

VII. Die Technik der Bildreproduktion

(z. B. Color-Art von Fuji) wird mit vier Folien gearbeitet, die den vier Druckfarben entsprechen. Diesen Proof-Verfahren ist gemeinsam, daß sie nicht dem späteren Druck wiederzugeben vermögen.

Digitaldrucke sind preiswert, vermitteln aber keinen verbindlichen Eindruck vom späteren Auflagendruck.

Die Farbwerte der Andrucke von Vierfarb-Halbtonbildern werden mit den Vorlagen unter *farbneutralem Licht* von 5000 Grad Kelvin verglichen. Nach folgenden Kriterien ist zu prüfen: Bildgröße – Ausschnitt – Rasterweite (mit Hilfe des Rasterzählers) – Bild- bzw. Detailschärfe – Passergenauigkeit – originalgetreue Farbwiedergabe – Gradation bzw. Farbdichte. Korrekturen werden entweder nach der DIN-NORM 16549 „Korrekturzeichen" oder verbal (z. B. „Himmel blauer") auf dem Andruck vermerkt. Bei grober Abweichung vom Original ist ein neuer Andruck nach Ausführung der Korrektur empfehlenswert, der zu Lasten der Reproduktionsanstalt geht.

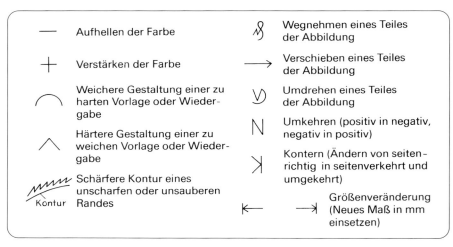

Abbildung 34: Symbole für die Markierung von Korrekturen auf dem Ausdruck nach der DIN-NORM 16549 „Korrekturzeichen".

VIII. Die Ausgabe der Satz- und Bilddaten für den Printbereich

Nach Abschluß der Satz- und Seitengestaltungsarbeiten werden die Daten ausgegeben:
Für den Print-Bereich:
– zum Korrekturlesen der Texte im Verlag und vom Autor,
– zum Überprüfen des Umbruchs,
– zur Belichtung auf Film für die einzelnen Druckverfahren,
– zur Plattenkopie für die Computer-to-Plate-Verfahren für den Offsetdruck,
– für Computer-Publishing/Digitaldruck.

Für den Non-Print-Bereich:
– zur Weiterverarbeitung für elektronische Datenträger wie CD-ROM,
– für Online-Dienste,
– zur Datenfernübertragung.
Im Kapitel „Digitale Informationsspeicher" wird die Ausgabe für den Non-Print-Bereich im Detail beschrieben.

Für eine einwandfreie Zeichenwiedergabe ist die Seitenbeschreibungssprache (Page Description Language = PDL) *PostScript* notwendig. Programme dieser Sprache laufen im RIP (Raster Image Processor) des Laserdruckers oder des Laserbelichters ab, nicht im Zentralrechner. Dieser Rechner hat die Aufgabe, alle Bestandteile einer am PC gestalteten Seite in Pixel zu zerlegen. Bei

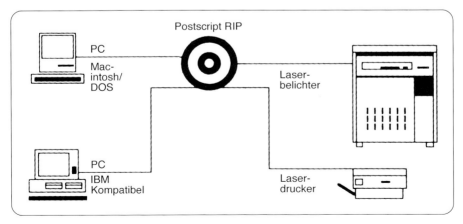

Abbildung 1: Schema der Postscript-Integration. Die mit verschiedenen Systemen bearbeiteten Daten werden über Postscript mit einem Laserbelichter von 2540 dpi Auflösung oder einem Laserprinter (Laserdrucker) von 300 bis 600 dpi ausgegeben.

VIII. *Die Ausgabe der Satz- und Bilddaten für den Printbereich*

Halbtonbildern bauen sich die Rasterpunkte ebenfalls aus Pixeln auf. Mit PostScript werden für alle Zeichen die Koordinatenpositionen der Linien und Bögen, aus denen sich die Buchstaben und Abbildungen aufbauen, genau definiert. Wegen dieser Auflösung auf der Pixelebene ist eine randscharfe Wiedergabe aller Zeichen möglich. Die PostScript-Beschreibung enthält alle Informationen, die für die Ausgabe wichtig sind wie Schriftart, Schriftgröße oder Schriftschnitt. Gegenwärtig sind über 2000 PostScriptschriften auf dem Markt. Schriftzeichen können beliebig manipuliert werden, wenn sie zur Bearbeitung in Grafikelemente umgewandelt werden, so können beispielsweise der Schrift Schatten zugefügt oder Kippungen ausgeführt werden. Wo jedes Zeichen auf der Seite positioniert wird, wird als X-Y-Koordinate mitgeteilt. Das PostScript-Programm liefert immer identische Ergebnisse unabhängig vom Laserdrucker oder Laserbelichter, abgesehen von der gerätebedingten Ausgabequalität.

A. Ausgabe zum Korrekturlesen

Zur Überprüfung des Satzes und des Umbruchs im Verlag und vom Autor wird in der Regel ein Ausdruck auf Papier mit einem postscriptfähigen Laserdrucker (s. S. 67f.) angefertigt. Weil der Verlag aber mehrere Ausdrucke benötigt, werden vom Ausdruck Fotokopien hergestellt.

Eine originalgetreue Wiedergabe der Zeichen, die dem Druck entspricht, ist über einen postscriptfähigen *Laserbelichter* auf Fotopapier zu erreichen. *Laser* ist ein Kunstwort aus Light Amplification by Stimulated Emission of Radiation (Lichtverstärkung durch angeregte Strahlungsemission). Die Lichtquelle besteht aus einem Helium-Laser, der gebündeltes Licht mit hoher Lichtintensität ausstrahlt. Mit dem Laserbelichter können Zeichen mit 2540 dpi = 1000 Linien pro Zentimeter und noch darüber hinaus belichtet werden.

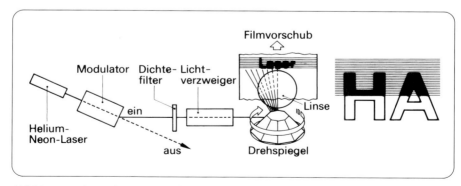

Abbildung 2: Schema des Laserstrahlbelichters. Ein Modulator formt aus dem abgelenkten Laserstrahl die Buchstaben. Er zeichnet alle auf einer waagrechten Koordinate liegenden Informationen auf. Es wird stets eine ganze Seite belichtet (Flächenbelichter). Deshalb muß immer der gesamte Inhalt einer Seite zwischengespeichert werden.

B. Ausgabe für die Druckvorstufe

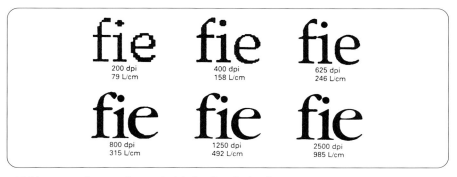

Abbildung 3: Stark vergrößerte Beispiele für die Schriftauflösung.

Beim Laserdrucker und beim Laserbelichter wird die Wiedergabe der Zeichen mit dpi (Dots per Inch) angegeben. Ein Inch (Zoll) hat die Länge von 2,54 Zentimeter. Demzufolge entsprechen beispielsweise 1000 dpi, was bereits einem hohen Auflösungswert entspricht, 394 Rasterlinien pro Zentimeter (1000:2,54). Je höher die Auflösung, desto schärfer ist die Zeichenwiedergabe. Das ist besonders für eine einwandfreie Aufzeichnung der Rundungen bei Buchstaben wichtig. Das menschliche Auge kann Unterschiede in der Auflösung über 600 dpi ohne optische Hilfsmittel kaum noch wahrnehmen.

B. Ausgabe für die Druckvorstufe

1. Die Filmherstellung

Abbildung 4: Beispiel für Positiv- und Negativfilm.

VIII. Die Ausgabe der Satz- und Bilddaten für den Printbereich

Werden für den Offsetdruck Filme zur Druckformenmontage gewünscht, müssen die Text- und Bilddaten mit dem Laserbelichter auf Film belichtet werden. In den meisten Fällen wird die Positiv-Plattenkopie eingesetzt. Dafür werden seitenverkehrte Positivfilme benötigt (s. S. 219f.). Bei der Negativ-Plattenkopie mit vorbeschichteten Negativplatten sind Negativfilme notwendig, d.h. von der negativen seitenverkehrten Kopiervorlage bekommt man eine seitenrichtige positive Druckplatte. Um die Anfertigung der teuren Filme zu sparen, können für anspruchslose Arbeiten Laserausdrucke auf Fotopapier oder gutes Kopierpapier mit hoher Auflösung zur Druckformenmontage dem Drucker gegeben werden. Für den Siebdruck sind seitenrichtige Positivfilme notwendig. Für die konventionelle Tiefdruckformen-Montage werden spezielle seitenverkehrte Filme hergestellt.

2. Für die Computer-to-Plate-Verfahren

Für Computer-to-Film (s. S. 273f.) und Computer-to-Plate (s. S. 274f.) werden die Daten als Postscript-Daten auf Disketten oder Cartridges dem Drucker geliefert. Dazu sollte ein kompletter Datenausdruck mitgegeben werden. Auch die Überspielung der Daten mit ISDN ist möglich.

3. Für die Ausgabe von großformatigen Zeichnungen

Mit dem Plotter werden ein- und mehrfarbige Zeichnungen oder Graphiken mit feiner Linienführung auf Papier gezeichnet. Damit werden lästige gezackte Rundungen vermieden. Schreibstifte sind über dem zu beschreibenden Papier auf einem Bügel angebracht und bewegen sich über das Papier, so daß jeder Punkt erreicht werden kann. Sie arbeiten langsam und eignen sich nicht zur Aufzeichnung von Texten.

Konstruktionszeichnungen werden mit der CAD-Technik (Computer Aided Design) elektronisch aufgebaut, z.B. für den Aufriß einer Stanzform für Etiketten.

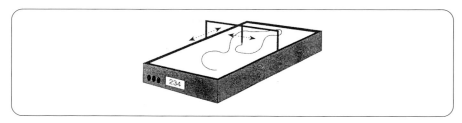

Abbildung 5: Plotter. Vom Betrachter aus ist die „Brücke" nach vorne und hinten, der Schreibstift von links nach rechts bewegbar. So kann jeder Punkt auf dem Papier erreicht werden.

C. Computer-Publishing

Damit ist nicht nur die technische Funktion, sondern auch die verlegerische Funktion gemeint. Es sind zwei Bereiche zu unterscheiden:
1. elektronisches Publizieren auf Papier,
2. elektronisches Publizieren auf elektronischen Datenträgern wie CD-ROM.

Die Basis dafür ist die *Datenbank*, ein zentrales Archiv, in dem die Daten digital gespeichert, aufbewahrt werden. Für die verschiedenen Veröffentlichungsformen müssen sie ständig gepflegt, d.h. aktualisiert zur Verfügung stehen. Dabei ist es gleichgültig, ob es sich um Texte oder Abbildungen handelt. Viele Verlage verstehen sich in diesem Sinne als multimediale Anbieter von Informationen über den Print-Bereich hinaus. – In diesem Kapitel wird nur auf das Produzieren auf Papier eingegangen.

1. *Der Digitaldruck*

Damit wird die technische Funktion des Computer Publishing beschrieben. Für den Schwarz-Weiß- und vor allem für den Farbdruck im niedrigen Auflagenbereich gewinnt dieses Drucksystem immer mehr an Bedeutung. Die im Satz- und Reprobereich bearbeiteten und gespeicherten Text- und Bilddaten werden vom Digitaldrucker online mit einem Printserver oder offline von einer Diskette nach dem PostScript-Level übernommen. Von Vierfarbbildern werden die Farbauszüge hergestellt. Statt der Rasterung, wie für den Offsetdruck notwendig, erfolgt die Auflösung auf der Pixel-Ebene (s. S. 226) mit einer Auflösung von ca. 600 bis 800 dpi. Diese soll in der kommenden Zeit erheblich gesteigert werden. Kostenintensive Zwischenschritte der Druckformenvorbereitung wie Druckformenmontage und Plattenkopie entfallen. Einige Systeme erlauben die Eingabe von gedruckten Aufsichtsvorlagen. Die bedruckten Blätter lassen sich zu gebundenen Broschüren weiterverarbeiten. Damit ist der Digitaldruck eine sinnvolle Ergänzung zum Offsetdruck geworden.

Der Druck erfolgt im Drucker nach dem xerographischen Prinzip (s. S. 67f.). Eine Fotoleiter-Trommel wird aufgeladen. Bei der Belichtung mit einem Laserstrahl fließt die Ladung an den Stellen ab, die Farbe annehmen sollen. An diesen Stellen setzen sich die Tonerpartikelchen an und werden von dort auf das Papier übertragen und durch Hitze fixiert. Für den Vierfarbdruck stehen Toner in den Farben der Europa-Skala zur Verfügung. Anschließend entfernt eine Reinigungseinheit den überflüssigen Toner. Es werden Flüssig- und Trockentoner angeboten. Immer mehr setzen sich Ink-Jet-Drucker durch (s. S. 68).

In der Regel setzt sich ein Digitaldrucksystem zusammen aus: Papierzufuhr in Blatt- oder Rollenform – Schwarz-Weiß-Laserdrucker in ca. 600 dpi-Qualität oder Inkjet-Drucker, die zweiseitigen Druck erlauben – Cutter zum Einzelblattschnitt bei Rollenpapier – Heft- und Falzaggregat für Klebe-, Rückstichheftung oder Loseblatt-Verarbeitung (Binding-on-demand). Farbige

VIII. Die Ausgabe der Satz- und Bilddaten für den Printbereich

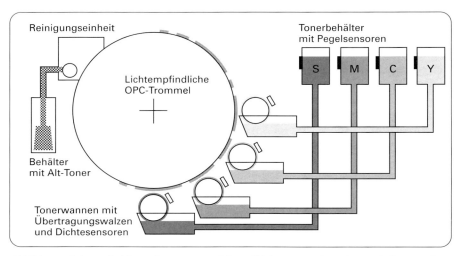

Abbildung 6: Schema der Tonerübertragung auf die Halbleitertrommel. In vier Umdrehungen übernimmt die Trommel die Farbtoner und überträgt das vierfarbige Bild auf das Papier.

Blätter, von Farbdruckern oder im Offset hergestellt, können über Zuführschächte an beliebiger Stelle eingefügt werden. Die meisten Systeme sind im Format beschränkt, sie erlauben DIN-A4- oder DIN-A3-Formate. Die Druckleistung verbessert sich ständig. Sie liegt gegenwärtig bei 10 Seiten pro Minute. Wirtschaftlich ist ein Umfang bis ca. 100 Seiten. Ein Vorteil liegt auch darin, daß diese Systeme von nicht ausgebildeten Offsetdruckern leicht zu bedienen sind. Immer mehr Digitaldruckereien bieten ihre Dienste für den

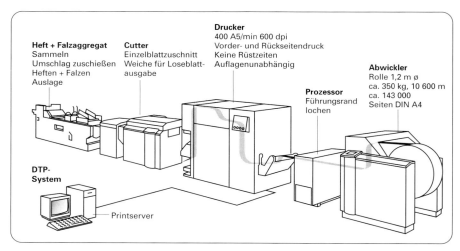

Abbildung 7: Digitaldrucksystem, hier integriert in eine Printing- und Binding-on-demand-Anlagenkonfiguration.

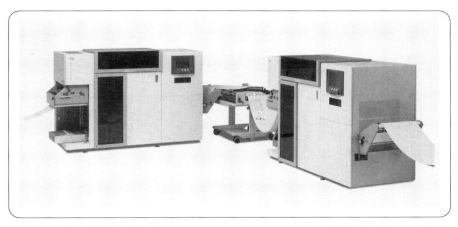

Abbildung 8: Das Zwillingsdrucksystem Demandstream 8000 DI wendet die Papierbahn zwischen den beiden Maschinen.

Druck kleiner Auflagen an. Auch Behörden, Industriebetriebe und Versicherungen arbeiten in ihren Hausdruckereien mit Digitaldrucksystemen.

Der Digitaldruck erfordert spezielle Papiereigenschaften. Für den Druck von Texten und einfachen Graphiken werden multifunktionale ungestrichene für den Laserdruck geeignete Papiere angeboten. Für anspruchsvollere Farbdrucke wie Farbfotos sind glatte Spezialpapiere entwickelt worden. Zwar ist der Farbdruck auch auf ungestrichenem Papier möglich, doch die Farben verlieren an Leuchtkraft und Intensität. Um einem Verschmieren der Farben entgegenzuwirken, werden kurze Trocknungszeiten immer wichtiger.

Plakate lassen sich in niedriger Auflagenhöhe auch farbig mit digitalen Großdruckern bis 5 m Druckbreite herstellen. Dafür bieten sich das Tintenstrahlverfahren und der Laserdrucker an. Ist hohe Auflösung gewünscht, ist der Tintenstrahldrucker zu bevorzugen.

2. *Printing on Demand*

Damit wird die verlegerische Seite des Computer Publishing beschrieben, die auch Just in Time-Printing genannt wird. Weil die mit dem DTP-System bearbeiteten und ständig aktualisierten Daten direkt im Auflagendruck auf dem neuesten Stand digital ausgedruckt werden können, bieten sich damit für einen Verlag neben den herkömmlichen „klassischen" Produktionsverfahren neue Editionsmöglichkeiten an: Druck für Produkte im Auflagenbereich bis ca. 3000 Exemplaren wie Werbeunterlagen, Preislisten, Formulare, Ersatzteilkataloge, Bekanntmachungen, Tagungsprotokolle usw. Aber auch für hochspezialisierte wissenschaftliche Werke mit großem Umfang und niedriger Auflagenhöhe kann Printing on Demand von Vorteil sein. Dazu zählen Dissertationen, wissenschaftliche Abhandlungen, die einer ständigen Aktualisierung bedürfen u.ä.

VIII. Die Ausgabe der Satz- und Bilddaten für den Printbereich

Zunehmend werden auch Zeitschriften im niedrigen Auflagenbereich in der genauen Abonnentenzahl und Bücher nach Bestellzahl so hergestellt. Damit werden Lagerkosten und der Kapitaleinsatz minimiert. Im Buchbereich können höhere Verwaltungskosten für ständige Absatzkontrolle und häufigere Auftragsvergabe anfallen.

Printing on Demand:
Druckauflage auf konkrete Nachfrage
Ständige Aktualisierung
Laserdruckqualität
Druck von 4 Tonerfarben
Niedrige Auflage
Formatbeschränkung
Geringer Umfang
Klebe- und Rückstichheftung

Offsetdruck:
Druckauflage nach geschätzter Nachfrage
Höchste Qualität
Druck von Sonderfarben
Unbegrenzte Auflagenhöhe
Keine Formatbeschränkung
Keine Umfangsbeschränkung
Alle Arten der buchbinderischen Weiterverarbeitung

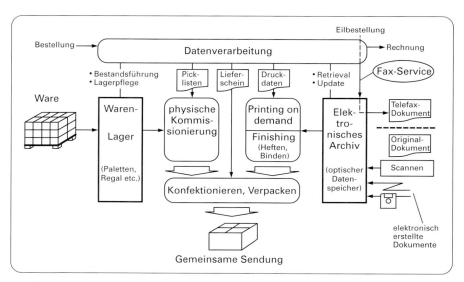

Abbildung 9: Schema des „intelligenten" Warenwirtschaftssystems am Beispiel der Bertelsmann Distribution. Es zeigt die Einsatzmöglichkeit von „Printing on Demand".

C. Computer-Publishing

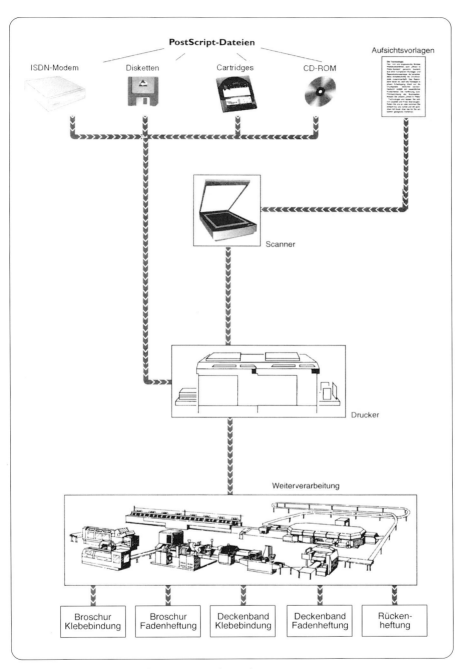

Abbildung 10: Ablaufschema des Printing on demand.

VIII. Die Ausgabe der Satz- und Bilddaten für den Printbereich

Für den Druck von Broschüren ist folgender Ablauf denkbar: Die Bestelleingänge werden gesammelt, bis eine Auflage beisammen ist, die eine wirtschaftliche Herstellung erlaubt. Dann werden die Exemplare gedruckt und gebunden. Bei Bedarf kann der Inhalt von Auflage zu Auflage aktualisiert werden. Weil in den meisten Fällen eine ständige Lieferbereitschaft unumgänglich ist, denn der Kunde möchte sein Buch umgehend erhalten, müssen immer einige Exemplare auf Lager gehalten werden. Es kann aber zu editorischen Problemen kommen. Um nur zwei Beispiele zu nennen: Ist der Autor in der Lage, ständig in kurzen Abständen sein Werk zu verbessern? Wie wird dem Benutzer deutlich, welchen Bearbeitungsstand (Auflage) er vorliegen hat?

Für den Plakatdruck im niedrigen Auflagenbereich geht der Trend zum ein- oder mehrfarbigen digitalen Großformatdruck. Weitere Einsatzgebiete sind Messestand- und Dokumentationsausrüstungen mit Großfotos und Schaubildern. Zum Einsatz kommt das Tintenstrahlverfahren und – weniger vorteilhaft – das Laserdruckerverfahren. Gegenwärtig liegt die Leistung zwischen 400 und 900 Quadratzentimetern pro Minute, d. h. für die Ausgabe eines Posters in DIN-A-0-Format werden rund 20 Minuten benötigt. Die Auflösung kann je nach Gerätetyp bis zu 1200 dpi gehen, was der Offsetqualität entspricht. Bedrucken lassen sich außer Papier auch Stoffe und Folien.

IX. Die Technik des Druckens

Unter Drucken versteht man die handwerkliche oder industrielle Vervielfältigung von Schrift und Bild auf Papier oder ähnlichen Materialien, die als Printmedien bezeichnet werden. Gedruckt werden als Vermittler von Informationen Bücher, Zeitschriften, Zeitungen, Plakate, Werbematerialien und Verpackungen. Zu allen Zeiten hatten die Menschen das Bedürfnis, Informationen an ihre Mitmenschen über Raum und Zeit hinweg weiterzugeben.

A. Die Erfindung der Drucktechnik

Vor der Erfindung der Drucktechnik durch Johannes Gutenberg mußten Bücher mühsam und langwierig abgeschrieben werden, wenn man sie vervielfältigen wollte. Handgeschriebene Bücher waren teuer, Abschreibfehler verfälschten häufig die Texte. Aktuelle Nachrichten konnten mündlich oder handschriftlich nur verhältnismäßig langsam verbreitet werden.

Als eigentliche Vorläufer des Druckens auf Papier nach heutigem Verständnis gelten die *Holztafeldrucke* in China und Japan seit dem 8. Jahrhundert n.Chr. Bilder wurden in Holzschnitttechnik spiegelverkehrt in Holzplatten geschnitten, die Platten mit schwarzer Farbe eingefärbt und auf das Papier gedrückt. Besonders schöne Drucke wurden anschließend von Hand koloriert. In Europa schnitt man gegen 1400 n.Chr. zu den Bildern auch Schriften in Holztafeln, deren Abdrucke die *Blockbücher* ergaben, heute gesuchte Kostbarkeiten in Bibliotheken.

Gegen 1450 n.Chr. erfand *Johannes Gensfleisch zum Gutenberg*, Goldschmied in Mainz, den Druck mit beweglichen Lettern, den Buchdruck. Gu-

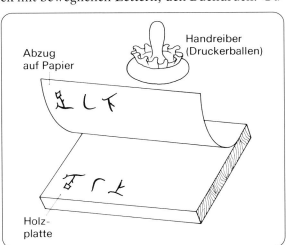

Abbildung 1: Ein Reibdruck auf Chinapapier.

IX. Die Technik des Druckens

Abbildung 2: Ein mittelalterlicher Holztafeldruck. Die Schrift ist in die Platte eingeschnitten.

tenberg konstruierte außerdem eine hölzerne Druckpresse, die eine rationelle und damit für seine Zeit kostengünstige Vervielfältigung bis zu 200 Exemplaren erlaubte. Als Vorbild für die Presse dienten die Weinpressen seiner rheinischen Heimat. Bis zum Ende des 18. Jahrhunderts standen in allen Offizinen, wie die Druckereien genannt wurden, Druckpressen nach dem Prinzip der Gutenbergschen Presse. Gutenberg hat auch die schwarze Druckfarbe aus Ruß und Leinölfirnis, die mit Hilfe von Lederballen auf die Schrift gebracht wurde, zusammengestellt. Bis in unsere Zeit hinein wurde der Buchdruck „Schwarze Kunst" genannt, und die Setzer und Drucker bezeichneten sich stolz als die „Jünger Gutenbergs". Der Sammelbegriff des Buchdrucks umfaßt alle Verfahren, die, von Gutenberg entwickelt, im Zusammenwirken die Vervielfältigung von Druckwerken möglich machen: den Guß der beweglichen Lettern aus Matrizen in der Gießform, die Zusammenstellung der Metall-Legierung für den Letternguß, das Ordnungsprinzip des Setzkastens, die Konstruktion der Druckpresse, die Komposition der Druckfarbe und die Technik des Farbauftragens. Die von Gutenberg und seinen Zeitgenossen gedruckten Bücher zeugen vom hervorragenden handwerklichen Geschick und künstlerischen Geschmack der ersten Drucker. Zu den Druckwerken Gutenbergs gehören die „42zeilige Bibel" (1452–1456), ein liturgischer Psalter (um 1455) sowie ein 30zeiliger Ablaßbrief (1454–1455).

Gutenbergs engster Mitarbeiter *Peter Schöffer* gründete 1455 mit *Johann Fust* in Mainz eine leistungsfähige Druckerei, aus der ebenfalls schöne Drucke hervorgegangen sind. Der Nürnberger Drucker *Anton Koberger* beschäftigte nur wenige Jahre nach der Erfindung bereits bis zu 100 Gesellen an 24 Druckpressen.

A. *Die Erfindung der Drucktechnik*

Abbildung 3: Links: Eine Buchdruckwerkstatt nach Jost Ammans Ständebuch von 1518. Rechts: Das erste Druckerzeichen der Welt von der Offizin Schöffer und Fust in Mainz.

Die von 1450–1500 gedruckten Bücher heißen *Inkunabeln* (abgeleitet von lat. Wiege) oder *Wiegendrucke*. Viele können im Original in Museen oder als *Faksimile-Ausgaben* (lat. ähnlich machen) bewundert werden. Bei Faksimileausgaben soll nicht nur der Zustand der einzelnen Seiten originalgetreu wiedergegeben werden, auch der Einband muß dem Exemplar nachgebildet sein, das als Vorlage diente (s. S. 210f.). Zur Schonung des Originals dienen Faksimileausgaben der Forschung oder werden von Liebhabern erworben.

Die geniale Erfindung des Buchdrucks ist mit der Entwicklung des Alphabets vergleichbar. Die Druckkunst breitete sich schnell über Europa aus. Bedeutende Frühdruckorte bis 1500 (nach Presser):

Mainz	um 1450	Nürnberg	1470	Lübeck	1475
Straßburg	um 1461	Paris	1471	Breslau	1475
Köln	1466	Neapel	1471	Brüssel	1476
Rom	1467	Utrecht	1473	London	1477
Basel	1468	Ulm	1473	Antwerpen	1481
Augsburg	1468	Lyon	1473	Leipzig	1481
Venedig	1469	Valencia	1474		

Bis zum Jahr 1500 wurden ca. 40 000 Titel gedruckt, die Zahl der Drucke geht in die Millionen. Man kann daher vom Beginn des Informationszeitalters sprechen, welches gegenwärtig durch die Computertechnik einen neuen revolutionären Impuls erhält.

Auf Handpressen, nach dem Prinzip Fläche gegen Fläche, werden heute nur noch künstlerische Handdrucke wie Holzschnitte handwerklich in geringen Auflagen gedruckt. Alle übrigen Druckwerke werden in industrieller Fer-

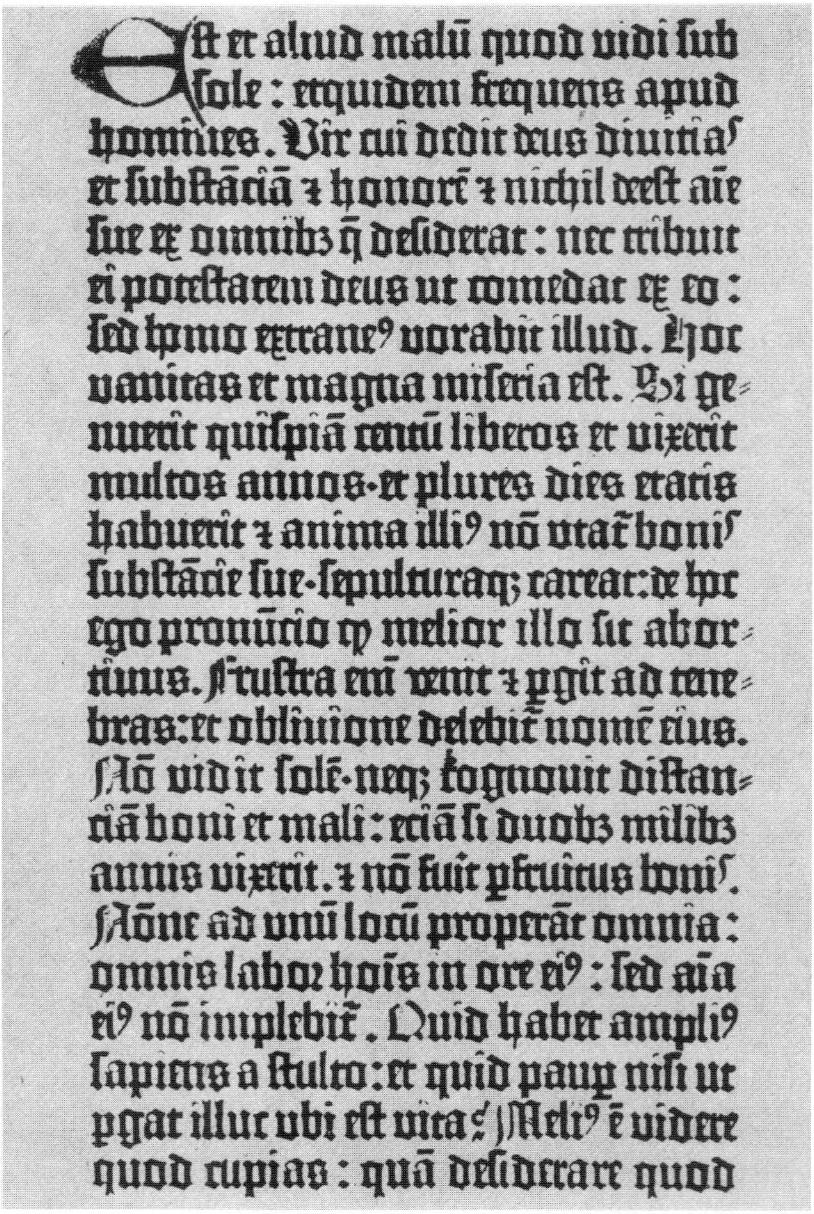

IX. Die Technik des Druckens

Abbildung 4: Teil einer Kolumne aus der 42zeiligen Bibel. Die Initiale E wurde mit der Hand in roter Farbe nach dem Druck eingemalt. Als Schrift hat Gutenberg die Textura verwendet. Durch Abkürzung einzelner Wörter war es möglich, alle Zeilen gleich lang zu setzen, ohne den Abstand zwischen den einzelnen Wörtern zu verändern.

tigung hergestellt, die mit der von Friedrich König 1812 gebauten Zylinderschnellpresse ihren Anfang nahm.

Wichtige Erfindungen auf dem Gebiet des Druckwesens (nach Presser):
Dharani-Sutra aus Japan, Holztafeldruck   770 n. Chr.
Ältester datierter Holzschnitt   1423
Gutenberg erfindet den Buchdruck   gegen 1450
Aloys Senefelder erfindet den Steindruck (Lithographie)   1798
Lord Stanhope baut die erste eiserne Druckpresse   1800
Friedrich König baut die erste Zylinderdruckpresse   1812
Friedrich König entwickelt die erste Schön- und Widerdruckmaschine   1881
Erfindung des Lichtdrucks   1868
Karl Klietsch entwickelt den Tiefdruck   gegen 1890
Entwicklung des Offsetdruckes   gegen 1907
Entwicklung des Siebdruckes   gegen 1920
Entwicklung des Digitaldruckes   um 1995

B. Die Druckvorbereitung

Es müssen grundsätzlich folgende Faktoren in einem optimalen Verhältnis zueinander stehen, damit ein Druckwerk qualitativ angemessen und kostengünstig produziert werden kann: Druckfarbe – Druckträger (z.B. Offsetplatte) – Bedruckstoff (z.B. Papier) – Druckmaschine. Eine sorgfältige Reproduktion beispielsweise kommt nicht zur Geltung, wenn sie auf ungeeignetes Papier mit zuviel Farbe gedruckt wird.

1. *Die Wahl des Druckverfahrens*

Schon bei der technischen Planung eines Druckwerkes müssen aus Kostengründen Überlegungen zur Wahl des Druckverfahrens angestellt werden. Dabei sind folgende Kriterien zu berücksichtigen:
– Auflagenhöhe
– Umfang in Seiten oder Bogen
– Anzahl der Farben
– Art und Anzahl der Abbildungen
– Papiersorte
– buchbinderische Weiterverarbeitung
– Nachdruckmöglichkeiten
– Art der Druckvorlagen.

Im *Angebot* werden dem Auftraggeber vom Drucker in der Regel die Kosten nach fixen und variablen Kosten aufgeschlüsselt mitgeteilt:
– *Fixkosten (auflagenunabhängige Kosten):* Druckformenherstellung (z.B. Plattenkopie) – Farbwechsel – Einrichten der Druckmaschine.

– *Variable (auflagenabhängige) Kosten:* Fortdruck (pro 1 000 Drucke oder pro Auflage) – Erschwernisse für Bilderdruck oder wegen schwierig zu verdruckendem Papier (z.B. Dünndruckpapier oder Karton) – Zuschläge in Prozent für niedrige Auflagen.

Nicht nur der Preis ist für eine Druckvergabe ausschlaggebend, sondern auch die gewünschte *Druckqualität*. Die einzelnen Druckverfahren bieten auf Grund ihrer Technologie unterschiedliche Möglichkeiten der Wiedergabe von Vorlagen. Diese werden bei den einzelnen Druckverfahren beschrieben.

Bevor man mit einer Druckerei in eine Geschäftsverbindung tritt, wird man sich nach den vorhandenen Druckmaschinen erkundigen. Druckmaschinen gibt es in verschiedenen *Format- bzw. Maschinenklassen*. Es gibt kleinformatige, mittelformatige und großformatige Bogendruck- und Rotationsmaschinen. Die Wahl der jeweiligen Maschine hängt vom Format, der Auflagenhöhe, der Papierqualität und der gewünschten Qualität des Auftrages ab. Großformatige Maschinen haben zwar höhere Einrichtekosten als kleinformatige, können dafür aber mehr Seiten in einem Druckgang drucken. Je höher die Auflage ist, desto aufmerksamer sind die Fortdruckkosten zu bewerten.

Übersicht über gebräuchliche Maschinenklassen von Offsetbogenmaschinen, eingeteilt nach dem maximal zu bedruckenden Papierformat der Planobogen:
Flachdruckmaschinen:

Klasse I	52 x 72 cm
Klasse III	66 x 97 cm
Klasse IIIb	72 x 104 cm
Klasse V	89 x 128 cm
Klasse VI	100 x 140 cm
Klasse VII	110 x 160 cm

Für Rotationsmaschinen gibt es keine starren Klasseneinteilungen; sie werden für die spezielle Auftragsstruktur der Druckerei gebaut.

2. Der Druckauftrag

Auf dem Druckauftrag – in der Regel auf einem Formular zusammengestellt – erhält der Drucker vom Auftraggeber folgende Angaben:
– Druckverfahren (soweit es nicht bereits bekannt ist),
– beschnittenes Format des Druckwerkes in Zentimetern, wobei die erste Zahl die Breite angibt,
– Anzahl und Farbbezeichnung der verwendeten Druckfarben (z.B. 1/1 farbig schwarz für beidseitigen einfarbigen Druck oder 4/0 für einseitigen Druck mit vier Farben),
– Standangabe in Zentimetern, wobei der Bund- und der Kopfsteg in Zentimetern genannt werden (der Drucker muß noch den Beschnitt und ggf. den Fräsrand bei Klebebindung hinzurechnen),
– Umfang in Seiten oder Bogen, in der Regel zu 16 Seiten,
– Auflagenhöhe,

- Falzart (diese bestimmt das Ausschießschema),
- Papiersorte und Formatgröße (unter Berücksichtigung des Beschnittes bzw. des Fräsrandes) mit Angabe der Laufrichtung,
- Papiermenge inkl. Zuschuß für den Drucker und Buchbinder,
- Ausdrucktermin,
- Liefer- und Zahlungsbedingungen,
- Bezug auf bereits vereinbarte Preise.

Falls der Auftraggeber das Papier selbst beschafft, muß er dem Drucker mehr Papier anliefern lassen, als er für den Auflagendruck benötigt. Diese Mehrmenge wird *Zuschuß* genannt. Mit dem Zuschuß werden Fehldrucke beim Einrichten der Druckmaschine (Druckzuschuß) und beschädigte Bogen beim Einrichten der Bindemaschinen (Buchbinderzuschuß) ausgeglichen. Je niedriger die Auflage und je dünner das Papier ist, desto höher muß der Zuschuß sein. Für die Festlegung des Zuschusses in Prozent gibt es Tabellen wie diese:

Zuschußtabelle für Offsetdruck einschließlich Buchbinderei (Werte in Prozent):

Druckbogen		Textteile Papier maschinenglatt				Textteile Papier satiniert und gestrichen				Textteile Dünndruckpapier bis 59 g/qm	
von	bis	1fbg.	2fbg.	3fbg.	4fbg.	1fbg.	2fbg.	3fbg.	4fbg.	1fbg.	2fbg.
250	499	25	26,5	27	27,5	26	26,5	27	27,5	29	30,5
500	749	20	21,5	22	22,5	21	22,5	23	23,5	24	25,5
750	999	17	18,5	19	19,5	18	19,5	20	20,5	21	22,5
1 000	2 499	15	16,5	17	17,5	16	17,5	18	18,5	19	20,5
2 500	4 999	10	11,5	12	12,5	11	12,5	13	13,5	14	15,5
5 000	9 999	7	8,5	9	9,5	8	9,5	10	10,5	11	12,5
10 000	32 999	6	7,5	8	8,5	7	8,5	9	9,5	10	11,5
33 000	u. mehr	4,5	6	6,5	7	5	6,5	7	7,5	8	9,5

Alle angegebenen Prozentwerte gelten für den Druck sowie für das Aufbinden in einer Bindequote. Bei mehreren Bindequoten müssen entsprechend höhere Zuschußquoten eingesetzt werden.

3. Das Ausschießen

Unter Ausschießen versteht man das Anordnen von Seiten auf einer Druckform, damit nach dem Falzen die Seiten in der richtigen Reihenfolge hintereinander liegen. Das *Ausschießschema* hängt von der Falzart ab. Für eine kostengünstige buchbinderische Verarbeitung ist die Wahl der Falzart entscheidend. Es empfiehlt sich daher, bereits bei der Planung des Druckwerkes den Rat des Druckers und Buchbinders einzuholen. Weil es viele Möglichkeiten des Ausschießens gibt, können hier nur die Grundregeln beschrieben werden.

Für großformatige Rotationsmaschinen, an die ein Falzwerk gekoppelt ist, gelten besondere Ausschießschemata. Diese müssen vom Druckbetrieb erfragt werden.

Üblicherweise stehen auf einem *Buchbinderbogen* (Falzbogen) 16 Druckseiten: 8 Seiten auf der Bogenvorderseite (Schöndruck) und 8 Seiten auf der Bogenrückseite (Widerdruck oder Gegendruck).

Darstellung des Ausschießschemas einer 16seitigen Druckform im DIN-A5-Format für Fadenheftung oder Klebebindung:

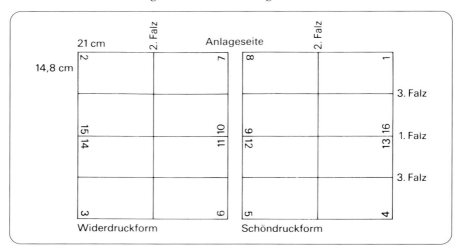

Dieser 16seitige Bogen wird im Kreuzbruch dreimal gefalzt, daher wird er Dreibruchbogen genannt. Bis zu einem 80 g/qm-Papier kann ein Buchbinderbogen, der viermal gefalzt wird, auch 32 Seiten umfassen (Vierbruchbogen). Das Falzen wird auf den Seiten 338ff. ausführlich beschrieben.

Wenn man beim Druckbogen von *Nutzen* spricht, so besagt das, mit wieviel Buchbinderbogen der Druckbogen „ausgenutzt" wird. Das soll an den folgenden Beispielen erläutert werden: Stehen auf einem Druckbogen 16 Seiten, also 8 Seiten Schöndruck und 8 Seiten Widerdruck, so ist der Druckbogen einmal genutzt; es wird zu einem Nutzen gedruckt. – Stehen auf einem Druckbogen 32 Seiten, also 16 Seiten Schöndruck und 16 Seiten Widerdruck, so ist der Druckbogen zweimal genutzt; es wird zu zwei Nutzen gedruckt. Nach dem Druck schneidet der Buchbinder den Bogen durch und erhält damit zwei Buchbinderbogen zur weiteren Verarbeitung. Großformatige Bodendruckmaschinen ermöglichen den Druck zu mehreren Nutzen. Dadurch werden die Fortdruckkosten gesenkt.

Für die Rückenheftung ist zu beachten, daß die Bogen nicht übereinanderliegend gebunden werden, sondern ineinandergesteckt werden (s. S. 341f.).

Die erste und die letzte, die zweite und die vorletzte Seite müssen auf einer Druckform zusammenstehen.

Darstellung des Ausschießschemas einer 32seitigen Druckform im Format DIN-A5 für Rückenheftung:

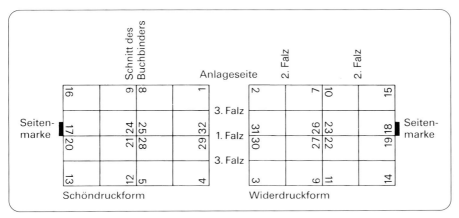

Das Druckbogenformat muß so groß bemessen werden, daß der Buchbinder zum dreiseitigen Beschneiden des Buchblocks noch genügend große Ränder zur Verfügung hat, um das Endformat (beschnittenes Seitenformat) zu erreichen. Dieser zusätzliche Rand heißt *Beschnitt*. Er beträgt in der Regel 3 mm am Kopfsteg und 5 mm am Seiten- und Fußsteg. Für die Klebebindung müssen für das Abfräsen des Buchrückens 2 mm berücksichtigt werden.

Beispiel:
 Beschnittenes Seitenformat 12,5 x 20,0 cm,
 Unbeschnittenes Seitenformat 13,0 x 20,8 cm für Fadenheftung,
 Unbeschnittenes Seitenformat 13,2 x 20,8 cm für Klebebindung.

Bei der Ermittlung des Druckbogenformates bei Bogendruckmaschinen muß auch der *Greiferrand* der Bogendruckmaschine berücksichtigt werden. Das ist der Raum, den der Greifer benötigt, der das Papier durch die Maschine führt. Über die notwendige Größe wird der Drucker Auskunft geben.

Beim Ausschießen für Bogendruckmaschinen ist zu beachten, ob zum Umschlagen, Umstülpen oder in Schön- und Widerdruck gedruckt wird. Welches Verfahren anzuwenden ist, sollte mit dem Drucker und dem Buchbinder abgesprochen werden. Diese drei Möglichkeiten sollen am Beispiel eines 8seitigen Bogens dargestellt werden:
Umschlagen: Nachdem das Papier der Hälfte der Druckauflage auf der einen Seite von einer Druckform bedruckt ist, wird es um die senkrechte Mittelachse gewendet und von der gleichen Druckform auf der anderen Seite bedruckt: 1 Drucknutzen = 2 Papiernutzen. Die Seitenmarke wechselt, die Anlage bleibt gleich:

IX. Die Technik des Druckens

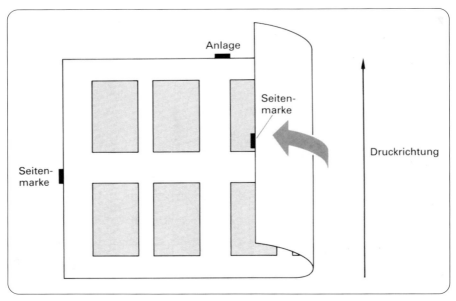

Umstülpen: Nachdem das Papier der Hälfte der Druckauflage auf der einen Seite von einer Druckform bedruckt ist, wird es um die Querachse gewendet und von der gleichen Druckform auf der anderen Seite bedruckt: 1 Drucknutzen = 2 Papiernutzen. Die Seitenmarke bleibt gleich, die Anlage wechselt:

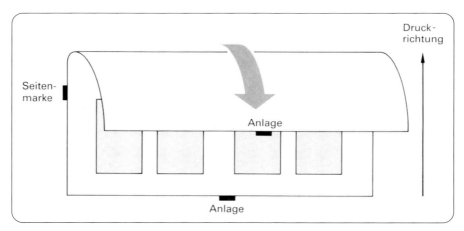

Schön- und Widerdruck: Nachdem das Papier der gesamten Druckauflage auf der einen Seite von einer Druckform bedruckt ist (Schöndruck), wird es gewendet und von der zweiten Druckform auf der Rückseite (Widerdruck) bedruckt: 1 Drucknutzen = 1 Papiernutzen. Die Seitenmarke wechselt, die Anlage bleibt gleich. In Schön- und Widerdruckmaschinen (s. S. 276f.) werden beide Seiten eines Bogens von zwei Druckformen in einem Druckgang gleichzeitig bedruckt.

B. Die Druckvorbereitung

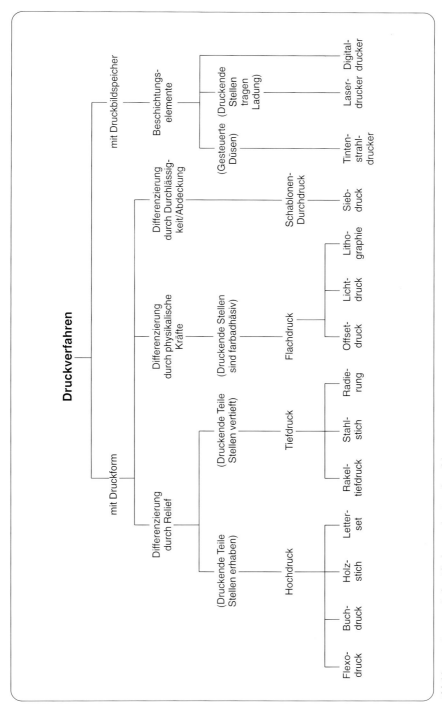

Abbildung 5: Systematische Gliederung der Druckverfahren.

IX. Die Technik des Druckens

C. Der Hochdruck

1. Der Arbeitsablauf

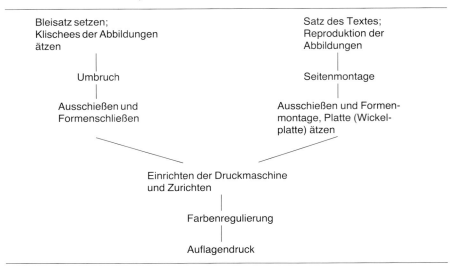

2. Das Verfahren

Der Hochdruck ist ein *mechanisches Druckverfahren*, das auf dem Prinzip von Druck und Gegendruck beruht. Die druckenden Teile liegen erhaben, d.h. hoch (daher der Name Hochdruck) auf dem Druckträger. Die nicht druckenden Teile sind vertieft. Das von Farbwalzen eingefärbte spiegelverkehrte Druckbild wird in der Druckmaschine auf das Papier gepreßt.

Abbildung 6: Links: Einrichten einer Druckform in einer historischen Stoppzylinder-Schnellpresse. Rechts: Aufbringen der Zurichtung auf den Druckzylinder.

C. Der Hochdruck

Für einen sauberen, gleichmäßigen Druck ist eine *Zurichtung* notwendig. Der reliefartige Druckausgleich durch die Zurichtung bewirkt, daß breite Teile wie fette Schriften, Flächen und dunkle Teile von Halbtonabbildungen (Tiefen) mehr Druck erhalten als spitze Teile wie feine Linien und helle Bildteile (Lichter). Dadurch wird die Druckfarbe gleichmäßig von der Druckform auf das Papier übertragen. Die Zurichtung wird heute kaum noch von Hand ausgeführt, sondern mit einer präparierten Folie, die auf chemisch-physikalischem Weg diesen Druckausgleich schafft. Die Zurichtung erhöht wesentlich die Einrichtezeit der Druckmaschine und ist dadurch kostenintensiv.

Der Hochdruck ist erkennbar an den Quetschrändern der Buchstaben und an der Schattierung auf der Rückseite des bedruckten Bogens, auf dem ein kaum merkliches Relief fühlbar ist. Der Hochdruck liefert außerordentlich scharfe Druckbilder. Es lassen sich fast alle Papiere und Kartonsorten bedrucken.

3. Die Druckträger

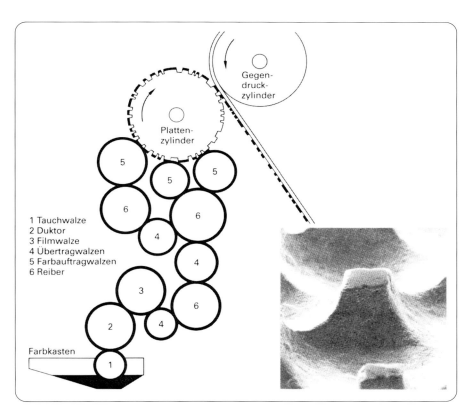

Abbildung 7: Links: Schema des Farbwerkes einer Hochdruck-Rotationsmaschine. Rechts: Vergrößerter Rasterpunkt eines Hochdruck-Klischees.

IX. Die Technik des Druckens

Als Druckträger finden Verwendung:
– *Bleisatz-Schrift*
– *Klischee* (franz. Abklatsch) wie Zinkätzung und Kunststoffklischee (Nyloprint)
– *Stereo* (Stereotypie), d.h. die mit Blei ausgegossene Pappmater, in die Schriften oder Abbildungen eingepreßt sind. Das Stereo kann flach oder rund (für den Rotationsdruck) gegossen werden. Eine Mater läßt sich mehrmals ausgießen. Stereos werden nicht mehr hergestellt.
– *Wickelplatte:* Es werden flexible fotopolymere Hochdruckplatten (z.B. Nyloprint) verwendet, auf denen die zu druckenden Partien erhaben sind. Als Vorlagen werden Negativfilme benötigt. Sie lassen sich auch in Offsetmaschinen einspannen und können zur partiellen Lackierung verwendet werden, wenn nicht die gesamte Druckform lackiert werden soll.
Man spricht von *Letterset*, wenn die Platte statt einer Flachdruckplatte auf den Plattenzylinder gespannt wird und somit im Hochdruckverfahren über einen Gummituchzylinder ohne Feuchtung gedruckt wird (indirekter Hochdruck). Alle Druckträger für den Hochdruck sind nur verhältnismäßig kostenaufwendig herzustellen.

4. Die Druckmaschinen

Kleine Druckmaschinen, die Drucke bis zum Format DIN-A3 ermöglichen, heißen *Tiegeldruckpressen*. Gedruckt wird Fläche gegen Fläche. Die *Stoppzylinder-Schnellpresse* und die *Zweitourenmaschine* erlauben den Druck auf Bogenpapier bis zum Format 72 x 104 cm. Sie drucken Zylinder gegen Fläche. Es gibt Einfarben- und Zweifarbenmaschinen. Auf den Druckzylinder wird die Zurichtung gespannt, auf der Fläche wird der Druckträger befestigt. Heute sind diese Maschinen, die nur eine Druckleistung von ca. 5000 Drucken pro Stunde haben, fast ganz aus den deutschen Druckereien verschwunden.

Großformatige *Rotationsmaschinen* bedrucken Rollenpapiere, Zylinder gegen Zylinder, im Schön- und Widerdruck in einem Druckgang. Mit hintereinander geschalteten Satellitendruckwerken können Druckobjekte auch mehrfarbig in einem Arbeitsgang gedruckt werden. Für den Druck wird die Wickelplatte um den Druckzylinder gewickelt, daher diese Bezeichnung. Die Druckleistung beträgt rd. 30000 Drucke in der Stunde. In der Regel ist an diese Druckmaschinen ein Falzwerk angeschlossen. Auf Rotationsmaschinen werden vor allem Zeitungen oder Bücher wie Taschenbücher in hoher Auflage gedruckt. Die erste deutsche Taschenbuchreihe nach dem 2. Weltkrieg waren Rowohlts Rotations-Romane (rororo).

Eine Sonderform des rotativen Hochdrucks ist die CAMERON-Hochdruck-Rollenpresse. Auf zwei endlos rotierenden Gurten für die Schön- und Widerdruckform werden seitenweise flexible Fotopolymerplatten aufgeklebt. Die Endlos-Papierbahn wird im 1. Druckwerk mit der gesamten Schöndruckform bedruckt und danach im 2. Druckwerk mit der Widerdruckform. Nach dem Druck wird die Papierbahn in Streifen geschnitten, die in einem Falztrichter gefalzt und anschließend im Kollator (Zusammenträger) zu Buchblocks zusammengestellt werden. Diese Buchblocks durchlaufen dann ein Aggregat der Klebebindung. Aus ihnen können Broschuren oder Deckenbände hergestellt werden. Diese Produktionsweise wird Oneline-Produktion genannt.

5. Die wirtschaftliche Bedeutung

Das Hochdruckverfahren als das älteste Druckverfahren wird aus folgenden Gründen kaum noch in Deutschland angewendet:
– teure Herstellung der Druckträger,
– kostenintensive Einrichtekosten wegen der Zurichtearbeit,
– verhältnismäßig geringe Geschwindigkeit der Druckmaschinen.
Falls vom Bleisatz gedruckt wird und mit baldigem Nachdruck zu rechnen ist, muß dieser als Stehsatz aufbewahrt werden. Stehsatz benötigt viel Raum und bindet den Materialwert des Metalls.

Auf Bogenmaschinen werden gegenwärtig vor allem Stanz-, Numerier-, Prägungs- und Perforierarbeiten ausgeführt.

Es ist die Tendenz zu beobachten, daß das Hochdruckverfahren künftig wieder wie zu Gutenbergs Zeiten handwerklich eingesetzt wird, um hochwertige Drucksachen wie künstlerisch gestalteten Handsatz oder Holzschnitte in kleinen Auflagen für Liebhaber zu drucken.

D. Der Flachdruck (Offsetdruck)

1. Der Arbeitsablauf

IX. Die Technik des Druckens

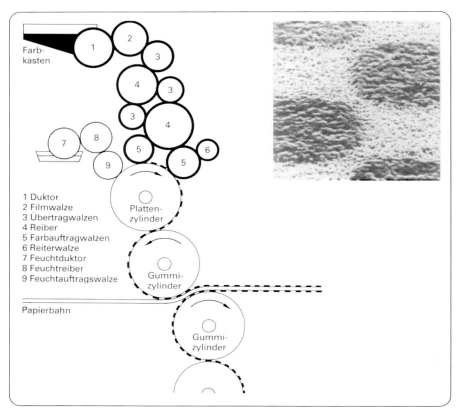

Abbildung 8: Links: Schema des Farbwerkes einer Rollenoffsetmaschine. Rechts: Vergrößerter Rasterpunkt einer Offsetdruckplatte.

2. Das Verfahren

Dieses Druckverfahren wurde aus dem Steindruck, der Lithographie, entwickelt (s. S. 209). Der Flachdruck ist ein *chemisches Druckverfahren*, das auf dem Prinzip der Abstoßung von Fett und Wasser beruht. Die druckenden Stellen auf der Druckplatte stoßen Feuchtigkeit ab und nehmen die Fettfarbe an. Die nicht druckenden Stellen nehmen Feuchtigkeit auf und stoßen die Fettfarbe ab. Druckende und nicht druckende Teile liegen auf dem Druckträger fast auf einer Ebene flach nebeneinander. Davon leitet sich die Bezeichnung Flachdruck ab. Die industrielle Form des Flachdruckes wird Offsetdruck (engl. to set off = absetzen) genannt. Die Druckfarbe auf den eingefärbten Stellen der Druckplatte, die auf dem Formzylinder gespannt ist, wird auf ein Gummituch übertragen, das auf dem Gummituch-Druckzylinder aufgespannt ist. Vom Gummituch wird die Farbe auf das Papier gebracht. Man spricht daher von einem *indirekten Druckverfahren*. Die Gründe dafür sind: Die eingefeuchteten Teile der Druckplatte können nicht mit dem Papier in

Berührung kommen und dieses faltig werden lassen; die empfindliche farbannehmende Schicht auf der Druckplatte wird nicht nach und nach vom Papier abgeschmirgelt; Knoten und Falten sowie andere Unsauberkeiten des Papiers können die Druckplatte nicht beschädigen.

In der Druckmaschine wird die Druckplatte zuerst von *Feuchtwalzen* im Feuchtwerk angefeuchtet und anschließend von den *Farbwalzen* im Farbwerk eingefärbt.

Den Flachdruck erkennt man daran, daß beim Betrachten unter einer Lupe bzw. eines Fadenzählers keine Quetschränder bzw. Einprägungen erkennbar sind. Das Papier soll staubarm und oberflächengeleimt sein.

3. Die Druckträger

Für den Offsetdruck werden Druckplatten benötigt, auf denen die zu druckenden Teile farbaufnehmend aufkopiert sind. Diese biegsamen Metallplatten haben eine Stärke von etwa 0,1 bis 0,5 mm. Die Plattenkopie ist ein bedeutsamer Kostenfaktor, vor allem im Bereich niedriger Auflagen.
- *Monometallplatten* (Aluminiumplatten): Diese dominieren im Offsetdruck in allen Druckmaschinenklassen. Sie erlauben normalerweise Drucke bis 100 000 Auflage, durch ein spezielles Einbrennverfahren jedoch auch weitaus mehr.
- *Mehrmetallplatten* (Bi- und Trimetallplatten): Diese erlauben Drucke bis 300 000 Auflage in bester Qualität.

Für Kleinoffsetmaschinen können besonders präparierte *Papierfolien* als Druckträger verwendet werden.

Die Druckplatten unterscheiden sich im Preis. Außerdem beeinflussen sie die Druckqualität. Es muß daher mit der Auftragsvergabe festgelegt werden, welche Platten zu verwenden sind. Der Druckbetrieb wird über die vorteilhaftesten Platten Auskunft geben.

a) Die konventionelle Plattenkopie

Dieses Verfahren wird angewendet, wenn Offsetfilme vom Satzbetrieb geliefert werden oder für einen Nachdruck Druckformen-Montagen vorhanden sind. Werden unveränderte Nachdrucke in absehbarer Zeit erwartet, können die Druckplatten dafür konserviert werden.

Die Filme von Text und Abbildungen als Kopiervorlagen müssen für die optimale Plattenkopie folgende Eigenschaften haben:
- frei von Beschädigungen wie Kratzer, Knicke, Schmutz und Staub sein,
- einen Arbeitsrand von mindestens 5 mm zum Text und 10 mm zu Abbildungen haben,
- Seiten, die aus vielen Einzelteilen zusammenmontiert worden sind, müssen zu einem seitenglatten Film umkopiert werden,
- nachträglich einmontierte Filmteile müssen die richtige Dichte (Schwär-

IX. Die Technik des Druckens

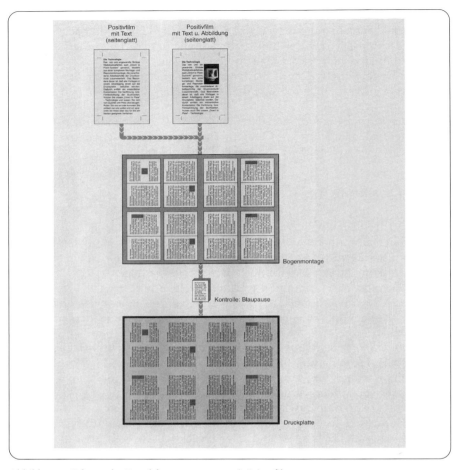

Abbildung 9: Schema der Druckformenmontage mit Seitenfilmen.

zung) aufweisen und so befestigt sein, daß sie sich nicht von selbst lösen können; besser ist umkopieren.
- Mehrfarbendrucke müssen Paßkreuze (s. S. 230) tragen,
- Filme müssen positiv seitenverkehrt angelegt sein, d.h. die Schichtseite ist dem Montierer zugewandt.

Die Kopiervorlagen werden auf einer dimensionsstabilen Montagefolie (z.B. Astralon) exakt standgerecht nach dem vorgegebenen Ausschießschema in der *Druckformenvorbereitung* der Druckerei zu Druckformen montiert. Die Montagefolie liegt auf einer von unten beleuchteten Glasplatte eines Leuchttisches. Zur Kontrolle der Montagearbeiten kann der Auftraggeber vor der Plattenkopie Lichtpausen (Blaupausen) der Formenmontage erbitten. Auf diesen können das Ausschießen, die Steggrößen und die Vollständigkeit aller Seiten überprüft

D. Der Flachdruck (Offsetdruck)

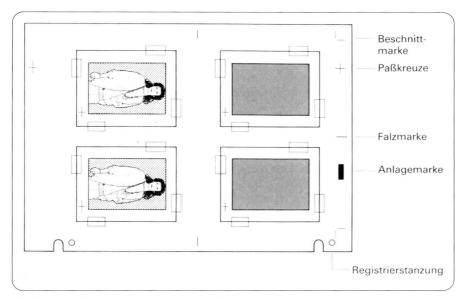

Abbildung 10: Montage einer 4seitigen Druckform.

werden. Es ist jedoch zu bedenken, daß der Auftraggeber damit die Verantwortung für die richtige Ausführung, die sonst bei der Druckerei liegt, übernimmt.

Nach Abschluß der Montagearbeiten werden die montierten Filme auf die mit einer lichtempfindlichen Schicht versehene Druckplatte kopiert. Dazu werden bereits fabrikmäßig vorbeschichtete Platten verwendet. Die Montagefolie mit den aufmontierten Filmen wird im Kopierrahmen unter Vakuum auf die lichtempfindliche Kopierschicht der Druckplatte gepreßt. Heute wird in den meisten Fällen das Verfahren der *Positivkopie* angewendet; dafür sind Positivfilme seitenverkehrt notwendig. Bei der Kopie einer Monometallplatte zerstört das durch den Film dringende UV-Licht die Kopierschicht an den zeichnungsfreien Stellen, an den anderen Stellen bleibt die Kopierschicht erhalten. Nach der Entwicklung werden die verbleibenden Schichtstellen gehärtet, die anderen Schichtteile weggewaschen, so daß dort das Metall freigelegt ist. Der farbannehmende Teil, auch oleophiler (fettfreundlicher) Teil genannt, ist die Kopierschicht. Wasserannehmender Teil, auch hydrophiler (wasserfreundlicher) Teil genannt, ist das Metall. Bei Mehrmetallplatten wird die obenliegende Chromschicht bis zum darunterliegenden Kupfer weggeätzt. Das Kupfer wird zum Farbträger, das Chrom nimmt das Wasser auf. Filmschnittkanten und Verunreinigungen werden entweder mit Lack abgedeckt oder können mit Streulicht beseitigt werden.

Die Formenmontage und die Plattenkopie werden im Preisangebot und der Rechnung der Druckerei gesondert ausgewiesen. Die Kosten für diese Arbeiten zählen zu den Fixkosten, die im niedrigen Auflagenbereich von Bedeutung sind (s. S. 34f.).

IX. Die Technik des Druckens

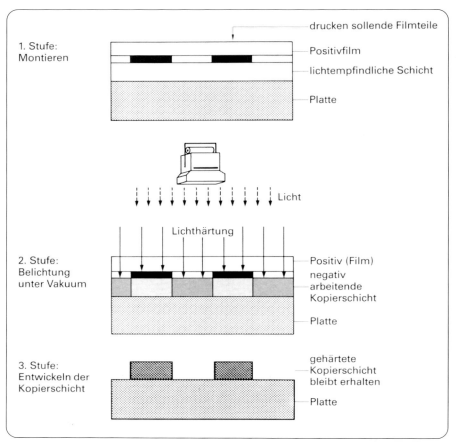

Abbildung 11: Schema der Offsetplattenkopie (Positivkopie). Die Schichtseite des Films ist der Platte zugewandt (Schicht auf Schicht).

b) Direct-to-plate-Verfahren

Dieses Verfahren ist kostengünstig, wenn nur Papiervorlagen (gedruckte Buchseiten, Laserprints oder Typoskripte) oder gemischte Vorlagen von Filmen und Papiervorlagen als Druckvorlagen vorhanden sind. Es entfällt eine Verfilmung aller Seiten. Das wichtigste Einsatzgebiet ist der Reprint von Büchern. In der Regel entfällt eine Druckplattenkonservierung zur langfristigen Aufbewahrung, weil bei Reprints nur in seltenen Fällen mit einem unveränderten Nachdruck zu rechnen ist.

Die Vorlagen werden seitenweise computergesteuert ausgeschossen und standrichtig auf dafür speziell hergestellte Offsetplatten kopiert. Bei einem Reprint muß das Vorlagenexemplar in Einzelseiten aufgelöst werden. Das Druckergebnis kann immer nur so gut sein wie die Vorlage. Viele Druckereien bieten dieses Verfahren neben der konventionellen Plattenkopie ihren Kunden an.

D. Der Flachdruck (Offsetdruck)

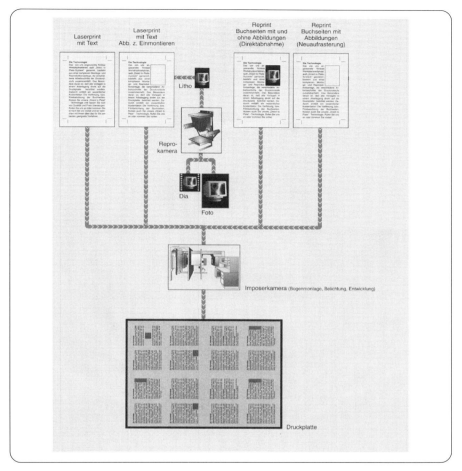

Abbildung 12: Schema des Direct-to-plate-Verfahrens.

c) **Computer-to-film-Verfahren**

Bei diesem Verfahren werden dem Drucker keine materiellen Vorlagen wie Filme vom Satzbetrieb geliefert. Die zu druckenden Texte und Bilder erhält er als Postscript-Dateien auf Disketten, Cartridges oder über ein ISDN-Modem zugestellt. Computergesteuert werden die Seiten ausgeschossen und standrichtig von einem Laserbelichter zu Bogenteilen auf Offsetfilm belichtet. Diese Filme werden zu ganzen Druckbogen montiert und auf Offsetplatten belichtet. Bei hohem Qualitätsanspruch kann mit 2540 dpi und höher belichtet werden. Der Montageaufwand verringert sich erheblich gegenüber der Einzelseitenmontage oder Montage von Text und Bildteilen auf einzelnen Seiten. Die Übermittlung der Daten, vor allem beim Einsatz der Datenfernübertragung, ist vereinfacht. Für einen unveränderten Nachdruck in absehbarer Zeit

IX. Die Technik des Druckens

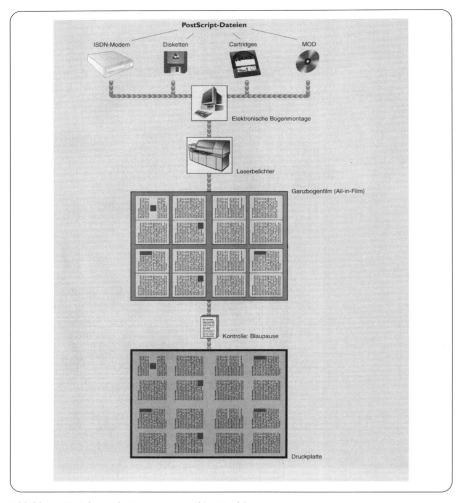

Abbildung 13: Schema des Computer-to-film-Verfahrens.

können die Druckplatten konserviert oder die Montagen aufbewahrt werden. Sind für einen Nachdruck Änderungen notwendig, werden dem Drucker die korrigierten Seiten auf den genannten Datenträgern zum erneuten Belichten zugestellt.

d) Computer-to-plate-Verfahren

Auch bei diesem Verfahren werden die zu druckenden Seiten vom Satzbetrieb als Postscript-Dateien auf elektronischen Datenträgern oder über ein ISDN-Modem zugestellt. Die Daten werden filmlos zu Seiten zusammengestellt ausgeschossen und standrichtig direkt in der Druckmaschine auf die für dieses Verfahren vorbeschichtete Druckplatte kopiert (Computer-to-press). Alle zu

D. Der Flachdruck (Offsetdruck)

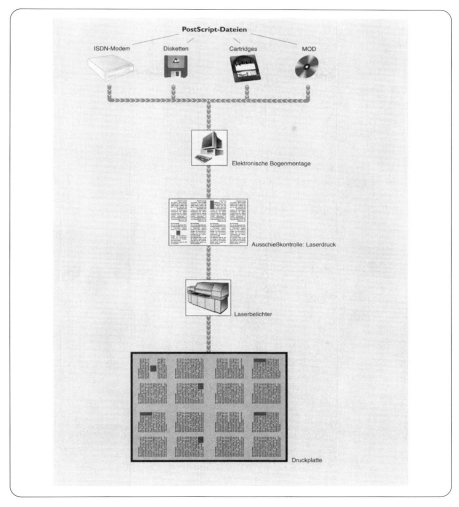

Abbildung 14: Schema des Computer-to-plate-Verfahrens.

druckenden Partien werden nacheinander durch die zeilenweise Laserbelichtung auf die Kopierschicht geschrieben. Bei hohen Qualitätsanspruch ist die Belichtung mit 2540 dpi und höher möglich. Dieses Verfahren ist kostengünstig, weil kein Filmmaterial als Zwischenträger benötigt wird.

Dieses Verfahren ist für den Zeitungsdruck, beispielsweise von sog. Mantelzeitungen, von besonderer Bedeutung, denn es können ganze Zeitungsseiten als Faksimile-Übertragung räumlich entfernten Druckereien zugestellt werden. Wegen der Zeiteinsparung verlängert sich zudem der Redaktionsschluß.

Für einen Nachdruck werden in der Regel keine Druckplatten aufbewahrt, sondern nur die auf Datenträger gespeicherten Texte und Bilder. Sind Korrekturen notwendig, erhält der Drucker einen Datenträger mit den berichtigten Daten.

IX. Die Technik des Druckens

4. Die Druckmaschinen

Es gibt Bogen- und Rollenoffsetmaschinen (Rotationsmaschinen) in verschiedenen Maschinenklassen (s. S. 258).

Kleinoffsetmaschinen erlauben nur Drucke bis zum Format DIN-A3. Es werden darauf Buchumschläge, Formulare und sonstige Akzidenzdrucksachen gedruckt. Die Druckleistung liegt bei rd. 8 000 Drucken in der Stunde. Häufig werden aus Kostengründen Kunststoffolien statt Metallplatten verwendet.

Bogenoffsetmaschinen sind als Einfarben- und Mehrfarbenmaschinen im Einsatz. Für den Mehrfarbendruck gibt es Zwei-, Vier-, Fünf- und Sechsfarbenmaschinen. Diese erlauben den Druck der Farben „naß in naß", d.h. es werden die noch nicht getrockneten Farben hintereinander in einem Maschinendurchlauf auf das Papier gedruckt. Bei Schön- und Widerdruckmaschinen werden beide Bogenseiten in einem Druckgang bedruckt. Bei umstellbaren Maschinen

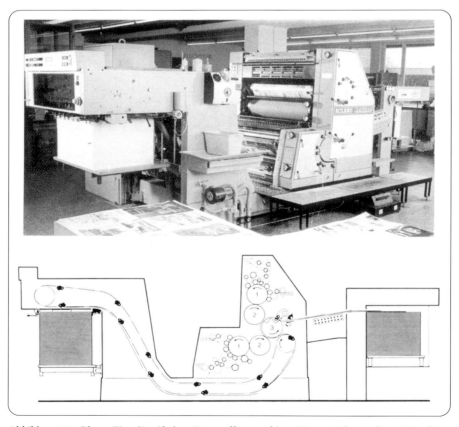

Abbildung 15: Oben: Eine Zweifarben-Bogenoffsetmaschine. Unten: Schema dieser Maschine. 1 Plattenzylinder, 2 Gummituch-Druckzylinder, 3 Druckzylinder. Der Bogen erhält beim Drucklauf über den Druckzylinder die erste Farbe von oben vom 1. Gummituch-Druckzylinder und anschließend die zweite Farbe von unten vom 2. Gummituch-Druckzylinder.

D. Der Flachdruck (Offsetdruck)

kann wahlweise eine Bogenseite zweifarbig oder wahlweise beidseitig einfarbig bedruckt werden. Auf diesen Maschinen werden Bücher, Zeitschriften, Prospekte u. ä. in mittlerer Auflagenhöhe hergestellt. Die Druckleistung beträgt rd. 10 000 Drucke in der Stunde. Um die volle Maschinenleistung ausschöpfen zu können, sollte das Grammgewicht des Papiers 60 g/qm nicht unterschreiten.

Für Tageszeitungen, Publikumszeitschriften, Magazine und Versandhauskataloge in hohen Auflagen werden *Rollenoffsetmaschinen* eingesetzt. In hintereinandergeschalteten Satellitendruckwerken können mehrere Farben in einem Druckgang im Schön- und Widerdruck-Verfahren gedruckt werden. Die Druckleistung liegt bei rd. 60 000 Drucken in der Stunde. Für Rollenoffsetmaschinen wird Rollenpapier verwendet. Sofern reißfestes Papier bedruckt wird, kann das Grammgewicht bis auf 30 g/qm zurückgehen. Das ist für den Zeitungsdruck wichtig. Es muß beachtet werden, daß der Papierzuschuß bei diesen schnellaufenden Maschinen wesentlich höher als für Bogenmaschinen ist.

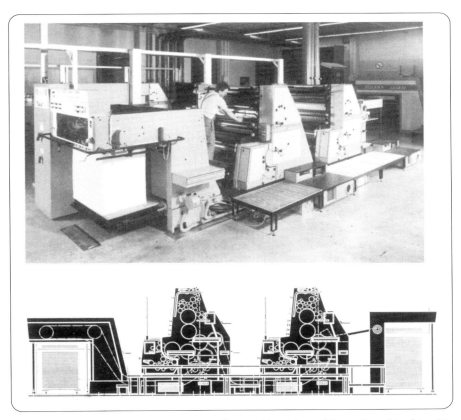

Abbildung 16: Oben: Eine Vierfarben-Bogenoffsetmaschine. Unten: Schema dieser Maschine. Zuerst durchläuft der Bogen von rechts nach links das erste und zweite Druckwerk, dann das dritte und vierte Druckwerk.

IX. Die Technik des Druckens

Abbildung 17: Oben: Das Schema einer Rollenoffsetmaschine für den Druck von Tageszeitungen. Das Papier wird von Rollen aus dem Kellergeschoß in die Maschine eingeführt. Von der Druckmaschine gehen die gefalzten und beschnittenen Zeitungen über Bänder direkt in die Versandabteilung. Unten: Auf dieser Maschine können gleichzeitig 4 Zeitungen zu 48 Seiten oder eine Zeitung zu 192 Seiten in einem Druckgang gedruckt werden. Die stündliche Druckleistung beträgt 30000 Exemplare.

Im Zeitungsbereich sind den Druckmaschinen Falzaggregate angegliedert, aus denen die gefalzten und beschnittenen Zeitungen zu Folieneinschlag- oder Kreuzumreifungsmaschinen geführt werden, von denen sie adressiert an die Versandrampen gelangen.

In Bogen- und Rollenoffsetmaschinen werden die Farbgebung, die Registerhaltung und die Passergenauigkeit von Prozeßrechnern elektronisch gesteuert. Diese Forderung wird mit dem Sammelbegriff CPC (Computer Printing Control) bezeichnet (s. S. 280). Alle Steuerpulte verfügen über eine rechner-

D. Der Flachdruck (Offsetdruck)

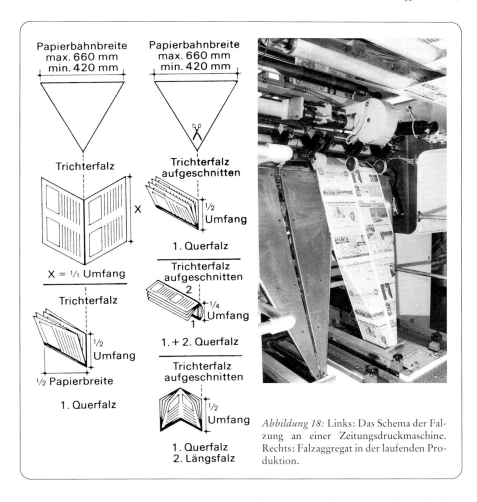

Abbildung 18: Links: Das Schema der Falzung an einer Zeitungsdruckmaschine. Rechts: Falzaggregat in der laufenden Produktion.

gesteuerte Digitalanzeige. Zur gleichmäßigen Farbgebung werden auf dem Papierrand im Beschnitt Farbprüfstreifen mitgedruckt, mit dessen Hilfe densitometrisch die Farbdichte während des Druckvorgangs mit dem eingespeicherten Sollwert vergleicht und bei Abweichungen das Farbwerk reguliert. Dafür stehen Farbregelungsanlagen wie CCI (Computer Controlled Inking) oder CPC-Systeme 1 bis 3 zur Verfügung. Für die Registersteuerung können Systeme wie CPC 4 eingesetzt werden. Alle Meßdaten, einschließlich der während des Druckvorgangs ausgeführten manuelle Eingriffe vom Drucker, werden für spätere Nachdrucke oder den Druck ähnlicher Druckformen auf einem Datenträger gespeichert aufbewahrt. Bei späterem Bedarf erhält der Drucker zum Einrichten der Maschine die Daten auf einem elektronischen Datenträger; dadurch reduziert sich die Einrichtezeit erheblich.

Analog der CAMERON (s. S. 266) wird auch im Flachdruckbereich die Oneline-Fertigung für die Herstellung von Büchern eingesetzt. Je nach

IX. Die Technik des Druckens

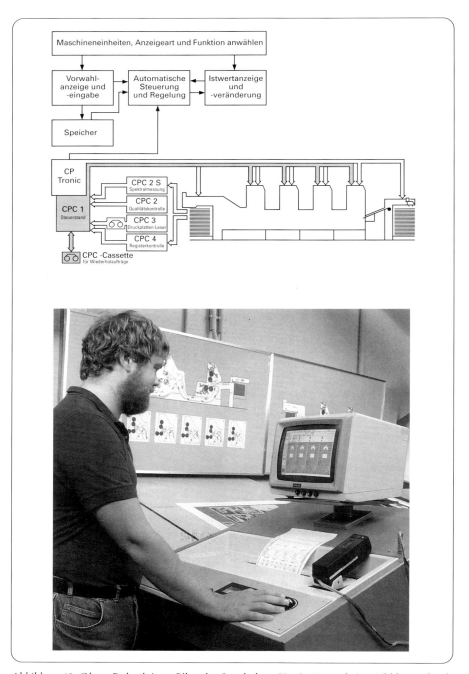

Abbildung 19: Oben: Roland Auto Pilot als „Stand-alone-Version" verarbeitet Bilddaten, die als Farbsteuer- und Farbregelempfehlung dem Drucker zum Einrichten der Maschine angeboten werden. Unten: Bedienungspult einer Rollenoffsetmaschine.

Maschinentyp können rd. 480 Buchseiten im üblichen Buchformat in einem Takt mit einer Stundenleistung von 5000 Exemplaren verarbeitet werden. Die mit der Druckmaschine gedruckten und zusammengetragenen Buchblocks werden direkt in die Klebebindestraße überführt, auf der Broschüren und Deckenbände bis zur versandgerechten Verpackung hergestellt werden.

Können die gefalzten Bogen erst zu einem späteren Zeitpunkt buchbinderisch verarbeitet werden, besteht die Möglichkeit, die Rohbogen auf Trommeln schuppenförmig aufzuwickeln. Später wird Bogen für Bogen wieder von der Rolle abgenommen. Diese Form erlaubt die Lagerung großer Mengen auf kleinstem Raum. In gleicher Weise können vorausgedruckte Zeitungsteile (z.B. Wochenendbeilagen) den Zeitungen zugeführt werden.

In der Regel werden von der Druckerei im Angebot und auf der Rechnung die Einrichtekosten und der Farbwechsel (Fixkosten) sowie der Fortdruck pro 1000 Bogen (variable Kosten) aufgeführt.

5. Die wirtschaftliche Bedeutung

Der Flachdruck hat das Hochdruckverfahren fast völlig verdrängt: Platten können schnell kopiert werden, die Einrichtezeiten sind kurz, für Nachdrucke können die Druckformenmontagen und die Druckplatten raumsparend aufbewahrt werden. Es ist aber zu beachten, daß Druckplatten nur eine begrenzte Zeit gelagert werden können. Vor Erteilung eines Nachdruckauftrags von lagernden Platten sollte deshalb nach dem Plattenzustand gefragt werden.

E. Der Tiefdruck

1. Der Arbeitsablauf

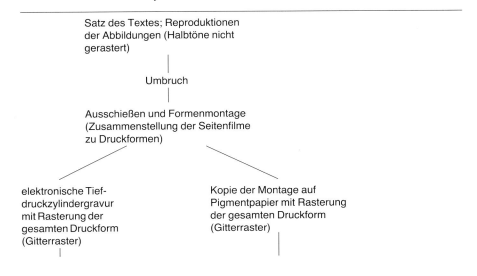

IX. Die Technik des Druckens

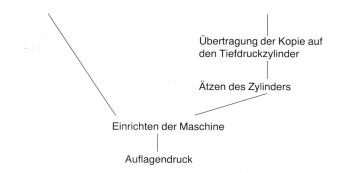

2. Das Verfahren

Nach dem Vorbild des Kupferstiches wurde gegen 1890 der industrielle Tiefdruck, auch *Rakeltiefdruck* genannt, entwickelt. Die druckenden Teile liegen vertieft im Druckträger, einem Kupferzylinder. Die nicht druckenden Teile sind erhaben. Die dünnflüssige Druckfarbe wird im Farbbad in die Näpfchen des sich drehenden Zylinders gedrückt. Die überflüssige Farbe auf den erhabenen Stellen muß mit einem Rakelmesser, einem dünnen Stahl-Lineal, abgestreift werden (Rakeltiefdruck). Je nach der gewünschten Farbmenge sind die Näpfchen unterschiedlich tief geätzt.

Die Halbtöne werden nicht durch verschieden große Rasterpunkte wie in den anderen Druckverfahren erzielt, sondern durch unterschiedliche Farbmengenabgabe aus den Näpfchen. Weil die dünnflüssige Farbe über die Stege hinweg ineinanderlaufen kann, entsteht der optische Eindruck eines „echten" Halbtonbildes.

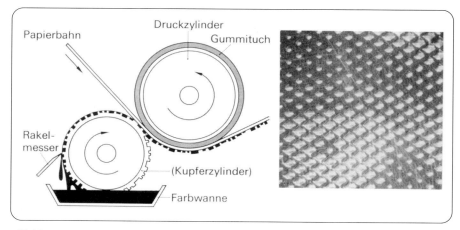

Abbildung 20: Links: Das Schema des Tiefdrucks. Rechts: Stark vergrößerte Tiefdrucknäpfchen im Kupferzylinder.

E. Der Tiefdruck

Abbildung 21: Stark vergrößertes Tiefdruckraster.

Den Tiefdruck erkennt man beim Betrachten unter der Lupe am satten Farbauftrag und an der gezackten, aufgerasterten Schrift. Gedruckt wird auf besonders präpariertes saugfähiges Papier mit glatter (satinierter) Oberfläche.

3. Der Druckträger

Der Druckträger für den Tiefdruck ist ein *Kupferzylinder.* Bei der konventionellen *Zylinderätzung* wird die Diapositivform – Halbtonbilder sind ungerastert – auf gleichmäßig vorgerastertes Pigmentpapier kopiert und von diesem auf den Kupferzylinder übertragen. Beim autotypischen Tiefdruck wird vom Halbtonpositiv ein Rasternegativ hergestellt. Dieses wird umkopiert zum Rasterpositiv, das auf den Kupferzylinder kopiert wird. Je nach der Größe

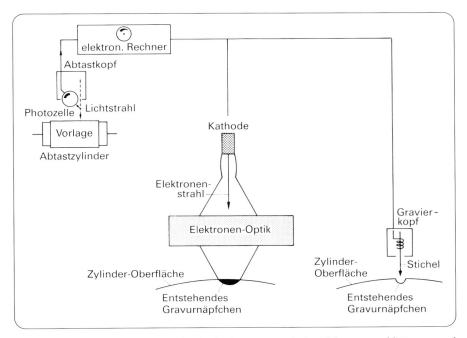

Abbildung 22: Das Schema der Tiefdruckzylinder-Gravur mit der Elektronenstrahl-Kanone und dem Diamantstichel.

IX. Die Technik des Druckens

Abbildung 23: Oben links: Abtastmaschine (Hell Helioklischograph). Oben rechts: Graviermaschine (Hell Helioklischograph). Unten links: Stark vergrößerte Diamantstichel. Unten rechts: Stark vergrößerte, im Tiefdruckverfahren gedruckte Schrift, die die Stege erkennen läßt.

und Tiefe der Näpfchen unterscheidet man zwischen konventionellen, halbautotypischen und autotypischen Verfahren. Beim *konventionellen Verfahren* sind die Näpfchen gleich groß und unterschiedlich tief. Beim *halbautotypischen Verfahren* sind die Näpfchen unterschiedlich groß und unterschiedlich tief. In beiden Verfahren liegt über der gesamten Form ein Raster, das Stege bildet, die dem Rakelmesser einen Halt geben. Beim *autotypischen Verfahren* variieren die Näpfchen in der Tiefe. Dieses Verfahren wird meistens für den Verpackungsdruck eingesetzt.

Nach der Kopie werden die druckenden Teile mit Eisenchlorid in die Kupferhülle des Zylinders eingeätzt. Dieser Ätzvorgang ist langwierig, daher kostenintensiv. Er erfordert große handwerkliche Geschicklichkeit. Deswegen ist dieses Verfahren heute kaum noch üblich.

Für die moderne *Zylindergravur* werden die Vorlagen von einem Abtastkopf, der wie ein Densitometer die Dichtewerte mißt, abgetastet. Entsprechend der Vorlagedichte entstehen elektrische Signale, die zur Speicherung in einem Rechner digitalisiert werden. Vom Rechner wird das elektromagnetische Graviersystem angesteuert, das einen Diamantstichel in die Kupferhaut des Tiefdruckzylinders eingräbt. Die Sekundenleistung beträgt rd. 4000 Näpfchen. Bei Vierfarbformen mit schwarz zu druckender Schrift kann die Schwarzform mit feinstem Raster angelegt werden, um die Schrift möglichst randscharf wiedergeben zu können. Die Gravur mit Diamanten ist weitgehend von der Elektronenstrahl-Gravur abgelöst worden. Dieses Verfahren wird EBG-Gravur (Electronic Beam Engraving of Gravure Cylinders) genannt. Die Sekundenleistung liegt bei 150000 Näpfchen.

Die gleichmäßig über dem Zylinder stehenbleibenden Stege, also auch über der Schrift, dienen zur Auflage des empfindlichen Rakelmessers. Auf einen Quadratzentimeter kommen ca. 4900 Näpfchen. Die gerasterte Schrift ist ein Kennzeichen des Tiefdruckes.

Ebenfalls schon im Einsatz sind Verfahren, die nach dem CTC-Prinzip (Computer to Cylinder) ablaufen. Sie gestatten das Gravieren ohne Abtastvorlagen,

Abbildung 24: Oben: Eine Tiefdruckmaschine. Unten: Das Schema dieser Maschine. 1 bis 8 Druckwerke, 9 Farbwanne, 10 Tiefdruckzylinder, 11 Trocknen der Papierbahn, 12 Abrollen der unbedruckten Papierbahn, 13 Falzaggregat, 14 Spannen der Papierbahn.

IX. Die Technik des Druckens

arbeiten also filmlos. Die Druckformen werden unmittelbar aus dem im PC gespeicherten Datenbestand hergestellt. Texte und Bilder werden mittels elektronischer Text-/Bildverarbeitungssysteme zu Druckseiten und diese zu Druckformen zusammengestellt. Über Rasterkonverter lassen sich auch Offsetdaten in Gravurdaten für den Tiefdruck umrechnen und können daher problemlos verwendet werden. Dieses Verfahren bietet neben den mannigfaltigen Vorteilen der elektronischen Seitenmontage außerdem die Möglichkeit, alle Texte und Bilder auf Datenträgern speichern zu können. Bei Bedarf werden die gespeicherten Text- und Bilddaten aktiviert, z.B. die sich von Ausgabe zu Ausgabe einer Zeitschrift wiederholenden Anzeigen. Dadurch können erhebliche Kosten eingespart werden.

4. Die Druckmaschinen

Tiefdruckmaschinen, ausgenommen die Flachbettmaschinen, sind für den großformatigen Mehrfarbendruck in hoher Auflage als *Rotationsmaschinen* angelegt. Sie verdrucken Rollenpapier. Die Druckleistung liegt bei rd. 40000 Drucken in der Stunde. Falzaggregate können angegliedert sein.

Neben dem rotativen Tiefdruck gibt es den *Bogentiefdruck* von der fotopolymeren flachen Kunststoffplatte. Die Ätzung geschieht tiefen- und flächenvariabel. Wegen des hohen Auflösungsvermögens sind Rasterweiten bis zu 150 Linien/cm möglich. Einsatzgebiete sind Druck von Leuchtstoffarben, Metallfarben wie Bronze für Goldtöne und hochwertigen Lacken auf vorgedruckte Bilder.

5. Die wirtschaftliche Bedeutung

Das Tiefdruckverfahren wird vor allem für den Druck mehrfarbiger Massendrucksachen wie Versandhauskataloge, illustrierte Zeitschriften und Verpakkungsmaterial eingesetzt. Es steht damit in Konkurrenz zum Rollenoffsetdruck. Die Bilder zeigen hohe Farbbrillanz. Weil die Ätzung bzw. Gravierung des Kupferzylinders teuer ist, werden Bücher nicht im Tiefdruckverfahren gedruckt.

F. Weitere Druckverfahren

Neben den drei „klassischen" Druckverfahren für den Bücher-, Zeitschriften- und Zeitungsdruck gibt es weitere Druckverfahren für Spezialgebiete. Es können nur die wichtigsten beschrieben werden.

1. Der Siebdruck (Schablonendruck)

Der Siebdruck ist ein Durchdruckverfahren. Er wird bei der Buchherstellung zum Bedrucken von Überzugsgeweben oder Plastikdecken benötigt. Auch für den Druck von großflächigen Plakaten wird der Siebdruck verwendet. Der künstlerische Siebdruck wird *Serigraphie* genannt.

F. Weitere Druckverfahren

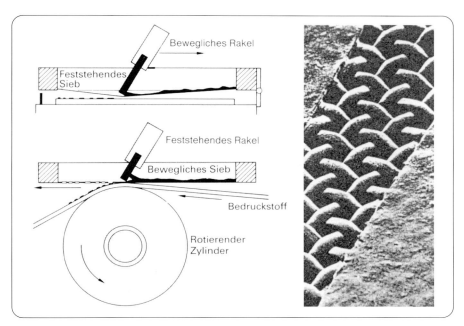

Abbildung 25: Links: Das Schema des Siebdrucks. Rechts: Vergrößertes Siebteil, welches die Druckfarbe durchdringen läßt.

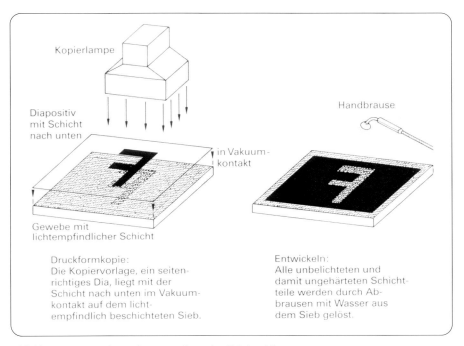

Abbildung 26: Das Schema der Herstellung der Siebdruckform.

IX. Die Technik des Druckens

Vorläufer des Siebdrucks sind Textildrucke in China und im Orient. In den zwanziger Jahren dieses Jahrhunderts wurde der Siebdruck in den USA wiederentdeckt und industriell weiterentwickelt. In den 50er Jahren breitete sich dieses Verfahren auch in Europa aus.

Die Druckfarbe wird auf ein Sieb gebracht und mit einem Gummirakel durch das Sieb auf den Bedruckstoff gedrückt. Das Sieb besteht aus feinmaschigem Kunststoffgewebe oder Metalldrahtgeflecht. Die Schablone, welche die nicht druckenden Teile abdeckt, verhindert das Durchdringen der Farbe.

Die Siebdruckform kann manuell hergestellt werden, wie es auf der Seite 209f. beschrieben wird. In der Regel werden Filme (Diapositive) als Vorlagen verwendet. Feine Raster können u.U. zu schlechtem Druckergebnis führen. Bei der Filmherstellung ist darauf zu achten, daß die Filme seitenrichtig angelegt werden, d.h. die Schichtseite des Films ist vom Montierer abgewandt. Bei der Belichtung lassen die lichtundurchlässigen (geschwärzten) Stellen keine Lichtstrahlen auf die auf das Sieb gebrachte Kopierschicht dringen. Diese Stellen bleiben also weich und können durch Abbrausen mit Wasser aus dem Sieb gelöst werden. Die übrigen Teile der Schicht werden gehärtet und sind daher wasserunlöslich.

Siebdruckfarben gibt es in vielerlei Sorten: deckend, transparent, leuchtend, glänzend, matt usw. Diese Vielfalt macht den Siebdruck so interessant. Die Farben dürfen einerseits nicht auf dem Sieb antrocknen, andererseits müssen sie aber auf dem Bedruckstoff schnell wegschlagen.

Es gibt Flachbett- und Rollendruckmaschinen für den Siebdruck. Allen gemeinsam ist die gegenüber dem Offset- und Tiefdruck niedrigere Stundenleistung. Für den Druck höherer Auflagen ist daher dieses Verfahren im Bereich der Drucksachenherstellung nicht geeignet.

2. Der Flexodruck

Dieses Druckverfahren, das eigentlich zum Hochdruck zählt, ist dennoch dem Tiefdruck verwandt, weil es auch ein kurzes Farbwerk ohne zahlreiche Walzen verwendet. Die dünnflüssige Farbe wird von der Tauchwalze des

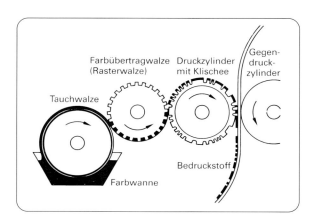

Abbildung 27: Das Schema des Flexodrucks.

Farbwerkes auf die Rasterwalze transportiert und von dieser auf die Klischees des Druckzylinders übertragen. Flexodruck ist ein Rotationsdruckverfahren. Mit dünnflüssiger Druckfarbe werden von flexiblen Gummi- oder weichen Kunststoffklischees, die auf den Druckzylinder geklebt werden, Verpackungen aus Wellpappe, Folie oder Aluminium, einfache Geschäftsdrucksachen wie Formulare und Versandhüllen sowie Vordrucke wie Linienpapier gedruckt.

3. Der Lichtdruck

Der Lichtdruck gehört zum Flachdruckverfahren und wurde in der Mitte des 19. Jahrhunderts erfunden. Der Druckträger ist eine auf eine Glasplatte aufgegossene Chromgelatineschicht. Beim Trocknen und späterem Wässern bildet sich ein *Runzelkorn* aus feinsten Rissen und Sprüngen in dieser Schicht, die den Raster für Halbtonbilder ersetzt. Dieses Runzelkorn entspricht einem 500er Raster. Auf die Runzelkornschicht wird das ungerasterte, seitenrichtige Halbtonnegativ kopiert. Die nicht vom Licht getroffenen Stellen stoßen die Farbe ab, die belichteten, d. h. gehärteten Stellen, nehmen die Farbe an.

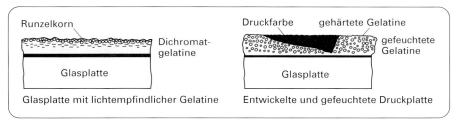

Abbildung 28: Schema des Lichtdruckes.

Mit diesem Verfahren lassen sich feinste Tonwertübergänge erreichen, die mit herkömmlichen Druckverfahren nicht zu erzielen sind. Dieses Druckverfahren wegen der aufwendigen Druckformherstellung teuer. Von einer Platte können nur 500 bis 1 000 Drucke abgenommen werden. Gemälde, Faksimileausgaben u.ä. lassen sich mit dem Lichtdruck fast originalgetreu wiedergeben.

4. Der Irisdruck

Der Irisdruck ist streng genommen keine eigene Drucktechnologie, sondern ist beim Hoch-, Flach- und Siebdruck anwendbar. Es werden mehrere Farben mit ineinanderlaufenden Farbrändern in einem Druckgang gedruckt. Beispielsweise wird in den Farbkasten der Offsetmaschine in die linke Hälfte ein zartes Gelb, in die Mitte ein helles Rot und in die rechte Hälfte ein helles Blau gegeben. Die seitliche Verreibung der Farben durch die leicht hin- und herbeweglichen Farbwalzen lassen an den Grenzlinien die Farben übereinanderdrucken. Es ergeben sich bei der richtigen Farbwahl reizvolle Bildwirkungen mit einem Druckgang. Es sind dazu lasierende Farben notwendig.

IX. Die Technik des Druckens

G. Die Druckfarbe

Druckfarben bestehen aus extrem fein verteilten *Pigmenten* (Farbkörpern), *Bindemitteln* (Leinöl-, Kunstharz- und Mineralölfirnissen) und *organischen Lösungsmitteln*. Die Druckerschwärze enthält Farbkörper aus Gasruß. Die Farbkörper der Buntfarben werden auf chemischer oder mineralischer Basis gewonnen.

Für jedes Druckverfahren werden besondere Ansprüche an die Druckfarben gestellt. Im Hochdruckverfahren schließt die lange Verweildauer der Farbe im Farbwerk mit seinen vielen Walzen leichtflüssige Lösungsmittel aus. Im Offsetdruck werden ebenfalls keine Lösungsmittel der Farbe beigegeben. Die indirekte Übertragung der Farbe beim Druckvorgang verlangt eine besondere Farbrezeptur. Beim Tiefdruck und Flexodruck muß die Farbe dünnflüssig sein; sie enthält reichlich sich schnell verflüchtigende Lösungsmittel.

Generell muß die Druckfarbe folgende Bedingungen erfüllen:
- Sie muß rasch wegschlagen, d.h. in den Bedruckstoff eindringen und an der Oberfläche des Farbfilmes schnell härten zur Vermeidung des Ablegens der Farbe.
- Sie muß rasch trocknen, vor allem in schnell laufenden Druckmaschinen. Um den Trockenvorgang zu beschleunigen, werden die Farben auf dem soeben bedruckten Papier über Gasflammen oder in UV-Trocknungsaggregaten getrocknet.
- Sie muß die für das betreffende Druckverfahren richtige Konsistenz (Zähigkeit) aufweisen. So gibt es kurze (dünne) und lange (zähklebrige) Druckfarben.

Beim Mehrfarbendruck unterscheidet man zwischen *deckenden* und *lasierenden (durchscheinenden) Farben*. Heute wird überwiegend mit lasierenden Farben gedruckt. Farben müssen *lichtecht* sein, wenn Druckerzeugnisse längere Zeit dem Tageslicht ausgesetzt sind (z.B. Plakate oder Schutzumschläge in Schaufenstern). *Scheuerfestigkeit* wird verlangt, wenn die Druckerzeugnisse häufig hin und her geschoben werden (z.B. Überzüge von Buchdecken, Umschläge von Taschenbüchern). Die *Lackechtheit* sowie *Sprit-* und *Nitroechtheit* sind Voraussetzungen zum Auftragen von Lacken aller Art. Farben können glänzend oder matt druckend eingesetzt werden.

Die Druckfarben werden in Farbkatalogen oder Farbfächern den Kunden angeboten. Zur Erleichterung einer präzisen Farbangabe haben drei Farbenhersteller das HKS-Farbsystem mit 84 Farbtönen zusammengestellt und jeden Farbton mit einer bestimmten Nummer versehen. Der Auftraggeber eines Druckwerkes kann die gewünschte Farbe mit der bestimmten Nummer vorschreiben und einen aus dem Fächer abgetrennten Farbstreifen dazufügen. Es gibt spezielle Fächer für verschiedene Papiersorten und Fächer mit aufgerasterten Farbstufen. Auf der HKS-Basis werden auch Entwurfshilfen für Grafik-Designer wie Folien, Farbstifte u.ä. angeboten.

Reiche Farbnuancen bietet auch der Pantone-Farbkatalog.

G. Die Druckfarbe

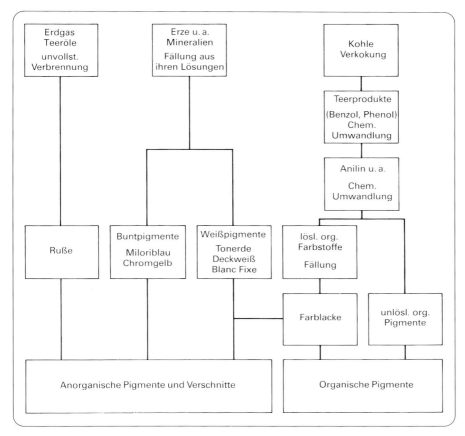

Abbildung 29: Farbpigmente für Druckfarben.

Es wird neben den Schwarz- und Buntfarben auch mit *Gold- und Silberdruckfarben* gedruckt. Als färbende Substanzen werden Bronze- und Aluminiumpulver verwendet. Zur Erzielung eines Metallglanzes gibt es *Metallglanzfarben*. In diese sind Aluminiumfeinschliffe eingearbeitet. Die Wirkung dieser Farben wird von der Oberfläche des zu bedruckenden Materials beeinflußt. Gußgestrichene Materialien sind zu bevorzugen. Zur Verbesserung der Haftfestigkeit der Farben und zur Verminderung der Griffempfindlichkeit können diese Drucke vollflächig mit Wasserlack überzogen werden.

Beim Recycling von bedrucktem Altpapier wird die Druckfarbe herausgelöst. Druckfarben sollten daher so zusammengesetzt sein, daß sie problemlos zu lösen und zu entsorgen sind.

Die für den Druck benötigte Druckfarbe ist ein Bestandteil der Fortdruckkosten, die in der Regel nicht für den Kunden extra ausgewiesen wird.

IX. Die Technik des Druckens

H. Die Druckveredelung

Unter der Druckveredelung wird die nachträgliche Behandlung des bedruckten Papiers bzw. Kartons verstanden, um das Aussehen zu verbessern und die bedruckte Fläche vor Verschmutzung und Beschädigungen zu schützen (s. S. 351). Je nach dem verwendeten Verfahren verteuert sich damit das Produkt zum Teil erheblich. UV-Lacke und aufkaschierte Folien sind teuer. Sie werden daher vor allem dort eingesetzt, wo Scheuerfestigkeit wichtig ist.

Grundsätzlich ist darauf zu achten, daß die Druckfarben durchgetrocknet, frei von Scheuerschutzpasten, Wachsen und Silikonen und lösungsmittelecht sind. Außerdem muß berücksichtigt werden, daß sich Farbtöne durch die Veredelung leicht verändern können. Beim Druckauftrag muß eine zusätzliche Zuschußquote berücksichtigt werden, die zwischen 2 und 5% liegt, bei niedriger Auflage wird sich der Zuschuß wesentlich erhöhen. Eine Rückfrage beim Veredelungsbetrieb kann zuschußbedingte Unterlieferung vermeiden helfen.

1. Die Lackierung

Man unterscheidet zwischen Drucklacken, Mattpasten auf Ölbasis, wäßrigen Dispersionslacken und strahlungshärtenden UV-Lacken.

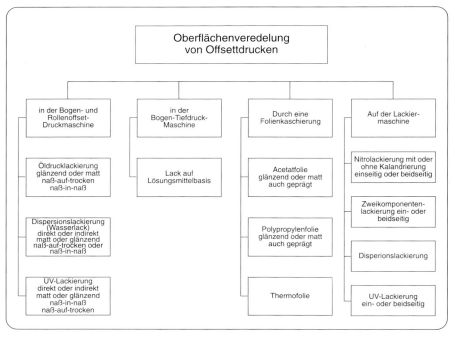

Abbildung 30: Druckveredelung mit Lackierung und Kaschierung.

a) Die Drucklackierung

Öl-Glanzdrucklacke, Mattlacke und Mattpasten werden wie Druckfarben in der Druckmaschine inline auf den bedruckten Bogen gebracht. Von den Druckfarben werden für das Lackieren keine besonderen Eigenschaften verlangt. Drucklacke und Mattpasten brauchen mehrere Stunden zum Trocknen, daher können bei unvorsichtiger Behandlung die lackierten Bogen zum Verkleben neigen. Um das Verkleben zu vermeiden, wird häufig die lackierte Fläche bestäubt. Besonders bei dunklen Farbtönen kann dadurch das Aussehen beeinträchtigt sein; zu stark bestäubte Flächen fühlen sich außerdem unangenehm grieslig an. Mattpasten können einen leicht milchigen Schleier hervorrufen. Gedruckte Lackfilme neigen bei der Verwendung von Öldrucklacken zum Vergilben. Drucklacke bieten dem Produkt einen hinreichenden Feuchtigkeitsschutz.

b) Dispersionslacke

Diese werden ebenfalls in der Druckmaschine aufgebracht. Wegen des hohen Wasseranteils werden diese Lacke auch Wasserlacke genannt. Sie enthalten als Festkörper Wachse. Dispersionslacke trocknen sofort, brauchen daher keine Bestäubung oder zusätzliche Trockenaggregate, verursachen kein Vergilben, sind klar, hell und bilden keinen störenden Geruch im trockenen Zustand. Sie werden vollständig über den ganzen Bogen gedruckt. Die zu überdruckenden Farben müssen spritecht sein. Diese Lackierung ist Standard im Offset.

c) UV-Lacke

Diese Lacke, nach dem ultravioletten Licht der Trocknungsvorrichtung genannt, werden in speziellen Lackierwerken oder in der Druckmaschine aufgetragen. Sie trocknen rasch und bieten einen hervorragenden Glanz, der matt oder hochglänzend angelegt werden kann. Der Lackfilm ist außerordentlich widerstandsfähig. Eine zusätzliche Kalandrierung (Oberflächenglättung) erhöht die Brillanz. Die Druckfarben müssen sprit- und nitroecht sein. Allerdings bleibt ein etwas störender Geruch erhalten. Diese Lacke neigen zum Vergilben bzw. zum Vergrauen, was sich besonders in hellen Partien nachteilig auswirken kann.

2. Die Folienkaschierung

Sollen bedruckte Bogen wie Buchumschläge besonders widerstandsfähig sein, kann die bedruckte Fläche mit Folie beschichtet werden. Das Verfahren wird auf der Seite 351 ausführlich behandelt. Für die Papierbestellung muß beachtet werden, daß ein Greiferrand von mindestens 10 mm zur Verfügung steht.

3. Das Prägen

Papier und vor allem Karton kann nach dem Druck durch die mechanische Aufprägung von Strukturen optisch veredelt werden. Dazu eignen sich Grob-

und Feinleinenmuster u.ä. über dem ganzen Druckbogen oder die Prägung bestimmter Bogenteile. Prägungen können Buchumschläge gefällig wirken lassen und fassen sich angenehmer an.

I. Die Prüfung der Druckqualität

Der Auftraggeber eines Druckwerkes muß in der Lage sein, die Druckqualität seines Produktes zu beurteilen.

Bei schwierigen Aufträgen wie Vierfarbdrucken kann der Auftraggeber nach dem Einrichten an der Druckmaschine die ersten Drucke selbst prüfen, bevor der Auflagendruck beginnt. Diese Prüfung sollte bei neutralem Licht (s. S. 242) und nicht bei stets wechselndem Tageslicht vorgenommen werden. Der Musterbogen, der seiner Vorstellung entspricht, wird von ihm signiert. Er dient während des Auflagendruckes als verbindliches Druckmuster. Ein zweiter signierter Bogen wird für einen eventuellen Nachdruck in der Druckerei aufbewahrt.

Der Drucker gibt auf Wunsch dem Auftraggeber einen *Aushänger*, d.h. einen der ersten gedruckten Bogen nach dem Einrichten, häufig gefalzt und aufgeschnitten. Es besteht somit die Möglichkeit, sich noch vor dem Beginn der Bindearbeiten von der Richtigkeit des Druckes zu überzeugen.

Die Druckqualität kann nach folgenden Kriterien geprüft werden:

Beim Schwarzweiß-Druck:
– Richtige Farbgebung: Kein Zuschmieren der Buchstaben oder zu geringe, graue Einfärbung.
– Gleichmäßige Farbgebung: Die Kolumnen des gesamten Druckwerks müssen beim Schön- und Widerdruck einheitlich gedruckt sein, damit alle Seiten einen stimmigen Grauwert erhalten.
– Kein Dublieren: Bei gestörter Druckabwicklung können die Buchstaben einen leichten Schatten bekommen.
– Kein Tonen: Beim Offsetdruck kann bei falscher Wasserführung ein leichter Grauschleier über der Seite liegen.
– Keine „Partisanen": Bei Verunreinigung der Druckform können Popel mitgedruckt sein.
– Guter Ausdruck aller Rasterbilder: Die Rasterpunkte müssen scharf drucken; breite Punkte dürfen nicht ineinanderschmieren (das Bild wird zu dunkel) oder spitze Rasterpunkte ausbrechen (das Bild wirkt zerrissen).

Beim Farbdruck:
– Passergenauigkeit: Die Rasterpunkte müssen im richtigen Verhältnis zueinander stehen (s. S. 229f.); bei schlechtem Passer verfälschen sich die Farben, das Bild wirkt unscharf.
– Richtige Farbgebung: Bei schnell laufenden Druckmaschinen lassen sich Farbabweichungen von +/− 10% aus technischen Gründen nicht immer vermeiden.

Allgemeine Hinweise:
- Kein Ablegen (Abziehen): Wenn die Druckfarbe nur ungenügend weggeschlagen bzw. getrocknet ist, kann sie sich auf die darüberliegenden Bogen abschmieren.
- Registerhaltung: Die Kolumnen der Seiten müssen auf dem Schön- und Widerdruck deckungsgleich aufeinanderstehen, wenn man den Bogen gegen das Licht hält.
- Prüfung der Farbtrocknung: Mit der Nagelprobe, d.h. mit dem Fingernagel, wird über den Druck gekratzt, um den Trocknungszustand zu prüfen.
- Qualitätsminderung bei geprägten Materialien: Bei geprägten Materialien können feine Schriften oder Halbtonbilder mit feinem Raster ungleichmäßig ausdrucken. Um diesem entgegenzuwirken, sollten breitere Schrift und nicht zu feines Raster gewählt werden.

X. Das Papier

Papier ist für die Herstellung von Büchern, Zeitschriften und Zeitungen der wichtigste *Druckträger*. Das Aussehen wie Oberflächenbeschaffenheit und Färbung bestimmen wesentlich die Ausstattung eines Druckwerkes, lassen es kostbar oder billig, gefällig oder abstoßend erscheinen. Neben der buchbinderischen Verarbeitung ist das Papier der bedeutendste variable Kostenfaktor für die technische Herstellung eines Druckwerkes. Es bedarf daher eines geschulten Sachwissens und guter Marktkenntnis, um Papier – das gleiche gilt für Karton und Pappe – kostengünstig und der gewünschten Qualität des Druckwerkes angemessen einkaufen zu können. Weil in der Regel diese Bedruckstoffe nicht jedesmal titelbezogen, sondern für eine Produktpalette eines Verlages in großen Mengen eingekauft werden, ist auch die Lagerhaltung und die Vorfinanzierung von großer Bedeutung. Oft lagern im Auftrag der Verlage die Druckereien das Papier für bestimmte Produktpaletten.

A. Die Geschichte des Papiers

Menschen in vorgeschichtlicher Zeit bemalten Höhlenwände (s. S. 77) und Rinden. In einigen Kulturen wurde auf Tafeln aus Buchenholz geschrieben. Davon soll sich das Wort Buch ableiten. Sumerer, Babylonier und Assyrer

Die Vorarbeiten an diesen Fellen sind die gleichen wie bei der Lederherstellung; sie werden geweicht, gewässert und drei bis vier Wochen in einer Kalkbrühe geäschert, damit die Haare von der Haut entfernt werden können. Nun wird die Haut entfleischt, entkalkt und gebeizt. Während sie bei der Lederverarbeitung in diesem Zustande gegerbt wird, wird bei der Pergamentherstellung ihr wieder etwas Kalk beigegeben und jedes Fell in einen Holzrahmen gespannt, gedehnt und getrocknet. Die gespannte Haut wird dann mit scharfen Halbmondeisen von beiden Seiten geschabt, so daß der Kern der Haut das fertige Pergament ergibt. Danach wird das Fell mit Bimsstein geschliffen und abgewaschen. In der Regel ist das Pergament gelblich oder weiß. Für Gold- und Silberbeschriftung färbte man es purpurn, rot oder blau. Bis die Papierfabrikation sich vervollkommnete, wurden alle Bücher auf Pergament geschrieben. Auch Teile der Bibeln Gutenbergs sind auf Pergament gedruckt worden.

Abbildung 1: Der Permenter (Pergamenter), nach einem Holzschnitt von Jost Ammann 1568.

X. *Das Papier*

Zur Herstellung von Papier gibt man das Ganzzeug in eine Schöpfbütte (Büttenpapier), in der es ein Rührapparat in Bewegung und ein kleiner Ofen (Blase) oder ein Schlangendampfrohr warm hält. Aus dieser Bütte hebt der Büttgeselle eine Portion Zeug mit der Form und schüttelt diese so lange, bis das Wasser abgelaufen ist. Die Form besteht aus einem hölzernen Rahmen mit einem darübergespannten, durch aufgenagelte Streifen festgehaltenen Drahtsieb und einem abnehmbaren Deckel, dessen Höhe die Stoffmenge abmißt. Nach dem Schütteln übergibt der Schöpfer nach Abnahme des Deckels die Form auf dem Büttenbrett einem Gehilfen, der es mit dem Papierblatt nach unten auf ein Stück Filz drückt (gautscht), auf dem bei behutsamer Abnahme der Form das Papier unversehrt liegen bleibt. Anschließend wird das Papier durch abwechselndes Übereinanderschichten von Papier und Filz zu Lagen von ca. 180 Blatt gepreßt, auseinandergenommen und in Trockenräumen aufgehängt.

Abbildung 2: Der Papyrer (Papiermacher), nach einem Holzschnitt von Jost Ammann.

benutzten im 3. Jahrtausend v. Chr. weiche Tontafeln, um die Keilschriftzeichen einritzen zu können (s. S. 77f.).

Zu den Vorläufern des Papiers zählen Papyrus und Pergament. *Papyrus* ist ein Geflecht aus dem Mark der Papyrusstaude, die im sumpfigen Niltal angebaut wurde. Das Mark wurde in dünne Streifen geschnitten, auf einem Brett kreuzweise übereinandergelegt, zusammengepreßt und mit einem Hammer breitgeschlagen. Nach dem Trocknen wurde das hellgelbe Papyrus geglättet. Für längere Texte klebte man Blatt an Blatt zu langen Rollen (s. S. 329). Eine in der Nationalbibliothek in Paris aufbewahrte Papyrusrolle belegt diesen Beschreibstoff bereits um die Zeit von 3500 v. Chr. Die Ägypter konnten die Hieroglyphen mit Feder und Tinte auf Papyrus schreiben. Das Wort Papier leitet sich aus dem Wort Papyrus ab.

Pergament, benannt nach der kleinasiatischen Stadt Pergamon, besteht aus im Kalkwasser enthaarten und mit Bimsstein geglätteten Tierhäuten, hauptsächlich von Schafen, Ziegen und Kälbern. Vermutlich wurde es ab 300 v. Chr. hergestellt. Pergament war zu allen Zeiten ein teurer, dafür aber auch besonders haltbarer Beschreibstoff. Beschrieben wurde Pergament mit der Rohrfeder und Tusche. Bis in das hohe Mittelalter lieferte Pergament das Material für handgeschriebene Bücher und Urkunden, die zu den Kostbarkeiten der Bibliotheken zählen. Im Mittelalter wurden häufig die Farben wieder abgeschabt, um das teure Pergament erneut beschreiben zu können. Dieses so aufbereitete Material wird *Palimpsest* (griech. wieder geschabt) genannt. Heute wird Pergament nur noch für Mappen, Bucheinbände bibliophiler Ausgaben und Urkunden verwendet.

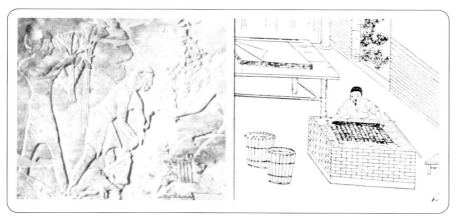

Abbildung 3: Links: Darstellung der Papyrusherstellung auf einem altägyptischen Grabrelief. Rechts: Papierschöpfen im alten China.

Die Erfindung des Papiers wird dem Chinesen Tsai Lun um 105 n.Chr. zugeschrieben. Doch dürfte das Prinzip schon im 1. Jahrhundert v.Chr. in China bekannt gewesen sein. Als Faserstoffe benutzten die Chinesen die Bastfasern des Maulbeerbaumes und Chinagras, Baumwolle und alte Gewebe. Schon damals wurde der mit reichlich Wasser verdünnte Faserbrei aus einer Bütte in ein Sieb geschöpft und nach Ablaufen des Wassers gepreßt.

Über die Araber, die um 750 n.Chr. in Sarmarkand von kriegsgefangenen Chinesen die Fertigkeit der Papierherstellung erfahren hatten, gelangte dieses Wissen über Bagdad, Damaskus, Ägypten und Marokko in das maurisch beherrschte Spanien. Seit 1151 wird dort Papier hergestellt. 1276 fertigte der Italiener Fabriano in Foligno Papier. Er verwendete ein Wasserzeichen als Markenzeichen für sein Papier. 1389 folgte der Nürnberger Ratsherr Ulman Stromer. In den Handelskontoren der Fugger und Welser in Augsburg diente Papier zur Nachrichtenübermittlung. Gutenbergs Erfindung des Buchdrucks um 1540 und die um 1500 von den Regensburgern Thurn und Taxis eingerichtete Post erhöhten sprunghaft den Papierbedarf.

Als Rohstoff für das handgeschöpfte *Büttenpapier* dienen Leinen- oder Baumwollgewebe. Erkennbar ist es an den zerfaserten Papierrändern (Büttenrand), der ungleichmäßigen Papiermasseverteilung, wenn man das Blatt gegen das Licht hält, und an der löschblattartigen, leicht schwammigen Struktur.

B. Die Papierrohstoffe

Für die Papierherstellung werden Faserstoffe, Hilfsstoffe und Wasser benötigt. In der Fachsprache ergeben die mit Wasser aufbereiteten Faserstoffe das sog. *Halbzeug*, nach Zugabe der Hilfsstoffe das sog. *Ganzzeug*.

X. Das Papier

1. Die Faserstoffe

Die Faserstoffe stellen etwa 70% des Anteils an der Papiermasse. Sie bestimmen im wesentlichen die Qualität des Papiers. Der wichtigste Faserrohstoff ist langfaseriges Nadelholz. Auch Stroh, Schilf, Bambus und Gräser (z.B. Espartogras), Altpapier, Leinen- und Baumwollumpen liefern Faserrohstoffe. Bestimmten Papieren können Kunststoffanteile zugesetzt werden. Die DIN-NORM 6730 „Papier und Pappe – Begriffe" erläutert präzise die notwendigen Begriffe in übersichtlicher Form.

a) Der Holzschliff

1841 entwickelte der Sachse Friedrich Gottlob Keller ein Verfahren, entrindete Nadelholzstämme, hauptsächlich von harzarmen Fichten, unter reichlicher Zugabe von Wasser zwischen Mühlsteinen zu Fasern zu schleifen. So spricht man noch heute von Papiermühlen. Neben den nur beschränkt vorrätigen Hadern und Lumpen gab es einen Rohstoff, der reichlich vorhanden ist und eine industrielle Papierproduktion möglich machte. Das wiederum war die Voraussetzung für hohe Auflagen von Büchern, Zeitschriften und Tageszeitungen. Heute wird dieser Rohstoff von den Papierfabriken aus den nadelholzreichen Ländern wie Kanada, Schweden, Finnland und Rußland bezogen, teilweise aber auch aus einheimischen Beständen gedeckt.

Holzschliff enthält *Lignin* und *Harz*. Lignin führt in kurzer Zeit unter Lichteinwirkung zum Vergilben (= Vergelben) des Papiers. Die Faserlänge liegt zwischen 1 und 4 mm.

Beim Schleifen wird zwischen Weißschliff, Braunschliff und Chemieschliff unterschieden. Alles Schleifgut kann auch gebleicht werden (s. S. 303).

Der *Weißschliff* wird aus Fichtenholz hergestellt. Für den Schleifvorgang werden das klassische *SGW-Verfahren* (Stone Groundwood), das Schleifen

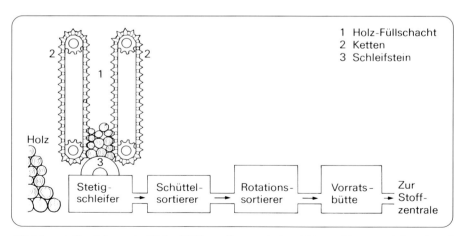

Abbildung 4: Das Schema der Holzschliffherstellung nach dem SGW-Verfahren. Im Schüttel- und Rotationssortierer werden Verschmutzungen und Fremdkörper herausgeholt.

B. Die Papierrohstoffe

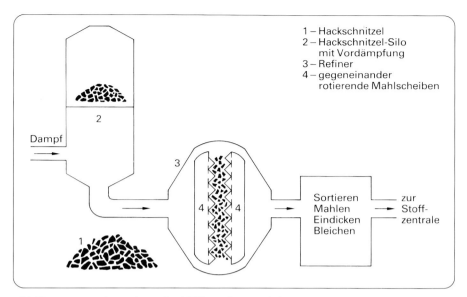

Abbildung 5: Das Schema der Holzschliffherstellung nach dem TMP-Verfahren.

gegen einen Schleifstein unter normalem Druck bei etwa +100°C, oder das *PGW-Verfahren* (Pressure Groundwood), das Schleifen unter Überdruck bei etwa +125°C, angewendet. Mit dem SGW-Verfahren werden kürzere und mit dem PGW-Verfahren längere Fasern erzeugt.

Der *Braunschliff* wird aus Kiefernholz angefertigt, das vor dem Schleifvorgang gekocht wird, um eine schonende Faserngewinnung zu erreichen. Beim *TMP-Verfahren* (Thermomechanical-Pulp) werden die Hackschnitzel zwischen geriffelten Mahlscheiben unter 1 bis 2 bar Überdruck bei etwa +130°C geschliffen. Beim *CTMP-Verfahren* (Chemo-thermomechanical Pulp) werden die Hackschnitzel wie beim CTM-Verfahren, jedoch unter Zugabe von Chemikalien zur Aufweichung des Lignins, geschliffen. Diese beiden Verfahren erzeugen lange und geschmeidige Fasern. Weil fast alles Lignin extrahiert wird, ist das daraus gefertigte Papier kaum vom holzfreien Papier zu unterscheiden.

Der *Chemieschliff* wird aus Fichtenholz hergestellt, das mit einer warmen Lösung aus Natriumverbindungen vorbehandelt wird, um die Fasern schon vor dem Schleifvorgang teilweise aufzuschließen.

Für die aus den Fasern hergestellten Papiere ist die Art der *Mahlung* in der der Stoffzentrale vorgelagerten Mahlanlage (Refiner) von Bedeutung. Beim Mahlen werden die Fasern auf die gewünschten Festigkeitseigenschaften des zu erzeugenden Papiers eingestellt. Durch hohen Mahldruck und kurze Mahldauer entsteht rösches Mahlgut. Geringer Mahldruck und lange Mahldauer ergeben die schmierige Mahlung. Man unterscheidet zwischen rösch-lang für Lösch- und Filterpapiere, rösch-kurz für Druckpapiere, schmierig-kurz für Schreibpapiere und schmierig-lang für Transparentpapiere.

Das aus Holzschliff hergestellte Papier heißt *holzhaltiges Papier*. Es besteht bis zu 75% aus Holzschliff. Holzschliffpapier enthält Holzteilchen, Lignin und Harze. Es wird an der Luft und unter Lichteinfluß verhältnismäßig schnell spröde und zerfällt. Ungebleichtes Holzschliffpapier zeigt einen leicht gelblichen Farbton, ist aber haltbarer als gebleichtes Papier. Holzhaltiges Papier ist verhältnismäßig preiswert. Es wird für kurzlebige Drucksachen verwendet, hauptsächlich mit Sekundärfaserstoffen vermischt für Tageszeitungen.

Holzschliff kann auch anderen Faserstoffen beigemischt werden, um das Papier zu verbilligen. Tiefdruckpapiere haben beispielsweise bis zu 60% Holzschliffanteil. Holzschliffanteilige Papiere werden als mittelfeine oder leicht holzhaltige Papiere bezeichnet und in verschiedenen Stoffklassen auf dem Markt angeboten. Sie enthalten mehr als 5% Massenanteile an verholzten Fasern. Die DIN-NORM 6722 „Papiere für Hochdruck in Formaten holzfrei und holzhaltig, ungestrichen" und die DIN-NORM 6725 „Papiere für den Offsetdruck in Formaten holzfrei und holzhaltig, ungestrichen" definieren die Stoffklassen:

Stoffklassen		
neu	alt	
IV a	E	75 Gew.-% gebleichter Zellstoff 25 Gew.-% Holzschliff
IV b	D	50 Gew.-% gebleichter Zellstoff 50 Gew.-% Holzschliff
V a	C	30 Gew.-% gebleichter Zellstoff 70 Gew.-% Holzschliff
V b	B	25 Gew.-% gebleichter Zellstoff 75 Gew.-% Holzschliff

b) Der Zellstoff

Zellstoff (Zellulose) wird aus geschnitzeltem Holz, hauptsächlich aus Nadelholz und Gräsern, Schilf und ähnlichem Pflanzenmaterial auf chemischem Wege gewonnen. Beim Kochvorgang werden die nichtfaserigen Teile wie Lignin und Harze zu 90% beseitigt. Bei der Herauslösung von mehr Lignin würden die Fasern weitgehend zerstört werden. Aus 100 kg trockener Holzsubstanz können 50 kg Zellstoff produziert werden. Beim Kochen unter +170°C unter hohem Druck werden saure Sulfite (Lösung aus Kalzium- oder Magnesiumbisulfit und schwefliger Säure) für den *Sulfitzellstoff* oder Sulfate (Lösung aus Ätznatronlauge mit Schwefelnatriumgehalt) für den *Sulfatzellstoff* zugesetzt. Sulfatzellstoff ist langfaserig, fest und zäh, aber schwieriger zu bleichen. Sulfatzellstoff wird in Deutschland nicht erzeugt, aber als Zellstoff eingeführt. Das Sulfitverfahren wurde 1866 von Benjamin Tilgham und das Sulfatverfahren 1879 von Dahl entwickelt.

B. Die Papierrohstoffe

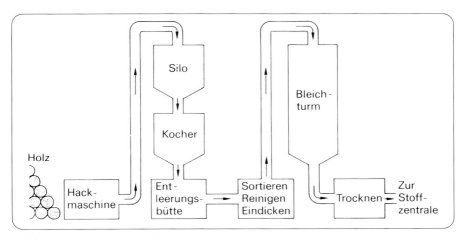

Abbildung 6: Das Schema der Zellstoffherstellung.

Die Druckindustrie benötigt gebleichte Zellstoffe für eine makellose Bedruckbarkeit. Papier aus gebleichtem Zellstoff schützt vor Vergilben und Verlust der Festigkeit. Für das Bleichen von Zellstoff wird umweltunschädlicher Sauerstoff (Sauerstoff-Delignifizierung) verwendet und Lignin herausgewaschen. Das ebenfalls umweltfreundliche Wasserstoffperoxid dient zum Bleichen von Holzschliff und Altpapier. Die Chlorbleiche mit dem die Umwelt belastenden Chlorgas wird kaum noch angewendet.

Das aus Zellstoff hergestellte Papier heißt *holzfreies Papier*. Es enthält bis auf einen zulässigen Masseanteil von 5% keine verholzten Fasern. Zellstoff wird zur Erzeugung von hochwertigen Papieren für den Druck von Büchern und Zeitschriften sowie für Schreibpapiere verwendet. Das Papier vergilbt nicht. Die geschmeidigen Fasern haben eine hohe Reißfestigkeit. Durch Zugabe von Holzschliff kann zwar die Opazität (s. S. 307) verringert werden, dadurch verschlechtert sich aber die Haltbarkeit. Allerdings hat sich gerade in letzter Zeit gezeigt, daß die Haltbarkeit Einschränkungen unterworfen ist. Auf dieses Problem wird auf der Seite 315 f. ausführlich eingegangen.

c) Das Altpapier

Altpapier ist der Menge nach der wichtigste Rohstoff für die Papiererzeugung geworden und gewinnt weiter an Bedeutung als *Sekundär-Rohstoff*. Versuche zur Wiederaufbereitung von Altpapier wurden bereits ab 1774 unternommen. Altpapier wird nach Faserqualität, Druckfarbenanteilen und Verunreinigungen durch Kunststoffe, Kleber, Heftklammern u.ä. in rd. 40 verschiedenen Sorten und damit zu unterschiedlichen Preisen den Papierfabriken angeboten:

– *Untere Sorten*, z.B. D 39: Zeitungen und bunte Illustrierte von mindestens 60% Zeitungsanteil.

X. *Das Papier*

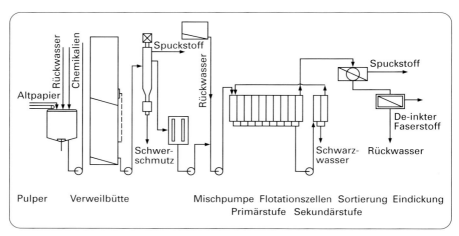

Abbildung 7: Das Schema der Aufbereitung von Altpapier.

Abbildung 8: Oben: Lange, unzerstörte Primärfasern. Unten: Kürzere, teilweise gebrochene Sekundärfasern im Recycling-Verfahren.

– *Mittlere Sorten*, z.B. E 12: Zeitungen einschließlich Remittenden, frei von bunten illustrierten Beilagen.
– *Bessere Sorten*, z.B. P 22: rein weiße (unbedruckte) Zeitungsrotationsabrisse.
Folienkaschierte und stark lackierte Papiere und Pappen erschweren das Recycling.

Im *Recyclingverfahren* wird Altpapier im Pulper in Wasser aufgeschwemmt und zerfasert. Dann werden Fremdstoffe (Schwerschmutz) wie Heftklammern entfernt. Anschließend muß bei bedruckten Papieren in der *De-Inking-Anlage* (printing ink, engl. = Druckfarbe) herausgelöst werden, um weiße Druckpapiere aus dem Recycling-Material herstellen zu können. Beim dazu verwendeten Flotationsverfahren werden der Altpapiermasse Natronlauge und natürliche Fettsäuren zugesetzt und Luft eingeblasen, die die an den Fettsäuren haftenden Farbteile bindet und entfernt. Problematisch bei diesem Verfahren ist die Entfernung von wasserlöslichen Druckfarben, da sie weitgehend resistent gegen Flotation sind. Durch diese Behandlung verschlechtert sich die Faserqualität, d.h. die Fasern werden verkürzt und teilweise gebrochen (Faserschwächung). Dadurch wird die Haltbarkeit des Papiers negativ beeinflußt. Bei einer mehrmaligen Wiederverwendung würden die Fasern für eine Blattbildung zu kurz, ihr sind daher natürliche Grenzen gesetzt. Es müssen deshalb immer wieder Frischfaserstoffe zugesetzt werden.

Papiere, die aus 100% Altpapier hergestellt werden, heißen *Recyclingpapiere*. Diese können aus folgenden Gründen nur eingeschränkt für die Herstellung von Druckwerken verwendet werden: Geringe Alterungsbeständigkeit – geringe Zugspannung für den Durchlauf durch hochtourige Rotations-Druckmaschinen – verminderte Ansprüche an die Reinheit und Weiße. Die graue Färbung ist darauf zurückzuführen, daß die Druckfarben nicht völlig herausgelöst werden können und eine zusätzliche zu starke Bleichung mit dem umweltfreundlichen Wasserstoffperoxid die Faserqualität beeinträchtigen würde. Heute werden Recyclingpapiere aus den besseren Altpapiersorten hergestellt, die sich optisch nicht von Papieren unterscheiden, die aus Zellstoff produziert werden. Altpapier wird oft anderen Faserstoffen für die Papierherstellung zugemischt, z.B. für Zeitungs- und Formularpapiere.

Abbildung 9: Blauer Engel. Nationales deutsches Umweltzeichen für Papier, das aus 100% Altpapier hergestellt wurde.

Altpapier, das nicht als graphisches Papier verwendet werden kann, dient zur Herstellung von Kartonagen und Pappen und für Verpackungen.

X. Das Papier

d) Hadern (Lumpen)

Bis in das 18. Jahrhundert waren Hadern aus Leinen, Wolle und Baumwolle der einzige Faserrohstoff für die Papierherstellung gewesen. Die Hadern werden sortiert, zerschnitten, unter Zugabe von Kalk gefault und anschließend in einem Stampfwerk in Einzelfasern zerlegt. Aus diesen Faserstoffen, die nur begrenzt zur Verfügung stehen und damit teuer sind, werden Papiere für höchste Ansprüche an Dauerhaftigkeit und Aussehen für Wertpapiere, Dokumente, Urkunden, Dünndruckpapiere u.ä. industriell hergestellt. Handgeschöpfte Büttenpapiere (s. S. 298) werden handwerklich angefertigt.

e) Synthetische Rohstoffe

Den natürlichen Faserstoffen können synthetisch erzeugte Kunststoffteile zugesetzt werden. Dadurch entsteht ein reißfestes, hitzebeständiges, knitterarmes und wasserabweisendes Papier. Dieses Papier kann mit allen Druckverfahren bedruckt werden. Die Einsatzgebiete können Landkarten, technische Gebrauchsanweisungen u.ä. sein. Probleme gibt es bei der Wiederverwendung im Recycling.

f) Rezeptur ausgewählter Papier-, Karton- und Pappensorten

Dominierende Rohstoffart	Papier-, Karton-, Pappe-Sorte	ca. Anteil der Rohstoffe				
		Lumpen	Zellstoff	Holzstoff	Altpapier	Füllstoffe
Lumpen (Hadern)	Banknotenpapier, Dokumentpapier, Bibeldruckpapier	100	–	–	–	–
	Hartpost, Bankpost	20	80	–	–	–
Zellstoff	Schreibpapier (hf)	–	90	–	–	10
	Druckpapier, ungestrichen (hf)	–	85	–	–	15
	Druckpapier, gestrichen (hf)	–	70	–	–	30***
	Kraftpack- und Sackpapier	–	100*	–	–	–
Holzstoff	Zeitungsdruckpapier (A)	–	12	83	–	5
	Zeitungsdruckpapier (B)	–	10	64	20	6
	Zeitschriftenpapier	–	15	65	–	20
	Schreib- und Druckpapier (hf)	–	40	50	–	10
	Faltschachtelkarton (Chromoersatzkarton)	–	20	30	30	20
Altpapier	Zeitungsdruckpapier (C)	–	–	–	95**	5
	Schrenzpapier, einfache Pappen	–	–	–	100	–
	Faltschachtelkarton (Duplexkarton)	–	20	10	60	10

* ungebleicht, ** de-inktes Altpapier, *** einschl. Streichpigmente, (hf) = holzfrei, (hh) = holzhaltig
(Quelle: Vom Papier, Nr. 3, Feldmühle AG)

2. Die Hilfsstoffe

Den Faserstoffen werden Hilfsstoffe bei der Papiererzeugung zugesetzt.

a) Die Füllstoffe

Die Füllstoffe füllen die Zwischenräume zwischen den Papierfasern und gleichen Unebenheiten auf der Papieroberfläche aus. Außerdem verbessern sie die Druckeigenschaft und beeinflussen die Opazität. Als Füllstoffe werden mineralische Erden wie Kaolin (Porzellanerde) und Kreiden (Kalziumkarbonat) zugesetzt. Bei der Verwendung von Kreiden wird die Alterungsbeständigkeit wesentlich erhöht.

Opazität ist das Fachwort für das Durchscheinen des Papiers. Ein nicht durchscheinendes Papier wird als *opak* bezeichnet, es hat eine gute Deckfähigkeit. Diese soll verhindern, daß Schrift und Abbildungen der Blattrückseite auf die Blattvorderseite durchscheinen und damit die Lesbarkeit und das Aussehen beeinträchtigen. Die Opazität wird von der Menge der Füllstoffzugabe, dem Mahlvorgang, der Satinage bzw. dem Streichen und der Zugabe von Titanoxyd beeinflußt. Titanoxyd vermag auch die Weiße zu steigern. Die Opazität kann geprüft werden, indem die Papiere zum Vergleich auf eine möglichst mit kräftigen Schriften bedruckte Seite gelegt werden. Für die Bestimmung der Opazität gibt es die DIN-NORM 53146 „Bestimmung der Opazität".

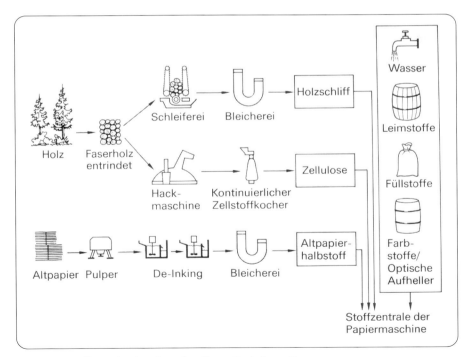

Abbildung 10: Übersicht über die Rohstoffe zur Papierherstellung.

b) Optische Aufheller

Soll das Papier besonders weiß erscheinen, werden sog. Weißmacher der Papiermasse zugegeben. Die Wirkung beruht auf der Eigenschaft, unsichtbares Ultraviolett-Licht in sichtbares Blaulicht umzuwandeln und dadurch das Weiß des Papiers zu intensivieren. Bleichmittel beim holzhaltigen Papier verfolgen den gleichen Zweck. Allerdings lassen diese Zugaben das Papier schneller altern.

c) Farbstoffe

Durch Zugabe von Farbstoffen erhält das Papier bestimmte gewünschte Färbungen. Für Romane werden gern leicht gelblich eingefärbte Papiere bevorzugt. Auch Dünndruckpapier ist häufig gelblich eingefärbt, um das Durchscheinen zu mindern. Farbige Papiere vermögen zu ordnen, zu reizen, anzuregen. Werbung und Verpackungen sind bevorzugte Anwendungsgebiete.

d) Leimstoffe

Bei der *Stoffleimung* wird der Leim der Papiermasse zugesetzt. Bei Papiersorten, die eine lange Haltbarkeit haben müssen, ist der sog. Säurefraß auszuschalten, bei dem das Papier sich gelblich verfärbt, brüchig wird und auseinanderfällt. Dafür ist die Neutralleimung notwendig. Diese Papiere liegen im pH-Bereich von 8–9. Dazu wird Calciumkarbonat von mindestens 2% zugesetzt, das als Puffer Säureeinwirkungen aus der Luft neutralisiert und unschädlich macht. Neben der Neutralisierung dürfen nur 100% gebleichter Zellstoff oder Hadern verwendet werden, damit Papiere oder Kartons nach der DIN NORM 53 124 säurefrei als alterungsbeständig bezeichnet werden dürfen.

Die *Oberflächenleimung* wird im Bereich der Trockenpartie der Papiermaschine auf die Papieroberfläche aufgetragen. Sie besteht aus Stärke, Proteinen oder Kunststoffdispersionen. Damit wird die Saugfähigkeit verringert und die Rupffestigkeit verbessert. Das Papier wird tintenfest und eignet sich besser für den Offsetdruck.

e) Wasser

Der wichtigste und kostenintensivste Hilfsstoff ist sauberes Wasser. Wasser wird vor allem zur Faseraufbereitung, der Zellstoffgewinnung und dem Recycling von Altpapier sowie der Herstellung der Streichmasse benötigt. Fertig getrocknetes Papier kann noch 4 bis 6% Wasser enthalten. Für die Herstellung von 1 kg Papier werden je nach Papiersorte 15 bis 20 Liter Wasser benötigt. Die Kosten für die Abwasserreinigung betragen die Hälfte des Papierpreises. Bei der Abwasserreinigung in den fabrikeigenen Kläranlagen müssen Faserreste, Füllstoffe und Lignine herausgelöst werden. Der überwiegende Anteil der benötigten Wassermenge wird im geschlossenen Umlauf nochmals verwendet.

Zur Verbesserung der Festigkeit wird die Naßverfestigung angewendet, weil normale Papiere beim Durchtränken mit Wasser bis zu 95% ihrer Festigkeit im trockenen Zustand verlieren können.

C. Die industrielle Papierherstellung

1. *Die Papiermaschine*

Papiere für die industrielle Herstellung von Büchern, Zeitschriften und Zeitungen werden auf riesigen Papiermaschinen angefertigt. Sie sind relativ große Energieverbraucher. Diese Maschinen haben folgende Prozeßstufen: Stoffzentrale – Stoffauflauf – Siebpartie – Pressenpartie – Trockenpartie – Glättwerk – Aufrollung oder Planschneider. Dazu können noch Aggregate zur Oberflächenbehandlung kommen wie Satinierwerk oder Streichwerk.

Die aufbereiteten Faserstoffe werden mit den Hilfsstoffen in der *Stoffzentrale* mit Wasser (bis zu 99% Wasseranteil) vermahlen und vermengt. Durch den Stoffauflauf wird diese Papiermasse unter Druck gleichmäßig je nach Papierstärke dosiert auf das umlaufende Sieb gepreßt.

Langsiebmaschinen für die Herstellung von Zeitungspapier, deren Prinzip auf die Erfindung von Nicolas Louis Robert 1799 zurückgeht, können in der Stunde bei einer Arbeitsbreite von ca. 8 Metern, einer Länge von ca. 40 Metern bei einer Durchlaufgeschwindigkeit von ca. 54 km/h 25 t Papier von 50 g/qm erzeugen.

Neben den konventionellen Langsiebmaschinen werden zunehmend *Kurzsiebmaschinen* eingesetzt, die z.B. mit einem Duoformer ausgerüstet sind, in dem die Papiermasse zwischen zwei zusammenlaufenden Kunststoffsieben nach beiden Seiten hin entwässert wird. Auf diesen Papiermaschinen werden vor allem LWC-Papiere (s. S. 323f.) für den Tief- und Offsetdruck in Grammgewichten zwischen 40 und 65 g/qm gefertigt.

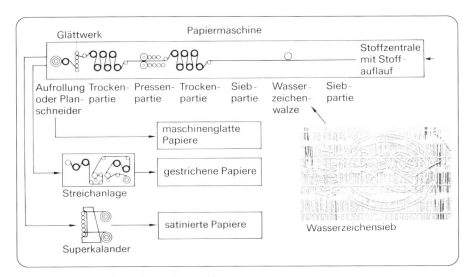

Abbildung 11: Das Schema der Papiermaschine.

X. Das Papier

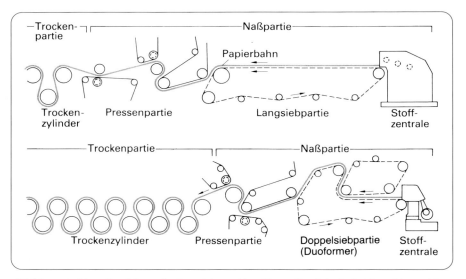

Abbildung 12: Oben: Das Schema der Langsiebmaschine. Unten: Das Prinzip der Kurzsiebmaschine.

In *Rundsiebmaschinen*, 1805 von Joseph Bramah erfunden, rotiert das Sieb im Faserbrei. Dieser setzt sich auf dem Sieb ab, das Wasser läuft nach innen ab. Es können dadurch kräftige Papierbahnen durch Hintereinanderschaltung mehrerer Zylinder Naß in Naß zur Herstellung von Karton und Pappen zusammengeführt werden.

Auf dem Sieb findet die Blattbildung statt. Der größte Teil des Wassers läuft durch das Sieb ab. Die Fasern richten sich in der Längsrichtung des Siebes, der Maschinenlaufrichtung, aus, wodurch das Papier eine Laufrichtung erhält (s. S. 318 ff.). Mit dem Wasser fließen aber auch Teile der Faser- und Füllstoffe ab. Die dem Sieb zugewandte Seite enthält demzufolge weniger Stoffanteile, außerdem prägt sich das Sieb leicht ein. Unbehandeltes Papier ist daher zweiseitig. Die dem Sieb abgewandte Oberseite heißt *Filzseite* (Schönseite oder Schöndruckseite), die dem Sieb zugewandte Unterseite heißt *Siebseite*. Filzseiten lassen sich besser bedrucken als Siebseiten. Beim Bücherdruck wird man die Titelseite auf die Filzseite drucken.

Im Siebbereich kann mit einem Egoutteur (Wasserzeichenwalze) das echte *Wasserzeichen* erzeugt werden. Ein auf eine Walze gespanntes Drahtgewebe, welches das Bild des Wasserzeichens ergibt, drückt sich in die noch feuchte Papiermasse ein (s. S. 309). Durch Verdrängung der Papiermasse an den Gewebestellen entstehen dünne Stellen, die nach dem Trocknen transparenter als die übrigen Teile des Papiers sind. Echte Wasserzeichen befinden sich in Wertpapieren, um diese fälschungssicher zu machen, und in hochwertigen Schreibpapieren, um diesen ein Marken- und Herkunftszeichen zu verleihen. Wasserzeichen sind für die Ermittlung der Entstehungszeit alter Drucke ein Nachweiskriterium. Unechte Wasserzeichen werden nach der Papieranfertigung

C. Die industrielle Papierherstellung

Abbildung 13: Die Stationen der Papiermaschine. Oben links: Die Steuereinheit der Stoffzentrale. Oben rechts: Das Langsieb. Unten links: Das Bogenschneidewerk. Unten rechts: Das Rollenschneidewerk.

mit Gummimatrizen in das Papier geprägt (Molettewasserzeichen) oder durch Aufdrucken einer Fettfarbe erzeugt.

In der Pressen- und Rollenpartie wird dem gefestigten Papier beim Durchlauf über +120°C heiße Walzen die Restfeuchtigkeit weitgehend genommen und der Endtrockenzustand von 94–96% erreicht. Im sich anschließenden Glättwerk wird die Papieroberfläche zwischen Stahlkalandern egalisiert. Das Papier, das in diesem Zustand die Papiermaschine verläßt, heißt *maschinenglattes Papier*.

Anschließend wird die Papierbahn aufgerollt zu Rollenpapier oder mit dem Simplex-Querschneider zu Bogen geschnitten. Bei Rollenpapier hat ein Tambour, wie die Rolle genannt wird, bis ca. 25 t Gewicht, was einer Bahn von ca. 60 km Länge entspricht. Das Bogenpapier wird in Paketen zu 100, 250 oder 500 Bogen je Ries abgepackt und auf Paletten gestapelt. Ein Ries (rizma, arab. = Ballen) ist eine alte Mengenbezeichnung für Planopapiere. Gute Papiere werden von der Papierfabrik beim Verpacken auf einen bestimmten Feuchtigkeitsgehalt eingestellt (Stapelfeuchtigkeit). Das Raumklima der Druckerei

X. Das Papier

und der Buchbinderei soll nicht zu weit von diesem Wert abweichen. 50–55% Feuchtigkeit bei +20°C Grad haben sich als zweckmäßig erwiesen. Bei schroffen Klimaänderungen wird sich das Papier verformen und das Bedrukken erschweren (s. S. 317).

2. Zusätzliche Ausrüstungen

Maschinenglattes Papier kann weiterbehandelt werden, um das Aussehen und die Konsistenz zu verändern.

a) Die Satinage

Das Papier wird im Kalander, einem System übereinanderliegender Stahlwalzen, mit Wärme und Feuchtigkeit unter Druck oberflächengeglättet (Bügeleffekt). Dadurch erhält es einen leichten Glanz, die sog. Satinage (franz. Seide). Dieses Papier wird satiniertes Papier oder Naturdruckpapier genannt. Durch die Satinage verringert sich allerdings die Reißfestigkeit, weil Fasern gebrochen werden können, und die Opazität nimmt zu. Satiniertes Papier wird vor allem für den Tiefdruck eingesetzt.

b) Die Prägung

In die Oberfläche des Papiers können Strukturen eingepreßt werden, die dem Papier ein edleres Aussehen verleihen, z.B. Leinenstruktur auf Schreibpapieren. Auch hier besteht die Gefahr, daß die Fasern beschädigt werden.

c) Gestrichenes Papier

In der Streichanlage erhält das Papier eine *Oberflächenbeschichtung* aus einem Gemisch aus Kaolin (Porzellanerde), Kreide, Leim und Titanoxydpigmenten, um dem Papier Glanz und Glätte zu geben. Die Pigmente der Streichmasse werden mit Kaseinen und Stärken mit den Papierfasern fest verbunden. Der Strich erhöht zugleich die Stabilität des Papiers und verhindert das Durchscheinen.

Man unterscheidet zwischen unterschiedlichen Streichmethoden. Gegenwärtig wird überwiegend das *Rakelstreichverfahren* angewendet, bei dem die Streichmasse mit einem starren oder flexiblen Rakelmesser dosiert aufgetragen wird. Im *Bürstenstreichverfahren* wird die aufgetragene Streichmasse mit Bürsten verteilt und egalisiert. Im *Gußstreichverfahren* wird die gestrichene Fläche im Kontakt mit einer hochglanzpolierten Metalloberfläche getrocknet. Beim *Walzenstreichverfahren* wird die Streichmasse von einer Auftragswalze, auf der die Masse gleichmäßig über die Oberfläche verteilt ist, auf das Papier übertragen. Es gibt noch weitere Beschichtungsverfahren, die in der DIN-NORM 6730 aufgeführt werden.

Gestrichene Papiere werden auch *Kunstdruckpapiere* genannt, weil sie für hochwertige Kunstdrucke mit feinem Raster verwendet werden (vgl. S. 225). *Hochglänzende gestrichene* Papiere haben einen lästigen Spiegeleffekt, der das

C. *Die industrielle Papierherstellung*

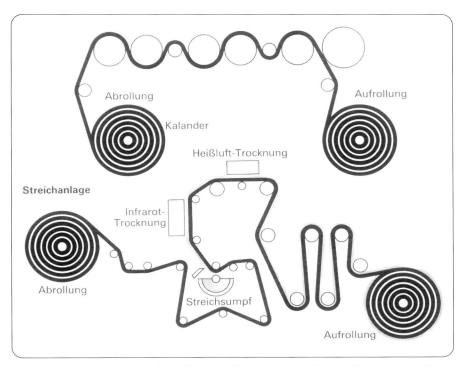

Abbildung 14: Oben: Schema der Satinage mit Superkalandern. Unten: Schema der Streichung (einseitiger Strich).

Abbildung 15: Links: Hochleistungs-Streichmaschine. Im oberen Bildteil ist die Infrarot-Trockenanlage sichtbar. Rechts: Detail einer Glättschaber-Streichmaschine.

Lesen vor allem bei Kunstlicht erschwert. Daher werden zunehmend für Bücher *mattgestrichene Papiere* verwendet.

Auf dem Markt werden gegenwärtig folgende Sorten angeboten, die sich im Preis unterscheiden:

313

X. Das Papier

    pigmentiert   nur matt
    leicht gestrichen ⎫
    einfach gestrichen ⎬
    voll gestrichen ⎪
    spezial gestrichen ⎬   matt und glänzend
    Kunstdruck ⎪
    gußgestrichen ⎭

D. Die industrielle Herstellung von Karton und Pappe

Karton und Pappe werden für die Anfertigung von Umschlägen und Buchdecken sowie als Verpackungsmaterial (Schuber, Kassetten u.ä.) verwendet.

Nach der Definition der DIN-NORM 6730 „Papier und Pappe – Begriffe" wird Karton definiert: Karton ist im deutschen Sprachgebrauch ein aus Papierstoff bestehender Werkstoff. Er ist steifer als Papier und wird in Endlosbahnen gefertigt. – Eine genaue Abgrenzung von Karton und Pappe ist nicht eindeutig festzulegen. Im Ausland werden beide Begriffe synonym verwendet. Im Vergleich zu Pappe, die einen hohen Anteil an Sekundärfasern aus Altpapier enthalten kann, wird Karton in der Regel aus hochwerti-

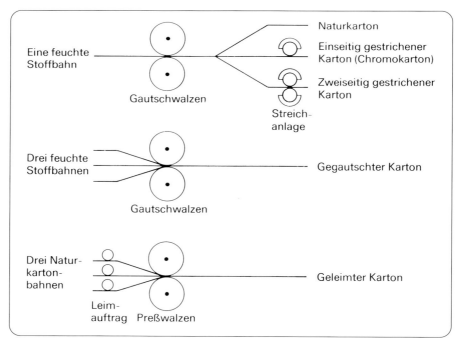

Abbildung 16: Das Schema der Kartonherstellung.

geren Faserstoffen hergestellt. Das aus dem Französischen stammende Wort Karton gilt für Produkte mit einem Quadratmetergewicht von ca. 150 bis 600 g/qm.

Man unterscheidet zwischen *einlagigem Karton* (aus einer Stoffbahn gefertigt), *gegautschtem Karton* (aus mehreren Stoffbahnen zusammengepreßt) und *geleimtem Karton* (aus mehreren Stoffbahnen zusammengeleimt). Karton aus mehreren Lagen ist in der Regel haltbarer, dafür aber auch teurer als einlagiger Karton.

Auch Karton kann wie Papier gestrichen werden. Einseitig bestrichener Karton wird auch *Chromokarton* genannt. Für den Verpackungsbereich und für Spezialeinsatz (z.B. für Spielkarten) kann Karton mit Wachs wasser- und säureabweisend imprägniert werden.

Produkte mit höherem Grammgewicht heißen Pappe. Je nach der Art der Anfertigung wird von *Maschinenpappe* und *Wickelpappe* gesprochen. Maschinenpappe wird auf Langsiebmaschinen gefertigt, die im Aufbau der Papiermaschine entsprechen. Wickelpappe wird auf Rundsiebmaschinen gefertigt.

E. Die Behandlung des Papiers

Papier ist ein gegenüber Umwelteinflüssen empfindlich reagierendes Material. Deshalb müssen für die Verarbeitung beim Drucker und Buchbinder, für die Lagerung im Papierlager und für die Lagerung der Fertigprodukte besondere Regeln beachtet werden.

1. Die Haltbarkeit

Die Haltbarkeit ist von *Innenfaktoren* (Stoffzusammensetzung, Bleichung und Leimung) und von *Außenfaktoren* (Umwelteinflüsse) abhängig. Holzhaltige Papiere enthalten Lignin und Pektine, die beim Luftkontakt eine das Papier zersetzende Säure bilden. Das Papier wird spröde, brüchig und zerfällt. Außerdem läßt die Lichteinwirkung das Papier vergilben. Auch die Zugabe von Recycling-Fasern kann u. U. die Haltbarkeit negativ beeinflussen.

Sollen die aus Papier hergestellten Produkte eine lange Lebensdauer haben, muß alterungsbeständiges Papier eingesetz werden. Die DIN-NORM 6738 sieht folgende Lebensdauer-Klassen vor:
LDK 24-85: alterungsbeständig
LDK 12-80: einige 100 Jahre
LDK 6-70: mindestens 100 Jahre
LDK 6-40: mindestens 50 Jahre.
   Daraus leiten sich die Verwendungsklassen ab:

Verwen-dungs-klasse	Verwendungszweck
1	Schreibpapier für dauernd aufzubewahrende, besonders wichtige Schriftstücke
2	Papiere für Grundbücher, Standesamtsregister, Urkunden und ähnliche besonders wichtige Zwecke
3	Aktenpapier, erste Sorte für länger aufzubewahrende Schriftstücke
4	Aktenpapier, zweite Sorte
5	Aktenpapier, dritte Sorte für den täglichen Gebrauch
8a	Druckpapier für dauernd aufzubewahrende Drucksachen für besonders wichtige Zwecke
8b	Druckpapier für lange aufzubewahrende Drucksachen und starker Beanspruchung im Gebrauch
8c	Druckpapier für sonstige Zwecke

Abbildung 17: ISO 9706. Alterungsbeständiges Papier darf vom Hersteller mit dem Ewigkeitssymbol gekennzeichnet werden.

Immer mehr Buchverlage bringen hauptsächlich für die Bibliotheken im Impressum den Hinweis, daß chlorfreies, säurefreies und alterungsbeständiges Papier verwendet wurde.

Der Säurefraß (s. S. 308) droht die Buchbestände in Bibliotheken unbrauchbar zu machen. In Massenentsäuerungsanlagen wie die von Batelle wird die Entsäuerung in drei Stufen durchgeführt: 1. Unter Vakuum bei +60 °C wird die Papierfeuchte auf 1% gesenkt. 2. In der Vakuum-Tränkung dringt eine Lösung von Magnesium-Titanethylat zur Neutralisation der Säuren im Papier in die luftleeren Poren ein. Der eingebrachte Puffer von 1–2% Magnesiumcarbonat bewirkt die Langzeitstabilisierung des Papiers gegen weiteren Säureeinfluß. 3. Es werden unter Vakuum die Lösungsmittel entfernt und das Papier nachgetrocknet.

Tierische und pflanzliche Schädlinge spielen heute für die Papierzerstörung keine nennenswerte Rolle mehr.

2. Die Lagerung von Papier

Wie bereits erwähnt, wird die Haltbarkeit auch von einer produktgerechten Lagerung in der Druckerei und Buchbinderei beeinflußt (s. S. 311). Papierfasern quellen bei Feuchtigkeitsaufnahme und schrumpfen bei Feuchtigkeitsabgabe. Papier benötigt für die Verarbeitung beim Drucker und Buchbinder und für die Lagerung ein gleichbleibend ausgewogenes Raumklima von +20°C und 50–55% relative Luftfeuchtigkeit. Sinkt die Raumtemperatur, steigt die relative Luftfeuchtigkeit. Luftbefeuchter vermögen kaum vermeidbare Klimaschwankungen auszugleichen. Die Luftfeuchtigkeit wird mit dem Hygrometer gemessen.

Bogenpapiere werden in der Regel von den Papierfabriken mit dem richtigen Feuchtigkeitsgrad haltbar verpackt an die Druckereien geliefert.

Übersicht über die negativen Auswirkungen auf den Druck bei unsachgemäßer Lagerhaltung:

Papier-/Raumfeuchte	Was passiert?	Auswirkungen	Schwierigkeiten
Papier mit höherer Gleichgewichtsfeuchtigkeit als die relative Feuchtigkeit der Raumluft (gleiche Temperatur vorausgesetzt).	Das Papier gibt von den Rändern her Feuchtigkeit ab.	Das Papier tellert und beult; es ist verspannt.	Passerschwierigkeiten und Dubliererscheinungen. Evtl. Anlageschwierigkeiten und schlechter Lauf der Bogen. Ablegen der frischen Druckfarbe im Stapel. Statische Aufladungen, verbunden mit Adhäsionserscheinungen.
Papier mit niedrigerer Gleichgewichtsfeuchtigkeit als die relative Feuchtigkeit der Raumluft (gleiche Temperatur vorausgesetzt).	Der Papierstapel nimmt von den Rändern her Feuchtigkeit auf.	Das Papier wird randwellig. Ränder sind durch das Quellen der Fasern länger geworden.	Passerdifferenzen, Dubliererscheinungen, besonders auch Faltenbildung und evtl. schlechter Lauf der Bogen. Ablegen der frischen Druckfarbe im Stapel.
Der Papierstapel ist unterkühlt.	Aufnahme von Kondensfeuchtigkeit durch die Kanten. Kalte Stapel kühlen Umgebungsluft ab, dadurch Ansteigen der rel. Luftfeuchtigkeit.	Papier wird randwellig.	Passerdifferenzen, Dubliererscheinungen und Faltenbildung. Evtl. schlechter Lauf der Bogen. Anlageprobleme.
Der Papierstapel ist wärmer als die Raumtemperatur.	Randzonen geben an die Umgebungsluft Feuchtigkeit ab, Erwärmung der Umgebungsluft durch den Stapel. Dadurch Sinken der rel. Luftfeuchtigkeit in der Umgebung.	Papier verspannt sich und tellert.	Schlechter Passer, Dubliererscheinungen und Gefahr der Faltenbildung.

3. Die drucktechnischen Eigenschaften des Papiers

Für die drucktechnische und buchbinderische Verarbeitung muß das Papier zug- und reißfest sein, sollte weitgehende Knitter- und Bruchfestigkeit aufweisen, darf sich nicht an den Kanten rollen oder insgesamt wellen. Bei zu schwach geleimten oder zu trocken gelagerten Papieren lösen sich vor allem bei hochvolumigen Papieren beim Drucken Füllstoffe, die das für den Drucker lästige Stauben verursachen. Die Druckmaschine muß öfters angehalten werden, um die Druckform vom Papierstaub zu reinigen, was die Druckkosten erhöht. Außerdem können Teile von der Papieroberfläche abgelöst werden, die das Rupfen bewirken. Für den Mehrfarbendruck mit präziser Passergenauigkeit ist Dimensionsstabilität notwendig, d.h. das Papier darf sich beim Drucken nicht verziehen. Es empfiehlt sich vor dem Einsatz einer neuen Papiersorte, diese mit dem Drucker und Buchbinder abzustimmen.

Jedes Druckverfahren stellt besondere Ansprüche an das Papier:
Hochdruck: Das Papier benötigt eine gewisse Elastizität, um sich der prägenden Druckform angleichen zu können.
Flachdruck: Das Papier braucht eine gute Leimung und damit Rupffestigkeit, weil bei der Übertragung der Druckfarbe vom Gummituch eine starke Zugbelastung senkrecht auf die Papieroberfläche ausgeübt wird. Außerdem soll das Papier eine knotenfreie Oberfläche aufweisen.
Tiefdruck: Diese Papiere müssen die in den Näpfchen des Kupferzylinders befindliche dünnflüssige Farbe sofort bei hoher Geschwindigkeit übernehmen und wegschlagen lassen. Die Oberfläche muß frei von kratzenden Bestandteilen sein, die das empfindliche Rakelmesser beschädigen könnten.

Für alle Druckverfahren gilt der Grundsatz, daß für den Rollendruck die Reißfestigkeit entscheidend ist.

Es ist vor allem zu bedenken, daß für den Kunden das Papier das äußere Erscheinungsbild des Druckwerkes wesentlich bestimmt. Daher muß gelegentlich ein Kompromiß zwischen technischer Eignung und dem Aussehen des Papiers eingegangen werden.

4. Die Laufrichtung des Papiers

Die Laufrichtung, auch Maschinen- oder Längsrichtung genannt, ist die Richtung, in der das Papier durch die Papiermaschine läuft. Der Strömung des nassen Papierbreies auf dem Langsieb entsprechend ordnen sich die Fasern in der Längsrichtung (Faserrichtung). In der *Laufrichtung* ist das Papier zug-, falz- und dehnfest. In der *Querrichtung*, auch Dehnrichtung genannt, dehnt sich das Papier unter Feuchtigkeitseinwirkung aus. Für den Druckvorgang und die buchbinderische Verarbeitung ist daher die Beachtung der Laufrichtung wichtig. Am besten läßt sich das Papier in der Laufrichtung falzen.

Für den Zuschnitt des Papiers in Planobogen ist die Bahnbreite zu berücksichtigen. Man unterscheidet zwischen *Schmalbahn* und *Breitbahn*. Die Bahnbreite wird durch Unterstreichen oder mit dem Zusatz SB (Schmalbahn)

E. Die Behandlung des Papiers

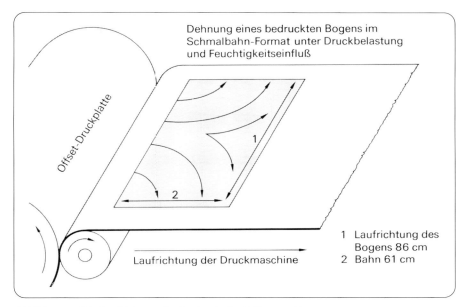

Abbildung 18: Die Laufrichtung des Papiers in der Offsetmaschine.

bzw. BB (Breitbahn) angegeben, z.B. 61 x 86 cm bzw. 61 (SB) x 86 cm. Wird die Bogengröße 61 x 86 cm in Schmalbahn verlangt, muß sie aus einer Papierrolle geschnitten werden, die 61 cm Breite mißt. Wird dagegen 61 x 86 cm in Breitbahn gewünscht, muß sie von einer Papierrolle von 86 cm Breite geschnitten werden. Bei Breitbahn liegt der Faserlauf längs der Bogenkante von 61 cm, bei Schmalbahn geht er parallel zur langen Seite des Bogens von 86 cm.

Die Laufrichtung muß parallel zum Buchrücken liegen, weil sich unter dem Einfluß von Leim- und Luftfeuchtigkeit die Papierfasern überwiegend in der Querrichtung ausdehnen. Bei falscher Laufrichtung würden sich die Papierblätter wellen und damit das Produkt unschön aussehen lassen. Bei Klebebindung kann die falsche Laufrichtung unter Feuchtigkeitseinfluß sogar den Buchblock sprengen.

Die Laufrichtung läßt sich mit verschiedenen Tests bestimmen; zieht man z. B. die beiden Kanten des Papiers durch die Fingernägel (Nagelprobe), so

Abbildung 19: Links: Die richtige Laufrichtung beim Buch. Rechts: Die falsche Laufrichtung.

X. *Das Papier*

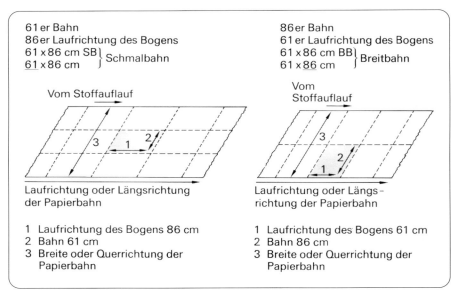

Abbildung 20: Die Laufrichtung des Papiers in Schmal- und Breitbahn.

zeigt die glatt gebliebene Kante die Laufrichtung an. Für stärkeres Papier oder Karton empiehlt sich die Biegeprobe: Ein schmal herausgeschnittener Streifen bleibt in der Laufrichtung steif.

Wie die Laufrichtung errechnet werden kann, soll am folgenden Beispiel erläutert werden:
Das beschnittene Buchformat beträgt im Hochformat 14,8 x 21,0 cm, das Bogenformat 61,0 x 86,0 cm. Die Laufrichtung liegt parallel zum Bund. Sie muß demzufolge auf 61,0 cm zuführen; also wird Schmalbahn 61,0 x 86,0 cm eingesetzt:

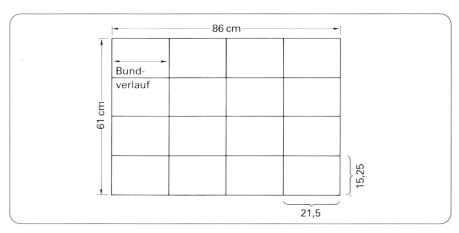

F. Die Klassifikation von Papier, Karton und Pappe

1. Rohstoffbedingte Eigenschaften

Die Faserrohstoffe bestimmen im wesentlichen die Qualität des Papiers.

a) Papier

Faserstoffe	Papierbezeichnung
Holzschliff	holzhaltiges Papier (h'h)
Zellstoff	holzfreies Papier (h'frei)
Holzschliff + Zellstoff-Gemisch	leicht holzhaltig, mittelfein
Altpapier	Recyclingpapier
Hadern, Lumpen	Hadernpapier

b) Karton

Faserstoffe	Kartonbezeichnung
Zellstoff	Zellstoffkarton
Überwiegend wiedergewonnene Faserstoffe, 50% Holzschliff	Braunschliff-Karton
Überwiegend wiedergewonnene Faserstoffe	Graukarton

c) Pappe

Faserstoffe	Pappenbezeichnung
Holzschliff	Holzpappe
Zellstoff	Zellulosepappe
Wiedergewonnene Faserstoffe	Graupappe
Stroh (Gelbrohstoff)	Strohpappe

2. Oberflächenbeschaffenheit

Die Oberfläche ist wichtig für das Bedrucken, außerdem übt sie einen starken optischen Reiz auf den Leser aus.
Maschinenglattes Papier: unbehandeltes Papier mit leicht rauher Oberfläche.
Satiniertes Papier (Natur- bzw. Schreibpapiere): kalandriertes, oberflächengebügeltes Papier.
Gestrichenes Papier: einseitig gestrichen (Chromopapier) und zweiseitig gestrichen: mattglänzend, halbmatt, glänzend und hochglänzend.
Geprägtes (granuliertes) *Papier*, z.B. Leinen- oder Rippenprägung.
Beschichtetes Papier: Folienbeschichtung u.ä.

X. Das Papier

3. Hilfsstoffbedingte Einteilung

Nach der Leimung: schwachgeleimte (hochvolumige) Papiere, oberflächengeleimte Papiere, stoffgeleimte Papiere.
Nach der Färbung: gebleichte Papiere, geweißte Papiere (mit optischen Aufhellern), farbig leicht getönte Papiere, Buntpapiere.
Nach dem Füllstoffgehalt: deckende Papiere, leicht durchscheinende Papiere, transparente Papiere.

4. Gewicht

Das Gewicht wird in Gramm pro Quadratmeter (g/qm) angegeben. Das Papiergewicht als Flächengewicht soll das Gewicht des Papiers unterschiedlicher Größen vergleichbar machen.

Luftpostpapier	10 – 15 g/qm
Dünndruckpapier (Florpost- oder Bibeldruckpapier)	bis 60 g/qm
LWC-Papier ab	39 g/qm
Werkdruckpapier	60 – 120 g/qm
Gestrichene Papiere	60 – 120 g/qm
Packpapier	100 – 150 g/qm
Karton	150 – 600 g/qm
Pappe	ab 600 g/qm

5. Papiervolumen

Das Volumen des Papiers ist das Verhältnis von Papierdicke zum Papiergewicht. Die Dicke wird mit der Mikrometerschraube gemessen.

$$\frac{\text{Papierdicke in mm} \cdot 1\,000}{\text{Gewicht in g/qm}} = \text{Volumen}$$

Beispiel:

$$\frac{0{,}12 \text{ mm} \cdot 1\,000}{80 \text{ g/qm}} = 1{,}5\text{faches Volumen}$$

$$\frac{0{,}08 \text{ mm} \cdot 1\,000}{80 \text{ g/qm}} = 1\text{faches Volumen}$$

Auftragendes, voluminöses Papier ist schwach geleimt, wirkt oft schwammig und zeigt eine rauhe Oberfläche. Es ist in der Regel schwerer zu bedrucken als Papier mit einfachem Volumen, denn es neigt zum Stauben. Man unterscheidet zwischen einfachem, anderthalbfachem, zweifachem und zweieinhalbfachem Volumen.

Mit voluminösem Papier können Bücher mit geringem Umfang dicker gemacht werden, wie die folgende Tabelle zeigt:

Blatt- und Bogendicke für Druckpapier

Gramm-gewicht je Quadrat-meter in mm	Volumen Blatt-dicke in mm	1fach Bogen-dicke (8 Blatt) in mm	1,5fach Blatt-dicke in mm	Bogen-dicke (8 Blatt) in mm	1,75fach Blatt-dicke in mm	Bogen-dicke (8 Blatt) in mm	2fach Blatt-dicke in mm	Bogen-dicke (8 Blatt) in mm
60	0,060	0,480	0,090	0,720	0,105	0,840	0,120	0,960
65	0,065	0,520	0,098	0,784	0,114	0,912	0,130	1,040
70	0,070	0,560	0,105	0,840	0,123	0,984	0,140	1,120
75	0,075	0,600	0,113	0,904	0,131	1,048	0,150	1,200
80	0,080	0,640	0,120	0,960	0,140	1,120	0,160	1,280
85	0,085	0,680	0,128	1,024	0,149	1,192	0,170	1,360
90	0,090	0,720	0,135	1,080	0,158	1,264	0,180	1,440
95	0,095	0,760	1,143	1,144	0,166	1,328	0,190	1,520
100	0,100	0,800	0,150	1,200	0,175	1,400	0,200	1,600

6. *Einteilung nach der Verwendung*

Für den Einsatz des richtigen Papiers ist die drucktechnische Eignung und der Gebrauch für den Benutzer zu berücksichtigen. Weil die Papierkosten einen hohen Anteil an den Herstellungskosten haben, muß die richtige und kostengünstigste Sorte ausgewählt werden. Für den Druck sind folgende Eigenschaften allen Printpapieren gemeinsam: gleichmäßige, rasche Farbannahme, schnelles Wegschlagen und Trocknen der Druckfarbe, Dimensionsstabilität zur Standgenauigkeit, Sauberkeit von Fremdkörpern und Reißfestigkeit.

Zeitungspapier: Stark holzhaltiges Papier mit über 80% Sekundärfasern aus Altpapier. Es braucht eine sehr gute Farbaufnahme. Das Grammgewicht liegt zwischen 40 und 50 g/qm.

Werkdruckpapier: Für den Offsetdruck ist eine leichte Oberflächenleimung als Schutz gegen das Stauben notwendig. Hochvolumige Papiere, die zum Stauben neigen, können die Druckqualität verschlechtern. Die Haltbarkeit wird von der Stoffzusammensetzung und der Leimung wesentlich beeinflußt. Reine Recyclingpapiere werden in der Qualität holzfreier Papiere angeboten. Das Grammgewicht liegt für den Bücherdruck zwischen 60 und 100 g/qm. Zur Verbesserung der Lesbarkeit werden für Bücher oft leicht gelblich gefärbte Papiere verwendet.

Kunstdruckpapier: Dies wird mit glänzender oder matter glatter Oberfläche verwendet. Nach der DIN-NORM 6730 liegt das Strichgewicht bei ca. 20 g/qm, bezogen auf die Trockenmasse. Die Papier haben ein Grammgewicht zwischen 60 bis 120 g/qm. Es werden optimale Bedruckeigenschaften erreicht.

Tiefdruckpapier: Für den Massendruck wird leicht holzhaltiges, stark satiniertes Papier verwendet, das Saugfähigkeit besitzt.

LWC-Papier (Light weight coated): Es ist ein zweiseitig gestrichenes, oft leicht holzhaltiges Papier mit einem Strichgewicht von 5 bis 10 g/qm, bezogen auf die Trockenmasse. Das Gewicht liegt unter 72 g/qm. Das in Rollen für den

X. Das Papier

Rotationsdruck gelieferte Papier dient vor allem zur Herstellung von Zeitschriften in hoher Auflage.

Umschlagkarton: Der holzfrei oder holzhaltig hergestellte Karton muß formstabil, knitter- und reißfest sowie nut- oder rillfähig sein. Besonders zähe Sorten haben einen Kunststoff-Anteil. Das Grammgewicht liegt zwischen 170 und 300 g/qm. Er wird in verschiedener Färbung und Oberflächenstruktur, z.B. beidseitig gestrichen oder gehämmert, produziert.

Schreibpapier: Um es beidseitig zum Beschreiben mit Tinte oder Faserstift anzubieten, ist das Papier vollgeleimt und hat eine satinierte Oberfläche. Ein höherer Füllstoffanteil macht es wenig durchscheinend.

7. Papiermaße

Papiere werden nach der DIN-NORM 476 „Papierformate" mit den Reihen A, B und C in genormte Formate eingeteilt. Die DIN-NORM A0 hat die Fläche eines Quadratmeters zur Basis. Die beiden Seiten der Fläche verhalten sich zueinander wie die Seite eines Quadrates zu dessen Diagonale, was dem Verhältnis 5:7 entspricht. Die weiteren Formate ergeben sich durch die Halbierung der vorangehenden Formate. Die dem Buchstaben folgende Zahl gibt also an, wie oft das Format A0 geteilt wurde. Die A-Reihe gilt für Drucksachen für den Bürobedarf und Schreibpapiere, die B- und C-Reihe für Umschläge und Verpackungen. Für den Druck werden die Papiere nach den Maßen der Druckmaschinen angefertigt (s.S. 258). Die früher üblichen Bezeichnungen Quart, Folio usw. werden nur noch im Antiquariatsbereich verwendet (s.S. 365f.).

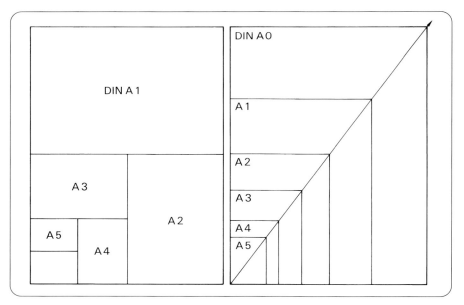

Abbildung 21: Jede Teilung nach DIN ergibt die zunächst kleinere Größe mit gleicher Diagonale.

Klasse	Reihe A	Reihe B	Reihe C
0	841 x 1189	1000 x 1414	917 x 1297
1	594 x 841	707 x 1000	648 x 917
2	420 x 594	500 x 707	458 x 648
3	297 x 420	353 x 500	324 x 458
4	210 x 297	250 x 353	229 x 324
5	148 x 210	176 x 250	162 x 229
6	105 x 148	125 x 176	114 x 162
7	74 x 105	88 x 125	81 x 114
8	52 x 74	62 x 88	57 x 81

(Maße in mm)

G. Die Prüfung des Papiers

Es ist möglich, die Qualität des Papiers mit handwerklichen oder Labormethoden zu prüfen. Zahlreiche DIN-NORMEN geben exakte Hinweise auf die Prüfung der Bestandteile und der Eigenschaften.

1. Visuelle und mechanische Prüfungsmöglichkeiten

Papiermassenverteilung: Diese kann beurteilt werden, indem das Papier gegen das Licht gehalten wird. Je wolkiger das Papier aussieht, desto ungleichmäßiger ist die Papiermasse verteilt. Wolkige Massenverteilung bedeutet mindere Haltbarkeit.
Sauberkeit der Papieroberfläche: Vor allem bei holzhaltigen Papieren soll geprüft werden, daß keine Splitterchen oder Knoten vorhanden sind.
Knitterfestigkeit: Es ist zu prüfen, ob sich Falten leicht herausstreichen lassen oder völlig erhalten bleiben.
Vergilbbarkeit: Diese läßt sich feststellen, indem man den zu prüfenden Papierbogen längere Zeit dem Sonnenlicht aussetzt und einen Teil abgedeckt läßt.
Die *Zug-, Rupf- und Reißfestigkeit* kann nur mit speziellen Geräten getestet werden.

2. Chemische Prüfungsmöglichkeiten

Im Labor kann die Vergilbbarkeit sofort durch Auftröpfeln von Phloroglucin-Salzsäure festgestellt werden, die Holzschliffanteile durch rötliches Verfärben des Papiers anzeigt. Der Füllstoffgehalt läßt sich durch Verglühen einer Papierprobe bestimmen.

H. Die Papierbeschaffung

1. Der Papiereinkauf

Papier wird für den Druck von Büchern, Zeitschriften und Zeitungen häufig von den Verlagen oder Druckereien in größeren Mengen auf Vorrat gekauft und gelagert. Das im folgenden Beschriebene gilt im wesentlichen auch für Karton und Pappe. Beim Einkauf muß auf produktbezogene gleichbleibende Qualität, optimale Einkaufsmenge, richtigen Beschaffungszeitpunkt und günstigen Einkaufspreis geachtet werden.

Dem Papierlieferanten werden zur Abgabe eines Angebotes folgende Angaben gemacht: Bestellmenge – Papier- bzw. Rollenformat – Papierqualität (Faserstoffgehalt, Oberflächenbeschaffenheit, Färbung, Leimung) – Grammgewicht – Laufrichtung – Volumen. Dazu kommen noch die allgemeinen kaufmännischen Bedingungen wie Zahlungsziel u.ä.

Die Angebote werden sorgfältig nach dem Preis-Leistungs-Verhältnis verglichen. Im Leistungsverhältnis zählen neben der Qualität die Zuverlässigkeit bei der Einhaltung des Liefertermins, Frachtkosten, Gefahrenübergang und Zahlungsbedingungen. Bei neuen Lieferanten oder bei neuen Sorten können Muster für Probedrucke und Probebindungen zur Entscheidung herangezogen werden. Ein wichtiges Kriterium ist die Verfügbarkeit der ausgewählten Papiersorten beim Lieferanten über einen längeren Zeitraum hinweg. Zeitungsverlage werden zur Minderung des Risikos häufig von mehreren Lieferanten Papier beziehen.

Für die Lagerung der Papiere muß geeigneter Lagerraum zur Verfügung stehen. Für die Papierbevorratung sind die Einkaufspreise unter Berücksichtigung von Mengenrabatt und Skonti in das Verhältnis zu den Lagerkosten und die Kosten für die kalkulatorische Verzinsung des für den Einkauf notwendigen Kapitals zu setzen. Obwohl die Papierpreise schwanken, kann durch kluge Bevorratung über einen längeren Zeitraum hinweg ein gleichbleibender Papierpreis in die Produktkalkulation eingesetzt werden.

2. Formeln zur Papierberechnung

a) Planobogen

Für die Papiermengen- und Preisberechnung benötigt man folgende Angaben: Druckauflage, Zuschuß (s. S. 259), Umfang, Papierformat, Nutzen (s. S. 260), Seitenformat des Druckwerkes und das Quadratmetergewicht.

Errechnung des Papierpreises:
Der Papierpreis wird pro 100 kg oder pro 1 000 Bogen angegeben.

1. Beispiel: 100 kg eines Papiers im Format 70 × 100 cm, 80 g/qm, kosten 200,– DM. Wieviel kosten 1 000 Bogen?

1 000 Bogen wiegen $\dfrac{70 \text{ cm} \cdot 100 \text{ cm} \cdot 80 \text{ g/qm}}{10} = 56\,000 \text{ g} = 56 \text{ kg}$

100 kg kosten 200,– DM
56 kg kosten 112,– DM

2. *Beispiel:* 1 000 Bogen eines Papiers im Format 70 × 100 cm, 80 g/qm, kosten 112,– DM. Wieviel kosten 100 kg dieses Papiers?

56 kg (Gewicht der 1 000 Bogen) : 112,– DM = 100 kg : DM

$\dfrac{112,\!- \text{ DM} \cdot 100 \text{ kg}}{56 \text{ kg}} = 200,\!-\text{ DM}$

100 kg kosten 200,– DM

Errechnung der Papiermenge:

$$\dfrac{\text{Auflage} \cdot \text{Anzahl der Druckbogen}}{\text{Nutzen}} + \text{Zuschuß} = \dfrac{\text{Papiermenge für}}{\text{ein Druckwerk}}$$

Beispiel:

$$\dfrac{5\,000 \text{ Exemplare} \cdot 12 \text{ Bogen}}{2 \text{ Nutzen}} + 5\% \text{ Zuschuß} = 31\,500 \text{ Bogen}$$

Nach den „Allgemeinen Verkaufsbedingungen für graphische Papiere und graphische Kartons" sind folgende Mengentoleranzen zwischen bestellten und gelieferten Mengen möglich:

Auftragsmenge	Mengentoleranzen		
Bei üblichen Qualitäten:		*Bei Sonderformaten:*	
mehr als 20 Tonnen	+/− 2,5%	mehr als 20 Tonnen	+/− 6%
von 10 bis 20 Tonnen	+/− 4%	von 10 bis 20 Tonnen	+/− 8%
von 5 bis 10 Tonnen	+/− 5%	von 5 bis 10 Tonnen	+/− 10%
von 3 bis 5 Tonnen	+/− 7%	von 3 bis 5 Tonnen	+/− 15%
unter 3 Tonnen	+/− 8%	unter 3 Tonnen	+/− 20%

Errechnung des Formates eines Druckbogens:

Beispiel: Das beschnittene Seitenformat eines Buches beträgt 14,8 × 21,0 cm. Das unbeschnittene Format beträgt demzufolge 15,2 × 21,5 cm (vgl. S. 261). Ein Druckbogen hat 16 Seiten, d.h. 8 Seiten Schöndruck und 8 Seiten Widerdruck. Daher:
21,5 cm · 2 = 43,0 cm
15,2 cm · 4 = 60,8 cm = rd. 61,0 cm.
Bei Druck zu einem Nutzen beträgt das Bogenformat 43,0 × 61,0 cm.
Bei Druck zu 2 Nutzen beträgt das Bogenformat 61,0 × 86,0 cm.

b) Rollenpapier

Es wird in der Regel die bedruckbare Fläche des Rollenpapiers als Berechnungsgrundlage des Einkaufspreises bzw. zur Papierberechnung gesehen:

$$\frac{\text{Rollengewicht in kg} \cdot 1\,000}{\text{Quadratmetergewicht}} = \text{Bedruckbare Fläche in Quadratmeter}$$

Beispiel:

$$\frac{500 \text{ kg} \cdot 1\,000}{52 \text{ g/qm}} = \sim 9\,615 \text{ qm}$$

Dem Quadratmetergewicht kommt für Zeitungspapiere ein entscheidender Stellenwert zu:

1. Beispiel:

$$\frac{500 \text{ kg} \cdot 1\,000}{60 \text{ g/qm}} = \sim 8\,333 \text{ qm}$$

2. Beispiel:

$$\frac{500 \text{ kg} \cdot 1\,000}{46 \text{ g/qm}} = \sim 10\,870 \text{ qm}$$

Eine weitere Berechnungsgrundlage ist die Länge des auf einer Rolle aufgewickelten Papiers:

$$\frac{\text{Rollengewicht in kg} \cdot 100\,000}{\text{Breite der Rolle} \cdot \text{Quadratmetergewicht}} = \text{Rollenlänge}$$

Beispiel:

$$\frac{500 \text{ kg} \cdot 100\,000}{63 \text{ cm} \cdot 48 \text{ g/qm}} = \sim 16\,534 \text{ m Rollenlänge}$$

Errechnung des Rollengewichts ohne Hülse:

$$\frac{\text{Breite} \cdot \text{Länge der Rolle in m} \cdot \text{Quadratmetergewicht}}{100\,000} = \text{Rollengewicht}$$

Beispiel:

$$\frac{63 \text{ cm} \cdot 16\,534 \text{ m} \cdot 48 \text{ g/qm}}{100\,000} = \sim 500 \text{ kg}$$

Zur Kontrolle des Preises von Papieren unterschiedlicher Flächengewichte wird die Formel nach dem Yield-Prinzip verwendet:

$$\frac{\text{Basispapierpreis} \cdot \text{Flächengewinne der 1. Sorte}}{\text{Flächengewinne der 2. Sorte}} = \text{Äquivalenter Preis für die 2. Sorte}$$

XI. Die Technik des Bindens

Unter Binden versteht man das Zusammenheften einzelner Druckbogen und Einhängen in einen Umschlag oder eine Buchdecke zu einem fertigen Produkt wie Buch, Broschüre, Zeitschrift, Kalender u.ä. Zeitungen hingegen, die aus mehreren Lagen bestehen, auch „Bücher" genannt, werden nicht geheftet. Bücher und Zeitschriften werden industriell auf Fertigungsstraßen (Bindestraßen) gefertigt, auf denen einzelne Arbeitsgänge hintereinandergeschaltet ausgeführt werden (s. S. 359). An große Rotationsdruckmaschinen können Falz- und Heftaggregate für die Zeitschriften- und einfache Broschurenherstellung angeschlossen werden (s. S. 278). Im Oneline-Verfahren werden Druck- und Bindearbeiten bis zum fertig verpackten Produkt für die Buchherstellung bereits auf Spezialmaschinen zusammen ausgeführt, z.B. auf der CAMERON (s. S. 266).

In handwerklichen Buchbindereien werden nur Einzelexemplare, Kleinserien, Bibliotheksbände und künstlerisch wertvolle Bücher (z.B. Faksimileausgaben) sowie Jahresbände von Zeitschriften gebunden.

A. Die Entwicklung der Bindetechnik

Die Bindetechnik hat eine lange Tradition. Das *Buch in Rollenform* gibt es bereits seit dem 2. Jahrtausend v.Chr. Als Schreibmaterial wurden zunächst teure Häute von Ziegen und Schafen verwendet. Seit dem 3. Jahrhundert v.Chr. setzte sich das preiswertere Papyrus durch (s. S. 298). Die einzelnen Blätter wurden zu 5 bis 20 Meter langen Bahnen zusammengeklebt. Die Höhe der Rollenbücher lag in der Regel zwischen 20 und 30 cm. Diese Rollenform wurde gewählt, weil das empfindliche Papyrus beim Falzen bricht. Der Leser hält die Rolle mit beiden Händen fest, vor ihm aufgerollt die Kolumne, die er gerade zu lesen wünscht. Das Weiterrollen erleichtern ihm Stäbe, die umbicili genannt werden. Zur Aufbewahrung wurde die Rolle zusammengebunden, in eine Pergamenthülse (paenula, lat. Reisemantel) gesteckt und mit einem Titulus versehen, auf dem der Kurztitel des Werkes geschrieben steht. Der Titel des Werkes wurde in der Regel erst auf die letzte Kolumne am Ende der Rolle geschrieben. In der größten Bibliothek des Altertums in Alexandria wurden 247 v.Chr. ca. 900 000 Rollen aufbewahrt.

Um die Zeitenwende waren bei den Griechen und Römern *Holztafelbücher* im Gebrauch. Ein solches Buch bestand aus mehreren hölzernen Tafeln, die in Vertiefungen mit Wachs überzogen waren, das durch Ritzen mit dem Schreibgriffel, dem Stylos, beschrieben werden konnte. Daraus leitet sich der Begriff ab, in einem guten oder schlechten Schreibstil zu schreiben. Diese Tafeln wurden mit Lederriemchen oder Ringen zusammengehalten. Ein solches Buch wurde *Diptichon* genannt, wenn es aus zwei Tafeln bestand, und

XI. Die Technik des Bindens

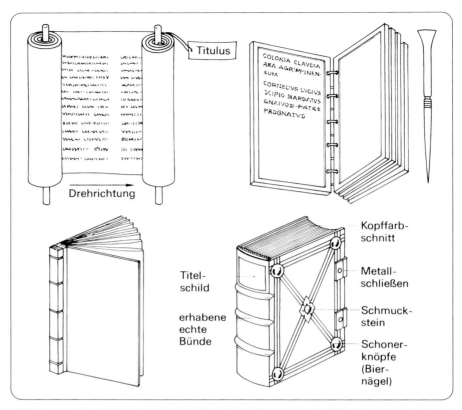

Abbildung 1: Oben links: Eine Papyrusrolle. Oben rechts: Ein Holztafelbüchlein mit Schreibgriffel. Unten links: Ein chinesisches Blockbuch; der Buchblock ist nicht aufgeschnitten. Unten rechts: Ein mittelalterlicher Prachtband.

Polyptychon, wenn es aus mehreren zusammengebunden war. Die Holztafelbücher waren die Vorläufer unserer vertrauten Buchform.

Den eigentlichen Übergang zu unserer Buchform bildeten die *Codices* (Singular Codex), die im 4. Jahrhundert n.Chr. allmählich die Holztafelbücher verdrängten. Die Codices bestanden aus in der Bogenmitte gefalzten und ineinandergesteckten Pergament-, Papyrus- oder Papierbogen, die in Deckel aus Holz oder Horn eingelegt wurden. Der lateinische Begriff Codex leitet sich vom lateinischen Wort caudex ab, das zu deutsch Baumscheibe heißt. Im Laufe der Zeit wurden die Deckel zum Schmuck mit Leder, Pergament oder Seide überzogen. Die Bezeichnung Codex ist zum Sammelbegriff für Gesetzessammlungen geworden. Die Lesegewohnheit änderte sich, weil die Bücher nicht mehr gerollt werden mußten, sondern seitenweise umzublättern waren. Nun konnte der Leser mühelos vor- und zurückblättern, Lesezeichen einlegen, Notizen einschreiben usw. Diese Buchform hat sich bis in unsere Zeit unverändert erhalten.

In China kam ab dem 7. Jahrhundert n.Chr. das *Blockbuch* auf. Die gefalzten Blätter wurden aufeinandergelegt und am offenen Rücken mit Faden zusammengeheftet. Gegen 1400 n.Chr. wurden auch in Mitteleuropa Blockbücher gebunden.

Im Hochmittelalter, vor allem nach dem Aufkommen der Gutenbergschen Drucktechnik, haben Goldschmiede und später Buchbinder prächtig verzierte Einbanddecken geschaffen. Metallbeschläge, Schließen und Edelsteinapplikationen wurden dem Überzugsmaterial Leder hinzugefügt. Mit Streicheisen zum Anbringen von Umrahmungen, Fileten (wiegenmesserförmiges Werkzeug für Goldauftragung), Rollen und Stempeln wurden Pflanzen-, Tier- und Fabelweltmotive eingeprägt. Der prächtige Einband war der würdige Rahmen für den geachteten Inhalt. Es wurden in der Regel immer noch Holzdeckel als Einbände verwendet, die erst in der Renaissance durch Pappen ersetzt worden sind. Diese Bücher waren schon immer geschätzte und behütete Kostbarkeiten in kirchlichen und weltlichen Bibliotheken. Gegen Diebstahl wurden sie im Mittelalter mit einer Kette an das Lesepult gebunden, daher der Name *Kettenbücher*.

B. Die Bindevorbereitung

1. Die Auswahl des Bindeverfahrens

Bereits mit der Planung des Druckwerkes sollte das Bindeverfahren festgelegt werden. Es empfiehlt sich, frühzeitig die Lieferanten zu bestimmen und nach den Voraussetzungen für eine rationelle, kostengünstige und qualitative Ausführung zu fragen.

Neben dem Inhalt kann auch die Gestaltung des Druckwerkes kaufentscheidend sein. Der Leser hat eine bestimmte Erwartungshaltung, wie das Druckwerk gebunden sein soll, das er zu erwerben wünscht. Der Bücherfreund möchte seine Bücher gern stabil in Leinen gebunden erwerben. Taschenbücher und einfache Broschuren werden vom Käufer mit schmalem Geldbeutel bevorzugt. Wörterbücher und Werkstattanleitungen können in abwaschbarer Plastikfolie gewünscht werden. Bei der Auswahl des Einbandes sollte deswegen auch die Vertriebsabteilung des Verlages um Rat gefragt werden.

Die buchbinderische Verarbeitung ist neben dem Papier der wichtigste Kostenfaktor der technischen Herstellung eines Druckwerkes. Bei der Planung ist daher immer gewissenhaft zu prüfen, welche buchbinderische Ausstattung im Hinblick auf Inhalt und Käuferkreis zu wählen ist.

Gerade weil die Form und die Gestaltung des Einbandes einschließlich des Schutzumschlages für einen Kaufentscheid wichtig sind, werden häufig Buchkünstler oder Graphiker damit beauftragt. Viele Verlage haben eine für sie typische Gestaltungsform gefunden, die zum Markenzeichen geworden ist. Man spricht daher vom Corporate Design (s. S. 119). Wie jede künstlerische Ausdrucksform ist auch die Einbandgestaltung Moden unterworfen. Die Druckwerke spiegeln den Geschmack ihrer Zeit.

XI. Die Technik des Bindens

Abbildung 2: Vier Beispiele für die Einbandgestaltung. Oben links: Walter Tiemann 1903. Oben rechts: F. H. Ehmke 1932. Unten links: Kösel-Verlag 1955. Unten rechts: Heinz Edelmann 1982.

Es ist außerdem zu berücksichtigen, daß schon beim Druck auf die Forderungen des Buchbinders zugearbeitet wird. Der Drucker wählt für die kostengünstige Falzart das notwendige Ausschießverfahren. Er muß die Bogennorm und die Bogensignatur, Falz- und ggf. Schneidmarken mitdrucken. Außerdem ist die Wahl des für die vorgesehene Heftung geeigneten Materials wie Papier und Karton unter Berücksichtigung der Laufrichtung zu beachten.

Es kann sich empfehlen, einen *Stärkeband* bzw. *Blindband* (gebunden aus unbedruckten „blinden" Blättern) vor der Auftragsvergabe vom Buchbinder anfertigen zu lassen, um das Aussehen zu beurteilen. Zugleich dient der Musterband zur exakten Ermittlung der Buchrückenbreite, die für die Gestaltung des Prägestempels und des Schutzumschlages wichtig ist; daher auch die Bezeichnung *Stärkeband*. Das setzt jedoch die Verwendung des Auflagenpapiers voraus.

Musterbände werden manuell angefertigt und sind daher teuer. Außerdem lassen sich technisch bedingte geringfügige Abweichungen gegenüber der späteren industriellen Serienanfertigung nicht ganz vermeiden.

2. Der Bindeauftrag

Der Buchbinder benötigt vom Auftraggeber folgende Angaben:
– Auflagenhöhe bzw. Höhe der ersten Bindequote
– Umfang des Werkes in Bogen oder Seiten
– Formatangabe des beschnittenen Buchblocks in cm
– Bindeart (bei Klebebindung Vorschrift der Leimart)
– Überzugsmaterial (z.B. Leinen)
– Vorsätze angeklebt oder integriert (s. S. 341)
– Material und Farbe des Kapitalbandes
– Schnittfarbe
– runder oder gerader Buchrücken
– Art und Farbe der Prägung mit genauer Standangabe
– Stärke und Material der Deckelpappe
– Angaben zum Schutzumschlag
– zusätzliche Ausstattung wie Lesebändchen
– Beilagen einlegen (z.B. Verlagsprospekte oder Antwortkarten)
– Anfertigung von Kassetten oder Schubern
– Art der Verpackung (einzeln in Schrumpffolie eingeschweißt, in Packpapier eingeschlagen, unverpackt auf Paletten gestapelt u.ä.)
– Liefertermin
– Liefer- und Zahlungsbedingungen.
In der Regel sind diese Angaben auf einem Formular zusammengestellt.

Es bedarf zudem einer verbindlichen Absprache, wie *Über- und Unterlieferungen* zu bewerten sind. Unterlieferungen können eine fatale Auswirkung für die Titeldisposition haben. Der für den Buchbinder notwendige Zuschuß muß vom Drucker eingehalten werden.

XI. Die Technik des Bindens

Auch empfiehlt es sich, vom Schutzumschlag einen angemessenen *Überdruck* zu veranlassen, damit bei Beschädigung im Buchladen auf Wunsch des Buchhändlers Ersatz geliefert werden kann. Ein reichlicher Zuschuß ist bei bedruckten Vorsätzen, Tafelbogen, Viertelbogen, Decken und Schuberschildchen empfehlenswert, damit die Sollauflage erreicht wird.

Buchbinder liefern ihre Produkte in der Regel ab Werk. Die Abholung der Rohbogen oder Anlieferung an ein Buchlager werden daher zusätzlich berechnet. Häufig werden die Rohbogen, z.B. bei Quotenbindung, in der Buchbinderei eingelagert. Das geht, wenn nicht anders vereinbart, auf Risiko des Auftraggebers, der daher für einen ausreichenden Versicherungsschutz zu sorgen hat. Mit dem Einlagern ist auch die Lagerbuchführung des Buchbinders verbunden. Daher entstehen dem Auftraggeber weitere Kosten.

C. Die Herstellung des Buchblocks

1. *Die Anlieferung der Rohbogen*

Die von der Druckerei in die Buchbinderei gelieferten Rohbogen (d.h. unbeschnittene und ungefalzte Planobogen) sollen folgende Kennzeichnungen tragen:
- *Druck- und Seitenanlage der Druckmaschine*. Diese sollen mit der Anlage in der Schneide- bzw. Falzmaschine übereinstimmen, um eine exakte Weiterverarbeitung zu gewährleisten (s. S. 260).
- *Falzmarken*. Diese Markierungslinien geben dem Buchbinder den Stand der Falze an.
- *Flattermarken*. Das sind zwischen der ersten und der letzten Seite auf jedem Bogenrücken angebrachte Balken, die es dem Buchbinder erleichtern, beim Zusammentragen die richtige Reihenfolge der Bogen zu erkennen. Die Bogen liegen in der richtigen Reihenfolge, wenn die Flattermarken treppenförmig zu sehen sind.
- *Bogennorm und Bogensignatur*. Auf der ersten Seite eines jeden Bogens stehen diese Angaben (s. S. 133). Die Bogensignatur gibt die Bogenzahl und die Bogennorm in Kurzform den Buchtitel mit der Auflagenbezeichnung an. Sie werden im kleinen Schriftgrad unter den Satzspiegel, im Beschnitt oder im Bund der ersten Seite, der *Prime*, gestellt. Diese beiden Angaben erlauben es dem Buchbinder, die einzelnen Rohbogen titelbezogen richtig zusammenzustellen. In alten Werken wurde gelegentlich auf der dritten Seite eines Bogens die Bogensignatur mit einem Sternchen, der *Sekunde*, ergänzt.

Es ist zudem darauf zu achten, daß die *Laufrichtung des Papiers* bis auf begründete Ausnahmen parallel zum Bund verläuft, damit sich Buchseiten nicht wellen, bei Klebebindung sich nicht aus dem Block lösen und das Buch sich gut aufschlagen läßt (s. S. 318ff.).

C. Die Herstellung des Buchblocks

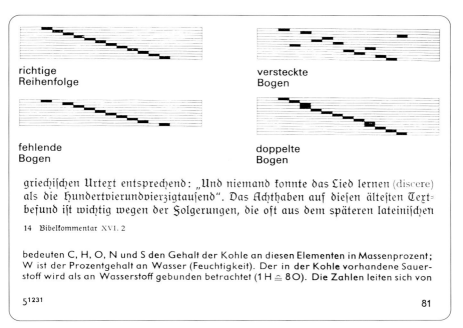

Abbildung 3: Oben: Die Funktion der Flattermarken. Zwei Beispiele für die Bogennorm und die Bogensignatur: Bogen 14 (Mitte) und Bogen 5 (unten) (hier ist statt des Kurztitels nur die Buchnummer angegeben).

Bei Produkten, bei denen es auf exakte Falzgenauigkeit ankommt (z.B. von linken auf rechte Seiten überlaufende Bilder und Tabellen, schmalen Bundstegen u.ä.) sollte das Auflagenpapier für Bogenmaschinen mit *Winkelschnitt* bestellt werden. Der exakte rechtwinklige Glattschnitt an der Anlage der Druck-, Schneide- und Falzmaschine erlaubt allen Beteiligten passergenaues Arbeiten.

Es versteht sich von selbst, daß die Rohbogen im einwandfreien Zustand dem Buchbinder anzuliefern sind. Verrutschte Papierstapel, durch Bandeisen beschädigte Bogen, durchhängende Stapel bei zu schwachen Paletten und Feuchtigkeitseinflüsse erschweren das Binden, führen zu minderer Qualität und verursachen Unterlieferungen. Der Buchbinder ist angehalten, bei der Prüfung des Lieferscheins darauf zu achten, daß der notwendige Zuschuß zur Verfügung steht, ggf. ist der Auftraggeber zu informieren. Dem Buchbinder stehen zum Zählen der angelieferten Rohbogen automatische Zählmaschinen zur Verfügung. Aus Kostengründen wird separates Zählen aber häufig nicht mehr ausgeführt. Deshalb ist eine zuverlässige Bogenangabe des Druckers nach dem Stand des Zählwerkes der Druckmaschine unerläßlich.

2. Das Schneiden der Rohbogen

Ein *Falzbogen* umfaßt in der Regel 16 Seiten (Dreibruch). Es können auch halbe Bogen zu 8 Seiten (Zweibruch) und Viertelbogen zu 4 Seiten (Einbruch) buch-

XI. Die Technik des Bindens

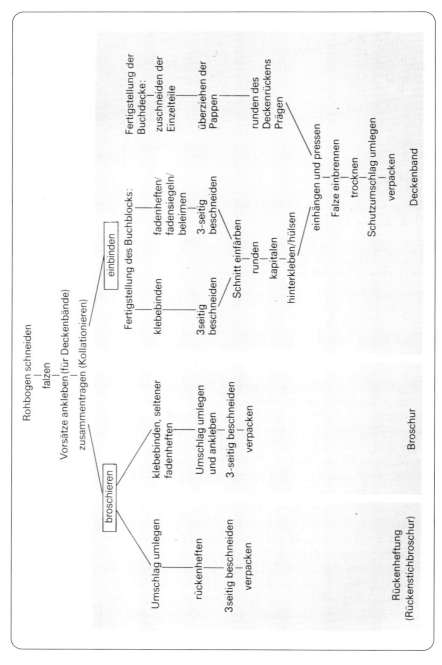

Abbildung 4: Ablaufschema der buchbinderischen Arbeiten.

binderisch verarbeitet werden. Einzelblätter werden bei Fadenheftung an einen der Bogen angeklebt; das ist teuer und daher zu vermeiden. Auch halbe und Viertelbogen zu verarbeiten ist im Verhältnis teurer als die Verarbeitung von ganzen Bogen. Bei dünnem Papier kann der Falzbogen auch 32 Seiten (Vierbruch) im Doppelnutzen betragen. Für eine bessere Nutzung der Bogenformate sind bei quadratischen Produkten 12 oder 24 Seiten als Falzbogen möglich. Rollenmaschinen können 20seitige Falzbogen produzieren.

Planobogen	ungefalzt:	1 Blatt =	2 Seiten	Achtelbogen
Foliobogen	1 × gefalzt:	2 Blatt =	4 Seiten	Viertelbogen
Quartbogen	2 × gefalzt:	4 Blatt =	8 Seiten	Halber Bogen
Oktavbogen	3 × gefalzt:	8 Blatt =	16 Seiten	Ganzer Bogen
Duodezbogen	4 × gefalzt:	12 Blatt =	24 Seiten	Anderthalbbogen
Sedezbogen	4 × gefalzt:	16 Blatt =	32 Seiten	Doppelbogen

Bei höheren Auflagen kann die Doppelnutzenproduktion von Vorteil sein. Doppelnutzen können übereinander Kopf an Fuß oder im „kommen und gehen" Kopf an Kopf ausgeschossen werden (s. S. 340).

Weil häufig auf großformatigen Druckmaschinen zu mehreren Nutzen gedruckt wird, also mehrere Falzbogen auf einer Druckform stehen, müssen die Druckbogen zu Falzbogen zugeschnitten werden.

Abbildung 5: Schneideaggregat mit Transporteinrichtungen.

XI. Die Technik des Bindens

Planschneider werden zur Vereinfachung der Schnellschneidebedienung programmgesteuert. Mit Hilfe von speziellen Programmen kann der Rechner die günstigste Schnittaufteilung und die optimale Schnittfolge ermitteln und beliebig oft wiederholen. Außerdem speichert er titelbezogen diese Meßwerte für spätere Nachbindequoten. Zur Schneideanlage gehört die notwendige Peripherieeinrichtung mit der Rüttelstation zur Erreichung exakter Stapelkanten, Be- und Entladungstische sowie Transporteinrichtungen, auf denen das Transportgut auf Luftkissen bewegt wird.

3. *Das Falzen der Rohbogen*

Die Buchseiten werden vom Drucker so für den Druck angeordnet, daß sie nach dem Falzen in der richtigen Reihenfolge hintereinander stehen. Dieses Anordnen heißt *Ausschießen* (vgl. S. 259ff.). Bei der Planung des Buches muß

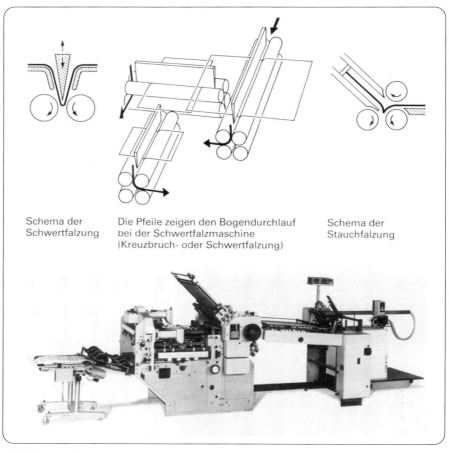

Abbildung 6: Oben: Die Arbeitsweise einer Falzmaschine. Unten: Falzmaschine.

C. Die Herstellung des Buchblocks

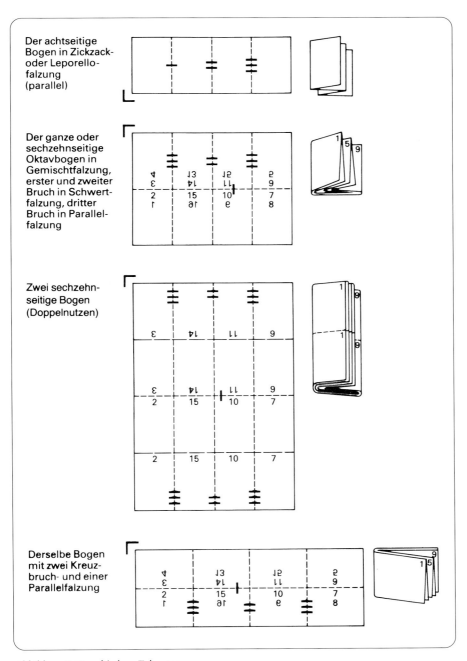

Abbildung 7: Verschiedene Falzarten.

die kostengünstigste Falzart mit dem Buchbinder abgesprochen werden, damit der Drucker richtig ausschießen kann.

Es gibt viele Falzarten, von denen nur die verbreiteten aufgeführt werden können. Beim *Kreuzbruchfalz* werden die Bogen kreuzweise halbiert gefalzt. Für die Anzahl der Brüche kann folgende Faustregel gelten: Vierbruch bis 80 g/qm-Papier, Dreibruch bis 150 g/qm-Papier, Zweibruch bis 180 g/qm-Papier. Der Kreuzbruch ist die häufigste Falzart bei der Herstellung von Büchern. Bei hohen Auflagen kann rationell im Doppelstrom gefalzt werden. Für Karten und Prospekte kann der *Leporellofalz* (Zickzackfalz) zur Anwendung kommen. Die schmalen Bogen werden in wechselnder Richtung gefalzt. Beim *Wickelfalz* werden die Bogen in gleicher Richtung wickelförmig um das innere Blatt gefalzt. Vielfältig ist die Verwendung von *Gemischtfalzungen* wie kombinierte Kreuz- und Parallelbrüche.

Die *Doppelnutzenproduktion* erfordert spezielle Ausschießschemata. Doppelnutzen können übereinander angeordnet sein: Kopf an Fuß oder im „kommen und gehen" Kopf an Kopf. Letztere Form ist vorzuziehen. Die Mehrfachnutzung Kopf an Fuß ist nur bei hohen Auflagen zweckmäßig.

Für die buchbinderische Verarbeitung hoher Auflagen sind Falzaggregate an die Rotationsdruckmaschinen angeschlossen, damit die Druckbogen gleich im Anschluß an den Druckvorgang gefalzt und beschnitten werden können (s. S. 279).

4. Das Ankleben der Vorsätze

Das vierseitige Vorsatzpapier wird mit der einen Hälfte an den ersten bzw. an den letzten Bogen des Buchblocks schmal angeklebt, die andere Hälfte später beim Einhängen in die Buchdecke auf die innere Seite des Vorder- bzw. Rückendeckels vollflächig verleimt. Das an die Buchdecke geklebte Blatt heißt *Spiegel*, das andere *fliegendes oder flatterndes Blatt*.

Weil die Vorsätze die Aufgabe haben, den Buchblock mit der Einbanddecke zu verbinden, muß das Vorsatzpapier reißfest sein. Da Vorsätze zudem zum Schmuck des Buches dienen, wird gerne schön gefärbtes und strukturiertes Papier – auf den Einband harmonisch abgestimmt – gewählt. Vorsätze können unbedruckt bleiben oder mit Karten, Bildtafeln u. ä. bedruckt sein.

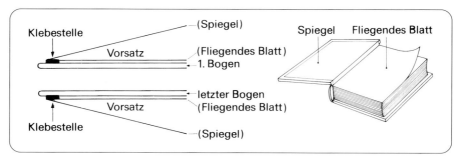

Abbildung 8: Die Anordnung der Vorsätze.

Man spricht von *integrierten Vorsätzen*, wenn das erste Blatt des ersten Bogens und das letzte Blatt des letzten Bogens die Funktion des Vorsatzes übernehmen.

5. Das Zusammentragen

Die Bogen werden nach dem Falzvorgang für die Heftung der Druckerzeugnisse auf Zusammentrag-Maschinen mit vielen Bogenstationen zu Buchblocks zusammengeführt. Für die Rückenheftung werden die Bogen ineinandergesteckt, daher auch der Name Einsteckbroschur oder *einlagige Broschur*. Für die anderen Heftarten werden die Bogen übereinandergelegt, daher auch die Bezeichnung *mehrlagige Heftung*. Dem Drucker muß vom Auftraggeber die Heftart mitgeteilt werden, damit er das richtige Ausschießschema verwendet (s. S. 259f.).

Für die Kontrolle der richtigen Bogenanordnung gibt es verschiedene Kontrolleinrichtungen, um Fehlbindungen auszuschließen. Bei der Flattermarkenkontrolle werden die auf dem Falz aufgedruckten Flattermarken (s. S. 335) optisch auf die richtige Anordnung hin abgetastet. Bei einer anderen Kontrollart wird das Druckbild abgetastet und mit dem Folgebogen verglichen. Beim Barcode-(EAN)-Lesesystem wird ein auf dem Beschnitt aufgedruckter Barcode gelesen. Außerdem gibt es Kontrollmöglichkeiten zur Schimmelbogen- und Doppelbogenkontrolle.

6. Das Heften

Die Art der Heftung ist ein wesentlicher Kostenfaktor der buchbinderischen Verarbeitung. Sie ist zudem entscheidend für die Haltbarkeit des Produktes. Für den Benutzer eines gebundenen Druckwerkes ist das *Aufschlagverhalten* wichtig: Es muß aufgeschlagen offen liegen bleiben. In diesem Zusammenhang ist die richtige Laufrichtung für das gute Aufschlagverhalten ebenfalls zu beachten. Dünne, flexible Papiere lassen ein Buch gut aufschlagen liegen bleiben; die Bindung wird nur wenig beansprucht. Hochvolumige und steife Papiere hingegen fördern bei ungeeigneten Heftverfahren das Zuschlagen; die Bindung wird bei der Benutzung erheblich beansprucht (z.B. Ausreißen der Klammer, Aufbrechen der Klebestellen).

a) Die Rückenheftung

Um die ineinandergesteckten Bogen wird ein Kartonumschlag gelegt. Davon kommt auch die Bezeichnung *Einsteckbroschur*. Durch den Falzrücken werden anschließend von außen nach innen die Falzbogen des Buchblocks und der Kartonumschlag mit Drahtklammern – oder seltener – mit Faden oder Kordel verbunden. Anschließend werden die gehefteten Produkte im Dreischneider (Dreimessermaschine oder Trimmer) auf das richtige Endformat beschnitten und für den Versand verpackt.

XI. Die Technik des Bindens

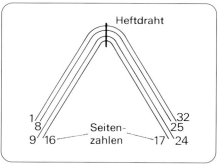

Abbildung 9: Oben: Sammelheft-Automat. Links: Das Schema der Rückstichheftung eines 32seitigen Bogens.

Bei dieser preiswertesten Heftart darf der Umfang 96 bis 128 Seiten je nach Papierstärke nicht überschreiten, weil sonst die Gefahr besteht, daß beim Beschneiden die Heftung und der Falz am Kopf und Fuß ausreißt und sich das Produkt nur schwer aufschlagen läßt. Einfache Broschuren, Schreibhefte und Zeitschriften eignen sich für diese Heftart.

b) Die seitliche Blockheftung

Die aufeinander zusammengetragenen Bogen werden im Bund mit Drahtklammern seitlich geheftet. Anschließend wird der geheftete Block in einem viermal gerillten Kartonumschlag eingelegt.

Diese haltbare Heftart hat den Nachteil, daß sich die Produkte schlecht aufschlagen lassen und nicht offen liegen bleiben. Nur noch selten wird sie für die Herstellung von dünnen Zeitschriften und Katalogen verwendet.

c) Die Spiralheftung

Die aufeinander zusammengetragenen mit Deckblättern versehenen Bogen werden entlang dem Rücken lochperforiert – der Bundsteg wird dadurch in der Stabilität etwas beeinträchtigt – und mit einer Spirale geheftet. Statt der Spiralen (Spiralbroschur) können Kämme eingesetzt werden (Kammbroschur). Auch mit Klemmschienen können lose Blätter zusammengehalten werden. Bei Bedarf wird die Schiene geöffnet, Blätter können ergänzt oder herausgenommen werden. Den gleichen Zweck erfüllen Schnellhefter und Ringbuchhefter.

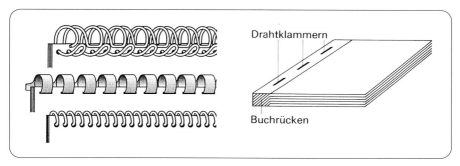

Abbildung 10: Links: Beispiele für Ring- und Spiralbindungen. Rechts: Das Schema der seitlichen Blockheftung.

Diese relativ teuren Heftarten findet Anwendung bei allen Produkten, die offen aufgeschlagen liegen bleiben müssen wie Kalender und bei denen ständig Seiten ausgetauscht werden wie Bauanleitungen oder Musterkataloge. Außerdem können Karton und Pappe geheftet werden, z.B. für Bücher für Kleinkinder.

d) Die Klebebindung

Emil Lumbeck hat 1938 dieses Verfahren entwickelt (lumbecken). Die aufeinander zusammengetragenen Bogen werden am Buchrücken zu Einzelblättern aufgeschnitten. Dafür müssen vom Drucker zusätzlich 2,5 bis 3,0 mm Beschnitt im Bundsteg zugegeben werden. Vor dem Verkleben wird der Rücken zur besseren Haltbarkeit mit folgenden Techniken bearbeitet:
- *Fächertechnik*: Der Rücken wird aufgeraut und anschließend vor dem Leimauftrag ein- oder zweiseitig aufgefächert. Es empfiehlt sich die Verwendung von Dispersionskleber. Vorteilhaft ist diese Technik für Produkte mit hoher Beanspruchung sowie bei dicken und unterschiedlich starken Papieren. Diese Technik wird heute nur bei Kleinauflagen oder Einzelanfertigung eingesetzt.
- *Frästechnik*: Die zusammengetragenen Bogen werden mit Fräswerkzeugen, Kreismessern oder Schleifscheiben am Rücken aufgefräst und im

XI. Die Technik des Bindens

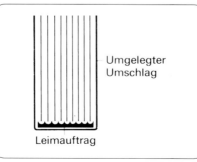

Abbildung 11: Oben: Falzabpreß- und Frässtation eines Normbinders. Mitte: Die Kaltleimstation eines Normbinders. Links: Das Schema der Klebebindung.

Bedarfsfalle noch zusätzlich eingekerbt (Perforationstechnik). Es können Dispersionsklebstoffe oder Schmelzkleber verwendet werden. Zeitschriften, Broschüren und Buchblocks werden so geheftet.
– *Perforationstechnik*: Die Bogen werden beim Falzen im Bund geschlitzt. Die Stege zwischen den Schlitzen werden nicht abgefräst, denn sie verbessern die Haltbarkeit. Die Blattbreite bleibt voll erhalten. Dieses Verfahren ist nur bei geringem Bogenumfang empfehlenswert.

In den meisten Fällen wird mit zwei Klebstoffen gearbeitet. Der *Hotmelt* (Schmelzkleber) ist eine mehrkomponentige thermoplastische Masse, die heiß aufgetragen wird und beim Abkühlen abbindet. Der *Dispersionskleber* (thermoplastischer Kaltkleber) besteht aus dem Dispergiermittel, Wasser und Leimpartikeln, die einen zähen Klebefilm bilden. Um eine zufriedenstellende Verklebung zu gewährleisten, muß ein Klebstoff eine ausreichende Adhäsion haben, d.h. die Papiere benetzen, und eine ausreichende Kohäsion haben, d. h. eine innere Festigkeit aufweisen. Das Dispersionsverfahren ist teurer als das Hotmeltverfahren, denn die Abbindezeit während des Produktionsvorganges dauert länger, und die Maschinen laufen langsamer. Für die Bindung mit Hotmelt und Dispersionskleber muß sich das Auflagenpapier eignen. Papiere mit satinierter und gestrichener Oberfläche oder harte Papiere wie Pergamentpapiere lassen den Klebstoff nicht in die Papierfasern eindringen. Auch Druckfarben bei angeschnittenen Bildern weisen in der Regel den Klebstoff ab.

Schmelzkleber eignet sich nicht für oft benutzte Druckwerke wie Schulbücher, Nachschlagewerke sowie für diejenigen Produkte, die starken Temperaturschwankungen und extrem großen Feuchtigkeitsschwankungen ausgesetzt sind. Wie die Abbildung 12 zeigt, unterliegen auch die Dispersionskleber einer verhältnismäßig schnellen Alterung, die von Umwelteinflüssen wie Temperatur und Feuchtigkeit abhängig ist. Der Klebstoff wird hart und spröde.

Man muß sich darüber im klaren sein, daß selbst bei vorschriftsmäßiger Lagerung der Produkte die Klebstoffe einer natürlichen Alterung unterliegen, die den Klebstoff spröde werden läßt und damit die Gefahr heraufbeschwört, daß sich der Buchblock in einzelne Blätter auflöst. Bei der Verwendung des Schmelzklebers liegt die Haltbarkeit bei 5 Jahren und bei der Verwendung des Dispersionsklebers bei 10 Jahren. Die Alterungsbeständigkeit kann im Labor unter künstlichen Bedingungen getestet werden.

Für die Verarbeitung von kritischen Papieren bei hohen Pulltestwerten (s. S. 363) wie stark gestrichenen Sorten, Papieren mit hohem Gewicht, bei Farbauftrag bis in den Bund oder bei lackierten Bogen empfiehlt sich die *Polyurethan-Klebebindung*, kurz PUR genannt. PUR ist ein 2-Komponenten-Klebstoff. Er vereint die Vorteile der Schmelz- und Dispersionskleber. Der Kleber muß in einem geschlossenen Auftragssystem mit präziser Temperaturführung verarbeitet werden und benötigt eine längere Zeit zum Abkühlen. Weil außerdem der Materialpreis erheblich über dem der anderen Kleber liegt, ist das Verfahren teuer.

XI. Die Technik des Bindens

STANDARDKOMBINATION DER KLEBEBINDUNG
Einheitliche Papiere je Auftrag, im Bund unbedruckt
Formatbereich: 110 × 180 mm bis 230 × 320 mm

Lebensdauer	Blockdicke in mm	Beanspruchung (n = normal, ü = überdurchschnittl.)	Ungestrichene Natur-, Werkdruck-, Offsetpapiere bis 1,5-f. Vol.			Ungestrichene Natur-, Werkdruck-, Offsetpapiere über 1,6-f. Vol.			Glanzd. gestrichen Bilderdruckpapier Kunstdruckpapier			Matt gestrichen Samtoffsetpapiere		
Produktarten (Beispiele)			50 bis 80 g/m²	90 bis 120 g/m²	130 bis 150 g/m²	50 bis 80 g/m²	90 bis 120 g/m²	130 bis 150 g/m²	50 bis 80 g/m²	90 bis 120 g/m²	130 bis 150 g/m²	50 bis 80 g/m²	90 bis 120 g/m²	130 bis 150 g/m²
KURZ bis ca. 1 Jahr	> 3 bis 5	n	S	S	S	S	S	S	S	S	Ds	S	S	Ds
		ü	S	S	Ds	S	S	Ds	S	Ds	D	S	Ds	D
	> 5 bis 10	n	S	S	S	S	S	S	S	S	Ds	S	S	Ds
		ü	S	S	Ds	S	S	Ds	S	Ds	D	S	Ds	D
Publikumszeitschriften Versandhauskataloge Telefonbücher Kursbücher Kalender	> 10 bis 30	n	S	S	S	S	S	S	S	S	Ds	S	S	Ds
		ü	S	Ds	Ds	S	Ds	Ds	Ds	D	D	Ds	D	D
	> 30 bis 45	n	S	S	Ds	S	S	Ds	Ds	Ds	D	Ds	D	D
		ü	Ds	Ds	D	Ds	D	D	D	D	D	D	D	D
	> 45	n	S	S	Ds	S	Ds	Ds	Ds	D	D	D	D	D
		ü	Ds	Ds	D	Ds	Ds	D	D	D	Fd	D	D	Fd
MITTEL bis ca. 5 Jahre	> 3 bis 5	n	S	S	Ds	S	S	Ds	Ds	Ds	D	Ds	Ds	D
		ü	S	S	Ds	S	Ds	D	Ds	D	Fd	Ds	D	Fd
	> 5 bis 10	n	S	S	Ds	S	S	Ds	Ds	D	D	Ds	D	Fd
		ü	S	Ds	D	S	Ds	D	Ds	D	F	Ds	Fd	F
Fachzeitschriften Taschenbücher Ersatzteilkataloge Reiseführer Schulbücher	> 10 bis 30	n	S	S	Ds	S	Ds	D	Ds	D	Fd	Ds	D	Fd
		ü	Ds	D	D	Ds	D	Fd	D	D	F	D	Fd	F
	> 30 bis 45	n	Ds	D	D	Ds	D	Fd	D	D	Fd	D	Fd	F
		ü	D	D	Fd	D	Fd	F	D	Fd	F	Fd	F	F
	> 45	n	Ds	D	Fd	Ds	D	Fd	D	Fd	Fd	Fd	Fd	F
		ü	D	D	F	D	Fd	F	Fd	Fd	F	Fd	F	F
LANG bis ca. 10 Jahre	> 3 bis 5	n	Ds	D	D	D	D	Fd	Fd	Fd	F	Fd	F	F
		ü	D	D	Fd	D	D	F	F	F	F	F	F	F
	> 5 bis 10	n	D	D	Fd	D	Fd	F	Fd	F	F	F	F	F
		ü	D	Fd	F	Fd	F	F	F	F	F	F	F	F
Taschenbücher Romane Lexika Bildbände Atlanten	> 10 bis 30	n	D	Fd	F	Fd	Fd	F	Fd	F	F	F	F	F
		ü	Fd	F	F	F	F	F	F	F	F	F	F	F
	> 30 bis 45	n	Fd	F	F	Fd	F	F	F	F	F	F	F	F
		ü	F	F	F	F	F	F	F	F	F	F	F	F
	> 45	n	F	F	F	F	F	F	F	F	F	F	F	F
		ü	F	F	F	F	F	F	F	F	F	F	F	F

D = Dispersion d = Dispersion möglich nach Rücksprache
S = Schmelzklebstoff s = Schmelzklebstoff möglich nach Rücksprache
F = Fadenheftung

Abbildung 12: Standardkombination der Klebebindung.

Um das Aufschlagverhalten zu verbessern, damit die aufgeschlagenen Seiten spannungsfrei aufgeschlagen liegen bleiben, kann das *Lay-Flat-Verfahren* eingesetzt werden. Das wird durch einen frei beweglichen Umschlagrücken erreicht. Dazu wird mit Dispersionskleber ein Fälzel aus Gaze oder Polyester auf dem Buchrücken verklebt, für den Seitenleim Hotmelt verwendet.

C. Die Herstellung des Buchblocks

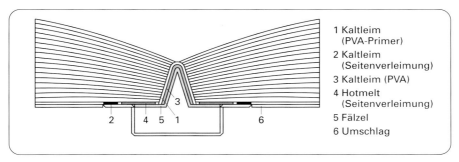

Abbildung 13: Lay-Flat-Verfahren nach der Otabind-Methode.

In der Klebebindestraße werden bei der Broschurenfertigung die zusammengetragenen aufeinanderliegenden Bogen am Buchrücken aufgeschnitten, aufgerauht und mit dem Klebstoff (s. S. 352) bestrichen. Anschließend wird der Umschlag umgelegt und festgepreßt. Zur besseren Haltbarkeit empfiehlt es sich, den Umschlagkarton nicht zu steif zu wählen und ihn am Rücken zwei- oder viermal zu rillen (s. S. 351).

Mit dem Klebebindeverfahren werden alle Arten von Broschüren, vor allem Taschenbücher und – zunehmend aus Kostengründen – auch Deckenbände in hohen Auflagen geheftet.

e) Das Fadensiegeln

– Durch die Bogenmitte werden beim Falzvorgang von Innen nach Außen in mehreren Stichen Klammern aus plastikummantelten Fäden gezogen. Anschließend werden die heraushängenden Fäden mit Wärme unter Druck versiegelt.
– Die gehefteten und versiegelten Bogen werden zu Buchblocks zusammengetragen, am Rücken zusammengeleimt und mit Gaze hinterklebt.

Bei diesem Heftverfahren bleiben die Bogen im Falz beieinander. Die Produkte erreichen fast die Stabilität einer Fadenheftung. Die Kosten liegen etwas niedriger als bei der Fadenheftung. Dieses Verfahren wird besonders bei der Schulbuchproduktion eingesetzt.

f) Die Fadenheftung

Die Fadenheftung gilt als die „klassische" Heftart. In der industriellen Fertigung setzt sie die jahrhundertealte handwerkliche Tradition fort. Sie ist die haltbarste, aber auch die teuerste Heftart. Alle Nachteile, die bei den übrigen Heftarten genannt werden, entfallen.

Kostenvergleich bei 15 Bogen (240 Seiten):
Deckenband   mit Fadenheftung   100% der Bindekosten
             mit Klebebindung   90%
Broschur   mit Fadenheftung   55%
             mit Klebebindung   35%

XI. Die Technik des Bindens

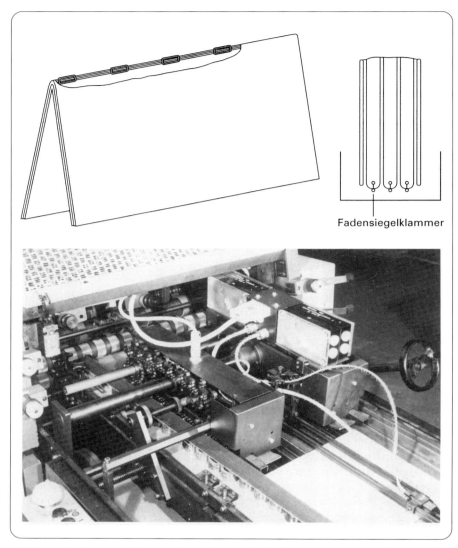

Abbildung 14: Oben: Das Schema des Fadensiegelns. Bereits im ersten Arbeitsabschnitt wird gefalzt und gesiegelt. Unten: Fadensiegelmaschine.

Der Heftfaden, dessen Qualität die Haltbarkeit beeinflußt, wird mit mehreren Stichen entlang der Bogenmitte durchgezogen und mit dem nächsten Bogen vernäht. Zur besseren Haltbarkeit des Buchblocks kann der Faden beim Heftvorgang durch Gaze (grobmaschiger Gewebestreifen), die etwas kürzer und 3 bis 4 cm breiter als der Buchblock ist, gezogen werden. Die überstehenden Gazeteile werden später auf die Innenseiten der Buchdeckel geklebt (s. S. 354). Anschließend wird der Buchrücken mit Leim bestrichen, um die Fäden und

C. Die Herstellung des Buchblocks

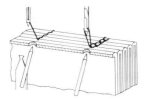

Vorstechen des Bogens von unten mit den Vorstechnadeln.

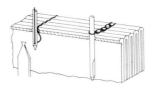

Näh- und Hakennadeln dringen durch die Löcher nach unten und werden anschließend 2–3 mm zurückgezogen Dadurch entsteht beim Faden der Nähnadel eine Öse, die der Greifer erfaßt.

Der Greifer zieht den Faden über die Hakennadel hinaus und kippt in deren Richtung. Der eine Faden liegt nun an der Hakennadel an.

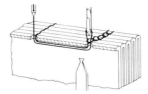

Bei der nun folgenden Aufwärtsbewegung erfaßt der Haken der Hakennadel den anliegenden Faden. Der Greifer läuft zurück und hängt den Faden aus. Die Hakennadel dreht sich um 180° und zieht den Faden durch die vorhergehende Schlinge.

Abbildung 15: Oben: Das Schema der Fadenheftung. Unten: Fadenheft-Vollautomat.

XI. Die Technik des Bindens

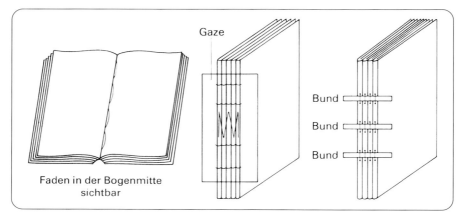

Abbildung 16: Die Fadenheftung auf Gaze und über Bünde.

ggf. Gaze und Bogen fest miteinander zu verbinden. Dann erfolgt der dreiseitige Beschnitt im Dreischneider (Dreimessermaschine, Trimmer), bevor der Buchblock in die Decke gehängt wird.

Die Fadenheftung wird hauptsächlich für die Herstellung von Deckenbänden, aber auch bei wertvollen Broschuren eingesetzt. Die Haltbarkeit ist bei vorschriftsmäßiger Lagerung nahezu unbegrenzt. Sollte sich die Rückenverbindung lösen, kann sie vom Buchbinder wieder repariert werden, was die Klebebindung nicht erlaubt.

Im Mittelalter heftete man die häufig steifen Papier- oder Pergamentlagen in großen Formaten zur besseren Haltbarkeit um Riemchen, Kordeln oder Bänder. Aus technischen und später auch ästhetischen Gründen wurden runde Kordeln aus kräftigen Heftfäden oder Bänder als *Bünde* auf den Buchrücken gelegt. Diese drücken sich durch den Lederüberzug wulstartig ab. Anschließend wurden die Einbände kostbar verziert (s. S. 330). Für bibliophile Bücher verwendet der Handbuchbinder diese klassischen Techniken noch heute. Neben den echten Bünden gibt es auch Imitationen, um einen Einband alt ausschauen zu lassen.

D. Bindearten

1. Die Broschur

Als Broschur (von franz. brocher = provisorisch binden) bezeichnet man alle durch Kleben oder Heften und mit einem Umschlag verarbeiteten Drucksachen, die nicht in Buchdecken gebunden sind.

Für die Haltbarkeit einer Broschur ist neben der Heftart die Wahl des Umschlagmaterials maßgeblich. Empfehlenswerte Umschlaggewichte sind:

Blockstärke 3 bis 5 mm Umschlaggewicht ca. 150 g/qm
            6 bis 8 mm   220 g/qm
            9 bis 15 mm   270 g/qm
            über 15 mm   300 bis 400 g/qm

Grundsätzlich muß der Umschlag ein gewisses Maß an Flexibilität haben, damit beim Aufschlagen Rücken und Heftung nicht brechen.

Sollen Umschläge besonders haltbar sein, kann der Karton nach dem Druck mit Folie beschichtet werden. Empfehlenswert ist die Polypropylenfolie, die eine hohe Zug- und Reißfestigkeit aufweist und Temperaturen von −50°C bis +150°C aushält. Mattfolien aus diesem Material haben sich nicht bewährt. In besonderen Anwendungsbereichen können leicht abwaschbare und säurebeständige Folien verwendet werden. Vor der Folienkaschierung ist mit der Kaschieranstalt der Druck abzusprechen, beispielsweise erschwert Druckpuder die Kaschierung. Folienbeschichtete Papiere und Kartons lassen sich recyceln. Statt Folien kann die Hochglanz- oder die Mattlackierung mit Druck- oder Nitrolack dem Karton Scheuerfestigkeit, Glanz, Schutz der Druckfarben und bessere Tiefenwirkung der Druckfarben verleihen (s. S. 292 f.). Eine noch bessere Wirkung hat die Hochglanzkalandrierung, die den Karton mit einem brillanten Glanz überzieht. Dem Produkt wird ein edles Aussehen verliehen. Die Reiß- und Falzfestigkeit verbessert sich beim Lackieren jedoch nicht! Wie beim Folienkaschieren muß auch der Druck dem Lackieren angepaßt werden, z.B. Verwendung von nitroechten Druckfarben. Eine mechanische Oberflächenveredelung wie Leinenprägung bewirkt hingegen keine Verbesserung der Haltbarkeit.

Um bei der Bindung und beim späteren Aufschlagen dem Brechen entgegenzuwirken, wird der Umschlag am Rücken zwei- oder viermal gerillt oder genutet. Beim *Rillen* erzeugt ein Rädchen eine Vertiefung an der Innenseite des Kartons, außen eine wulstartige Erhebung. Beim *Nuten* wird ein Span herausgehoben, der Karton daher an dieser Stelle leicht geschwächt. Rillen ist dem Nuten vorzuziehen. Außerdem ist die richtige Laufrichtung parallel zum Bund zu beachten, damit sich der Umschlag nicht verwirft und damit ein häßliches Aussehen erhält.

Von den zahlreichen Broschurarten können nur die gebräuchlichen beschrieben werden.

a) Die Heftungen

Die Anfertigung der Rückenheftung, der seitlichen Blockheftung und der Spiralheftung wird auf den Seiten 341 ff. beschrieben.

b) Die englische Broschur

Der Buchblock, fadengeheftet oder klebegebunden, wird in einen unbedruckten Kartonumschlag eingehängt. Nach dem Beschnitt wird um den Kartonumschlag ein bedruckter Schutzumschlag gelegt, der am Rücken festgeklebt wird. Die Klappen sind breit um den Umschlag eingeschlagen. Umschlag und

Schutzumschlag sind in der Höhe etwas größer als der Buchblock. Damit seitlich der Einschlag des Schutzumschlages nicht aufgeschnitten wird, werden diese Broschuren nur am Kopf und am Fuß beschnitten.

Diese teure Bindeart wird in der Hauptsache für bibliophile Werke mit geringem Umfang verwendet. Um die ästhetische Wirkung zu unterstreichen, werden in der Regel edle Papiere für den Schutzumschlag benutzt.

c) Der Paperback

Diese Bezeichnung kommt aus dem Amerikanischen und wird für kartonierte Produkte verwendet. Der Buchblock wird, wie auf den Seiten 343 ff. beschrieben, klebegebunden und gleichzeitig in einen Umschlag eingehängt. Anschließend wird das Produkt dreiseitig beschnitten. Der Umschlag ist in der Regel flexibel. Auf diese Weise werden Taschenbücher, aber auch Versandhauskataloge, Telefonbücher u.ä. hergestellt.

d) Die Vorsatzbroschur

Der mit Vorsätzen versehene Buchblock wird in einen steifen, hochgewichtigen Umschlagkarton eingehängt (Steifbroschur), das gleiche gilt für integrierte Vorsätze. Es können für den Umschlag auch Pappen mit Papier überzogen (kaschiert) werden. Der Buchblock sollte fadengeheftet sein. Bei dieser Bindeart wird der Buchblock – ähnlich dem Deckenband – ganzflächig mit dem Umschlag verbunden. Diese selten verwendete, weil teure Broschurart, eignet sich für die Herstellung von Broschuren, die große Haltbarkeit erfordern.

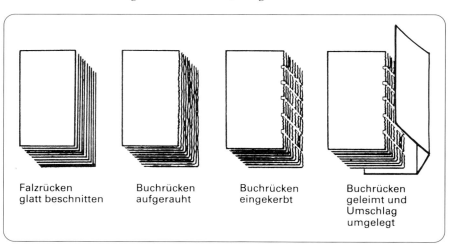

Falzrücken glatt beschnitten   Buchrücken aufgerauht   Buchrücken eingekerbt   Buchrücken geleimt und Umschlag umgelegt

Abbildung 17: Der Ablauf der Klebebindung.

e) Die Interimsbroschur

Der unbeschnittene, meist fadengeheftete Buchblock wird in einen leichten Kartonumschlag provisorisch eingehängt. Werden die Falzbogen so geheftet, daß die losen Enden der Heftfäden am Falzbogenrücken heraushängen, spricht man von Holländern.

Diese Broschurart kann bei Einzellieferungen für Sammelbände (z.B. auf Subskriptionsbasis) Anwendung finden. Der Bezieher läßt die einzelnen Lieferungen in die vom Verlag gelieferte Buchdecke einbinden. Dieses spätere Einbinden erfordert Handarbeit und ist damit teuer.

2. Der Deckenband

Als Deckenband bezeichnet man Druckwerke, bei denen der klebegebundene oder fadengeheftete Buchblock fest mit einer Buchdecke verbunden ist. Gebundene Bücher haben im Gegensatz zu den Broschuren einen Hohlrücken, die Deckenkanten stehen 2 bis 3 mm über den Buchblock hinaus. Der Deckenband ist die haltbarste, aber auch die teuerste Bindeart.

Das *Überzugsmaterial* der Decke bestimmt das Aussehen des Produktes, läßt es billig oder kostbar, unansehnlich oder schön aussehen. Der Verleger mißt dem Einband – in Verbindung mit dem Schutzumschlag – große Bedeutung zu. Zugleich spiegelt sich die Einbandart in den bibliographischen Angaben wider, z.B. wird ein Buch mit einem Leinenüberzug ohne Berücksichtigung der Heftart, die auch in Klebebindung ausgeführt sein kann, Leinenband genannt.

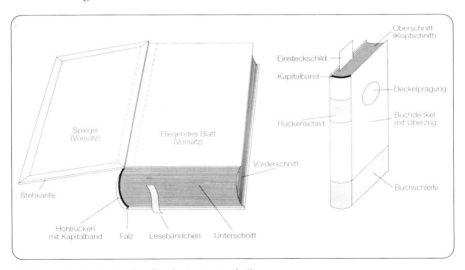

Abbildung 18: Der Deckenband und seine Bestandteile.

a) Die Fertigstellung des Buchblocks

Für die weitere Verarbeitung zum Deckenband in der Deckenbandfertigungsstraße werden die Buchblocks geheftet oder klebegebunden angeliefert. Fadengeheftete Buchblocks werden zuerst am Rücken geleimt. Der Klebstoff

XI. Die Technik des Bindens

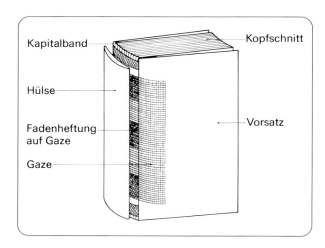

Abbildung 19: Die Bestandteile des Buchblocks.

dringt etwas in die Heftung ein und verbindet Fäden und Bogen fest miteinander. Danach wird der Buchblock dreiseitig beschnitten.

Die meisten Deckenbände können ab ca. 15 mm Rückenstärke gerundet werden. Produkte mit *rundem Rücken* sehen gefällig aus und lassen sich vor allem bei dickerem Buchblock leichter blättern. *Gerader Rücken* für sog. Kastenbände wird häufig bei großformatigen und dünnen Büchern gewählt, z.B. für Kunstbände. Solche Bände erhalten eine steife Rückeneinlage.

Zur besseren Haltbarkeit des Buchblocks wird in der Regel der mit Scharnierstoff *gefälzelte* oder *begazte* Buchblockrücken mit Papier hinterklebt. Dadurch werden die Heftfäden verdeckt.

Bücher, die eine besonders gute Haltbarkeit erfordern, wie Lexika, erhalten am Buchrücken eine *Hülse*, einen Papierschlauch, zur besseren Verbindung von Buchblock und Rückeneinlage der Buchdecke. Zugleich wird damit das Aufschlagverhalten verbessert.

Das *Kapitalband* (Kaptalband), ein schmales, gewebtes Stoffbändchen, mit einer Wulstkante versehen, wird am Kopf und Fuß des Buchrückens zwischen Scharnierstoff oder Gaze und dem Hinterklebpapier angeklebt. Es dient zum Schmuck und füllt die Lücke zwischen dem Buchrücken und der Einbanddecke aus. Es soll farblich mit dem Überzug und Schutzumschlag harmonieren.

In Nachschlagewerken können zusätzlich ein oder mehrere schmale Stoffbändchen am Buchrücken angeklebt werden, die die Funktion von Lesezeichen haben.

Auf dem beschnittenen Buchblock kann auf die Kopfseite (Kopfschnitt) oder auf allen drei Seiten Farbe für den *Farbschnitt* aufgetragen werden. Diese Farbe soll mit dem Einband abgestimmt werden. Nicht gefärbte Schnitte heißen *Weiß- oder Naturschnitt.* Wenn Echtgold oder Goldimitate auf den Beschnitt aufgetragen werden, spricht man vom *Echtgoldschnitt* (ca. 23 Karat) oder *Imitations-Goldschnitt.* Farb- und Goldschnitte verzieren das Buch.

Farbschnitte lassen aber auch Verschmutzungen durch Staub weniger sichtbar werden. Bei holzhaltigen Papieren kaschieren sie das Vergilben.

b) Die Herstellung der Buchdecke

Die Einbanddecke besteht aus dem steifen *Vorder- und Rückendeckel*, der flexibleren oder steifen *Rückeneinlage*, *Schrenz* genannt, und dem *Überzugsmaterial*. Für die Deckel werden teure Buchbinder- (z. B. Zellulosepappe) oder billigere Maschinenpappen (z. B. Strohpappen) verwendet. Je nach der Pappenstärke kann die Decke steif oder flexibel sein. Es ist im wesentlichen eine Sache des Geschmacks sowie der Größe und Dicke des Buchblocks, ob man die Decken steif oder flexibel anlegt. Das Überzugsmaterial wird um die Außenkanten der Pappen eingeschlagen. Um einen „weichen Griff" zu erzielen, der von manchen Benutzern als angenehm gefühlt wird, wird Schaumstoff zwischen die Pappen und das Überzugsmaterial gebracht; das Produkt sind wattierte Deckenbände. Die Decken werden in der Buchdeckenmaschine vom Buchbinder hergestellt.

Das Überzugsmaterial bestimmt im wesentlichen das Aussehen des Produktes. Deshalb soll es mit Vorbedacht gewählt werden. Ist man sich nicht sicher, wird die Anfertigung eines Musterbandes empfohlen. Es können im folgenden nur die üblichen Überzugsmaterialien aufgeführt werden.
Man unterscheidet grundsätzlich zwischen Ganz- und Halbbänden.

Zu den *Ganzbänden* zählen:

Pappbände: Für den Überzug sind strapazierfähige Papiere mit ansprechender Oberfläche notwendig. Sie bestehen aus langfaserigen Zellstoffen mit hervorragenden Festigkeitswerten. Durch spezielle Imprägnierung wird höchste Oberflächenresistenz erzielt. Einige Materialien sind mit Kunststoffanteilen vermischt. Die Flächengewichte liegen zwischen 100 und 135 g/qm. Zum guten Aussehen und angenehmen Anfühlen (Haptik) gibt es verschiedene Oberflächenstrukturen wie Feinleinen, Neuleinen, Bütten, Seide, Hammerschlag

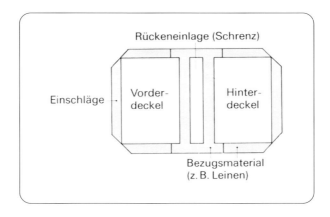

Abbildung 20: Die Bestandteile der Buchdecke.

XI. Die Technik des Bindens

oder Granulat. Viele Sorten werden in zahlreichen Farbtönen angeboten. Außerdem ist die Lieferung in Bogen oder als Rollenware möglich. Verbreitete Sorten sind Efalin und Bascalin von Schabert, Econolin von Herzog + Idex oder Peylin von Peyer Graphic. Die Papiere können im Offsetverfahren oder Siebdruck bedruckt werden, auch Folienprägung ist möglich. Zum besseren Schutz vor Verschmutzung, Feuchtigkeitseinwirkung und mechanischer Beschädigung können sie lackiert oder mit Folie kaschiert werden.

Ganzleinenbände (Ganzgewebebände): Als Überzugsmaterial dienen Stoffgewebe verschiedenster Art, die größtenteils eine Leinenstruktur tragen. Nur in seltenen Fällen wird echtes, teures Leinen verwendet. Die Gewebe bestehen aus Baumwolle, Zellwolle oder aus synthetischen Fasern. Auf dem Markt werden die Buchgewebe angeboten als Roh-, Standard-, Grob- und Feinleinen, als Buckram, Kunstleder und Kaliko, naturbelassen oder eingefärbt, mit rauher Oberfläche oder kalandriert (d.h. zwischen Kalanderwalzen unter hohem Druck und hoher Temperatur flachgedrückte Gewebefäden). Das Gewebe kann zur besseren Aufnahme der Prägung appretiert sein, wozu das Gewebe mit einer farblosen Kunstharzappretur gebunden wird. Dieser sogenannte *Griffschutz* vermeidet das schnelle Verschmutzen beim häufigen Gebrauch des Buches. Die Mehrzahl der Gewebe werden auf dünnem Papier kaschiert geliefert. Feine Gewebe können im Offsetverfahren, im Siebdruck alle Gewebearten bedruckt werden. Häufig werden Beschriftungen mit Prägefolie aufgeprägt.

Ganzlederbände: Das Überzugsmaterial ist Leder, in seltenen Fällen Pergament (Ganzpergamentband). Je nach der Lederqualität sind diese Bände unterschiedlich teuer. Leder wird mit verschiedenen Oberflächen angeboten, z.B. glatt oder genarbt. Es gibt naturbelassene Leder mit den dadurch bedingten Farbschwankungen und gleichmäßig eingefärbte Leder. Edle Leder behalten die Naturnarbung. Für große Mengen aber wird meist eine künstliche Narbung aufgepreßt. Der Buchbinder schneidet oder stanzt aus dem gegerbten Leder die benötigten Stücke passend heraus. Die Anfertigung geschieht in der Regel in aufwendiger und damit teurer Handarbeit. Das Leder kann geprägt werden. Aus Kostengründen werden manchmal Lederimitationen verwendet; diese dürfen jedoch nicht als Lederbände angeboten werden.

Plastikbände: Zu den Deckenbänden gehören auch Buchdecken, die ganz aus Kunststoffolie (z.B. PVC) bestehen. Es ist bei der Auswahl des Materials sorgfältig zu prüfen, daß es sich unter den üblichen Temperaturschwankungen nicht verändert, z.B. bei Kälte die Flexibilität einbüßt und dadurch bricht. Folien werden in vielerlei Farbtönen angeboten. Sie können im Siebdruckverfahren bedruckt werden.

Zu den *Halbbänden* gehören *Halbleinen-(Halbgewebe-) und Halblederbände*, bei denen nur der Buchrücken aus Gewebe bzw. Leder angefertigt ist. Sie sind teuer zu fertigen und deshalb heute kaum noch üblich.

D. Bindearten

Abbildung 21: Links: Die Anordnung der Buchrückenbeschriftung. Rechts: Die Anordnung der Bücher in der Kassette.

Zu allen Zeiten wurde einer sorgfältigen Gestaltung der Buchdecke größte Aufmerksamkeit geschenkt. Buchtitel und Verzierungen können mit Messinggravuren – einer Magnesium- oder Messinggravurätzung – heiß unter Druck in Papier, Gewebe und Leder eingeprägt werden. Für *Farbprägungen* werden Farbfolien, für Gold- und Silberprägungen Metallfolien verwendet. *Blindprägungen* werden ohne Farbfolie geprägt. *Reliefprägungen*, teuer und daher selten angewendet, lassen Schriften erhaben wirken. Buchtitel können auch auf ein Papier- oder Lederschildchen, das *Titelschild*, gedruckt oder geprägt werden, das vorher auf das Überzugsmaterial geklebt wird. Es ist eine Sache des Geschmacks oder der Tradition eines Verlagshauses, ob es bei schmalen Rücken die Schrift von unten nach oben oder von oben nach unten lesbar laufen läßt. Im internationalen Bereich ist die Anordnung von oben nach unten üblich. Die leserfreundlichste Anordnung ist immer die quergestellte Schrift.

c) Das Einhängen des Buchblocks in die Buchdecke

Das vordere und hintere Vorsatzpapier wird mit Leim bestrichen und in die Decke eingepreßt. Der Buchblockrücken wird dabei nicht mit der Decke verleimt, der Deckenband hat einen Hohlrücken. Anschließend werden die Bücher eingepreßt. Zur Verbesserung der Scharnierwirkung für das Aufschlagen werden in die Buchdecken die *Fälze* eingebrannt (s. S. 353). Das Einhängen wird in vollautomatischen Deckenbandstraßen ausgeführt.

d) Zusätzliche Ausstattungen

Um das Buch kann ein *Schutzumschlag* gelegt werden. Er soll zwar, wie es der Name besagt, den Einband vor Verschmutzung schützen, doch ist die ver-

XI. Die Technik des Bindens

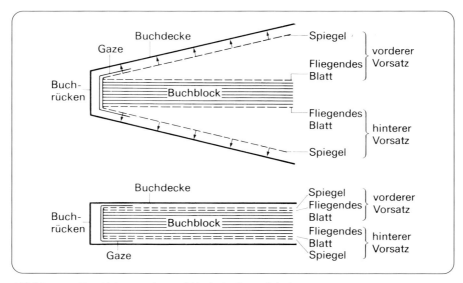

Abbildung 22: Das Einhängen des Buchblocks in die Buchdecke.

kaufsfördernde Werbewirksamkeit durch zweckdienliche Gestaltung die wichtigste Funktion geworden. Die *Klappentexte* bieten Informationen für den Kunden und den Buchhändler, sie weisen auf den Inhalt hin, nennen andere Titel des Autors, stellen den Autor vor u.ä. Weil die meisten Bücher in durchsichtige Schrumpffolie eingeschweißt in den Buchhandel kommen, werden diese Informationen benutzerfreundlich auf die sichtbare 4. Umschlagseite gedruckt.

In besonderen Fällen wird eine schmale *Buchschleife*, die sog. Bauchbinde, um das Buch gelegt, die verkaufsfördernde Hinweise enthält, beispielsweise „Nobelpreis für Literatur 1998". Sie darf aber wichtige Umschlagdetails wie ISBN oder Teile des Buchtitels nicht abdecken. Diese Funktion kann auch ein *Einsteckschild* erfüllen (s. S. 353).

Die *Ausschlagtafel* – ein Falzbogen, der beim Öffnen über das Buch ausgeklappt herausragt – kann Informationen enthalten, die dem Leser ständig gegenwärtig sein müssen, z.B. Bildbeschreibungen in einem Bildband, Landkarten u.ä.

Beiwerk wie Karten, Schautafeln u.ä. kann auch in eine *Einstecktasche*, die auf dem hinteren Vorsatz bzw. der 3. Umschlagseite aufgeklebt ist, eingelegt werden. Bei Bedarf werden die Teile herausgenommen und neben das Druckwerk gelegt.

Wertvolle und großformatige Produkte werden zum Schutz vor Beschädigungen während des Versands in stabile *Pappschuber* (Buchfutterale) eingesteckt.

Reihenwerke werden gerne in ansprechend gestalteten *Kassetten* eingeordnet zum Verkauf angeboten. Ihre Gestaltung sollte mit der des Einbandes harmonieren.

D. Bindearten

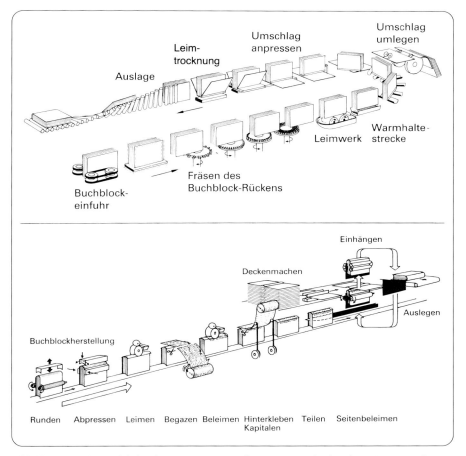

Abbildung 23: Oben: Klebebindung-Fertigungsstraße. Unten: Deckenband-Fertigungsstraße.

Zur Sicherung der Bücher gegen Ladendiebstahl mittels eines *Elektronischen Artikelsicherungs-Systems* (EAS) wird auf dem Buchrücken oder unter dem hinteren Vorsatz ein für den Käufer nicht sichtbarer Sicherungsstreifen angebracht. Dieser wird vom Buchhändler durch einen Reaktivator aktiviert und an der Kasse nach dem Bezahlen deaktiviert. Nicht deaktivierte Streifen geben beim Passieren einer Schranke optische oder akustische Signale.

e) **Das Verpacken**

Die fertigen Produkte wie Bücher, Zeitschriften, Kataloge oder Werbeaussendungen werden einzeln oder zu mehreren Stücken in der Buchbinderei in transparente *Polyethylenfolie* unterschiedlicher Stärke verpackt. Die Verpackungsmaschinen sind häufig der Fertigungsstraße der Buchbinderei direkt angeschlossen. Vor allem für Bücher wird sog. Schrumpffolie verwendet. Die Folie schließt staubdicht und feuchtigkeitsabweisend das Produkt. Der interessierte Kunde kann, ohne die Verpackung zu öffnen, die zum Kauf anreizende Umschlaggestaltung sehen (Marketingeffekt). Verlage bringen Informationen, die traditionell dem Klappentext zuzuordnen sind, auf der 4. Umschlagseite, damit sie durch die Folie hindurch gelesen werden können. Außerdem kann die auf den Umschlag aufgedruckte EAN-Codierung (s. S. 127) problemlos vom Scanner der Ladenkasse erkannt werden. Die Folienverpackung ist die preiswerteste Verpackungsform.

Einige Verlage sind dazu übergegangen, ihre Produkte in ungebleichtes, aus Recyclingrohstoffen hergestelltes *Packpapier* einschlagen zu lassen. Die Marketingvorteile der Verwendung transparenter Polyethylenfolie gehen verloren. Die Buchnummer und der EAN-Code müssen auf einem Etikett gedruckt aufgeklebt werden. Die automatische Verpackung ist technisch aufwendig und damit teuer.

Bei der Entsorgung auf Deponien oder in Müllverbrennungsanlagen unterscheiden sich Folien und Packpapiere nicht wesentlich. Die Entsorgungshinweise werden auf einem Etikett angegeben, das auf der Folie angebracht wird:

PE = Polyethylenfolie
LD = Low Density (niedrige Dichte)
04 = Schlüsselzahl der PE-Folie für die
     Entsorgung

Die „Verordnung über die Vermeidung von Verpackungsabfällen (Verpackungsverordnung) vom 12. Juni 1991" regelt auch die Verpackung von Druckerzeugnissen. Darin heißt es:

„§1 *Abfallwirtschaftliche Ziele*
(1) Verpackungen sind aus umweltverträglichen und die stoffliche Verwertung nicht belastenden Materialien herzustellen.
(2) Abfälle aus Verpackungen sind dadurch zu vermeiden, daß Verpackungen
1. nach Volumen und Gewicht auf das zum Schutz des Füllgutes und auf das zur Vermarktung unmittelbar notwendige Maß beschränkt werden,
2. so beschaffen sein müssen, daß sie wiederbefüllt werden können, soweit dies technisch möglich und zumutbar sowie vereinbar mit den auf das Füllgut bezogenen Vorschriften ist,
3. stofflich verwertet werden, soweit die Voraussetzungen für eine Wiederbefüllung nicht vorliegen."

Dieses Gesetz wirkt sich auf die Verpackung, Lagerung und den Versand von Druckerzeugnissen aus. Es wird zwischen Verkaufs-, Transport- und Umverpackungen unterschieden.

Die *Verkaufsverpackung* hat die Ware vor Beschädigungen im Verkaufsraum zu schützen. Sie wird vom Kunden mit dem Produkt zusammen nach

Hause genommen. Dazu zählen die Schrumpffolienverpackung und die Verpackung mit Einschlag-Papier. Aufwendig gestaltete Verpackungen wie Schuber und Kassetten sind wie der Schutzumschlag Bestandteil des Buches und zählen daher nicht zu den Verkaufsverpackungen.

Die *Transportverpackung* bewahrt die Ware auf dem Transportweg vom Buchlager zum Buchhändler vor Beschädigung. Sie soll außerdem durch eine transportgerechte Ausführung einen kostengünstigen Versand möglich machen. Dazu zählen Pappkartons für größere Sendungen, Pappyrollen für Kunstdruckblätter, Versandtaschen für den Einzelstückversand, Holzpaletten u. ä.

Die *Umverpackung*, eine zusätzliche Verpackung um die Verkaufsverpackung herum, hat im Buchhandel keine nennenswerte Bedeutung.

Weiter heißt es im Gesetz: „Hersteller und Vertreiber sind [seit 1.12.1991] verpflichtet, Transportverpackungen nach Gebrauch zurückzunehmen und einer erneuten Verwendung oder einer stofflichen Verwertung außerhalb der öffentlichen Abfallentsorgung zuzuführen ...". Die *Transportverpackung* darf also nicht mehr der öffentlichen Müllabfuhr übergeben werden. Möchte der Kunde die erworbene Ware in der Transportverpackung mitnehmen, so wird diese zur Verkaufspackung. Für die Entsorgung vermittelt z.B. die „Organisation für Wertstoff-Entsorgung RESY" für das Recycling geeignete Betriebe, die Pappen, Kartonagen und Wellpappen gegen Gebühr abholen.

Ab 1.1.1993 ist der Buchhändler verpflichtet, die *Verkaufsverpackung* auf Verlangen des Kunden kostenlos zurückzunehmen und diese unabhängig von der öffentlichen Müllabfuhr zu entsorgen. Er kann beispielsweise das Verpackungsmaterial dem Anlieferer nach dem Verursacherprinzip zustellen oder von ihm abholen lassen. Um die teure dezentrale Sammlung und Abholung von Verkaufsverpackungen an der Verkaufsstelle zu vermeiden, hat der Handel mit der DSD (Duales System Deutschland GmbH) ein Wertstoffsammel- und -verwertungssystem aufgebaut, das sich über den „Grünen Punkt" (s. S. 360) finanziert.

Durch die Verpflichtung zur Rücknahme des Verpackungsmaterials und die Zuführung zur vorschriftsmäßigen Entsorgung entstehen den Verlagen, Zwischenbuchhändlern und Buchhändlern Kosten, die bei der Produktkalkulation berücksichtigt werden müssen. Es werden daher Wege gesucht, den Verpackungsmüll zu reduzieren. Eine Möglichkeit ist der Transport von größeren Sendungen in wiederverwendbaren Mehrwegbehältern wie Kunststoffwannen.

3. Loseblatt- und Mappenwerke

Neben den üblichen Formen der Broschuren und der Deckenbände gibt es Werke, für deren Benutzung es zwingend notwendig ist, daß die Seiten nicht miteinander verbunden sind.

In *Mappen* oder *Kassetten* werden einzelne lose Blätter (z.B. großformatige Kunstblätter) eingelegt und aufbewahrt. Häufig sind die Mappen dem Inhalt angemessen sorgfältig gestaltet und mit ansprechendem Material (z.B. Rohleinen oder Seidenstoff) überzogen. Die Herstellung erfordert teure Handarbeit.

In *Loseblatt-Ordner* werden einzelne Blätter eingeheftet, die immer wieder gegen aktuellere ausgetauscht werden müssen (z.B. Gesetzestexte, Preislisten u.ä.). Die einzelnen Blätter sind am linken Rand gelocht und können in die Auswechselmechanik des Ordners eingehängt werden. Das Einlegen der Blätter beim Buchbinder erfordert Handarbeit und ist damit sehr teuer. Werden keine preiswerten handelsüblichen Ordner verwendet, müssen spezielle Ordner kostspielig von Spezialfirmen angefertigt werden.

E. Die Prüfung der Bindequalität

Jeder Auftraggeber, aber auch der Buchhändler, muß über das nötige Fachwissen verfügen, um die Bindequalität zu beurteilen. Die beste Arbeit im Satz und Druck wird vergebens sein, wenn die Bindung schlecht ist oder nicht den Wünschen und Erwartungen des Käufers entspricht. Weil nicht alle Kriterien aufgelistet werden können, werden nur die wichtigsten genannt. Man unterscheidet die Qualitätsprüfung nach den Kriterien der Haltbarkeit, der Benutzerfreundlichkeit und der Ästhetik.

Generell ist zu prüfen, ob alle Bogen in der richtigen Reihenfolge zusammengetragen worden sind, Bogen nicht doppelt dabei sind, Bogen fehlen oder sich unbedruckte Bogen (Schimmelbogen) eingemischt haben. Ebenso ist nachzumessen, ob das vorgeschriebene Format eingehalten worden ist. Eine Abweichung von 1 bis 2 mm, technisch bedingt, ist zu tolerieren.

1. Die Prüfung der Heftung

Die Heftung bestimmt im wesentlichen die Haltbarkeit und mit dem richtigen Aufschlageverhalten die Benutzerfreundlichkeit des Produktes.

Kriterien zur Beurteilung der *Rückenstichheftung*:
– Erfassen die Klammern alle Bogenteile
– Brechen die Klammern nicht aus dem Umschlag aus (Gefahr bei zu dickem Buchblock und zu steifem Umschlagkarton)
– Sperren die Broschüren auf
– Liegt die Heftung exakt in der Bogenmitte.

Kriterien zur Beurteilung der *Klebebindung*:
Die Klebebindung ist eine problematische Heftart, sie gibt immer wieder Anlaß zu Reklamationen.
– Erfaßt der Klebstoff alle Seiten oder lösen sich beim Aufschlagen einzelne Seiten heraus

- Bleibt der Buchblock am Rücken elastisch oder bricht er beim Aufschlagen (Falzbruch); es neigen die ersten und die letzten Seiten zum Absprezen
- Bilden sich Wellen wegen falscher Laufrichtung des Auflagenpapiers oder der Umschlagkartons
- Dringt der Leim zu weit in das Bogeninnere ein.

Zur Beurteilung der Haltbarkeit von klebegebundenen Produkten können Tests nützlich sein. Beim *Pulltest* (Blattausreißprüfung) wird ein einzelnes Blatt mit einer bestimmten Geschwindigkeit senkrecht aus der Klebebindung herausgezogen und die dafür notwendige Kraft gemessen. Die Ausreißkraft wird in N/cm angegeben.

Rangstufen zur Bewertung der Qualität von Klebebindungen:

Pullwert, N/cm Hotmelt	Pullwert, N/cm Dispersion/PUR	Qualitätsbewertung
< 4,5	< 5,5	schlecht
4,51–6,25	5,51–6,5	ausreichend
6,26–7,20	6,51–7,5	gut
> 7,21	> 7,41	sehr gut

Beim *Flextest* (Blattwendeprüfung) wird die Beanspruchung beim ständigen Wenden der einzelnen Seiten untersucht. Die Ergebnisse beider Tests ergänzen sich in ihrer Aussage zur Haltbarkeit der Klebebindung. Es sind bei den Tests die Blattdicke, die Papieroberfläche und das Format des Druckwerkes zu berücksichtigen.

Kriterien zur Beurteilung der *Fadenheftung*:
- Sind alle Bogen miteinander vernäht
- Sind genügend Heftfäden verwendet worden
- Sind die Stiche gleichmäßig über den Rücken verteilt
- Sind die Heftfäden zug- und reißfest.

2. Die Prüfung der Einbandqualität

Generell ist zu prüfen, ob der richtige Buchblock in die richtige Decke bzw. den richtigen Umschlag gebracht worden ist. Außerdem ist nachzuschauen, daß der Buchblock nicht auf dem Kopf steht. Weiterhin ist zu kontrollieren:
- Ist der Buchblock gerade eingelegt,
- ist der Beschnitt glatt ohne Grate und Scharten,
- sind alle Seiten aufgeschnitten,
- ist der Falz in Deckenbänden an der richtigen Stelle bzw. tief genug eingebrannt, um ein gutes Aufschlagen zu erlauben; das gleiche gilt für die Rillung beim Kartonumschlag,
- sind die Vorsätze sauber und gerade eingeklebt,
- sind die Gazestreifen, die sich an den Vorsätzen durch das Vorsatzpapier abdrücken, gerade beschnitten,
- ist die Rückeneinlage passend zur Buchblockstärke angefertigt,

XI. Die Technik des Bindens

– Ist das Kapitalband nicht zu schmal, ist es gerade angeklebt,
– drückt kein Leim durch,
– ist die Rundung nicht zu flach,
– haben die Buchdeckel eine gute Planlage.

3. Die Prüfung des Gesamteindruckes

Es ist immer zu prüfen, ob keine mechanischen Beschädigungen wie angeknickte Umschlagecken oder Verschmutzungen wie Ölflecken sichtbar sind. Gut gebundene Bücher müssen sich leicht aufschlagen lassen – dürfen nicht sperren – und sollten aufgeschlagen liegen bleiben.

Typisch für die kalte Jahreszeit ist die Tendenz, daß sich Buchdecken wölben, wenn die Bücher nicht eingeschweißt in nicht klimatisierten, geheizten Räumen mit geringer Luftfeuchtigkeit lagern. Sie geben Feuchtigkeit an die trockene Raumluft ab. Besonders bei Bänden mit Gewebeüberzug wölbt sich die Decke gern nach außen. In der Regel geht die Wölbung wieder zurück, wenn sie wieder im richtigen Raumklima (s. S. 316 f.) eingelagert werden.

Zusätzlich ist zu überprüfen:
– Ist der Schutzumschlag exakt umgelegt,
– sind die Prägungen sauber und randscharf angelegt (z.B. keine ausgefranste Schrift),
– ist der Farbschnitt gleichmäßig, dringt die Schnittfarbe nicht zu weit in die Seiten ein,
– löst sich Folie vom Überzugsmaterial oder Schutzumschlag (z.B. Blasenbildung).

F. Die Klassifizierung der Druckwerke

1. Die Einbandbezeichnungen

Bei der verwirrenden Fülle der Einbandarten ist es nicht leicht, sich in den mannigfachen Bezeichnungen der Kataloge, Verlagsankündigungen und Prospekte zurechtzufinden.

In den Barsortiments- und Kommissionshäusern und in der Deutschen Bibliographie sind folgende Abkürzungen üblich:

Bal = Balacron (Pappband)
Br = broschiert
Cell = cellophaniert (folienkaschiert)
Ebr = englisch broschiert
Efal = Efalin (Pappband)
F = Folieneinband
Gb = gebunden
Gebl = geblockt (seitlich geheftet)
Geh = geheftet (Rückenheftung)

Glk	=	glanzkaschiert (folienkaschiert)
Hld	=	Halbleder
Hl	=	Halbleinen
K	=	kaschiert (folienkaschiert)
Kld	=	Kunstleder
Kst	=	Kunststoff
Kt	=	kartoniert
Ld	=	Ledereinband
Lep	=	Leporello (Wickelfalz)
Lin	=	Linson (Pappband)
Lum	=	Lumbeck (Klebebindung)
Lw	=	Leinen
Pp	=	Paperback (Klebebindung)
Pgt	=	Pergament
Pl	=	Plastik
Ringb	=	Ringbuch

Einige Abkürzungen für Einbandarten weichen in Katalogen voneinander ab, z.B.:

broschiert:
br   VLB, KNOe
Brosch   Deutsche Bibliographie
kartoniert:
kt   VLB, KNOe
kart   Deutsche Bibliographie
gebunden:
gb   VLB
geb   KNOe, Deutsche Bibliographie
Leineneinband:
Ln   KNOe
Lw   VLB, Deutsche Bibliographie

Der Verleger wird Mißverständnisse bei der Nennung der Einbandarten erst gar nicht aufkommen lassen, wenn er diese in seinen Prospekten kundenfreundlich ausschreibt und keine Abkürzungen verwendet.

2. Die Formate

Das *Format* wird in der Deutschen Bibliographie und verschiedenen bibliographischen Hilfsmitteln in cm angegeben. Bis 1972 benutzte man noch folgende Unterteilungen, die noch gelegentlich in Antiquariatskatalogen zu finden sind:

Kl. 8 = Kleinoktav   bis 18,5 cm Rückenhöhe
    8 = Oktav   bis 22,5 cm Rückenhöhe
Gr. 8 = Großoktav   bis 25 cm Rückenhöhe
    4 = Quart   bis 35 cm Rückenhöhe

XI. Die Technik des Bindens

       2 = Folio   bis 45 cm Rückenhöhe
Gr. 2 = Großfolio   über 45 cm Rückenhöhe

Zeitungsformate werden eingeteilt:
Berliner Format: 31,5 × 47 cm
Rheinisches Format: 35   × 51 cm
Norddeutsches Format: 40   × 57 cm

XII. Elektronisches Publizieren

Von Tobias Ott

Mit dem Einzug des Computers in die Büros und Privathaushalte haben sich auch für die Verlage neue Betätigungsfelder erschlossen: das Publizieren auf elektronischen Medien. Es gilt, die Inhalte, die „geistige Substanz", neu zu präsentieren und zu vermarkten. Dabei bleibt das eigentliche Verlagsgeschäft das gleiche, nämlich die von Autoren verfaßten Manuskripte zu vervielfältigen und zu verbreiten.

Im allgemeinen Sprachgebrauch wird unter „elektronischem Publizieren" zweierlei verstanden: zum einen der Einsatz des Computers als Werkzeug bei der Erstellung (auch) herkömmlicher Publikationen, zum anderen das Publizieren von Inhalten auf neuen, nämlich elektronischen Medien. Im ersten Fall wird der Computer also als *Werkzeug*, im zweiten als *Medium* eingesetzt.

Die Grundlage des Computereinsatzes für beide Bereiche des elektronischen Publizierens ist die Tatsache, daß Daten *digital gespeichert* vorliegen. Erstmalig liegen damit alle Informationen in identischer Form vor, nämlich als logische Nullen und Einsen. Dabei ist es gleichgültig, ob es sich um Texte, Bilder, Musik, Sprache oder Bewegtbilder handelt. Mit nur einem Medium können somit diese Informationen vertrieben (CD-ROM, Internet) oder durchsucht und verarbeitet (Datenbanken, Intranet) werden. Gegenüber dem rein quantitativen Schritt der weiteren Verbreitung von Informationen (der eigentlichen Profession der Verlage also) ist dies ein qualitativer Schritt: Erstmalig können Inhalte über die reine Typographie hinaus aufbereitet, große Datenbestände durchsuchbar gemacht, Dokumente inhaltlich erschlossen werden – kurz: die Daten über den Satz hinaus verwertet werden. Das betrifft sowohl die Zweitverwertung der Daten für eine weitere Ausgabe in gedruckter Form (aber möglicherweise anderer Typographie), als auch insbesondere die Publikation der Daten in einer (elektronischen) Form, die es auch dem Käufer erlaubt, diese Inhalte rechnergestützt zu durchsuchen oder systematisch auszuwerten.

Vor allem bei Verlagsprodukten, die *konsultierend* gelesen werden – Nachschlagewerke, Lexika, Gesetzessammlungen, Wörterbücher – läßt die Publikation auf elektronischem Datenträger, verbunden mit einer leistungsfähigen *Retrieval(=Such)software*, einen nachhaltigen Markt erwarten. Gleichzeitig sind bei diesen Produkten die Kosten i.d.R. geringer als beispielsweise bei Multimedia-Produktionen: Liegt die Software mit geeigneter Benutzeroberfläche einmal vor, lassen sich eine Vielzahl von Publikationen damit realisieren. Die Entwicklungs- und Programmierkosten können also auf mehrere Projekte verteilt werden.

In vielen anderen Bereichen, die durchaus gute Marktchancen hätten, scheitert eine elektronische Publikation dagegen häufig an den hohen Kosten: Geht es bei den Nachschlagewerken in erster Linie um die reinen Inhalte, also die Publikation der Datenbestände (die häufig in den Verlagen bereits vorliegen), so werden andere Titel vorwiegend über die Gestaltung, also die graphische

Aufbereitung der Inhalte, verkauft. Häufig soll ein spielerischer Zugang zu den Inhalten ermöglicht werden oder dieser sogar im Vordergrund stehen. Die hierbei anfallenden Programmierarbeiten sind häufig nicht für einen zweiten Titel weiterverwendbar; die Kosten sind horrend.

Noch schwieriger ist die Situation im Internet. Von der Idee, die Inhalte der Bücher über das Internet zu publizieren, machen die meisten Verlage keinen Gebrauch. Das *WorldWideWeb* wird heute in erster Linie als Informationsaustausch- und Werbemedium genutzt. Da der überwiegende Anteil der Angebote im Netz unentgeltlich ist, ist hier die Bereitschaft gering, für das Herunterladen von Informationen angemessene Preise zu bezahlen. Darüber hinaus ist bislang nicht abschließend geklärt, in welchem Umfang im Internet bereitgestellte Dokumente durch die Urheberrechtsgesetze geschützt sind.

Als Medium zur Werbung und Selbstdarstellung nimmt das Internet dagegen auch bei Verlagen einen immer wichtigeren Raum ein. Die Möglichkeiten, tagesaktuell Informationen zur Verfügung stellen zu können, Neuerscheinungen ausführlich vorzustellen, das Gesamtverzeichnis des Verlags durchsuchen zu können etc., erweitern die Möglichkeiten der klassischen Werbung um einen wichtigen Bereich, der inzwischen von vielen Kunden ganz selbstverständlich erwartet wird.

A. Die Technik der Speichermedien

1. *Die CD-ROM*

Von allen elektronischen Speichermedien hat sich für das Publizieren die CD-ROM (Compact Disk – Read Only Memory) am stärksten durchgesetzt. Solange an die graphische Aufbereitung der Daten keine hohen Ansprüche gestellt wurden und die CD-ROM-Produktion gleichzeitig noch relativ teuer war, war die Diskette das bevorzugte Medium. Mit 1,44 Megabyte (MB) Speicherplatz (das entspricht etwa 700 DIN-A4 Seiten Text) als Speichermedium für reine Textdaten noch geeignet, ist die Kapazität von Disketten für Grafikdaten und umfangreiche Suchprogramme bei weitem nicht ausreichend. Entfernt man den Schreibschutz, können die Daten gelöscht oder überschrieben werden; gleichzeitig ist die Diskette anfällig gegen elektromagnetische Einflüsse, die Daten sind also nicht „sicher" gespeichert.

Für all das schafft die CD-ROM Abhilfe. Mit ca. 650 MB pro Scheibe (entsprechend etwa 500 Büchern à 600 Seiten) steht für viele Anwendungen ausreichend Speicherplatz zur Verfügung. Dabei ist die CD weitgehend unempfindlich gegen Staub und Kratzer, durch die berührungslose Abtastung verschleißfrei und nicht überschreibbar.

a) Technische Eigenschaften

Die CD-ROM ist ein optisches Speichermedium. Die Oberfläche wird im CD-Laufwerk von einem Laser abgetastet. Die Daten liegen (wie auch auf der

Diskette) binär vor, das heißt die gespeicherten Informationen sind lediglich „0" und „1" (bzw. lassen sich als „0" und „1" interpretieren): Auf der CD gibt es zwei Zustände, „reflektierend" bzw. „nicht reflektierend". Gegenüber der blanken CD-Oberfläche („land") gibt es Vertiefungen („pits"), die den auf die CD-Oberfläche fokussierten Laserstrahl defokussieren. Der Fotorezeptor, der den reflektierten Laser wahrnimmt, stellt dann eine deutlich verringerte Intensität des auftreffenden Lichtes fest. Jeder Phasenübergang von „reflektierend" nach „nicht reflektierend" und umgekehrt wird als „1" interpretiert, die Beibehaltung der gleichen Phase als „0". Da die Einkerbungen mechanisch sind, können elektrische und magnetische Einflüsse der CD nichts anhaben. Eine Schutzschicht aus Kunststoff über dem eigentlichen Informationsträger, der Aluminiumschicht, macht die CD mechanisch weitgehend unempfindlich.

Die Datenstruktur auf einer CD-ROM ist im sog. „Yellow Book" festgelegt. Dieser Standard, ins Leben gerufen von den Firmen Philips und Sony, soll gewährleisten, daß alle CD-ROMs in allen CD-ROM-Laufwerken gelesen werden können. Hierbei wurde auf den „Red Book"-Standard zurückgegriffen, der die Elemente für Audio-CDs definiert.

Eine CD hat danach einen Durchmesser von 12 cm. Sie ist 1,2 mm dick, das Innenloch hat einen Durchmesser von 15 mm. Die Daten liegen in Datenblöcken à 2048 Bytes von innen nach außen auf einer spiralförmig angeordneten Spur auf der CD. Die Spur hat eine Breite von 0,6 Mikrometer, der Spurabstand beträgt 1,6 Mikrometer. Ca. 16.000 Spurwindungen liegen pro Zoll nebeneinander. Zum Vergleich: auf einer Diskette sind es lediglich 96 Spuren pro Zoll.

Die CD-Laufwerke arbeiten mit *konstanter Lineargeschwindigkeit*, d.h. die Umdrehungszahl der CD wird geringer, je weiter der Lesekopf nach außen kommt. Das ist zwar ein technisch aufwendigeres Verfahren, gewährleistet aber wesentlich mehr Speicherplatz als beim Verfahren der *konstanten Winkelgeschwindigkeit*, mit dem z.B. die Festplatten arbeiten.

Für die CD-ROM wurde ein gegenüber der Audio-CD erweitertes Verfahren der Fehlererkennung und -korrektur entwickelt, denn hier muß im Vergleich zu einer Audio-CD deutlich mehr Aufwand hinsichtlich der Unversehrtheit der Daten bzw. der Fehlerkorrekturmöglichkeiten betrieben werden. Eine „falsche" Informationseinheit in Audiodaten verfälscht den Höreindruck für das menschliche Ohr nicht wahrnehmbar; bei einer CD-ROM können falsche Zeichenfolgen, die z.B. durch Verunreinigungen oder Kratzer auf der CD entstehen können, zu Sinnentstellung von Texten oder zum Absturz von Programmen führen.

b) ISO 9660

Im „Yellow Book" zur CD-ROM-Technologie sind nur die Formate der Datenblöcke und nicht die logische Datenstruktur der Dateien und Verzeichnisse beschrieben. Deshalb waren die ersten CD-ROMs in vielen Lesegeräten nur über spezielle Treiber lesbar. Diese Treiber mußten für jedes neu auf den Markt kommende Laufwerk neu erstellt werden.

XII. Elektronisches Publizieren

1986 schloß sich daraufhin eine Interessensgemeinschaft von Hard- und Softwareherstellern zusammen: Die High Sierra Group (benannt nach ihrem ersten Tagungsort). Diese erarbeitete einen Entwurf, der die Datenstrukturen auf einer CD-ROM festlegen sollte. Er wurde zwei Jahre später als internationale Norm ISO 9660 festgeschrieben.

Definiert werden neben der Datenarchitektur einer CD die zulässigen Dateinamen, Größe und Aufbau der einzelnen Sektoren, die Anlage eines Inhaltsverzeichnisses etc.

Nach ISO 9660 sind nur Dateinamen zulässig, die (nach den alten MS-DOS-Konventionen) maximal 8+3 (Filename + Extension) Zeichen enthalten. Nachdem heute mit den 32-bit-Betriebssystemen (z.B. Windows95) längere Dateinamen möglich sind, erscheint diese Beschränkung z.T. als nicht mehr zeitgemäß.

c) Die DVD

Die DVD (Digital Video Disk oder Digital Versatile Disk) stellt die Weiterentwicklung der CD-ROM Technologie dar. Das Speicherverfahren ist vergleichbar; es handelt sich ebenfalls um ein optisches Medium. Um eine Abwärts-

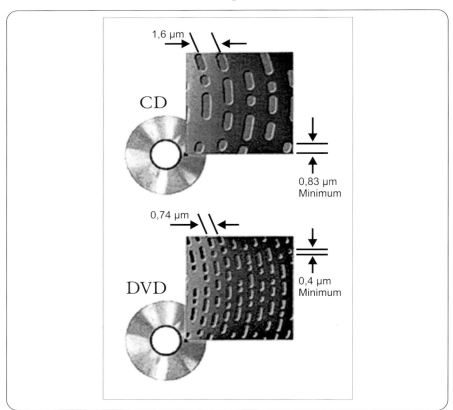

Abbildung 1: Die Oberfläche der DVD im Vergleich zur CD-ROM.

kompatibiltät zu gewährleisten, sind auch die Abmessungen der DVD die gleichen wie bei der CD-ROM. Eine CD-ROM kann in einem DVD-Lesegerät gelesen werden.

Die Speicherkapazität der „normalen" DVD beträgt ca. 4,7 Gigabyte (GB). Dies wird vor allem durch eine höhere Schreibdichte und einen engeren Spurabstand (0,74 µm gegenüber 1,6 µm bei der CD-ROM) erreicht.

Darüber hinaus gibt es drei weitere DVD-Formate: Die „Double-Layer-Disc" speichert die Information in zwei Ebenen, wovon die erste halbtransparent und die zweite reflektierend ist. Um die Informationen der unterschiedlichen Ebenen auszulesen, wird der Umstand genutzt, daß die beiden Ebenen den Laserstrahl leicht versetzt reflektieren. Die Double-Layer-Discs haben eine Speicherkapazität von ca. 8,5 GB.

Beide Formate gibt es auch darüber hinaus auch doppelseitig beschrieben. Mit einer doppelseitigen Double-Layer-Disk erreicht man die immense Speicherkapazität von ca. 17 GB.

Der erste Einsatzbereich der DVD waren die Speicherung von Filmdaten: Auf einer 4,7-GB-DVD findet ein ganzer Spielfilm in exzellenter Qualität (doppelte Auflösung gegenüber VHS-Video) Platz, gleichzeitig können bis zu acht Synchronsprachen gewählt werden.

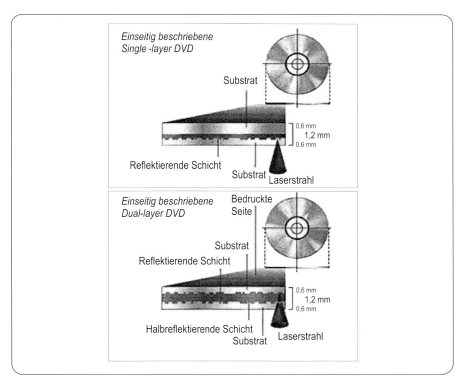

Abbildung 2: Schematischer Querschnitt durch eine Single-layer DVD (oben) bzw. eine Dual-layer DVD (unten).

XII. Elektronisches Publizieren

Viele Anzeichen sprechen heute (1998) dafür, daß die DVD in naher Zukunft die CD-ROM als Speichermedium ablösen wird.

Um den gestiegenen Anforderungen Rechnung zu tragen, wurde für die DVD-Technologie ein neuer ISO-Standard festgeschrieben: Die ISO-Norm 13490. Hierin sind z.B. längere Dateinamen und die Konventionen für Dateinamen mit nicht-lateinischen Buchstaben definiert.

d) Technische Produktion

Der CD-Hersteller erhält als Vorlage in der Regel eine in einem CD-Brenner beschriebene CD, die sämtliche Daten und Programme in der Form enthält, wie sie später auf der CD-ROM vorliegen sollen. Die beschreibbaren „CD-WORMs" (Write Once – Read Many times) haben die gleiche Kapazität und werden auch nach demselben Prinzip gelesen wie die CD-ROMs (reflektierende/nicht-reflektierende Stellen), das Aufzeichnungsprinzip ist jedoch grundlegend anders als bei „Read-Only Disks": Über einen Laser wird (mit deutlich stärkerer Lichtintensität als beim Lesevorgang) eine dünner organischer Farbstoff „belichtet", d.h. in seinen Reflexionseigenschaften verändert. Hinter dieser Schicht liegt ein goldfarbener oder bläulich-schimmernder Metallfilm. Bedingt durch die lichtempfindliche Schicht sind diese CDs nicht so haltbar wie die industriell hergestellten, silbernen Scheiben und sollten nicht lange Zeit intensivem Licht ausgesetzt werden. Sie stellen aber ein leistungsfähiges und kostengünstiges Speichermedium dar – und sind für die CD-Produktion ein geradezu ideales Testmedium, da die gebrannte CD in allen Funktionen der späteren Auflage entsprechen muß. Die „golden master" sollte auf den unterschiedlichsten Geräten und in allen Systemumgebungen, für die sie konzipiert wurde, ausführlichen Tests unterzogen werden. Es ist dies die letzte Möglichkeit, versteckte Fehler zu erkennen.

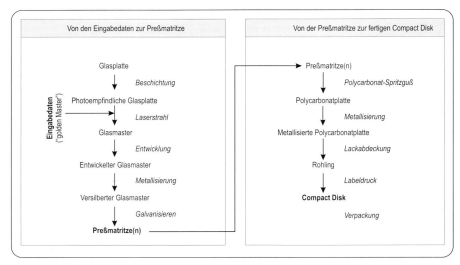

Abbildung 3: Schema der CD-ROM-Produktion.

A. Die Technik der Speichermedien

Vom Budget- wie vom Zeitplan muß beachtet werden, daß in der Regel neben dem eigentlichen Inhalt der CD, also den Daten und den Retrievalprogrammen, zumindest zwei weitere Komponenten erstellt werden müssen: Eine Hilfe-Datei und die Installationsprogramme. Zunehmend muß auch über einen *Kopierschutz* nachgedacht werden: Seit die CD-Brenner weit verbreitet und die CD-WORM-Rohlinge extrem preiswert geworden sind, ist dem Schwarzkopieren von CDs Tür und Tor geöffnet – ein Vorgang, der wesentlich schneller und „bequemer" vonstatten geht, als ein Buch zu kopieren, und der ein identisches Abbild der Original-CD erzeugt. Die Umsatzeinbußen durch illegale Kopien sind schon heute erheblich.

Für die Produktion der Auflage werden die gelieferten Daten zunächst auf einen *Glasmaster*, die Urform der späteren CD, übertragen. Hierfür wird eine hochreine Glasplatte, deren Oberflächengüte der eines astronomischen Spiegels entspricht, mit einem lichtempfindlichen Substrat beschichtet. Diese Schicht wird mittels eines Laserstrahles an den Stellen belichtet, an denen auf der CD eine Vertiefung (pit) vorhanden sein soll. An den nicht-vertieften Stellen (land) wird der Laser ausgeschaltet. Die Belichtung findet unter Reinraumbedingungen statt.

Nach der Belichtung wird der Glasmaster entwickelt und die belichteten Stellen ausgewaschen. Nach dem Trockenvorgang wird er auf der Oberfläche versilbert. Das Silber dient als Elektrode für den anschließenden Galvanisierungsprozeß. Hierbei wird eine Nickelschicht erzeugt, die nach der Trennung vom Glasmaster als Preßwerkzeug (oder als Vorlage für das Erstellen mehrerer Matritzen) dient.

Im Spritzguß- oder Preßverfahren wird unter Reinraumbedingungen eine Rohplatte aus Polycarbonatharz, einem durchsichtigen Kunststoff, auf dem Preßwerkzeug erstellt. Anschließend wird die Platte durch Aufdampfen einer Aluminiumschicht verspiegelt. Diese Schicht reflektiert später das Licht des Laserstrahls im CD-Laufwerk. Ein durchsichtiger Lack schützt die CD vor Kratzern und Schmutz. Die informationstragende Schicht befindet sich nunmehr zwischen dem Preßrohling und der vom Schutzlack abgedeckten Aluminiumschicht.

Im Anschluß an die Trocknung und einen Testlauf der fertigen Scheibe wird außerhalb des Reinraumbereiches das Label aufgedruckt. Als Druckverfahren kommen hier Sieb- und Tampondruck zum Einsatz.

Die abschließende Verpackung der fertigen CD-ROM hängt von der Art des vertriebenen Produktes ab: Soll die CD in ein Buch eingelegt werden, wird sie häufig lediglich in eine Papiertasche gepackt, die später beim Buchbinder in das Buch eingeklebt wird. Wird die CD als eigenständiges Produkt vertrieben, so wird sie üblicherweise zusammen mit gedruckter *Inlaycard* und/oder *booklet* in der sogenannten Jewel Box verpackt. Die Umverpackung, die Jewel-Box, Handbücher, evtl. Registrierungs-Unterlagen etc. enthält, kann dann je nach Produktcharakter frei gestaltet werden.

2. Das Internet

Kaum eine Innovation hat so schnell weltweite Akzeptanz gefunden wie das Internet bzw. das WordWideWeb (WWW).

Das Internet ist kein einheitliches Datennetz, sondern vielmehr ein loser Zusammenschluß vieler kleiner, heterogener Subnetze, die über ein einheitliches Datenprotokoll, das *Transfer Control Protocol/Internet Protocol* (TCP/IP), miteinander kommunizieren. Das WWW stellt wiederum einen Dienst im Internet dar, dem eine eigene Datencodierung, die *Hypertext Markup Language* (HTML), zugrunde liegt. Um die WWW-Dokumente betrachten zu können, bedarf es einer speziellen Software, die den HTML-Code in graphische Elemente umwandelt: den *Browser*. Der Datenaustausch zwischen dem Browser (also dem Rechner des Nutzers, des „Web-Clients") und dem Web-Server (dem Rechner, der die Daten zur Verfügung stellt, z.B. in einem Verlag) erfolgt im WWW nach den Regeln des *Hyper Text Transfer Protocol*, HTTP.

Über das WWW lassen sich neben Texten auch Grafiken, Ton- und Videodaten problemlos von Rechner zu Rechner transportieren. Neben diese Multimedia-Fähigkeit tritt als zweites Hauptmerkmal die Hypertext-Möglichkeit: Über elektronische Querverweise („Hyperlinks") können nicht nur andere, markierte Stellen im gleichen Dokument angesprungen werden, sondern auch gezielt andere Dokumente geladen werden. Da die einzelnen WWW-Dokumente in der Regel seitenorientiert aufgebaut sind, ergibt sich damit für den Benutzer der Eindruck, er springe von Seite zu Seite.

Mit diesen Möglichkeiten stellt das WWW eine interessante Möglichkeit des Publizierens dar: Die Daten sind in dem Augenblick, in dem sie auf dem Web-Server zur Verfügung gestellt werden, weltweit zugänglich. Inhalte können damit wesentlich schneller einer Öffentlichkeit zugänglich gemacht werden, als dies mit herkömmlichen Publikationswegen der Fall ist. Die „industrielle Vervielfältigung" (Druck, Bindung) der Information findet nicht mehr statt, Materialkosten für das Verbreiten von Information fallen quasi keine mehr an. Vor allem entfällt der Bereich der Distribution: der Kunde kann über seinen Rechner direkt auf die gewünschten Informationen zugreifen und diese beziehen.

Die Problematik der zuverlässigen und sicheren Abrechnung solcher Dienste sowie die noch nicht geklärte Frage nach dem Schutz der Daten im WWW durch das Urheberrecht muß dabei gesondert betrachtet werden; es sind zwei der Hauptgründe dafür, daß sich Verlage mit dem Publizieren im WWW derzeit sehr zurückhalten.

Voraussetzung für das Publizieren im WWW sind nach HTML-Konventionen ausgezeichnete und strukturierte Daten. Wo (Satz-)Daten sowieso in strukturierter Form vorliegen, stellt das Internet eine interessante Möglichkeit dar, mit geringen Kosten z. B. Leseproben zur Verfügung zu stellen oder auch das Gesamtverzeichnis des Verlages durchsuchbar zu machen – gepaart mit der Möglichkeit, die Titel direkt über das Netz zu bestellen.

Betrachten wir daher die Datenstrukturierung, die auch Voraussetzung für die meisten CD-ROM-Produktionen ist, ein wenig genauer.

B. Datenstrukturierung

Was schon bei der Erstellung von Manuskripten für den Satz erwünscht ist, ist für die elektronische Publikation zwingend erforderlich: Die Strukturierung der (Text-)Daten. Je detaillierter die einer elektronischen Publikation zugrundeliegenden Daten strukturiert sind, um so qualifiziertere Suchanfragen an den Datenbestand sind möglich. Dies ist vor allem deswegen wichtig, weil immer größere Datenmengen bewältigt werden müssen; das Angebot an Informationen wird dadurch immer unübersichtlicher, wenn nicht gleichzeitig die Anfragen an die Datenmengen genauer spezifiziert werden können.

Bis heute halten sich (vereinzelt) elektronische Publikationen, bei denen die Texte am Bildschirm gar nicht durchsucht werden können: Sie sind lediglich seitenweise als Grafik abgespeichert. Selbst mit einem feingegliederten Inhaltsverzeichnis, über das man zu den einzelnen Seiten springen kann, bietet diese Form der Publikation keinen echten Zusatznutzen gegenüber dem gedruckten Buch.

Einen völlig neuen, gezielten Zugriff auf die Inhalte bieten dagegen daher *Volltext-Retrieval*-Systeme, mit deren Hilfe es möglich ist, Texte nach beliebigen Zeichen- bzw. Wortfolgen zu durchsuchen. Die Texte sind dabei als Text-Datenbestand auf der CD gespeichert und werden, vorne beginnend, nach den eingegebenen Suchzeichenfolgen durchsucht. Bei einem großen Datenbestand müssen bei diesem Verfahren allerdings häufig inakzeptabel lange Antwortzeiten in Kauf genommen werden. Weiterhin sind verknüpfte Suchanfragen (z.B. die Suche zweier Begriffe in einem Umfeld von 10 Worten) mit den klassischen Volltext-Retrievalsystemen häufig nicht möglich.

Beide Probleme lassen sich dadurch lösen, daß die Texte im Vorfeld *indexiert* werden: Nunmehr durchsucht der Rechner nicht mehr den gesamten Datenbestand, sondern lediglich einen mitgelieferten Gesamtindex aller vorkommenden Worte. Mit dieser Methode können erstmals auch Trefferhäufigkeiten einer Suchanfrage vor der Anzeige der einzelnen Textstellen ausgeworfen werden.

Doch noch immer können die Daten nicht treffgenau durchsucht werden: Soll beispielsweise ein Autor namens Bauer gesucht werden, so werden auch alle Stellen gefunden, an denen etwas über den Beruf des Bauern gesagt wird – solange die Suchzeichenfolge „Bauer" im Datenbestand vorkommt. Die Daten müssen also noch weitergehend qualifiziert, sprich: strukturiert werden. Da ein Rechner nicht aus dem Kontext erschließen kann, ob es sich bei der Buchstabenfolge B-a-u-e-r um einen Namen oder eine Berufsbezeichnung (oder etwas ganz anderes) handelt, müssen diese Informationen explizit in den Datenbestand eingebracht werden. Diese Zusatzinformationen kann der Rechner dann zur qualifizierten Suche heranziehen. Man sprich hierbei von einer *feldweisen Indexierung*: In unserem Beispiel würde der Autor Bauer in ein Datenfeld „Autoren" geschrieben. Der Rechner erstellt daraufhin einen eigenen Autorenindex und kann diesen anschließend getrennt oder in Kombination mit anderen Teilindices durchsuchen.

Das Einbringen solcher zusätzlicher Informationen in einen Datenbestand wird als *Datenstrukturierung* bezeichnet. Diese darf nicht mit der *Formatierung* verwechselt werden: auch hier werden die Daten mit zusätzlicher Information angereichert, z.B. mit der Information „halbfett" oder „kursiv". Die Formatierungsinformation ist aber i.d.R. nicht eindeutig (und damit auch für einen Rechner nicht zuverlässig durchsuchbar), weil inhaltlich unterscheidbare Elemente typographisch identisch ausgezeichnet werden. Die (inhaltliche) Strukturierung der Daten geht in der Regel viel weiter, als dies im gedruckten Buch durch die Formatierung kenntlich gemacht wird. Um bei unserem Beispiel zu bleiben: Der Autor „Bauer" soll auch dann im Datenbestand gefunden werden können, wenn er im Text typographisch nicht hervorgehoben worden ist. Durch die Strukturierung wird also echte „Mehr-Information" gegenüber einer rein typographischen Auszeichnung in den Text eingebracht; diese kann – muß aber nicht – in einer speziellen Formatierung zum Ausdruck gebracht werden.

Darüber hinaus verwenden die unterschiedlichen Textverarbeitungs- und Satzsysteme unterschiedliche Codes zur Darstellung der Typographie, sodaß auch der Anspruch der Systemunabhängigkeit bei „nur" formatierten Dokumenten nicht erfüllt ist.

1. Die wichtigsten Standards

a) SGML

Für die Strukturierung von Daten wurde eine eigene Auszeichnungssyntax entwickelt und als Standard festgeschrieben: Die *Standard Generalized Markup Language*, SGML, die seit 1988 als ISO 8879 festgelegt ist. SGML ist also kein Programm, eine SGML-Datei nicht „ausführbar". Es wird lediglich die Syntax für die Strukturierungs-Codes festgelegt, mit deren Hilfe die unterschiedlichsten Textsorten ausgezeichnet werden können und damit auch Möglichkeiten zur Überprüfung der Strukturen eines Textes geschaffen werden können.

Ein weiterer Anspruch von SGML ist, daß die Daten anwendungs- und systemunabhängig gespeichert werden sollen. Die Anwendungsunabhängigkeit wird dadurch gewährleistet, daß die inhaltlichen Elemente und nicht die Formatierung eines Dokumentes markiert wird. Die Forderung nach Systemunabhängigkeit bringt es mit sich, daß SGML die verschiedensten Zeichencodes unterstützen muß bzw. interpretieren kann. In der Praxis wird diese Forderung durch eine Beschränkung auf den *7-bit ASCII-Code* erfüllt. Der 7-bit-ASCII-Code umfaßt lediglich 127 Zeichen und ist bis heute der einzige einigermaßen verläßliche Standard der Zeichencodierung, an den sich alle namhaften Hersteller von Computersystemen halten: Die Daten sind in einer Windows-Umgebung ebenso codiert wie auf einem Apple Macintosh oder einem Unix-System. Alle Zeichen, die nicht Bestandteil dieses Codes sind, z.B. die länderspezifischen Sonderzeichen (wie die Umlaute im Deutschen), müssen in SGML gesondert codiert werden.

Ein SGML-konform erfaßtes und strukturiertes Dokument enthält – neben dem Text selbst – im Wesentlichen folgende Bestandteile:

- *tags* (engl., „Schildchen, Markierung"), mit Hilfe derer die Strukturen eines Textes explizit gemacht werden. Die einzelnen Elemente werden mit einem Anfangs- und Endtag in Spitzklammern versehen. Dabei entspricht i.d.R. das Endtag (die Endemarkierung) dem Starttag (der Anfangsmarkierung), sie ist lediglich um einen Schrägstrich, den *slash*, erweitert.
- *entity references*, die als Platzhalter z.B. für Sonderzeichen eingesetzt werden. Sie beginnen mit einem „&" und werden durch ein Semikolon „;" abgeschlossen. So wird ein „ä" beispielsweise als „ä" codiert.
- Eine *DTD*, die *Document Type Definition*, in der die zulässigen Strukturen einer Datei formal definiert werden. Diese DTD kann für jedes Dokument individuell definiert werden; es erscheint aber sinnvoll, ähnlich strukturierte Dokumente zu einem Dokumenttyp zusammenzufassen und mit einer gemeinsamen DTD zu beschreiben. Gemäß dem in der DTD definierten Verhältnis der Strukturelemente zueinander kann mittels eines Strukturprüfprogramms, des sog. *Parsers*, eine SGML-Datei auf ihre Strukturen hin überprüft werden (sie wird „geparst").

Beispiel: Der Autor Bauer, der im Kontext etwa folgendermaßen steht:

```
(...) insbesondere weisen Krause und Bauer darauf hin, daß
das Saatgut im Herbst sowohl vom Lieferanten wie vom Bauern
kontrolliert werden müßte (...)
```

würde damit z.B. so ausgezeichnet (beachten Sie auch die entity references):

```
(...) insbesondere weisen <autor>Krause</autor> und
<autor>Bauer</autor> darauf hin, da&szlig; das Saatgut
im Herbst sowohl vom Lieferanten wie vom Bauern kontrol-
liert werden m&uuml;&szlig;te (...)
```

Jetzt kann der Rechner gezielt nach dem Vorkommen des Autors „Bauer" suchen, da nur das Feld <autor> für die Suche herangezogen wird. Diese Form der Strukturierung dient aber nicht nur der elektronischen Suche, sie erleichtert auch viele Schritte in der klassischen Buchherstellung. In unserem Beispiel könnte z.B. vollautomatisch ein Autorenregister erstellt werden.

b) HTML

HTML, die HyperText Markup Language, ist eine spezielle Anwendung von SGML. Der HTML-Code ist die Grundlage des WWW: Jeder Internetseite liegt eine HTML-Datei zugrunde, die vom Browser (der Darstellungssoftware) gelesen und interpretiert wird.

Für HTML liegt eine DTD bereits verbindlich vor. Sie kann vom Nutzer nicht verändert werden. Es stehen also lediglich eine festgelegte Anzahl von definierten *tags* zur Verfügung, die in erster Linie der Formatierung der Texte am Bildschirm und der Navigation (über Hyperlinks) dienen.

XII. Elektronisches Publizieren

Das folgende HTML-Skript:

```
<HTML>
<HEAD> <TITLE> Test-Homepage </TITLE> </HEAD>
<BODY> <H1>&Uuml;berschrift 1 </H1>
<H2>&Uuml;berschrift 2 </H2>
Es folgt teilweise <I>kursiv</i> und <b>fett</b> ausge-
zeichneter Text.
<P> Hier beginnt der n&auml;chste Absatz.
</BODY>
</HTML>
```

würde in einem Browser folgendermaßen dargestellt:

Abbildung 4: Umsetzung von HTML-Code in einem Browser.

Plant ein Verlag, eine gedruckte Publikation ganz oder in Auszügen auch im WWW zur Verfügung zu stellen, so sollte von vornherein auf eine Strukturierung der Daten geachtet werden, die ohne Mühe in HTML-Code zu überführen ist.

Seit immer mehr professionelle Satzsysteme mit SGML-codierten Daten umgehen können (und HTML, wie bereits erwähnt, eine SGML-Anwendung ist, ein HTML-Code also auch immer ein SGML-Code ist), besteht für einfach strukturierte Daten sogar die Möglichkeit, die Buchdaten von Anfang an HTML-codiert zu verwalten und diese Codes lediglich für die Satzausgabe entsprechend zu interpretieren. In aller Regel wird jedoch eine aufwendige Umarbeitung der Daten notwendig sein. Zum Beispiel muß aufgrund der Tatsache, daß HTML-Dokumente in der Regel (Bildschirm-)seitenweise aufgebaut sind, der Quelldatenbestand zunächst einmal in Einzeldateien zerlegt und mit Hyperlinks zur Navigation angereichert werden.

c) XML

XML, die *"Extensible Markup Language"*, ist ein 1998 vom WWW-Konsortium (3WC) festgeschriebenes SGML-Subset zur Online-Publikation von Dokumenten mit frei definierten Strukturen (also ohne fest vorgegebene tags).

XML bietet damit wesentlich mehr Möglichkeiten als HTML und erscheint für die meisten Verlagsvorhaben zur Strukturierung ideal geeignet zu sein. Es wird als neuer Standard in den nächsten Jahren deutlich an Bedeutung gewinnen.

2. *Die Technik des Strukturierens von Dokumenten*

Jedes Dokument läßt sich hinsichtlich dreier Kriterien beschreiben, nämlich der Daten, der Struktur und des Formats. Die *Daten* sind der eigentliche Informationsgehalt des Dokuments, die geistige Substanz sozusagen. Dazu gehören Texte, Abbildungen, Tabellen etc. – aber genauso auch Musik und Sprache in Tondokumenten.

Der zweite Aspekt eines Dokuments ist seine *Struktur*. Diese spiegelt sich zunächst einmal explizit in allen gliedernden Elementen (z.B. Überschriften) wider. Darüber hinaus gibt es implizite Strukturen, die wir als Leser aus dem Kontext erfassen können, die für die elektronische Verarbeitung der Daten jedoch explizit gemacht werden müssen, zum Beispiel ein in einem Fließtext vorkommendes Zitat. Intellektuell können wir die entsprechende, in Anführungszeichen gesetzte Textpassage aus dem Kontext heraus als Zitat (und eben nicht als wörtliche Rede) erkennen. Der Rechner kann dies hingegen nicht. Soll ein Text nach Zitaten durchsucht werden können, so sollten diese z.B. mit `<zit>(...)</zit>` ausgezeichnet werden.

Der dritte Aspekt schließlich ist das Format (die Formatierung), sprich: Typographie und Gestaltung. Gerade für das Layout ist es wichtig, sich klar zu machen, daß die Formatierung die Struktur(!) sichtbar machen soll – nicht (nur) die Daten. Die hierfür eingesetzten Mittel sind bereits ausführlich besprochen worden: Wechsel des Schriftschnittes und der Schriftgröße, Einzüge, Absätze etc.

Zusammengefaßt: Über die Formatierung nehmen wir die Struktur eines Dokuments wahr – und diese wiederum hilft uns, dessen Informationsgehalt zu erfassen.

An den Beispielen des Autors Bauer und der Zitatensuche haben wir schon gesehen, daß die Strukturierung weit über das Maß des typographisch Unterschiedenen hinausgehen kann. Lange vor Beginn der Layoutarbeiten muß deswegen ein eigener, für die Verlage neuer Arbeitsschritt durchgeführt werden: Die *Dokumentenanalyse*. Während das Layouten gestalterisch-technischer Natur ist, ist die Dokumentenanalyse inhaltliche Arbeit. Hierbei wird das Dokument auf seine (vorhandenen und gewünschten) Strukturen hin untersucht: In welchen Hierarchien ist der Text organisiert? Gibt es nicht-lineare Strukturen (Querverweise, Sprünge, Fußnoten) im Text? Darüber hinaus muß bereits zu diesem Zeitpunkt das Werk aus der Sicht des Nutzers einer elektronischen Publikation betrachtet werden: Wonach will dieser gezielt suchen? Reicht eine Volltext-Recherche aus oder muß der Datenbestand stärker strukturiert werden (z.B. für feldweises Indexieren, s.o.)? Sollen die Informationen in der gleichen Struktur wie im gedruckten Werk wiedergegeben werden, oder benötigt das elektronische Medium eine eigene Darstellungsform?

Diese Fragen werden von Fall zu Fall sehr unterschiedlich beantwortet werden. Wird es bei einem Projekt ausreichen, einen ganzen Lexikonartikel als kleinste Struktureinheit zu definieren,

```
<art>
(...)
</art>
```

wird in einem anderen Fall innerhalb eines solchen Artikels möglicherweise sogar zwischen Vor- und Nachnamen von Personen unterschieden:

```
<art>
(...)
<person><vnam>Werner</vnam> <nnam>Bauer</nnam>
</person>
(...)
</art>
```

Als Faustregel mag daher gelten: Die Dokumentenanalyse ist ausreichend detailliert, wenn sie alle vorhersehbaren Anfragen an den Text und alle geplanten Weiterverarbeitungen des Datenbestandes berücksichtigt.

An diese inhaltliche Arbeit schließt sich ein weiterer, technischer Arbeitsschritt an: Die *Textauszeichnung*. Hierbei müssen die gefundenen Textstrukturen in eindeutige Codes gefaßt werden. Idealerweise geschieht dies noch vor Abschluß der Arbeiten am Manuskript; dann können die Codes gleich miterfaßt oder nachgetragen werden. Diese Codes müssen keineswegs SGML-konform sein; auch jede andere, eindeutige Auszeichnung erfüllt den gleichen Zweck. Für die Erfassung wird man möglicherweise andere, eindeutige Zeichenkombinationen verwenden, die sich schneller schreiben lassen und erst anschließend per Programm austauschen – letztendlich haben sich jedoch die SGML-konformen Auszeichnungen bewährt.

3. Database-Publishing

Je stärker ein Werk strukturiert ist, je mehr Auflagen projektiert sind, je aktueller es sein muß, um so stärker sollten die Arbeitsabläufe aus Zeit- und Kostengründen automatisiert werden. Vor allem für Kataloge und ähnliche Nachschlagewerke hat sich dafür das Prinzip des *Database-Publishing* bewährt. Es bezeichnet eine neue Form des Umgangs mit Daten, bei der die klassischen

Abläufe der Satzherstellung zugunsten einer anwendungsneutralen Datenhaltung aufgegeben werden. Zentrales Element ist eine Datenbank, in der formatunabhängig sämtliche Daten gepflegt werden. Häufig wird hier SGML als Strukturierungssprache eingesetzt.

Eine solche Datenbank kann dabei weit mehr Informationen enthalten, als später tatsächlich im gedruckten Werk erscheinen. Die Datenbank eines Versandhauses, aus der ein Katalog erstellt werden soll, kann beispielsweise gleichzeitig die Warenbestände und -bewegungen beinhalten und somit tägliches Arbeitsmittel des Unternehmens sein. „Auf Knopfdruck" werden zu einem bestimmten Zeitpunkt die gewünschten Informationen (Texte und Abbildungen) aus dieser täglich gepflegten Datenbank exportiert, automatisch gesetzt und umbrochen. Sämtliche Korrekturen, die erst während der Satzarbeiten entdeckt werden, werden in die Datenbank übertragen, mit dem Ziel, diesen Datenbestand fehlerfrei zu erhalten. Durch solcherart automatisierte Abläufe lassen sich die Satzkosten und die Produktionszeiten gegenüber konventionellen Satzarbeiten auf einen Bruchteil reduzieren.

Für viele elektronische Publikationen ist eine solche Arbeitsweise absolute Voraussetzung. Da die technischen Produktionskosten für das Pressen einer CD-ROM verglichen mit dem Druck eines umfangreichen, vielleicht gar mehrbändigen Werkes verschwindend gering sind, kann eine elektronische Publikation in wesentlich kürzeren Abständen produziert werden, damit deutlich aktueller sein als das entsprechende Buch, und einen neuen Markt erschließen. Entscheidend ist dafür allerdings, daß auch die Kosten der Datenaufbereitung für jede Auflage gering sind. Das ist nur durch einen ständig gepflegten, voll strukturierten Datenbestand und einen höchstmöglichen Automatisierungsgrad zu erreichen. Muß für jede Auflage „von vorne" angefangen werden, ist ein solches Projekt nicht zu realisieren.

C. Multimedia-Publikationen

Im allgemeinen Sprachgebrauch werden häufig elektronische Publikationen fälschlicherweise mit dem Begriff „Multimedia" gleichgesetzt. Von Multimedia-Anwendungen kann jedoch nur gesprochen werden, wenn mehrere Arten von Informationen (Text, Bild, Ton, Animation, Film, Musik, Sprache etc.) in einer Anwendung integriert sind. Sie werden in den seltensten Fällen als Zweitverwertung eines bestehenden Datenbestandes geplant (eher als Zweitverwertung der Rechte an einem Titel, einem Spiel o. ä.). Generell gilt: Je mehr Informationsarten in einer Publikation integriert sind, desto eher muß sie als eigenständiges Produkt betrachtet, kalkuliert und vertrieben werden. Die Spanne reicht von der „CD zum Buch", die lediglich den Datenbestand des Buches elektronisch durchsuchbar wiedergibt, bis zur frei programmierten Mulitmedia-Anwendung, für die gar nicht auf bestehende Daten zurückgegriffen werden kann. Während auf der einen Seite die Produktionsabläufe (von der technischen Fertigung abgesehen) noch einigermaßen vergleichbar mit denen eines Buches sind, weisen die Abläufe einer Multimedia-Produktion völlig andere Züge auf und sind eher mit der Produktion eines Filmes zu vergleichen.

In aller Regel gibt es nicht einen Autor, der ein fertiges geistiges Produkt verlegen lassen möchte. Vielmehr steht am Anfang eine Idee, die von einem Team umgesetzt, diskutiert, erweitert und geprüft wird. Zu Beginn wird ein Grobkonzept mit der Beschreibung der wesentlichen Bestandteile, deren Gestaltung und Verknüpfung, der Benutzerführung etc. skizziert. Auf dieser Basis entsteht das Feinkonzept, das bis zu den einzelnen Sequenzen alles beschreibt, was am Bildschirm geschehen soll und wiederum die Grundlage für das „Storyboard" bildet. Anschließend werden (bei Bedarf) Schauspieler, Sprecher, Komponisten, Musiker ausgewählt und Probeaufnahmen („Castings") gemacht. Für Animationen werden die Charaktere festgelegt und entworfen. Die einzelnen Szenen und Sequenzen werden getrennt für sich produziert und später gemäß dem Storyboard zu einem Ganzen verknüpft.

Drei große Anwendungsbereiche haben sich derzeit bei Multimediatiteln herauskristallisiert:

Der Bereich der *Unterhaltungssoftware*, in den die Computerspiele fallen, nimmt dabei den größten Raum ein.

Ein großer Teil der *Nachschlagewerke* bietet sich ebenfalls für eine multimediale Umsetzung an. Die Verbindung der Textinformation mit Animationen, Tondokumenten oder Videosequenzen kann das Verständnis der dargebotenen Information erleichtern bzw. zusätzliche Informationen liefern, die das gedruckte Werk nicht bieten kann. Der Grad der multimedialen Aufbereitung hängt hierbei unmittelbar vom Gegenstand der Publikation, der Zielgruppe und deren Nutzungsverhalten elektronischer Publikationen ab: Ein großer Teil der Nachschlagewerke, vor allem Wörterbücher, bibliographische Sammelwerke und ähnliches enthalten meist jedoch gar keine multimedialen Elemente, sondern werden gemäß der Idee des *Database-Publishing* mit einem möglichst hohen Grad der Automatisierung aus einer ständig gepflegten Datenbank erstellt.

Der dritte wichtige Komplex ist der „*Edutainment*"-Bereich. Edutainment bezeichnet im weitesten Sinne Lernsoftware für Kinder, wobei das „spielerische Lernen" im Vordergrund steht.

D. Anwendungsmöglichkeiten am Beispiel des VlB auf CD-ROM

Als Standard-Nachschlagewerk ist das VlB, das Verzeichnis lieferbarer Bücher, aus dem Arbeitsalltag des Buchhändlers nicht wegzudenken. Durch den immensen Umfang der Eintragungen (über 750.000 verzeichnete Titel aus 14.700 Verlagen) ist die gedruckte Ausgabe in insgesamt 16 Bänden ein zwar unverzichtbares, aber zunehmend unhandliches Werkzeug. Mit der Veröf-

D. Anwendungsmöglichkeiten am Beispiel des VlB auf CD-ROM

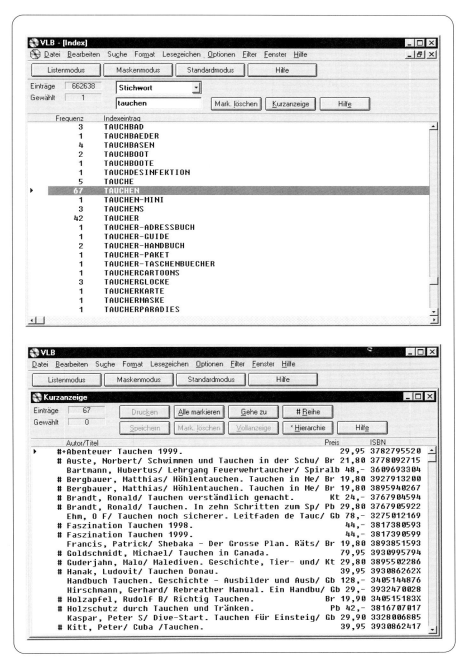

Abbildung 5: Oben: Beispiel für die Darstellung im Listenmodus, Suche nach Stichworten, Stichwort „Tauchen". Unten: Darstellung der Treffer der Stichwortsuche in der Kurzanzeige

fentlichung des VlB auf CD-ROM wird dem Benutzer seit einiger Zeit eine komfortable und schnelle Suchmöglichkeit geboten, die darüberhinaus die Funktionalität der gedruckten Ausgabe bei weitem übersteigt. Voraussetzung für die Suchfunktionalitäten ist auch hier wieder ein voll durchstrukturierter Datenbestand mit feldweiser Indexierung. Die leicht erlernbare, fast intuitiv zu bedienende Oberfläche ermöglicht es, ohne lange Einarbeitungszeit auch komplexe Suchanfragen an den Datenbestand zu richten.

Besonders interessant ist die Suche mit Hilfe von bruchstückhaften Angaben. Die Suchmaschine läßt die Verwendung von „Jokern" zu. Durch diese *Trunktierung* lassen sich z.B. alle Titel ermitteln, die mit den Buchstaben aac beginnen. Als Treffer werden Titel wie Aachen, Aachens Vergangenheit oder Aachener Land angezeigt. Genauso lassen sich z.B. auch alle Titel anzeigen, die an beliebiger Stelle das Wort „Tierwelt" enthalten.

Die gezielte Suche nach einem Titel wird durch die Möglichkeit verknüpfter Suchanfragen erleichtert. Hierbei können die Suchkriterien Autor – ISBN – Stichwort – Schlagwort – Schlagwortbegriff – Titel – Reihe – Reihenbandnummer – Verlag – Nachbearbeitung – Preis – Erscheinungsjahr beliebig mittels der Boolschen Operatoren *und / oder / nicht* verknüpft werden; ein wichtiges Instrument, um die Trefferliste klein zu halten.

Neben diesen Möglichkeiten bietet die CD-ROM-Version des VlB gegenüber der gedruckten Ausgabe den Zusatznutzen, die ermittelten Daten abzu-

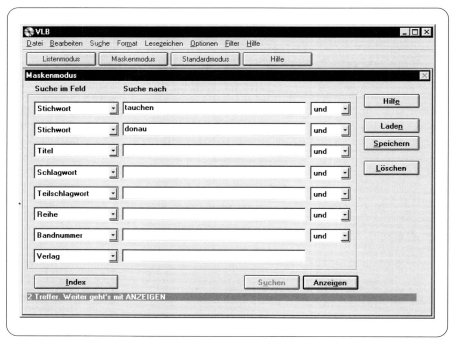

Abbildung 6: Eingabe einer komplexen Suchanfrage über den Maskenmodus (hier: Verknüpfte Suche „Tauchen" und „Donau")

D. *Anwendungsmöglichkeiten am Beispiel des VlB auf CD-ROM*

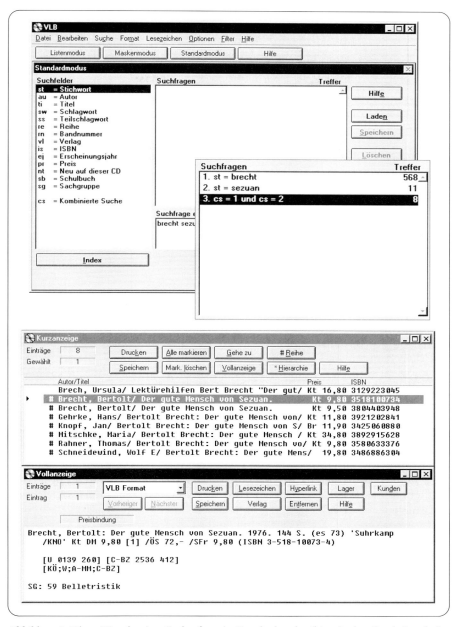

Abbildung 7: Oben: Eingabe einer Suchanfrage im Standardmodus (hier: Suche „Brecht" und „Sezuan") und Trefferanzeige der Suchanfrage. Unten: Anzeige der Treffer. Oberes Fenster: Kurzanzeige, unteres Fenster Vollanzeige des ausgewählten Titels im VLB-Format

XII. Elektronisches Publizieren

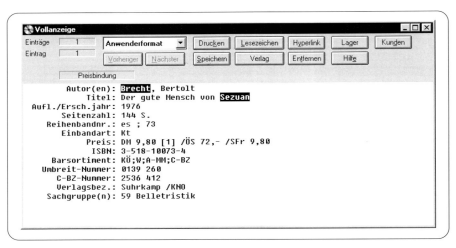

Abbildung 8: Anzeige desselben Eintrags in einer anderen Darstellung („Anwenderformat")

speichern und auszudrucken, um z.B. dem Kunden eine Übersicht über die vorhandenen Titel seines Interessengebietes mitgeben zu können.

Daneben können die ausgewählten Titel direkt aus dem Programm heraus online bei den Barsortimentern bestellt werden. Der zusätzlich angefertigte Ausdruck des Bestellscheines dient dem Buchhändler zur Dokumentierung und dem Kunden als Abholschein.

Der Buchhändler, der unmöglich einen Überblick über sämtliche am Markt befindlichen Publikationen haben kann, kann somit den Kunden gezielter und besser beraten, z.B. Auskunft erteilen über alle Wanderführer zu einer bestimmten Region, die nicht älter als zwei Jahre sind und in der Preisspanne bis 70 DM liegen.

Für die Verlage bietet das VlB die schnellste und vollständige Übersicht über die Konkurrenzsituation am Markt. So läßt sich anhand einer lückenlosen Übersicht über die bereits am Markt befindlichen, vergleichbaren Publikationen schnell ermessen, ob ein neuer Titel ins Programm genommen werden soll oder nicht.

Die Verbindung der CD-ROM-Ausgabe mit der Anbindung an eine ständig aktualisierte Datenbank bietet die höchstmögliche Aktualität: Der VlB-Ergänzungsdienst wird wochenaktuell bereitgestellt und enthält alle im Laufe einer Woche zugegangenen Titel-Neuaufnahmen der VlB-Datenbank. Die Ergänzungsdaten können per e-mail, die IBU-Mailbox (Informationsverbund Buchhandel) oder per Diskettenversand bezogen werden.

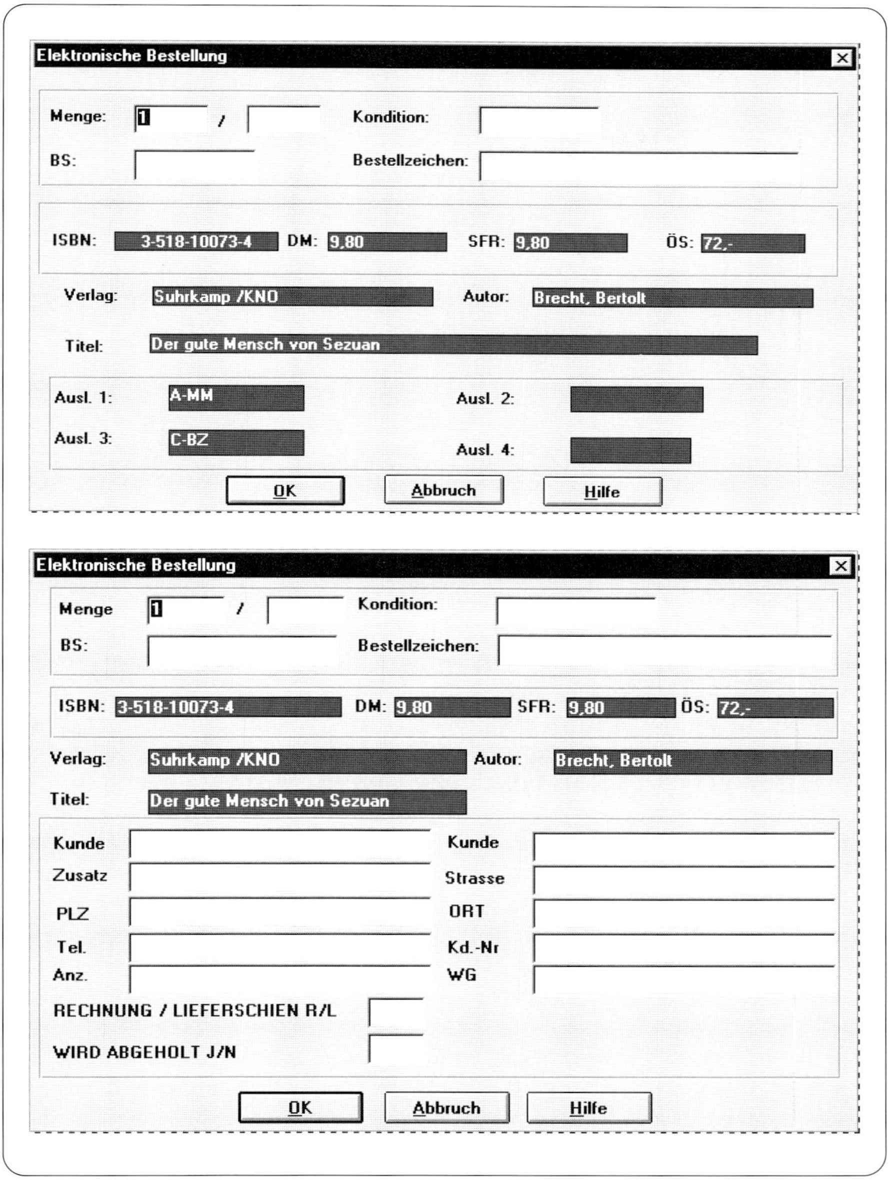

D. Anwendungsmöglichkeiten am Beispiel des VlB auf CD-ROM

Abbildung 9: Oben: Bestellformular für Lagerbestellung. Unten: Bestellformular mit Feldern für Kundendaten.

XIII. Die Mikropublikation

Von Erwin Bohatiuk

Ungeachtet aller noch so großartigen speichertechnischen Entwicklungen in der Informationstechnologie trotzen die Mikroformen dem Zeitgeist. Sie haben nach wie vor ihre Zukunftsberechtigung aus hauptsächlich drei Gründen:
- Eine Kameraaufnahme ist für die Buchverfilmung immer noch um ein vielfaches schneller, billiger, buchschonender und hochauflösender als ein Scan.
- Bei Großmengen ist es empfehlenswert, zunächst als Zwischenspeichermedium einen Fiche oder Film zu erzeugen, denn davon kann z. B. ein Mikrofiche-Scanner automatisiert, mit weniger Speicheraufwand sowie störungsfrei abtasten.
- Als Speichermedium (z. B. in Bibliotheken) für die Sicherheit von Schriftgut bleiben sie vom raschen Wandel der IT-Systeme verschont.

Die Mikropublikation ist keine *Konkurrenz* zum gedruckten Text, sondern eine *Ergänzung*. Mit ihrer Hilfe ist es möglich, Informationslücken dort zu schließen, wo es mit dem Medium Papier oder über elektronische Medien in wirtschaftlich vertretbarer Form nicht möglich ist.

Mit der Flut der gedruckten Medien entsteht zwangsläufig das Problem der räumlichen Lagerung (Archivierung) und der Ausleihe der gelagerten Bestände. Aus dieser Problematik ist die Mikropublikation entstanden. Besonders wissenschaftlichen Bibliotheken, die die Pflicht haben, der Öffentlichkeit Fachliteratur zu vermitteln, bietet sich die Mikropublikation mit dem Medium der Mikrofilmform an. Wichtig ist diese Form auch für die Bestände von besonders wertvollen oder vom Zerfall bedrohten Druckwerken.

Der Begriff Mikropublikation ist als Sammelbezeichnung zu verstehen. Die Mikropublikation kann sich der unterschiedlichsten *Mikrofilmformen* bedienen. Unter Mikrofilmformen sind die verschiedenen Arten der *Mikrofilm-Konfektionierung* zu verstehen.

1. *Mikrofilmformen*

a) Der Mikroplanfilm

Hier ist zunächst als wichtigste Mikrofilmform für das Verlags- und Bibliothekswesen der postkartengroße Mikroplanfilm (105 mm x 148 mm) zu nennen.

Mehr als 80% aller Mikropublikationen werden in diesem Format hergestellt und vertrieben. Weniger verbreitet ist der 18 cm x 24 cm große Planfilm, der als *Jumbofiche* bekannt ist, und, sieht man u. a. vom Ersatzteilware der Automobilindustrie ab, bei den Barsortimentskatalogen und in einigen Fällen im Bibliothekswesen seine Verwendung findet.

XIII. Die Mikropublikation

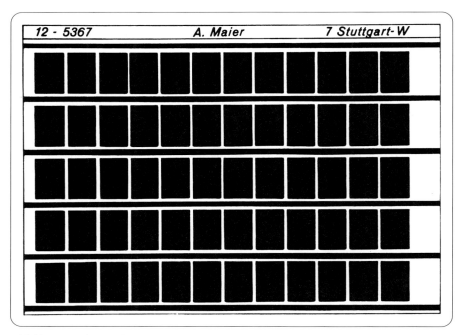

Abbildung 1: Mikroplanfilm mit 60 verfilmten A4-Seiten, die ca. 20fach verkleinert wurden.

Unabhängig vom Format hat der Mikroplanfilm am oberen Rand ein *Titelfeld.* Das Titelfeld informiert über die Art der Dokumentation, den Inhalt von/bis und die Nummer des Fiches innerhalb der Dokumentation.

Der Aufbau eines Mikroplanfilms und die Packungsdichte stehen in direktem Zusammenhang mit der gewählten Verkleinerung. Die nachfolgende Tabelle gibt Auskunft über die *Packungsdichte* der verschiedenen Verkleinerungsfaktoren auf dem Mikroplanfilm (Microfiche).

Faktor	Zeilen	Kolonnen	Titel- zeilen	Bilder
20x	5	12	1	60
24x	7	14	1	98
42x	13	25	1	325
48x	15	28	1	420

Bei dieser Übersicht ist zu beachten, daß die 20- bis 24fache Verkleinerung vorwiegend für die Verfilmung von Manuskripten und alten Monographien usw. verwendet wird. Wenn die Qualität der Vorlagen es erlaubt, sind bis zu 50fache Verkleinerungen technisch möglich.

b) Der Mikro-Rollfilm

Von untergeordneter Bedeutung für den Buchhandel und das Verlagswesen ist der Mikro-Rollfilm. Darunter versteht man den 16 mm bzw. 35 mm breiten, 30 m oder 65 m langen Rollfilm.

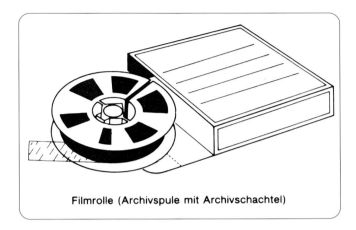

Abbildung 2: 16 mm Rollfilm auf einer Archivspule mit Archivschachtel.

Zur Sicherung historisch wertvoller Unterlagen sind in den deutschen Archiven viele Millionen Bücher, Handschriften usw. auf 35 mm breiten Rollfilmen aufgenommen. Diese Verfilmung dient fast ausnahmslos nur dem *Schutz* dieser wertvollen Archivalien vor Katastrophen.

Ein weiteres Einsatzgebiet des 35-mm-Films in Bibliotheken ist die Fernleihe. Entsprechend den eingegangenen Bestellungen werden die Bücher und Handschriften verfilmt und in vollautomatischen Hochleistungskopiergeräten von den Mikrofilmbildern Rückvergrößerungen angefertigt.

c) Der COM-Film

Der COM-Film unterscheidet sich vom beschriebenen Mikroplanfilm durch die Anzahl der auf ihm gespeicherten Informationen und durch höhere Packungsdichte.

COM ist die Abkürzung für *Computer output Mikrofilm*. In der freien Übersetzung ist es die Ausgabe von Computerdaten, die mit hoher Geschwindigkeit in lesbarer Form auf Mikrofilm ausgeben werden. COM-Mikropublikationen werden fast ausnahmslos auf 105 mm breiten Rollfilmen angefertigt. Diese Rollfilme werden nach der Entwicklung auf das postkartengroße Planfilmformat von 105 mm x 148 mm geschnitten.

Mit den meisten COM-Anlagen ist es möglich, Diapositive mit Zeichnungen usw. einzublenden. Diese Art der Mikropublikation hat sich in starkem Maße im Katalogwesen der Bibliotheken durchgesetzt.

Die üblichen Verkleinerungen beim COM-Verfahren liegen im allgemeinen zwischen 24fach und 48fach (Sonderfaktoren sind 72- und 96fach).

XIII. Die Mikropublikation

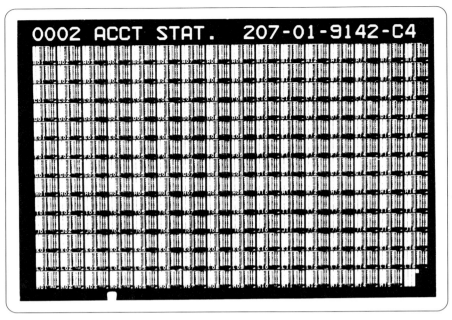

Abbildung 3: COM-Planfilm mit einer 42fachen Verkleinerung und einer Speicherkapazität von 207 Seiten. – Jede Datenseite mit 66 Zeilen, jede Zeile mit 132 Schreibstellen.

2. Der Duplikatfilm als Organisationsmittel

Am Anfang einer Mikropublikation steht der unbelichtete Informationsträger Mikrofilm. Werden auf ihn, unabhängig von der Mikrofilmform und dem Mikrofilmverfahren, Informationen aufbelichtet, so entstehen auf ihm Mikrofilmbilder, die den Inhalt z. B. der aufgezeichneten Schriftstücke mit allen sichtbaren Merkmalen des Originals in stark verkleinerter Form wiedergeben. Durch die Möglichkeit, die Mikrofilmformen Planfilm, Rolle usw. kostengünstig und schnell duplizieren zu können, ist es möglich, die einmal aufgezeichneten Informationen einem großen Benutzerkreis zugänglich zu machen. In der Fachsprache wird die erste Aufnahme als *Masterfilm* bezeichnet. Die heutigen Einsatzgebiete der Mikropublikation im Buchhandel und Verlagswesen basieren auf der Möglichkeit des Duplizierens. Sie lassen sich wie folgt zusammenfassen:
– Umfangreiche Kataloge (z. B. Bibliothekskataloge) können so einem großen Benutzerkreis zugänglich gemacht werden.
– Vergriffene Werke, für die eine Neuauflage zu teuer ist, können in wirtschaftlich vertretbarer Form als Mikropublikation zur Verfügung gestellt werden.
– Wertvolle wissenschaftliche Werke, die nur in einem Exemplar oder wenigen Exemplaren vorhanden sind, können über die Mikropublikation einem großen Benutzerkreis zugänglich gemacht werden.

9000 Mikroformen

Bibliothek des Deutschen Patentamtes München. Kreuzkatalog. Erscheinungszeitraum 1945-1974. Stand 31.12.1982. Mikrofiche-Edition. 1983. ca. 20000 Ktn auf 167 Fiches. Lesefaktor 42x. Diazofiche 3400,- ◊ ⟨3-598-30454-4⟩

Silberfiche 3800,- ◊ ⟨3-598-30453-6⟩

Biografisch Archief van de Benelux /Biographisches Archiv der Benelux-Staaten /Biographical Archive of the Benelux Countries. (BAB). Mikrofiche-Edition. Eine Kumulation von Einträgen aus ca. 120 der wichtigsten biographischen Nachschlagewerke der Niederlande, Belgiens und Luxemburgs vom Ende des 16. bis zum Beginn des 20. Jahrhunderts. Bearb. v. Gorzny, Willi /Meer, Willemina van der. 1992-1994. 12 Lfgn in ca. 700 Fiches. Lesefaktor 24x. Diazofiche je Lfg 2100,- fPr 21000,- ◊ ⟨3-598-32610-6⟩

Silberfiche je Lfg 2280,- fPr 22800,- ◊ ⟨3-598-32630-0⟩

Börsenblatt für den Deutschen Buchhandel 1834-1945. Mikrofiche-Edition. 1979-1981. Zus. ca. 875000 S. auf 3057 Fiches. Lesefaktor 42x. Diazofiche. 19900,- ◊ ⟨3-598-10177-5⟩

▲ **Books in Print 1992-93.** Microfiche edition. 170 fiches per issue. Quarterly: Jan., April, July, Oct. Reader factor 42x. (Distribution rights for German-speaking Europe and Eastern Europe) 1800,- ◊ ⟨0-8352-3214-X⟩

Briefe Deutscher Philosophen (1750-1850). Mikrofiche-Edition. ca. 800 Quellenwerke. Vorw. u. hrsg. v. Henrichs, Norbert /Weeland, Horst. Bearb. v. Rill, Ingo /Roether, Martin. 1990. 3141 Fiches. Lesefaktor 24x. Aufnahmefaktor 1:20. Diazofiche 12600,- ◊ ⟨3-598-33010-3⟩

Silberfiche zus 15000,- ◊ ⟨3-598-33020-0⟩

British Biographical Archive /Britisches Biographisches Archiv. (BBA I). Microfiche edition. A one-alphabet cumulation of 324 of the most important English-language biographical reference works originally published between 1601 and 1929. Approximately 330.000 entries covering 170.000 individuals. Ed. by Sieveking, Paul. Managing ed.: Baillie, Laureen. 1984-1989. 1236 fiches. Reader factor 24x. (Distribution rights for German-speaking Europe and Eastern Europe) Diazofiche 20800,- ◊ ⟨0-86291-365-9⟩

Silverfiche 22800,- ◊ ⟨0-86291-366-7⟩

British Biographical Index /Britischer Biographischer Index. 4 Vols. Ed.: Humanities Reference Unit University of Glasgow. 1991. Cplt 2045 pages. (Distribution rights for German-speaking Europe and Eastern Europe) (Free of charge for subscr. to the British Biographical Archive) Hard cplt 1680,- ⟨0-86291-390-X⟩
(Ab März 1993 auch auf CD-ROM "Weltbiographischer Index /World Biographical Index" lieferbar).

British Biographical Archive. Series II /Britisches Biographisches Archiv. Neue Folge. (BBA II). Microfiche edition. 12 instalments. Ed.: Humanities Reference Unit University of Glasgow. 1991 ff. Approx. 750 fiches. Reader factor 24x. (Distribution rights for German-speaking Europe and Eastern Europe) Diazofiche (Each instalment 2048,- fPr) 20480,- ◊ ⟨0-86291-986-X⟩

Silverfiche (Each instalment 2250,- fPr) 22500,- ◊ ⟨0-86291-985-1⟩

British Biographical Index. Series II /Britischer Biographischer Index. Neue Folge. 6 vols. Ed.: Humanities Reference Unit University of Glasgow. 1995. Approx. 600 pages each vol. (Distribution rights for German-speaking Europe and Eastern Europe) Hard cplt approx 1680,- ◊

▲ New and forthcoming titles ◊ Recommended retail prices

XIII. Die Mikropublikation

- Wertvolle alte Bücher und Urkunden, die wegen ihres Wertes nicht ausgeliehen werden können und deren Zustand ein Fotokopieren nicht zuläßt, werden einmal auf Mikrofilm aufgenommen und stehen dem Interessenten als Mikroplanfilme zur Verfügung.
- Über die Mikropublikation ist es möglich, die Fernleihe in Bibliotheken rationell und kostengünstig abzuwickeln.

Dieser Katalog ließe sich noch mit vielen Beispielen erweitern.

Die Originalseite eines deutschen Verlagskataloges auf Seite 393 läßt die Bedeutung der Mikropublikation für das Verlagswesen erkennen.

3. *Technik*

Für die Mitarbeiter des Buchhandels und des Verlagswesens ist die Technik der Herstellung von Mikrofilmen von untergeordneter Bedeutung. Die nachfolgenden technischen Angaben beschränken sich auf die wichtigsten, zum Verständnis der Mikropublikation notwendigen Kenntnisse.

Der interessierte Leser findet ein Verzeichnis weiterführender Literatur auf Seite 409 dieses Buches.

a) **Aufnahmekamera**

Für die Erstellung von Mikroplanfilmen werden Spezialkameras eingesetzt. Sie sind technisch komplizierter als normale 16-mm- bzw. 35-mm-Schrittkameras. Für diese Aufnahmegeräte hat sich die Bezeichnung *Step- and Repeatkamera* durchgesetzt. Mit Hilfe dieser Kamera wird Seite für Seite, Blatt für Blatt eines Buches, einer Akte, Katalogkarte für Katalogkarte usw. auf einen Mikrofilm aufbelichtet. Es entsteht eine stark verkleinerte fotografische Abbildung des Schriftstückes mit allen inhaltlichen und bildlichen Merkmalen des Originals.

Der Vorschub des Mikroplanfilmes im Filmkopf der Step- and Repeatkamera erfolgt feld- und, wenn erforderlich, auch zellenweise automatisch, oft auch computergesteuert. Für die verschiedenen Verkleinerungsfaktoren sind internationale ISO-Rasternormen festgelegt.

b) **Duplizierung**

Die Vorteile der Mikropublikation ergeben sich aus der Möglichkeit, den Masterplanfilm (Masterfiche) kostengünstig beliebig oft duplizieren zu können. Als Dupliziermaterial stehen drei verschiedene Filmmaterialien zur Verfügung. Die Wahl des Dupliziermaterials richtet sich nach dem Zweck, den die Mikroplanfilme zu erfüllen haben. Es sind

Silberhalogen = Aufnahme- und Kopiermaterial,
Diazofilm = ausschließlich Kopiermaterial,
Vesikular = ausschließlich Kopiermaterial.

Am oberen Rand des Mikroplanfilmes befindet sich die Titelzeile. Der Titel wird meistens mit einer Titelkamera im Verhältnis 1:1 in einem gesonderten Arbeitsgang einbelichtet.

3. Technik

Der hergestellte Planfilm wird als Masterfilm bzw. Masterfiche bezeichnet.

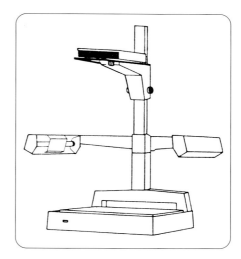

Abbildung 4: Step- and Repeatkamera (Fiche-Kamera).

Silberhalogenverfahren
Für die Anwendung im Bereich Mikrofilm werden fast ausnahmslos Bromsilberemulsionen verwendet. Das mit einer Bromsilberemulsion beschichtete Fotomaterial zeigt nach einer Belichtung keine Veränderung. Erst durch Behandlung mit einer alkalischen Entwicklerlösung erfolgt an den belichteten

Abbildung 5: Planfilm Marburger Index.

XIII. Die Mikropublikation

Stellen die Reduzierung des Bromsilbers zu metallischem Silber, wodurch das Bild, bestehend aus unterschiedlich starken Lichteindrücken, sichtbar wird.

Diazoverfahren (Diazomaterial)
Die mit Diazoniumsalz-Verbindungen beschichteten Filme sind wesentlich unempfindlicher als Silberhalogenid-Material. Durch seine molekulare Struktur ist der Diazofilm als Dupliziermaterial geeignet. Da er ohne jegliche Körnung ist, bringt er keine zusätzliche Unschärfe ins Bild. Außerdem hat dieses Material einen besonders hohen Widerstand gegen Kratzer und auch Feuchtigkeit und ist damit als Arbeitsmaterial für den Benutzer, für den im allgemeinen die Duplikate gedacht sind, besonders gut geeignet. Das Verfahren ist interessant, weil
– die Materialkosten um ca. 80% niedriger liegen als beim Silberfilm,
– eine trockene Verarbeitung möglich ist,
– das Ergebnis die gleichen Farbwerte wie die Vorlage hat (positive Wiedergabe).

Vesikular-Diazomaterial
Dieses Material wird ebenfalls zum Duplizieren von Mikrofilmen verwendet. Hier wird die Diazoniumverbindung jedoch nicht auf den Schichtträger aufgestrichen, sondern meistens durch Lackierung in die obere Fläche des Polyester-Schichtträgers eingelagert. Auch bei diesem Verfahren ist eine Lichtquelle mit starker ultravioletter Strahlung nötig. Die Entwicklung geschieht dann durch Erwärmung. Mit Vesikular-Diazomaterial ist nur Tonwertumkehr gegenüber der Vorlage möglich; es wird folglich ganz bewußt dort eingesetzt, wo eine Tonwertumkehr erforderlich ist.

Im Hinblick auf die Dauerhaltbarkeit hat das Material nicht die Qualität der anderen Dupliziermaterialien. Das Verfahren ist auch unter der Firmenbezeichnung Kalvarverfahren bekannt.

c) **Mikrofilm und digitale Medien als Hybridsystem**

Alternativ zur konventionellen Form der Duplizierung bietet sich an, den Mikroplanfilm (Masterfim) als Scanvorlage einzusetzen und damit digitale Bilder zu erstellen. Hierzu werden leistungsfähige Mikrofilmscanner eingesetzt, die unter bestimmten Voraussetzungen (gute Bildqualität auf dem Masterfilm, gleichmäßiger Bildschritt etc.) sehr rationell brauchbare Ergebnisse liefern. Allerdings sind diese Hochleistungsscanner auf einfache Schwarzweiß-Erfassung (Farbtiefe 1 bit) ausgelegt und bedingt für „bildmäßige" Informationen geeignet. Dies bedeutet, daß z.B. Manuskripte mit inhomogener Schriftqualität oder fotografische Vorlagen nur ungenügend und mit z.T. hohem Informationsverlust digitalisiert werden. Die max. Scanauflösung von Mikrofilmscannern beträgt 500 bis 600 dpi bei DIN A4-Vorlagen. Der modulare Aufbau dieser Scanner erlaubt die Digitalisierung unterschiedlicher Mikroformen (16 mm-Rollfilm, 34 mm-Rollfilm, A6-Mikrofiche, Jumbofiche). Der Mikrofilm wird über eine Optik auf eine feststehende Scanzeile projiziert und beim Abtastvorgang durch eine spezielle Einrichtung transportiert. Dieses Funktionsprinzip erfordert von dem Transportmechanismus des Films eine hohe Genauigkeit. Ungenauer Filmvorschub kann z.B. zu Schriftverzerrungen oder zum Anschnitt eines Bildes führen.

Die Bildverarbeitungssoftware als wichtiger Bestandteil der Digitalisierung ist bei Mikrofilmscannern meist ausgelegt auf die Verarbeitung von Belegmaterial. Bei gebundenem und häufig auch inhomogenem Schriftmaterial sind die Anforderungen komplexer und erfordern eine Softwareerweiterung (Seitentrennung bei Doppelseiten, Ablegen der Einzelseiten, Geraderichten, objektbezogene Indizierung). Hier gibt es nur wenige Dienstleister, die diese Software mit anbieten.

Insgesamt gesehen sollte sehr genau abgewogen und insbesondere von der Art der Vorlagen abhängig gemacht werden, ob man sich bei der Duplizierung für den konventionellen Film oder für digitale Medien entscheidet.

d) Lesegeräte

Um die in einem Mikrofilm gespeicherten Informationen lesen zu können, sind Wiedergabegeräte erforderlich. Dies sind entweder reine Lesegeräte oder kombinierte Geräte mit eingebautem Rückvergrößerungsteil. Letztere werden auch Reader-Printer genannt.

Die meisten der heute benutzten Lesegeräte arbeiten mit *Durchlicht-* bzw. *Auflichtprojektion*.

Mit den *Lese-Rückvergrößerungsgeräten* kann auf Knopfdruck in wenigen Sekunden eine Papierkopie hergestellt werden. Diese Papierkopie gibt alle Einzelheiten und Merkmale des verfilmten Schriftstückes in seiner früheren Originalgröße wieder. Der *Rückvergrößerungsfaktor* des Lesegerätes sollte etwa dem *Verkleinerungsfaktor* entsprechen, mit dem die Mikrofilm-Aufnahmen hergestellt wurden. So wird man bei 42facher Verkleinerung im Lesegerät ein Objektiv mit 40facher Rückvergrößerung verwenden.

Lesegeräte gibt es in einfachster Form, z. B. mit einer manuellen Ansteuerung des gesuchten Mikrofilmbildes über ein Koordinatensystem des Lesegerätes, bis hin zum computergesteuerten, vollautomatischen Informationsrückgriff. Welche Lesegerätetechnik am optimalsten für den Mikrofilm-Anwender ist, hängt von der Anzahl der täglichen Informationsrückgriffe, die pro Gerät anfallen, ab.

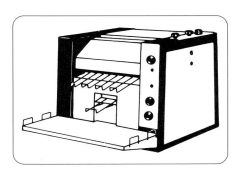

Abbildung 6: Diazo-Dupliziergerät für Planfilme.

XIII. Die Mikropublikation

4. Aufbewahrung der Mikroplanfilme

Für die Aufbewahrung der Mikroplanfilme gibt es die unterschiedlichsten Archivierungsmittel.

Das können *Schuppentafeln, Karteikästen mit Leitkarten* usw. sein (s. S. 400).

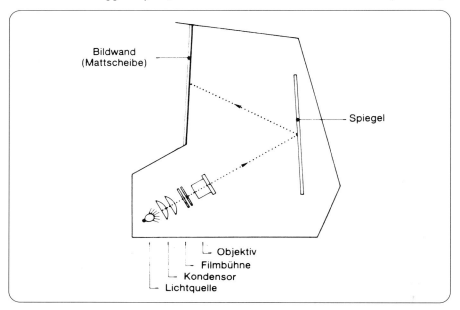

Abbildung 7: Lesegerät mit Durchlichtprojektion.

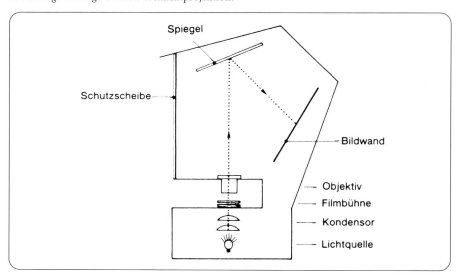

Abbildung 8: Lesegerät mit Auflichtprojektion.

5. Lesen und Auswerten

Das ohne Hilfsmittel lesbare Titelfeld des Mikroplanfilmes kann aus dem Bestand entnommen werden. Ist eine bestimmte Information auf dem Film anzusteuern, gibt ein *Index* Auskunft, welches Mikrofilmbild anzusteuern ist. Ein solcher Index kann für einen einzelnen Mikroplanfilm (Microfiche) erstellt und z. B. auf dem letzten Feld mitverfilmt werden. Es ist auch möglich, den Index für eine ganze Mikroplanfilm-Serie zu erstellen. Er kann dann sowohl verfilmt sein als auch in Papierform erscheinen. Der Rückgriff auf ein einzelnes Feld erfolgt, wenn es sich nicht um einen fortlaufenden Text handelt, meistens über ein Koordinatensystem, z. B. bei einer 24fachen Verkleinerung senkrecht durch die Buchstaben A–G, waagerecht durch die Zahlen

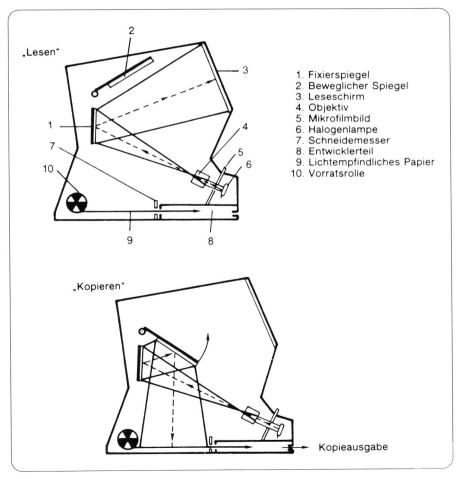

Abbildung 9: Lesegerät mit Vergrößerungseinrichtung (Reader-Printer).

XIII. Die Mikropublikation

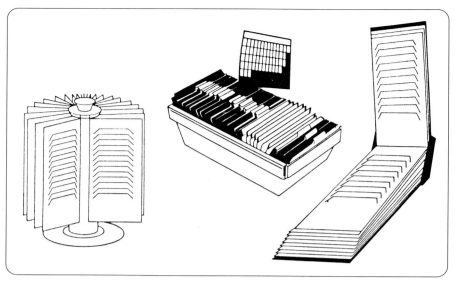

Abbildung 10: Schuppentafeln und Karteikästen mit Leitkarten für die zugriffsbereite Unterbringung der Mikroplanfilme.

1–14. Die Koordinatenfundstelle des einzelnen Feldes ist dem Index zu entnehmen. Am Lesegerät befinden sich *Indexleisten*, die ein direktes manuelles Ansteuern des gewünschten Feldes erlauben. Darüber hinaus werden in Zukunft mehr und mehr Lesegeräte mit einem elektronischen Informationsrückgriffsystem eingesetzt. Bei diesen Geräten wird das einzelne Feld über eine Tastatur oder mit Hilfe eines Computers angesteuert.

6. Computerdaten auf Mikroplanfilmen

Das *COM-Verfahren*, d. h. die Ausgabe von Computerdaten in lesbarer Form auf Mikrofilm, findet z. B. im Katalogwesen in bestimmten Fällen Anwendung. Verschiedene Bibliotheken haben ihre Bestände auf Bänder oder Platten der elektronischen Datenverarbeitung gespeichert. Änderungen und Ergänzungen werden sofort erfaßt. Der auf dem neuesten Stand befindliche Datenträger wird in eine COM-Anlage eingelesen. Der Masterfilm steht in wenigen Minuten zur Duplizierung zur Verfügung.
Es gibt drei verschiedene COM-Aufzeichnungsverfahren:
– *Kathodenstrahlröhre.* Die darzustellenden Buchstaben, Ziffern und Zeichen werden mittels eines Kathodenstrahles auf dem Phosphorschirm der Kathodenstrahlröhre dargestellt. Der Kathodenstrahl wird innerhalb der Bildröhre über eine Zeichenmatrix abgelenkt und geformt, so daß immer ein vollständiges Zeichen abgebildet wird. Auf diese Weise werden Zeichen für Zeichen und Zelle für Zelle geschrieben. Wie die Zeichnung auf Seite 403 verdeutlicht, wird das Bild auf der Kathodenstrahlröhre über einen Spiegel

6. *Computerdaten auf Mikroplanfilmen*

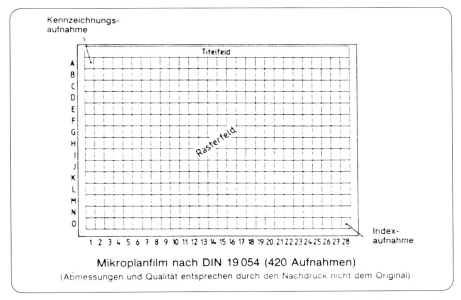

Abbildung 11: Mikroplanfilm nach DIN NORM 19054; (Abmessungen und Qualität entsprechen durch den Nachdruck nicht dem Original).

und ein Objektiv auf den Film belichtet. Sobald das Zeichen sichtbar wird, daß kein Text mehr für diese Seite folgt, schaltet die COM-Anlage den Film automatisch um ein Bild (einen Schritt) weiter.
- *Aufzeichnung im LED- Verfahren.* Die Darstellung der Zeichen erfolgt bei dieser Technik mit Hilfe einer Lichtfaseroptik und lichtemittierender Dioden, d. h., daß fest verdrahtete Glasfaserbündel aktiviert werden, an deren Enden das Zeichen dargestellt wird.
- *Aufzeichnung mittels Laser.* Bei diesem Verfahren erfolgt die Aufzeichnung durch einen Helium-Neon-Gas-Laser.

a) COM-Aufnahmematerialien

Bei den beiden erstgenannten COM-Verfahren erfolgt die Aufzeichnung auf Silberhalogenfilm. Laser-COM-Anlagen verarbeiten einen Spezialfilm, der ohne Chemikalien durch Wärme entwickelt wird.
- COM-Mikrofilmformen. COM-Filme werden in verschiedenen Rollenbreiten und -längen geliefert. Die gebräuchlichste Form ist der 105 mm breite Rollfilm, der nach der Entwicklung auf das DIN-A6-Format 105 x 148 mm geschnitten wird. Andere Filmbreiten sind 16 mm, 35 mm und 82,5 mm.
- Positiv- und Negativ-Fiche. COM-Filme können positiv oder negativ sein. Neben der Standardentwicklung gibt es die Vollumkehrentwicklung. Die Vollumkehrentwicklung bewirkt, daß die Polarität des Mikrofilmbildes mit der Vorlage identisch ist. Bei COM-Filmen wird dadurch ein negatives Filmbild erreicht.

XIII. Die Mikropublikation

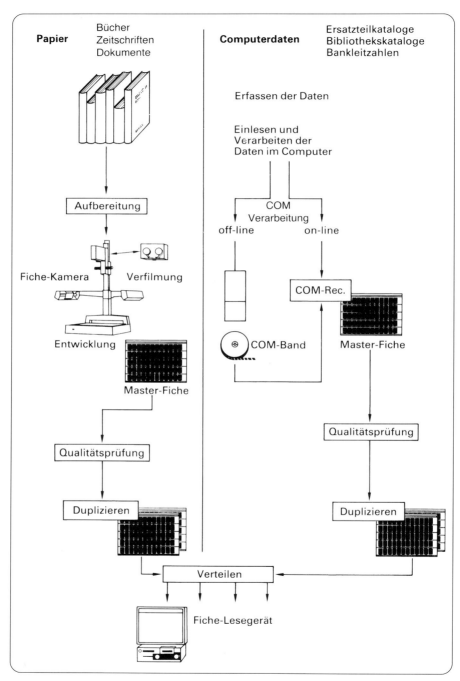

Abbildung 12: Links: Aufzeichnung von Daten auf der Kamera. Rechts: Aufzeichnung von Computerdaten.

b) Lesegeräte für COM-Filme

Die zum Auswerten und Lesen der COM-Filme erforderlichen Lesegeräte unterscheiden sich nicht von Lesegeräten, die in anderen Anwendungsbereichen Verwendung finden.

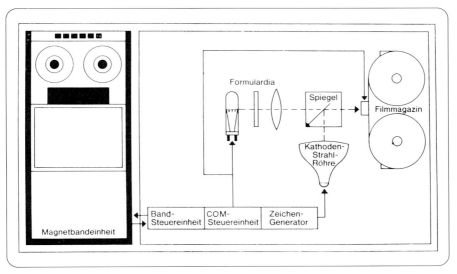

Abbildung 13: Aufzeichnung über eine Kathodenstrahlröhre, wobei neuerdings die Belichtungen über Laserstrahl erfolgen.

XIV. Literaturhinweise

Es können nicht alle Fachbücher genannt werden. Die Auswahl ist zugegebenermaßen subjektiv. Besonders im Bereich der Druckvorstufe und des elektronischen Publizierens wird mannigfaltige Fachliteratur für spezielle Anwenderprogramme angeboten, die eng mit der Technologie verknüpft ist und wie diese dem ständigen technologischen Fortschritt unterliegt. Diese Titel können daher nicht aufgenommen werden. Die genannte Literatur bietet dennoch genügend Lesestoff für denjenigen, der sein Wissen über das in diesem Fachbuch Geschriebene hinaus vertiefen möchte. Über aktuelle Entwicklungen informieren die Fachzeitschriften.

A. Fachbücher

1. Allgemeines

Bleicher, Wilhelm/Stiebner Jörg D.: Handbuch der modernen Druckgraphik. München: Bruckmann 1986

Eyssen, Jürgen: Buchkunst in Deutschland. Vom Jugendstil zum Malerbuch. Hannover: Schlüter 1980

Genette, Gerard: Paratexte. Das Buch vom Beiwerk des Buches. Frankfurt/Main: Campus 1989

Gessner, Christian F.: Buchdruckerkunst und Schriftgießerei. Hannover: Schlüter 1981

Gubig, Matthias: Steh-Satz. Was ich noch nicht ablegen will. Leck: Clausen & Bosse 1995

Kapr, Albert: Johannes Gutenberg. Persönlichkeit und Leistung. München: Beck 1988

Koschatzky, Walter/Sotriffer, Kristian: Mit Nadel und Säure. Fünfhundert Jahre Kunst der Radierung. Wien: Edition Tusch 1982

List, Claudia/Blum, Wilhelm: Buchkunst des Mittelalters. Ein illustriertes Handbuch. Stuttgart: Belser 1994

Mazal, Otto: Einbandkunde. Geschichte des Bucheinbandes. Wiesbaden: Reichert 1997

Nadolski, Dieter: Kleines Lecikon der Schwartzen Kunst. Spracheigentümlichkeiten und Brauchtum des Buchdruckerhandwerks von A-Z. Itzehoe: Beruf + Schule 1987

Presser, Helmut: Das Buch vom Buch. Bremen: Schünemann 1995

Presser, Helmut: Gutenberg. Reinbeck: Rowohlt 1967

Sandermann, Wilhelm: Die Kulturgeschichte des Papiers. Heidelberg: Springer 1992

Schauer, Georg Kurt: Kleine Geschichte des deutschen Buchumschlags im 20. Jahrhundert. Königstein: Langewiesche 1962

Schottenloher, Karl/Binkowski, Johannes: Flugblatt und Zeitung. Band 1 und 2. München: Klinckhardt und Biermann 1985

Spiekermann, Erik: Ursache und Wirkung. Ein typografischer Roman. Mainz: H. Schmidt 1995

Steinberg, S.H.: Die Schwarze Kunst. 500 Jahre Buchwesen. München: Prestel 1988

Vereyen, Annemarie: Buchillustrationen. München: Bruckmann 1989

Willberg, Hans Peter: Das Buch ist ein sinnliches Ding. Den Büchermachern in die Schule geplaudert. Leck: Clausen & Bosse 1993

Willberg, Hans Peter: 40 Jahre Buchkunst. Mainz: H. Schmidt 1996

2. Nachschlagewerke

Bauer, Franz: Lexikon der Reproduktionstechnik. Itzehoe: Verlag Beruf und Schule 1986/1988

Bruderer, Herbert E.: Presselexikon, Zeitungen und Zeitschriften. Redaktion, Gestaltung, Anzeigen, Technik, Vertrieb. Rorschach: Bodenseeverlag 1991

Delp, Ludwig: Kleines Praktikum für Urheber- und Verlagsrecht. München: Beck 1995

Esters, Lothar: Fachwörterbuch für Buchbinder. Heusenstamm: Keppler 1979

Faulbaum, Carl: Das Buch der Schrift, enthaltend die Schriftzeichen und Alphabete aller

Zeiten und aller Völker des Erdkreises. Reprint der Wiener Ausgabe von 1880. Nördlingen: Greno 1985

Götzger, Walter: Blitzlichter. Das Produktionerbuch. Itzehoe: Beruf + Schule 1998

Heinold, Erhardt Wolfgang: Bücher und Büchermacher. Was man von Verlagen und Verlegern wissen sollte. Heidelberg: Hüthig 1993

Hiller, Helmut: Wörterbuch des Buches. Frankfurt/Main: Vittorio Klostermann 1991

Ihme, Rolf: Lexikon alter Verfahren des Druckgewerbes. Itzehoe: Verlag Beruf + Schule 1994.

Iwainski, Alfred/Wilhelmi, Wolfgang: Lexikon der Computergrafik und Bildverarbeitung. Wiesbaden: Friedr. Vieweg 1994

Kautter, Frank/Kraeft, Jochen: Kleines Verlagslexikon. Itzehoe: Verlag Beruf + Schule 1995

Kuhn, Hilde: Wörterbuch der Handbuchbinderei und der Restaurierung von Einbänden. Hannover: Schlüter 1985

Küppers, Harald: Das Grundgesetz der Farbenlehre. Köln: DuMont 1978

Küppers, Harald: DuMonts Farbenatlas. Köln: DuMont 1978

Mundhenke, Reinhard/Teuber, Marita: Der Verlagskaufmann. Frankfurt/Main: Societätsdruckerei 1998

Nitsche, Michael: Polygraph Wörterbuch für die Druckindustrie. Frankfurt/Main: Polygraph 1995

Pape, Martin: Wörterbuch der Kommunikation. Neuwied: Luchterhand 1997

Pape, Martin: Wörterbuch der Medien. Neuwied: Luchterhand 1998

Pilny, Manfred: Grundwissen der elektronischen Datenverarbeitung für die Berufe der Druckindustrie. Itzehoe: Beruf + Schule 1995

Plenz, Ralf: Buchherstellung. Ein Leitfaden für Verleger, Lektoren und andere Verlagsmitarbeiter. Itzehoe: Verlag Beruf + Schule 1991

Plenz, Ralf: Verlagshandbuch – Ein Leitfaden für die Verlagspraxis (auch auf CD-ROM). Hamburg: Input-Verlag

Röhrig, Hans-Helmut: Wie ein Buch entsteht. Einführung in den modernen Buchverlag. Darmstadt: Primus 1997

Sändig, Johannes: Papierlexikon. Wiesbaden: Verlag Sändig 1971

Schaffner, Michael: Fachlexikon EDV in der Druckindustrie. Frankfurt/Main: Polygraph 1997

Schönstedt, Eduard: Der Buchverlag. Geschichte, Aufbau, Wirtschaftsprinzipien, Kalkulation und Marketing. Stuttgart: Metzler 1991

Schulz, Erwin: Flexodruck von A – Z. Nachschlagewerk und praktischer Ratgeber. Frankfurt/Main: Polygraph 1987

Stöckle, Wilhelm: ABC des Buchhandels. Würzburg: Lexika Verlag 1998

Trobas, Karl: ABC des Papiers. Graz: Akademische Druck- und Verlagsanstalt 1982.

Urheber- und Verlagsrecht. Herausgegeben mit einer ausführlichen Einführung von Hans-Peter Hillig. München: C.H.Beck/dtv 1990

Walenski, Wolfgang: Lexikon des Offsetdrucks. Itzehoe: Verlag Beruf + Schule 1993

Walenski, Wolfgang: Wörterbuch Druck + Papier. Frankfurt/Main: Vittorio Klostermann 1994

Walk, Hans: Lexikon Elektronic Publishing. Text- und Bildherstellung mit dem Computer. Itzehoe: Verlag Beruf + Schule 1996

Walk, Hans/Dorra, Manfred: Lexikon der Satzherstellung. Itzehoe: Verlag Beruf + Schule 1990

Wörterbuch Desktop Publishing Englisch-Deutsch/Deutsch-Englisch. München: Siemens 1989

Zorll, Ulrich: Römpp Lexikon Lacke und Druckfarben. Stuttgart: Thieme 1997

3. Kalkulation

Grosshardt, Holger: Die Preisbindung für Verlagserzeugnisse nach Europäischem Gemeinschaftsrecht. Konstanz: Hartung-Gorre 1995

Keuchen, Gernot: Kalkulation im Buch- und Zeitschriftenverlag. Hardbek: Eulenhof Institut 1988

Scheper, Hans Jürgen: Fachbezogene Mathematik für die Berufe der Druckvorstufe. Itzehoe: Beruf + Schule 1997

Schmelzle, Wolfgang/Göhler, Wolfgang: Rechnungswesen im Buchhandel. München: K.G.Saur 1997

Torspecken, Hans/Lang, Helmut: Kostenrechnung und Kalkulation. Grundbegriffe Kostenarten. Wiesbaden: Betriebswirtschaftlicher Verlag Dr. Th. Gabler 1980

4. Schrift und Gestaltung

Aicher, Otl: Typographie. Berlin: Ernst Wilhelm & Sohn 1988

Baumann, Edwin: Typografisches. Allgemeine Theorien, alte Praktiken, neue Experimente. Itzehoe: Beruf + Schule 1978

Bollwage, Max: Typographie kompakt. Vom richtigen Umgang mit Schrift am Computer. Heidelberg: Springer 1988

Bruckmanns Handbuch der Schrift. München: Bruckmann 1992

Caflisch, Max: Typographica practica. Hamburg: Maximilian-Gesellschaft 1988

Forssmann, Friedrich/Willberg, Hans Peter: Lesetypographie. Mainz: H. Schmidt 1997

Kapr, Albert: Fraktur. Form und Geschichte der gebrochenen Schriften. Mainz: H. Schmidt 1993

Kapr, Albert: Schriftkunst. Geschichte, Anatomie und Schönheit der lateinischen Schriften. Dresden: Verlag der Kunst 1996

Kapr, Albert/Schäfer, Detlev: Fotosatzschriften. Type-Design und Schriftherstellung. Itzehoe: Beruf + Schule 1989

Lang, Herwig: Farbwiedergabe in den Medien. Göttingen: Muster-Schmidt 1995

Leu, Olav: Corporate Design. Design als Programm. München: Bruckmann 1994

Luidl, Philipp: Typografie. Hannover: Schlüter 1989

Meissner, Michael: Zeitungsgestaltung. Typografie, Satz und Druck, Layout und Umbruch. München: List 1992

Rehe, Rolf R.: Typographie und Design für Zeitungen. Darmstadt: IFRA Publications 1986

Sauthoff, Daniel/Wendt, Gilmar/Willberg, Hans Peter: Schriften erkennen. Mainz: H. Schmidt 1997

Simoneit, Manfred: Typographisches Gestalten. Regeln und Tips für die richtige Gestaltung. Frankfurt/Main: Polygraph 1990

Stiebner, Erhardt/Huber, Helmut: Alphabete. Ein Schriftatlas von A bis Z. München: Bruckmann 1991

Tschichold, Jan: Ausgewählte Aufsätze über Fragen der Gestalt des Buches und der Typographie. Stuttgart: Birkhäuser 1987

Turtschi, Ralf: Praktische Typographie. Fulgen: Niggli 1994

Urban, Dieter: Anzeigen gestalten. München: Bruckmann 1994

Urban, Dieter: Text-Design. Zur Gestaltung sprachlicher und bildsprachlicher Kommunikation. München: Bruckmann 1994

Wagner, Ewald (Redaktion): Regeln für die alphabetische Katalogisierung von Druckschriften. Wiesbaden: Harassowitz 1961

Weidemann, Kurt: Wo der Buchstabe das Wort führt. Ansichten über Schrift. Stuttgart: Cantz 1994

Willberg, Hans Peter: Handbuch der Einbandgestaltung. Mainz: H. Schmidt 1994

5. *Die Buchherstellung*

a) Manuskript

Blana, Hubert/Fliegel, Peter/ Kusterer, Hermann: Partner im Satz. Ein Handbuch für Autoren, Hersteller, Produktioner, Setzer. München: Saur 1988

Goldberg, Alexander/ Prinz, Franz/Seitfudem, Gerhard: Professionell schreiben. Praktische Tip(p) für alle, die Texte verfassen. Erlangen: Publicis 1997

Golpon, Renate: Korrekturübungen. Arbeitshilfe für Manuskript- und Satzkorrekturen. Itzehoe: Beruf + Schule 1993

Kunze, Horst: Über das Registermachen. München: Saur 1992

Lichtenstern, Hermann: Manuskript und Drucklegung wissenschaftlicher Arbeiten. Eine Anleitung für Autoren, Lektoren und Redakteure. München: Goldmann 1971

Polnicke, Klaus: Das wissenschaftliche Manuskript. Berlin: Langenscheidt 1966

Puschmann, B.: Korrekturzeichen nach DIN 16511. Erläuterungen für die Praxis. Berlin: Beuth 1967

Thieme, Romeo: Satz und Bedeutung mathematischer Formeln. Düsseldorf: Werner 1983

Trondt, Leonhard: Der Fremdsprachensatz. Frankfurt/Main: Polygraph 1977

b) Satz

Belling, Carsten: 4-C digital. Basiswissen für die digitale Druckvorstufe mit DTP. Itzehoe: Beruf + Schule 1997

Desktop Publishing. Grafik- und Zeichenprogramme. Wiesbaden: Falken 1993

Fiebig, Dieter: Tabellen im Fotosatz. Programmierte Anleitung für Satzhersteller und Arbeitsvorbereiter. Itzehoe: Beruf + Schule 1984

Gulbins, Jürgen/Kahrmann, Christine: Mut zur Typographie. Ein Kurs für DTP und Textverarbeitung. Heidelberg: Springer 1992

Heise, Lothar: Typografische Textbearbeitung. Professionelle Satzherstellung mit dem Computer. Itzehoe: Beruf + Schule 1996

Merz, Thomas: TerminalBuch PostScript. Fonts und Programmiertechnik. München: Oldenbourg 1991

Renner, Gerhard: PostScript – Grafiken und Schrift gestalten. Haar: Markt & Technik 1990
Schmidbauer, Rudolf: Elektronische Text- und Bildverarbeitung. Itzehoe: Beruf + Schule 1986
Schmitt, Ulrich: Computer Publishing. Grundlagen und Anwendungen. Heidelberg: Springer 1997
Simoneit, Manfred/ Zeitvogel, Wolfgang: Lehrbuch der Druckindustrie. Satzherstellung. Frankfurt/Main: Polygraph 1992
Söker, Wilfried: PostScript. Eine umfassende Einführung in die Programmierung. Wiesbaden: Friedr. Vieweg 1991
Weltner, Tobias: Das große Buch zu PostScript. Düsseldorf: Data Becker 1991

c) Reproduktion

Born, Ernst: Handbuch der Rasterphotographie. Basel: Pharos 1983
Gairing, Gerhard: Farbreproduktion. Lern- und Arbeitsblätter zur Farbenlehre und Farbreproduktion. Itzehoe: Beruf + Schule 1983/1989
Haberäcker, Peter: Digitale Bildverarbeitung. Grundlagen und Anwendung. München: Hanser 1991
Jähne, Bernd: Digitale Bildverarbeitung. Heidelberg: Springer 1993
Janser, Achim/Luther, Wolfram/Otten, Werner: Computergrafik und Bildverarbeitung. Eine Einführung. Wiesbaden: Friedr. Vieweg 1996
Plettenberg, Hugo: Moderne Reproduktion. Grundlagen und Techniken professioneller Bildverarbeitung mit dem Computer. Itzehoe: Beruf + Schule 1996
Schlicht, Hans J.: Digitale Bildverarbeitung mit dem PC. Bonn: Addison Wesley Longman 1993

d) Druck

Agte, Rolf: Der richtige Fachbegriff in der Druckindustrie. Frankfurt/Main: Polygraph 1981
Bruckmanns Handbuch der Drucktechnik. München: Bruckmann 1992
Halkasch, Hans-Jürgen/Karl, Gerhard/Kopielski, Peter: Falz- und Ausschießpraxis. Itzehoe: Beruf + Schule 1994
Hartung, U.: Der Offsetdruck programmiert gefragt mit ausführlichen Erläuterungen. Ostfildern: Deutscher Drucker 1998

Helbig, Thomas/Bosse, Rolf: Druckqualität. Grundlagen der Qualitätsbewertung im Offsetdruck. Frankfurt/Main: Polygraph 1993
Hermanies, Erich: Druckformenmontage. Itzehoe: Beruf + Schule 1995
Homann, Heinz J.: Siebdruck-Lehrbuch. Druckformenherstellung. Homann 1995
Huth, Renate: Einführung in den Siebdruck. Itzehoe: Beruf + Schule 1981
Müller, Andreas: Offset – Leitfaden der Offsettechnik. Frankfurt/Main: Polygraph 1980
Ollech, Bernd: Tiefdruck. Grundlagen und Verfahrensschritte. Frankfurt/Main: Polygraph 1993
Ottersbach, Jochem: Bedruckstoff und Farbe. Eine Werkstoffkunde für Drucker und andere Fachleute der Druckindustrie. Itzehoe: Beruf + Schule 1995
Stiebner, Erhardt/Zahn, Heribert/Blana, Hubert: Drucktechnik heute. Ein Leitfaden. München: Bruckmann 1994
Walenski, Wolfgang: Ratgeber Offsetdruck. Arbeitshilfen zur Abwicklung von Druckaufträgen. Itzehoe: Beruf + Schule 1991

e) Papier

Baumann, Werner: Papierchemikalien. Daten und Fakten zum Umweltschutz. Heidelberg: Springer 1994
Blechschmidt, Jürgen: Grundprozesse der Papierherstellung: Blattbildung. Papiertechnische Stiftung 1994
Blechschmidt, Jürgen/Baumgarten: Grundprozesse der Papierherstellung: Mahlung. Papiertechnische Stiftung 1994
Blechschmidt, Jürgen/Strunz, A.: Grundprozesse der Papierherstellung: Mahlung und Dispergierung. Papiertechnische Stiftung 1996
Güttsching, Lothar: Papier in unserer Welt – Ein Handbuch. Düsseldorf: Econ 1990
Kotte, Hans: Ausrüstung von Papier und Karton. Ein Handbuch. Heusenstamm: Keppler 1969
Kotte, Hans: Streichen und Beschichten von Papier und Karton. Heusenstamm: Keppler 1978
Prüfung von Druckpapieren. Seminarmappe FOGRA. München: Forschungsgesellschaft für Druck- und Reproduktionstechnik 1991
Rausendorff, Dieter: Papier. Eigenschaften und Prüfung. Itzehoe: Beruf + Schule 1996
Rebmann, Gerhard: Beeinflussung von Papiereigenschaften durch Füllstoffe. Papiertechnische Stiftung 1996

Rebmann, Gerhard: Neutrale Papierherstellung. Neutralleimung. Papiertechnische Stiftung 1996

Recycling von Holz, Zellstoff und Papier. Berlin: EF-Verlag 1989

Sändig, Martin: Handbuch der Papier- und Pappenfabrikation. Niederwalluf 1991

Walenski, Wolfgang: Das PapierBuch. Herstellung, Verwendung, Bedruckbarkeit. Itzehoe: Beruf + Schule 1994

f) Binden

Böttcher, Winfried/Persch, Franz: Fadensiegeln. Itzehoe: Beruf + Schule 1985

Cockerell, Douglas: Der Bucheinband und die Pflege des Buches. Ein Handbuch für Buchbinder. Hannover: Schäfer 1986

Heinze, Ines/Liebau, Dieter: Klebebinden. Itzehoe: Beruf + Schule 1994

Helwig, Hellmut: Einführung in die Einbandkunde. Stuttgart: Hiersemann 1970

Krickler, Günter: Werkstoffe des Buchbinders. Hannover: Schlüter 1982

Liebau, Dieter u.a.: Industrielle Buchbinderei. Itzehoe: Beruf + Schule 1997

Wächter, Wolfgang: Buchrestaurierung. Das Grundwissen des Buch- und Papierrestaurators. Itzehoe: Beruf + Schule 1987

Zahn, Gerhard: Grundwissen für Buchbinder. Schwerpunkt Einzelanfertigung. Itzehoe: Beruf + Schule 1992

6. *Mikroverfilmung und elektronisches Publizieren*

Ehrkamp, Jörg/ Dralle, Steffen/Mansfeld, Godehard: Das CD-ROM Buch. Düsseldorf: Sybex 1993

Frühschütz, Jürgen: Dynamik des elektronischen Publizierens. Daten. Märkte. Strategien. Frankfurt/Main: Deutscher Fachverlag 1997

Hartmann, Karl Th./Meister, Peter/Strass, Hermann: Das CD-ROM-Handbuch. Alles über Standards Hard- und Software. München: Franzis 1994

Keimer, Barbara: Mikroverfilmung von Büchern als bestandserhaltende Maßnahme. Deutsches Bibliotheksinstitut

Limburg, Michael: Der digitale Gutenberg. Alles was Sie über digitales Drucken wissen sollten. Heidelberg: Springer 1997

Möller, Andre: CD-ROM-Einsatz in Bibliotheken. München: K.G. Saur 1991

Niedereichholz, Joachim: Datenbanksysteme. Aufbau und Einsatz. Heidelberg: Physica 1983

Schmitt, Ulrich: Computer Publishing. Grundlagen und Anwendungen. Heidelberg: Springer 1997

B. Fachzeitschriften

Allgemeine Papier Rundschau (wöchentlich)

Bindereport. Internationale Fachzeitschrift für Buchherstellung und Druckverarbeitung im Handwerk, Industrie und Verlag (monatlich)

Börsenblatt für den Deutschen Buchhandel (2 x wöchentlich)

Buchkultur. Das Magazin für Bücher. (2 x jährlich)

Chip. Das Computer-Magazin (monatlich)

Computer Aided Design (14 x jährlich)

Der Druckspiegel. Zeitschrift für deutsche und internationale Drucktechnik (monatlich)

Der Siebdruck. Die europäische Fachzeitschrift für den grafischen und industriellen Siebdruck (monatlich)

Deutscher Drucker. Unabhängiges Fachmagazin für die Druckindustrie (wöchentlich)

Druckwelt (monatlich)

Flexoprint (monatlich)

layout. Praxis-Magazin für PC-Publishing (6 x jährlich)

Novum Gebrauchsgraphik. Magazin für visuelle Kommunikation (monatlich)

Page. Das Computermagazin für Kreative (monatlich)

Papier & Druck (monatlich)

Polygraph (monatlich)

Print & Produktion (monatlich)

Print & Publishing. Magazin für gedruckte und digitale Kommunikation (9 x jährlich)

Publishing Praxis. Fachmagazin für digitalen Workflow und Electronic Publishing (10 x jährlich)

Verpackungs-Rundschau (monatlich)

Wochenblatt für Papierfabrikation (22 x jährlich)

ZUM – Zeitschrift für Urheber- und Medienrecht/Film und Recht (monatlich)

XV. Abbildungsnachweise

Wenn in der Bildlegende der Markenname oder der Hersteller genannt wird, ist kein Hinweis aufgenommen.

Seite 61 Abb. 12 und 13: Drucktechnik heute. München: Bruckmann – Seite 66 Abb. 15: Drucktechnik heute a.a.O. – Seite 78 Abb. 3: Faulbaum, Carl: Das Buch der Schrift. Nördlingen: Greno (Reprint) – Seite 79 Abb. 5: Kapr, Albert: Schriftkunst. München: Saur – Seite 80 Abb. 7: Fritzsche, Paul: Der Schriftsetzer. Leipzig: Fachbuchverlag – Seite 81 Abb. 8 und Seite 82 Abb. 9: Kapr, Albert: Schriftkunst a.a.O. – Seite 83 Abb. 10: Fritzsche, Paul: Der Schriftsetzer a.a.O. – Seite 84 Abb. 11; Seite 85 Abb. 12 bis 14; Seite 86 Abb. 15: Kapr, Albert: Schriftkunst a.a.O. – Seite 99 Abb. 26: Turtschi, Ralf: Praktische Typografie. Sulgen: Verlag Niggli – Seite 111 Abb.6: Kapr, Albert/Schiller, Walter: Gestalt und Funktion der Typographie. Leipzig: Fachbuchverlag – Seite 11 bis 15 Abb. 7 bis 13: Willberg, Hans Peter: Buchkunst im Wandel: Frankfurt am Main: Stiftung Buchkunst – Seite 117 Abb. 14: Bergner, Walter: Grundlagen der Typographie. Leipzig: Fachbuchverlag – Seite 118 Abb. 15 links: Bücherwahn. Berlin: Buchverlag Der Morgen; rechts: Petersen, Tilmann: Grundkenntnisse der Farbreproduktion. Fellbach: Fachschriftenverlag – Seite 131 Abb. 21: Handbuch des Buchhandels Bd II. Hamburg: Verlag für Buchmarktforschung – Seite 139 Abb. 26 links: Urban, Dieter, Anzeigen gestalten. München: Bruckmann; rechts: Urban, Dieter: Text-Design. München: Bruckmann – Seite 140 Abb. 27: Düsseldorf: Design Norbert Küpper – Seite 146 Abb. 33: Urban, Dieter, Text-Design a.a.O. – Seite 162 Abb. 1: Büchner, Rudolf: Bücher und Menschen. Gütersloh: Mohndruck – Seite 172 Abb. 12 oben: Unisys, Deutschland – Seite 173 Abb. 14: Linotype – Seite 173 Abb. 14: Wacom, Neuss – Seite 184 Abb. 25 und 26; Seite 1895 Abb. 27 und 28: Drucktechnik heute a.a.O. – Seite 201 Abb. 6: Neue Lehrbriefe. Stuttgart: Verband der Verlage und Buchhandlungen – Seite 249 Abb. 8: Océ Printing-Systems, Poing – Seite 206 und 207 Abb. untere Bildteile: Kowalski, Klaus: Stuttgart: Klett – Seite 221 Abb. 10: Drucktechnik heute a.a.O. – Seite 227 Abb. 19: Drucktechnik heute a.a.O. – Seite 230 Abb. 23 und Seite 231 Abb. 24: Berthold-Hohlux, Berlin – Seite 232 Abb. 25: Drucktechnik heute a.a.O. – Seite 233 Abb. 26: ohne Angabe – Seite 235 Abb. 27: Scitex Europe, Waterloo – Seite 236 Abb. 28: Crosfield, London – Seite 237 Abb. 29; Seite 240 Abb. 31: Drucktechnik heute a.a.O. – Seite 241 Abb. 32: Gretag Macbeth, Neu Isenburg – Seite 141 Abb. 33: Walenski, Wolfgang: Lexikon des Offsetdrucks. Itzehoe: Beruf : Schule – Seite 245 Abb. 4: Walenski, Wolfgang: Lexikon des Offsetdrucks a.a.O. – Seite 249 Abb. 8: Océ Printing Systems, Poing – Seite 251: WB-Druck, Rieden – Seite 264 Abb. 6: Bruckmanns Handbuch der Drucktechnik. München: Bruckmann – Seite 270 Abb. 9; Seite 273 Abb. 12; Seite 274 Abb. 13: Seite 275 Abb. 14: WB-Druck, Rieden – Seite 276 Abb. 15; Seite 277 Abb. 16; Seite 278 Abb. 17; Seite 279 Abb. 18 rechts; Seite 280 Abb. 19: MAN-Roland, Offenbach – Seite 284 Abb. 23: Hell, Kiel – Seite 285 Abb. 24: Bruckmanns Handbuch der Drucktechnik a.a.O – Seite 299 Abb. 3: Unser Papier. Bonn: Verband Deutscher Papierfabriken – Seite 304 Abb. 8: Recycling. Bonn: Verband Deutscher Papierfabriken – Seite 311 Abb. 13 oben und unten rechts: Unser Papier a.a.O.; unten link: Scheufelen, Lenningen – Seite 313 Abb. 15: So entsteht unser Papier. Bonn: Verband Deutscher Papierfabriken – Seite 337 Abb. 5: Polar/Mohr, Hofheim – Seite 338 Abb. 6: Stahl, Neckarweihingen – Seite 342 Abb. 9 oben; Seite 344 Abb. 11 oben: Müller-Martini, Zofingen – Seite 346 Abb. 12: Fachverband Buchherstellung und Druckverarbeitung, Hamburg – Seite 347 Abb. 13: Otabind International, Boxtel – Seite 348 Abb. 14: Polygraph, Leipzig – Seite 349 Abb. 15: Müller-Martini, Zofingen

XVI. Sachregister

Die *kursiv* gesetzten Zahlen verweisen auf die ausführliche Behandlung im Text. Die in den Überschriften genannten Begriffe sind nicht in das Register aufgenommen worden.

Abdeckschablonen-Verfahren 210
Ablegen (Abziehen) 295
Änderungsrecht des Autor 47
Airbrush 183
Ästhetikprogramm 102, 167, *181f.*
Aktualität 138
Akzent 97
Allgemeine Handlungskosten 33, 40ff.
Altpapiersorten 303, 305f.
Anaxialer Satz 153
Andruck 218, *240*
Anfangskolumne 133
Anführung 97
Anmutung der Schrift 148
Antiqua-Varianten 95
Anzeigengestaltung 139
Anzeigensysteme, elektronisches 187
Aquatinta 208
ASCII-Code *64f.*, 376
Aufschlagverhalten 341f., 346
Ausgangskolumne 133, 158
Aushänger 294
Ausschießschema 259ff., 270, *338ff.*
Ausschlagtafel 358
Ausschluß 65, *103*, *150*, 162, 180
Auswaschverfahren 209
Autotypie 210, 220, *239*
Axialer Satz 153

Barock-Antiqua *84f.*, 88, 94
Beilage 333
Benutzeroberfläche 367
Beschnitt 258, *261*
Betriebssystem *62*, 67, 178
Bildausschnitt 72f., *215*, 218, 240
Bilderschrift 76ff.
Bildsymbole, indianische 78
Bindemittel für Druckfarben 290
Bindequote 34, *333f.*
Blauer Engel 305
Bleiletter 103, *162f.*
Bleischnitt 208
Blickverhalten 139f.
Blindprägung 357
Blockade *53*, 203
Blockbuch 253, *330f.*

Bogentiefdruck 286
Boolsche Operatoren 384
Break-even-Point 38
Breitbahn 318f.
Bruttoumsatz 40ff.
Bruttowarenwert 40ff.
Buchbinderbogen 260
Buchdecke 353ff.
Buchgestaltung, bibliophile 122
Buchgestaltung, experimentelle 122
Buchgestaltung, klassische 120
Buchgestaltung, repräsentative 120
Buchkassette 357
Buchrückenbeschriftung 357
Buchschleife 353, *358*
Bünde 330, *350*
Büttenpapier 109, *298f.*
Business-Graphic 183f.

CAD-Technik 183, 246
Cartridge 176
CD-AUDIO 369
CD-ROM-Nutzung 161, *382ff.*
CD-WORM 372
Chemieschliff 301
Chinesische Schrift 77
Chlorbleiche 303
Chromokarton 314
CIP-Kurztitelaufnahme 127f.
Codex 330
Computergraphik 183f., 205
Corporate Identity 120
Copyright-Vermerk 126
CPC und CCI 278f.
CTMP-Verfahren 301

Darstellung, informierende 138f.
Darstellung, meinungsäußernde 139
Darstellung unterhaltende 139
Dateiname (Jobnummer) 174, *186f.*, 202
Datenarchivierung 161, 167
Datenbank/Datenbase 174, 188, 247, 367, *381*, 386
Datenfernübertragung 170, *176f.*, 243, 273
Datenmehrfachnutzung 161, 167, *188*
Datenpflege 161, *189*

411

XVI. Sachregister

Datensicherung 67
Datenstrukturierung *376*, 379
Datex *176f.*
Decker 218
Dehnrichtung 318
De-Inking 304f.
Densitometer *241*, 279
Diazoverfahren 396
Dichtemessung 214
Dichteumfang 213, 220
Dicke 24, *102*, 180
Digitaldrucksystem 248f.
Dispersionskleber 345f.
Document Type Definition (DTD) 377
Dokumentenanalyse 379f.
Doppelnutzen 260, *339f.*
Doppelseitenaufbau des Buches 132f.
Double-Layer-Disc 371
dpi 67, *226*, 245, 247, 252
Drittelsatz 103, *150*, 180f.
Druckbogen 260f.
Druckformenmontage 189, 246f., *270f.*
Druckkostenzuschuß 24, 35
Druckwerke, bildbetonte 118
Druckwerke, textbetonte 118
Dublieren 294, 317
Duktus 87, *91*, 99, 132
Duplex-Autotypie 222
Durchdruckverfahren 210
Durchschuß 103, 111, 136, *150f.*, 178, 192

EAN-Strichcode *127*, 143, 360
Effektraster 222ff.
Einbandgestaltung 105, *331ff.*
Einleitung 129
Einmalkosten *34*, 193
Einsteckschild *353*, 358
Einstecktasche 358
Europaskala 218, *228*

Fachzeitschriften 143f.
Fächertechnik 343
Fälze *353*, 357, 363
Faksimile-Ausgaben 122, *210f.*, 255
Falzarten 339f.
Falzbogen *335ff.*, 341
Falzmarke 334
Farbauszug 185, *227ff.*, 233f., 247
Farbdichteumfang *214*, 241, 279
Farbfilter 228f.
Farbkreis 156, *228*
Farbneutrales Licht *215*, 242
Farbprägung 357
Farbprüfstreifen 241, 279

Farbskala *218*, 239
Farbschnitt 330, 333, *354f.*
Farbunterlegung 155
Faserrichtung 318
Festplatte 170f.
Filme, seitenrichtig/seitenverkehrt 170, *218ff.*, 239, 246, 269f., 288
Filzseite 310
Flachdruckes, Schema des 267f.
Flachbett-Scanner 57, *171ff.*, 210, 233
Flattermarke *334f.*, 341
Flex-Test 363
Fliegendes Blatt *340*, 353, 358
Fonts 178f.
Flotationsverfahren 305
Formelsatz 159
Fräsrand 259, *261*
Frästechnik 343f.
Fraktur *87f.*, 96, 148
Freigestelltes Bildmotiv *217*, 234
Frontispiz 122f.

Ganzlederband 356
Ganzleinenband 356
Ganzzeug 299
Garnitur 100, 145
Gaze 347ff., *354*, 358, 363
Geleitwort 129
Gesamtkosten 35ff.
Geviert 136
Glasgravurraster 222
Glasmaster 373
Gold- und Silberdruckfarben 291
Goldschnitt 354
Gotische Schrift *87f.*, 95
Gradation *220f.*, 234, 242
Graphiktablett 67, *172f.*, 183, 200
Greiferrand 261
Grundfarben 227f.
Gußstreichverfahren 312

Halbbände *356*, 365
Halbunziale *82*, 88
Halbzeug 299
Handpressendruck *109*, 122, 255
Haptik 355
Harz 300
Hauskorrektur 195
Hieroglyphen 78f., 88, 298
HKS-Farbsystem 290
Hochdruckes, Schema des 264
Holzschnitt 109, *206f.*, 213, 255, 257
Holzstich 207
Holztafelbuch 329f.

412

Holztafeldruck 253f., 257
Horizontalkamera 231
Hülse 354
Hurenkind *157f.*, 191, 200ff.
Hurenkind-Automatik 183, *201*, 203
Hyperlink *374*, 377f.
Hypertext Transfer Protocol (HTTP) 374

Ideogramm 77f.,
Impressum der Zeitung und Zeitschrift 143
Impressum im Buch 124, *126*
Imprimatur 47, 59, 196, *203*
Inch 172
Indexierung 375, 380
Inkunabeln 255
Internet–Browser *374*, 378
ISBN *126*, 145
ISDN (Integrated Service of Digital Network) 26, 166, 170, *177*, 273f.
ISSN 127, *145*, 384

Jumbofiche 389f.
Jugendstilschriften *86*, 96

Kalkulation, herstellungsbegleitende 21
Kalkulationsanforderung 25
Kalkulationsprogramm 26
Kalligraphie 87, 116
Kapitalband 333, *354*
Kapitälchen *99*, 154f.
Kapitalis 81ff.
Kassette 333, *357f.*, 361
Kathodenstrahlröhre *165*, 400, 403
Keilschrift *77f.*, 82, 88, 298
Kettenbuch 331
Klappentext 358
Klassizistische Antiqua 76, *84f.*, 88, 94, 148
Klischee 264, 266
Kolumne *130*, 133
Kompaktkamera 231
Komplementärfarben 228
Kompresser Satz 103, *150*
Konventionelles Reproduktionsverfahren 210
Korrekturen, Ablauf der 198
Korrekturen im Schreibmaschinen-Manuskript 52f.
Korrekturzeichen für Satzkorrekturen 194
Korrekturzeichen für Bildkorrekturen 72
Kostenanalyse 24
Kosten, nicht titelbezogene 39f.
Kosten, titelbezogene 39f.
Kreuzbruch *260f.*, 339

Kreuzraster 222
Kupferstich 208
Kursive Schrift 64, 83, *98*, 151, 155
Kurzsiebmaschine 309f.
Kyrillische Schrift *81*, 96

Lackechtheit 290
Ladenpreis, kalkulatorischer *32f.*, 39
Ladenpreis, psychologischer 32
Ladenpreis, tatsächlicher 21, 32
Lagen der Zeitung *138*, 329
LAN (Local Aera Network) 174
lands 369, 373
Langsiebmaschine 309f.
Laptop 62
Laseraufzeichnung 401
Laserbelichter 90, 170, *243f.*, 246, 275
Laserdrucker 61, *67f.*, 106, 170, 186, 190, 243ff.
Laserprints 192, 197, 203
Laufweite 90, 99, *181*
Laufzeit 40
Lautzeichen 76, *78*, 88
Lautzeichen, phonetische 97
Lay-Flat-Verfahren 346f.
Lebenskurve des Buches 32f.
LCD Bildschirm 62, *171f.*
LED-Verfahren 401
Legende 52, 62, 69, *118*, 203
Leporellofalz 339f.
Lesbarkeit 75, 103, *105*, 111, 122, 138, 147, 151, 155, 159, 307
Lesebändchen 333, *353*
Lesefertigkeit *110*, 149
Lesegerät *397ff.*
Lesegewohnheit 147
Lese-Rückvergrößerungsgerät 397
Lesetechnik *110f.*, 147
Letterset 266
Lichtecht 290
Ligatur 54, *97*, 182
Linien 67, 98, *102*, 145, 178
Linolschnitt 208, 211
Linotype Verfahren 163ff.
Lithographie 209, 268
Lösungsmittel für Druckfarben 290
Look and feels 178
Loseblattordner 362
LWC-Papier 309, *322f.*

Mahlung 301
Majuskel 81
Manuskriptes, Ablieferung des 46f.
Manuskript, Änderungsrecht des Autors 47

XVI. Sachregister

Manuskript, gedruckte Texte als 52, 57
Manuskriptes, Rückgabe des 47
Manuskriptpapier 51f.
Mappe 361f.
Marginalien 132ff., *137*, 199f., 202f.
Marktanalyse 21, *26*
Marktpreis *21*, 29, 32
Maschinenklassen *258*, 276
Maschinenpappe oder Wickelpappe 315
Maskierung 234
Masterfilm 392
Materialdruck 208
Matrize 98, *163*
Mediävalziffer 97
Metallglanzfarben 291
Mikrofilm 389ff., 396ff.
Mikrofilm-Konfektionierung 389
Modem 176f.
Moiré 213f.
Molettewasserzeichen 310
Monotypeverfahren 164
Motto 128
Musterband oder Blindband 333

Nachkalkulation *21*, 28, 32
Nachwort 128
naß in naß-Druck 276
Nettowarenwert 40ff.
Netzraster 222
Netzwerk 174
Neuauflage 48
Normalziffer 97
Notensatz auf PC 189f.
Notenstich 189f.
Nuten 351
Nutzen *260ff.*, 337
Nutzungsrecht 48, 70

Oberflächenleimung 308
Offsetplatte 148, 246f., *268f.*, 271f.
Online-Recherche 383ff.
Opazität 303, *307*, 312

Page Description Language 243
page making 183
Palimpsest 298
Pantone-Farbkatalog 183, 185, 290
Papier, alterungsbeständig 315ff.
Papier, gestrichenes 309, *312f.*, 321
Papier, maschinenglattes 311f., 321
Papier, Recycling 305
Papierentsäuerung 316
Papier, satiniertes 309, *312*, 321
Pappband *355f.*, 364

Papyrus 78, 82, *298f.*, 329
Parallelfalz 339
Passer *230*, 242, 278, 294, 317
Passerkreuz *212*, 218, 230, 270
Pauschalpreis oder Rahmenpreis 26, 167
Perforationstechnik 345
Pergament 82, *297f.*, 330
Periodizität 138
Phönizische Schrift 79f., 88
Pictogramm 75
Pigment 290f.
Pinsel-Lithographie 209
pits 369, 373
Pixel 67, 172, *226ff.*, 233, 235, 243f., 247
Plastikband 331, *356*
Plotter 190, 246
Polyuretan-Klebebindung 345
Positionierumbruch 183
Positivkopie 246, *271f.*
PostScript 90, 149, 178, 188, 190, *243f.*
Prägung 333, 353, *356*, 364
Primärfarben 228f.
Prime 334
Produktbeschreibung 24
Proof 240ff.
Publikumszeitschrift 116, *143f.*
Publizität 138
Pull-Test 363
Punze *92*, 212

Quadrata 82f.

Radierung *208*, 213
Rahmenpreis *26*, 167
Rakelstreichverfahren 312
Rasterunterlegung 155
Rasterverlauf 227
Rasterweite 185, *223ff.*, 238
Rasterwinkelung *228f.*, 238
Rasterwirkungen 224
Rasterzähler 225, 242
Rechenscheibe 216
Rechtschreibprogramm 60, *180*
Recyclingverfahren 304f.
Redaktionssystem, elektronisches 186f.
Red Book-Standard 369
Registerhaltung 295
Registerprogramm 130, *182*
Registersteuerung 279
Reliefprägung 357
Renaissance-Antiqua *83f.*, 94
Reprint 211, *272*
Reproduktionsvorlagen 48, *69ff.*
Retrievalsoftware 367, 375

Ries 311
Rillen *351*, 363
RIP 67, 90, *243*
Rollenbuch *329f.*
Rotunda *87f.*, 95
Rubrik 133, *135*
Rückenschild oder Titelschild 353, 357
Rundgotisch 87, 95
Rundsiebmaschine 310
Runzelkorn 289
Rustica 82f., 88

Säurefraß 315f.
Satzanweisung 59, *169f.*
Satzspiegelgröße 24, 118, *131f.*, 199f., 203
Satzvorschriften nach Duden 156
Sauerstoffbleiche 303
Schablonendruck 209
Scheuerfestigkeit 290
Schimmelbogen 362
Schmelzkleber 345f.
Schmalbahn 318f.
Schmuckelement 98
Schön- und Widerdruck 119, *260ff.*, 266, 277, 294
Schreibanweisung für maschinenlesbares Manuskript 56
Schreibpapier 306, *324*
Schreibvorschriften für Texterfassung auf dem PC 62ff.
Schrenz 355
Schrift, elektronisch kursiv 98, 155
Schrift, Klassifikation der 89, *94ff.*
Schriftartenmischung 145f.
Schriftbildträger 164
Schriftbreitenveränderung 100, 149
Schriftfamilie 89, *100*
Schrifthöhe *92*, 162
Schriftkegel 102
Schriftlinie 91f.
Schriftsippe 89f.
Schriftstärkenveränderung 99, 153
Schriftbildvarianten 93
Schrumpffolie 127, 333, *359f.*
Schuber 333, *358*
Schusterjunge 157f., 202
Schutzumschlag 105, 119, 122, 126f., *357f.*
Schwabacher *87f.*, 96
Seitenlayout einer Zeitung 140, *201*
Seitenpreis 167
Sekunde 334
Serife 82, 84, *91*, 94f., 179
Serifenbetonte Antiqua *84f.*, 88, 94
Serifenlose Antiqua *86*, 88, 95, 147, 159

Serigraphie 206, *209f.*, 286
Sicherungskopie 67
SGML 376ff., 381
SGW-Verfahren 300f.
Siebdruckfarben 288
Siebseite 310
Silbenschrift *76ff.*, 88
Silbentrennprogramm 157, *178*, 180
Silberhalogenverfahren 395f.
Softproof 240
Sortimenterrabatt 34, *40ff.*
Spalten im Buch *117*, 151
Spalten in der Zeitung *140*, 202
Sperren 153
Spiegel *340*, 353, 358
Spitzmarke 134
Stärkeband oder Blindband 333
Stahlstich 208
Stege 130ff., 137, 258, 261, 343
Steindruck *209*, 257, 268
Step- and Repeatkamera 394f.
Stereo 266
Stiftung Buchkunst 106, *110*
Stoffklassen des Papiers 302
Stoffleimung 308
Stoffzentrale 309
Strichätzung 239
Strukturierung des Textes *58*, 62f., 65
Stückkosten 35ff.
Stückkostendegression 35
Sulfatzellstoff 302
Sulfitzellstoff 302

Tableauaufnahme 213
Tabellenprogramm 182
Technische Zeichnungen 71
Technisches Raster 225
Terminplan 26f.
Text-/Bild-Integration 117f., 167, 184ff., *200*, 286
Textura 87f.
Tiefdruckes, Schema des 281f.
Tiefdruckpapier 323
Tiefdruckraster 283
Tiefdruckzylinderätzung *283f.*, 286
Tiefdruckzylindergravur 283ff.
Tintenstrahldrucker 61, *68f.*, 171, 249, 252
Titelbild 122
Titelerfolgsrechnung 21
TMP-Verfahren 301
Tonen 294
Transfer Control Protocol/Internet Protocol (TCP/IP) 374
Transportverpackung 361

XVI. Sachregister

Trommelscanner 210, *232ff.*
Trunktierung 384
Typographisches Maßsystem *101*, 162
Typographisches Rasternetz *116f.*, 183f., 186, 202

Überdruck 334
Überfüllung 238
Überlieferung 333
Überzugsmaterial 353
Übersetzungen 48
Umbruchangaben 200
Umbruches, Schema des 199
Umbruchprogramm 136, 158, 167, *200ff.*
Umdruckverfahren 209
Umsatzsteuer 40ff.
Umschlagen 261f.
Umschlagkarton *324*
Umstülpen 262
Umverpackung 361
Unbuntaufbau 230
Universalität 138
Unterlegung 155
Unterlieferung 292, 333
Unziale *82f.*, 88

Vakatseite 125
Vektoraufzeichnung 90
Vergilben 293, *300*, 303, 315, 355
Verkaufsförderung 44
Verkaufsverpackung 360f.
Verpackungsverordnung 35, *353f.*
Vertikalkamera 231f.
Vertriebskennzeichen 142f.
Vesikular-Diazomaterial 396
Videokamera 172, 210
Vorkalkulation 21, *28ff.*, 132
Vorsatzpapier 340, 353

Vorstufen der Schrift 77, 88
Vorwort 128

Walzenstreichverfahren 312
Warenwirtschaftsystem 250
Wasserzeichen 299, *309ff.*
Weißschliff 300
Weißschnitt oder Naturschnitt 354
Werbungskosten 39
Werkdruckpapier 323
Werklieferungsvertrag 26
Wickelfalz 339
Wickelpappe 315
Widmung 124, *128*
Winkelhaken 162
Winkelschnitt 335
Wirkung der Schrift 89, *148*
Wissenschaftliche Zeitschrift 144
WorldWideWeb (WWW) 386, 374, 378
Wortbildschrift 77f., 88
WYSIGWYG 65, 183

Xylographie 207

Yellow Book-Standard 369

Zeilenbildungsprogramm 180
Zeilenbreite 111, *151*
Zeitschriftenarten 143f.
Zeitungsformate *140*, 366
Zeitungskopf 141ff.
Zeitungspapier 305, 323
Ziffern, Entwicklung der *79f.*
Zurichtung 265
Zuschlagkalkulation 31
Zuschuß *259*, 292, 334f.
Zwischenschlag 24, *133*

XVII. Fachwörterverzeichnis für die internationale Praxis

von Manfred Link

Schon mit der ersten Auflage
erschien die Fachwörterliste.
Ziel war, für die internationalen Verlagstätigkeiten
ein knapp gehaltenes Spezialverzeichnis zu entwickeln.
Dies geschah bewußt über den Horizont der Herstellung hinaus
und berücksichtigte ebenfalls Lektorat, Werbung,
Vertrieb und Buchhaltung.

Gegenüber der 3. Auflage
wurde das Verzeichnis
um ca. 230 Begriffe und Abkürzungen
auf nunmehr ca. 1.090 pro Sortierung erweitert.
Dies geschah hauptsächlich im Bereich
der elektronischen Datenverarbeitung
und der Datenkommunikation,
weil gerade in der Verlagsbranche und Graphischen Industrie
auf nahezu allen Gebieten
eine atemberaubende, nicht zu bremsende
Entwicklung stattfindet.
Abgesehen von neu aufkommenden Werkzeugen
zwingt sie umsomehr einige Mitarbeiter
zur internationalen Zusammenarbeit,
beispielsweise bei Lizenzgeschäften
mit anderen Verlagen und technischen Betrieben.
Hierzu ist Englisch als Arbeitsprache zunehmend üblich.

An den Stellen, wo auch im Deutschen nur noch
kaum übersetzbare englische Begriffe
aufgrund des allgemeinen Sprachgebrauchs erscheinen,
wurden zum besseren Verständnis kursiv gesetzte Erklärungen
und Definitionen geliefert
und außerdem in beide Alphabete eingeordnet.
Wegen der Schwierigkeiten, sehr gängige Begriffe einzudeutschen,
wurde in manchen Fällen auf eine Übersetzung verzichtet.

A. Deutsch – Englisch

A

Abbildung / figure, illustration
Abbildungslegende / caption, legend
abgelegter Satz *(Typographie)* / dead matter *(typography)*
Ablaufdiagramm *(EDV-Satz)* / flow-chart
Absatz *(im Text)* / break, indentation
Abschnitt *(im Buch)* / paragraph, book section
abstapeln *(von Paletten)* / pile up *(of palletts)*
abtastbares Format / scanning format
Abtastgeschwindigkeit *(beim Scannen)* / scanning speed *(prepress)*
Abteilungsserver / department server
Adreßbuch / directory
Adressenverkauf / list broking
Agent / agent
Ahle / bodkin
aktiver Knoten*(Hypertext)* / active node *(hypertext)*
Aktualisieren *(von Daten)* / updating
aktualisierte Auflage / updated edition
Akzent / accent
Akzent, fliegender / floating accent
Akzidenzdruck / job printing
Akzidenzsatz / job composition
ALA (American Library Association) *(amerikanische Bibliotheksvereinigung)*
alterungsbeständiges Papier / permanent paper
Altpapier / waste paper
An- und Abführungszeichen / quotation marks, inverted commas
Andruck / proof
Andruckbogen *(beim Einrichten)* / lay sheet
Andruckvorrichtung *(bei der Schneidemaschine)* / clamp
Anfrage / query
Angebot / estimate, bid
angeschnitten *(beim Druck)* / bleed
Anhang *(des Buches)* / end-matter, appendix
Anlagemarke *(in der Druckmaschine)* / lay edge
Anmerkung / annotation, note
ANSI „Zeichensatzbelegung unter dem Windows-Betriebssystem" *(8 bit Zeichensatz mit 256 Zeichen)* / ANSI (American National Standard Institute) *(8 bit character set with 256 characters)*
Ansichtsexemplare *(für den Buchhändler)* / sale or return

Antiqua / roman type letter
antiquarisches Buch / second hand book
Anwenderschnittstelle / user interface
Anzeigefenster / display window
Anzeigen / advertisements, ads
Anzeigenabteilung / advertising department
Anzeigengestaltung / advertising design
Anzeigensatz / advertisement setting
Aquarell / water-colour
Arbeitsvorbereitung / job preparation
Ästhetikprogramm / type-adjusting program
ASCII (American Standard Code for Information Interchange) *(Zeichensatzbelegung unter dem DOS-Betriebssystem)*
Audioschnittstelle / audio interface *(multimedia)*
„Aufgabenbeschreibung" *(z.B. für ein graphisches Konzept)* / briefing *(e.g. of a design concept)*
Auflagenhöhe / print run
Auflösung *(hoch oder niedrig)* / resolution *(high or low)*
Aufpreis *(z.B. beim Auslandsverkauf)* / mark-up
Auftrag / order
auftragend *(Papier)* / volumed *(paper)*
Auftragstasche / production and process record
Ausbildungsbeihilfe / education grant
ausblenden *(z.B. weiße Schrift)* / to reverse out
Ausdruck / printout
ausfallsicher / failsafe
Ausgabe / edition
Ausgabe *(von Daten)* / output
Ausgabe, gekürzte / abridged edition
Aushänger / unbound copy *(gathered in signatures)*
Auskopieren / masking
Auslaufdatum / expiration date
Auslieferung / shipment
Auslieferungslager / warehouse
Ausnahmewörterbuch *(bei Trennungsprogrammen)* / exception word dictionary
Auspunktierung *(z.B. beim Inhaltsverzeichnis)* / leader dots
Ausrufezeichen / exclamation mark
Ausschießen / imposition
Ausschießprogramm oder -software *(Druckvorbereitung)* / imposition programme or software
Ausschluß *(beim Bleisatz)* / blank space

Ausstellung / exhibition
Ausstellungsraum / show room
Austauschseiten *(beim Manuskript)* / replacement pages
auszeichnen *(von Manuskripten)* / mark up
Auszeichnung *(im Text)* / mark up
Auszeichnungsschrift / display type
Auszubildender / apprentice
Autorkorrektur / author's correction
Autotypie / half-tone block, half-tone plate

B

Band / volume
bar *(Geld)* / cash
Barytpapier / baryte paper
Bearbeiter / compiler, editor
Bedruckbarkeit von Papier / runability of paper
Beilage / enclosure
Belegexemplar *(für Autoren und Herausgeber)* / complimentary copy, free copy
Belichtung / exposure
Belichtungseinheit / exposure unit
benutzerfreundlich / user-friendly
Benutzerhinweise / note on use
berührungssensitiver Bildschirm / touch screen
Beschilderung / sign-posting
beschnittenes Format / trimmed size format
Betriebsarten / input mode
Betriebssystem *(z.B. Windows, Windows NT, UNIX, DOS u.a.)* / operating system Betriebssystem *(z.B. Windows, Windows NT, UNIX, DOS u.a.)*
Bewirtungsspesen / entertainment expenses
Bezugsbedingungen / terms of availability
Bibliographie / bibliography
Bibliothek / library
Bilanz / balance sheet
Bildausschnitt / picture extract
Bildbearbeitungsprogramm *(z.B. skalieren von Bildern, Farbkorrekturen: Photoshop, Corel Draw u.a.)* / "picture compilation programme" *(e.g. scaling of pictures, colour corrections: Photoshop, Corel Draw et al)*
Bilddatei / picture file
Bilddaten / viewdata
Bilddatenbank / image database
Bildlauf *(auf dem Bildschirm)* / scrolling
Bildlaufleiste / scroll bar
Bildplatte / compact disk *(CD-ROM)*
Bildschirm / screen
Bildunterschrift / caption

Binärbild / binary image
Blaupause / blue print, blues
bleichen / bleaching
Bleistift / pencil
Blindband / dummy
Blindprägung / blind blocking, blind embossing
Blitzlicht / flashlight
Blocksatz / block-setting
Bogenmontage / imposition
Bogenpapier / sheet
Bogensignatur / signature
Breitbahn *(beim Papier)* / grain short
Brenner *(zur Beschreibung von Goldenen CDs)* / burner *(to produce golden CDs)*
Briefmarke / stamp
Broschur / brochure, paperback
Browser *(Benutzeroberfläche fürs Internet, z.B. von T-Online, Netscape, American Online u.a.)* / browser
Buchausstattung / get-up of a book
Buchbinder / bookbinder, binder
Buchblockbeschnitt *(dreiseitig)* / binder's trim
Buchblockformat / trim-size
Buchdecke / book case
Bucheinband / cover
Buchformat / book format
Buchgestaltung / book design
Buchhaltung / accounts department
Buchhändler / bookseller
Buchherstellung (administrative Abwicklung) / manufacturing
Buchkarte / review slip
Buchrücken / spine
Buchschleife / advertising strip, book band
Buchseite / page
Buchstabe / type, letter, character
Bundsteg / gutter margin
Bürografik / business graphics
Büttenpapier / handmade paper
Büttenrand / deckle edge

C

Call Center (Anrufer-Zentrum) *(aus dem Bereich Direktmarketing)*
Call-by-Call Gespräche *(Telefonate über die Deutsche Telekom auf der Linie eines privaten Anbieters, z.B. Arcor oder MobilCom)*
Call-Mail-Call *(Anrufen-Senden-Anrufen, aus dem Bereich Direktmarketing)*
Cellophanierung / lamination
chlorfrei gebleichtes Papier / chlorine-free bleached paper

Client/Server *(Online-Anschluß übers Netz)* / client server
Compendium / primer
Composersatz / golfball setting
Computer to Plate oder Film (CTP / CTF) *(die ausgeschossenen PostScript-Daten werden in Druckformgröße direkt auf die Platte oder den Film belichtet)*
Computer-Ausdruck / Report
Computergraphik / computer graphics
CPU *(Rechnereinheit)* / CPU (central processing unit)
CPU-time / Rechnerzeit
Cross-Media Design *(Gestaltung und Einsatz unterschiedlicher Medien, um Inhalte wirkungsvoll zu vermitteln und „Corporate Identity" herzustellen: z.B. Zeitschriften mit ergänzenden Informationen und Anzeigenmarkt im Internet und Datenbank auf der Jahrgangs-CD-ROM)*

D

Datawarehouse *(virtuelles Informations- und Dokumentationszentrum)*
Datenanbieter *(online publishing)* / Access Provider
Datenaufbereitung *(z.B. Selektion, Sortierung, Satzaufbereitung) – siehe auch Datenmanipulation* / data preparation (e.g. selection, merging, tagging) – see also data manipulation
Datenausgabe / data output
Datenbank, Datenbase / database
Datenbanksoftware *(z.B. Access, d-Base, Filemaker, FoxPro, Informix, Oracle u.a.)* / database software
Dateneingabe / data input
Datenfernübertragung / file-transfer, data transmission
Datenfernverarbeitung / tele-processing
Datenkonverter / data converter, "milking machine"
Datenkonvertierung / dataconversion
Datenmanipulation / datamanipulation
Datensatz / record, data file
Datenschutzbeauftragter / data protection officer
Datensicherung *(in der EDV)* / data save, back-up
Datensichtgerät / terminal
Datenspeicher / data storage
Datenträger / data carrier
Datenübergabe / data transmission
Datenübernahme / data reception

Datenverschlüsselung / data encryption
Datenverschmelzung / merging of data
Deckblatt / cover sheet
Deckenband / hardcover
Deckenformat / case format
Deckenmachmaschine *(beim Buchbinder)* / casemaker
Decker *(beim Layout)* / overlay
Deckungsbeitrag / gross profit
Dezimalsystem / decimal system
diakritisches Zeichen / diacritical mark
Dialogverkehr *(Online Publishing)* / interactive mode
Diapositiv / slide
Dichte *(der Farbe)* / density
Dickte / width
Digitales Druckzentrum *(z.B. Erstellung von Schnelldrucksachen mittels Laserdrucker) siehe auch Lettershop* / Digital Printing
digitalisieren *(Daten in ein digitales Format bringen) – siehe auch hypertext*
Digitalkamera / direct image capture camera
Direktplattendruck *(filmlos)* / electrostatic printing
Direktversand *(Auslieferung an den Kunden direkt von der Binderei)* / dropshipping
Diskette / floppy disk
Diskettenformat / disk format, disk type
Divis / dash
Doppelpunkt / colon
Doppelseite / double-spread page
doppelseitig beschrieben *(Diskette)* / double-sided density
Double Layer Disc *(spezielle, speicherintensive CD, derzeit ca. 8,5 Gbyte, aus der DVD-Technik) – siehe auch DVD*
Dozent / lecturer
Drahtheftung / wire-stitching
Drehbuch / screen play
dreispaltig / three-columned
dreiseitiger Beschnitt *(beim Buchbinder)* / three-knife-trim
Druck / print
Druckauflage / print run
Druckbogen / printing sheet, printing section
Drucker *(in der EDV)* / printer
Druckerei / printing office, printing plant
Druckfarbe / printer's ink
Druckfehler / misprint
Druckformat / printing size
Druckformenmontage / printing assembly
Druckkosten / printing costs
Drucklackierung / varnishing
Druckmaschine / printing machine
Druckplatte / printing plate
Druckqualität / print quality

Drucksache

Drucksache / printed matter
Druckveredeln / lamination
Druckverfahren / printing method
Druckvorlage / camera-ready copy *(CRC)*
Druckvorstufe / electronic prepress
DTD (Document Type Definition) *(DTD ist die Definition der Formatierung unter SGML für jede weitere – elektronische Form, z.B. im WWW oder als CD-ROM)*
Dünndruckpapier / thin printing paper, bible paper
Duplexreproduktion / fake duoton reproduction
Durchschuß / space, leading
DVD (Digital Versatile Disc) – *siehe auch double layer disc*
DVD-ROM-Laufwerk – *siehe auch double layer disc*

E

EBCDIC (Extended Binary Coded Decimal Interchange Code) / „erweiterter 8 bit bzw. binärer Austauschcode für Großrechnersysteme"
Ecke, eckig / corned corner
Ecke, rund / round corner
E-Commerce *(Handel mit dem Internet)* / E-commerce *(trading with the internet)*
Eilpost / express mail
Einband / binding
Eindruck / imprint
Einfarbendruck / single-colour printing
Einfügemodus / insert mode
Einführungskurs / introductory course
Einführungslehrgang / induction course
Eingabe / input
Eingabegeschwindigkeit / input speed
eingeschossene Leerseiten / interleaved pages
Einhängen *(Buchblock in Buchdecke)* / casing in
Einhänger *(Sonderzeichen beim Photosatz)* / pi matrix
Einleitung / introduction
Einrichten *(beim Druck)* / make-ready
Einschreibebrief / registered letter
Einschreibegebühr / registration fee
Einschweißen *(des Buches)* / shrink wrapping
einseitig beschrieben *(Diskette)* / single-sided density
einspaltig / single-columned
Einstecken *(beim Buchbinden)* / inserting, tucking in
Eintrag *(bibliographisch)* / entry

Einzug / indent
Emulsion *(in der Repro)* / emulsion
Endlosband *(ohne Trennungen)* / idiot type *(without hyphenations)*
Endlosdruck / reel-fed printing
Englische Broschur / drawn-on cover
Entwickeln *(eines Films)* / to develop *(a film)*
Entwurf / draft
E-Post Sendung *(Spezieller Service der Deutschen Post)* – *siehe auch Lettershop*
EPS-Format *(spezielles Abspeicherungsformat für Bilddaten)* / encapsulated PostScript format
Erfassung *(Satz)* / keyboarding
Erlös / proceeds, returns
Erscheinungsterminplan / publication date schedule
Erscheinungsweise *(z.B. einer Publikation)* / frequency *(e.g. of a publication)*
Etikett / label, sticker
Exemplar / copy

F

Faden / thread
Fadenheftung / smyth sewing
Fahnenabzug / galleyproof
Faksimile / facsimile
Fakturierung *(von Rechnungen)* / invoicing
Falz / fold
Farbabdruck *(vom frischem Druckbogen)* / set-off on ink
Farbabstufung / colour gradation
Farbaufnahme / colour shot
Farbauszug *(im Reproduktionsverfahren – gelb, magenta, cyan, schwarz)* / colour separation
Farbband / typewriter ribbon
Farbbeständigkeit / ink stability
Farbdruck / colour printing
färben / to dye
Farbfilter / colour filter
Farbfläche / colour surface
Farbkontrollauszüge / colour proofs
farblos / transparent
Farbschnitt / edge colour
Farbskala / colour chart, colour scale
Farbstich / coloured print
Fehlerquote / error ratio
Fernkopierer / telecopier
Fernschreiber / telex
Fernzugriff auf Datenbanken / remote database access
Festplatte / hard disk

Film / film
filmloser Offsetdruck / electrostatic printing
Filmmontage / film assembly
Filmsatz / filmsetting
Filzstift / felt-tip pencil
Firnis / varnish
Flachdruck *(Offsetdruck)* / flat-bed printing
Flachdruckpresse / flat-bed press
Flattermarke / collating mark
Flattersatz / unjustified setting
Folie / foil
Folienkaschierung / lamination
Folienstift / liquid-ink pen
Fond / fount
Format *(des Druckwerkes)* / format, size
Formatieren *(von Daten)* / formatting *(of data)*
Formen- und Figurensatz / scientific formular composition
Fortdruck / run on, production run
Fotokopierer / photocopier
Fotosatz / photo-composition
Fragezeichen / question mark
Fraktur / gothic type, old german type
Freiexemplar / free copy
Freitext *(z.B. Feld oder Dokument)* / free-text *(e.g. field or document)*
Fremddaten / foreign data
Frontispiz / frontispiece
Führer / guide
Füller *(Fülltext bei Zeitungen)* / covermatter
Füllfederhalter / fountain-pen
Fundstelle *(beim Nachschlagewerk)* / source
Funktionstaste / command key
Fußanlage *(beim Ausschießen)* / head-to-tail-imposition
Fußnote / footnote
Fußsteg / tail margin

G

Galerie / gallery
Ganzseitenumbruch / full page make up
Gedankenstrich / bem dash
Gedicht / poem
Gegendruckzylinder / blanket cylinder
Geldkarte *(zur bargeldlosen Abbuchung)* / Pay Card
Gemälde / painting
Gemeinkosten / indirect costs, overheads
Geräte *(in der EDV)* / hardware
Gesamtwerk oder Set *(bei mehrteiligen Werken)* / Set *(e.g. multi-volume set)*
Gesangbuch / hymn-book
Gestaltung / design, format design
Gestaltung, interaktive / interactive design
Gestaltungsprogramme *(geeignet für kleinere Bücher, Kataloge und Prospekte: Pagemaker, Quark X-Press, Corel Draw, Freehand, Illustrator u.a.)* / layout programmes
Gewinn / profit
Glanzfolie / glossy foil
glatter Satz / straight matter
Gläubiger / creditor
Goldschnitt / gilt edge
Grafiker / graphic artist
Grammatik / grammar
Grammgewicht *(des Papiers)* / grammage *(of paper)*
Graupappe / pasteboard
Grauskala / grayscale
Graustufe *(z.B. Bild oder Konverter)* / gray level *(image or converter)*
Grautonabstufung / gradation *(of gray)*
Greifer *(in der Druckmaschine)* / grippers
Greiferrand / grippers margin
Grobdaten (oder auch LowRes-Daten) *siehe auch OPI* / low-resolution data *see also OPI*
Großbuchstabe / capital letter, upper case
Großschreibung / upper case
Groteskschrift / sans-serif, grotesque
Grundfarben *(für den Vierfarbendruck)* / process colours
Grundschrift / body type
Gummidrucktuch / rubber planket
Gummiringe / rubber bands

H

Halblederband / half leather binding
Halbleinenband / half-binding volume
Halbtonbild / half-tone
Handbuch *(Begleitbuch)* / manual
Handsatz / manual typesetting, handsetting
Hauptsitz / headquarters
Haupttitel / main title
Hauskorrektur / reader's proof, in-house proof
Heftklammer / paper-clip
Hersteller *(in Verlag und Werbeagentur)* / productioner, producer
Herstellungsabteilung / production department
herunterladen *(von Daten)* / downloading *(of data)*
HKS *(geschütztes Farbsystem mit ca. 88 Farben)* / HKS *(trademark of a colours system with appr 88 colours)*

Hochdruck

Hochdruck / letterpress printing, relief printing
Hochdruck Rotationsmaschine / rotary letterpress
Hochformat / upright format, portrait
Holzschliff / woodpulp
Homepage *(im Internet: Grundeintrag auf der Web-Seite) – siehe auch WWW* / Homepage *(initial page of a site in the WWW) – see also WWW*
Honorar / royalties, fees, honorarium
Hotline *(telefonische Betreuung im Verlag, z.B.von Internet-Publikationen oder Computerprogrammen)*
HTML (Hypertext Markup Language) *(spezielle Kodierungssprache fürs Internet. Kann z.B. aus SGML konvertiert werden.) – Siehe auch DTD*
http (hypertext transfer protocol) *(...um Hypertext-Standard-Dokumente ins Word Wide Web zu übertragen)* / http (hypertext transfer protocol) *(... for transferring hypertext documents, the standard protocol for the World Wide Web) – siehe auch Hypertext, WWW, SGML, HTML*
Hurenkind / widow
Hypertext *(Daten aller Art, als Text, Grafiken oder Ton können in einem Computer so gespeichert und benutzt werden, daß unabhängig vom Medium oder Dokument eine Verbindung zum anderen Medium erstellt werden kann) – siehe auch http*

I

Icon (oder Button) *(Bildpiktogramm auf dem Bildschirm)* / icon (or button)
Illustration / figure, illustration
Impressum / imprint
Impressumseite / imprint page, title verso
Imprimatur / approval, imprimature
Informationsanbieter / information provider
Informationsbewertung / information evaluation
Informationsgesellschaft / information society
Informationsgewinn / information gain
Informationshändler / information broker
Informationskanal / information channel
Inhaltsverzeichnis / contents
„Inhouse"-Netz / local area network (LAN)
Initial / drop initial
Internet-Buchhandel *(z.B. Buch.de AG oder amazon.com)* / internet booktrade (e.g. *Buch.de AG oder amazon.com) – see also online booktrade*
Internet Provider / e.g. American Online, CompuServe, T-Online et al, who make internet-searches possible – *see also search engines and browser*
Interpunktionszeichen / punctuation mark
Intranet *(firmeninternes Netzwerk zur Nutzung aller Inhouse-Programme, mit Internet-Zugangsmöglichkeit)*
Irisdruck / iris printing
ISDN (Integrated Services of Digital Network) *(„Integriertes digitales Netzwerksystem", hauptsächlich verbreitet in Deutschland, Westeuropa und teilweise den USA)* / ISDN (Integrated Services of Digital Network) *(mainly used in Germany, Western Europe and partly USA)*
IWTs *(Immer wiederkehrende Texte)* / strings, macros

K

Kapitalband / headband
Kapitälchen / small capital letter, small caps
Kapitalschrift / capital letters
Kapitel *(chapter)* / chapter
Karte / map
Karton / cardboard
kartoniert / cardboard-bound
Kaschieren / lamination
Kassette *(EDV)* / cartridge
Kassette *(für Bücher)* / case, slip-case
Katalogisierungsstichwort / filing word
Kathodenstrahlröhre / cathode ray tube
Kettrichtung *(Längslaufrichtung beim Leinen)* / warp *(of cloth)*
Klammer / bracket, parentheses
– **eckige** / square bracket
– **geschweifte** / bow bracket, brace bracket
– **runde** / round bracket
Klappe *(beim Schutzumschlag)* / flap
Klappentext / flap copy, blurb text
Klebebindung / perfect binding
Kleinbuchstabe / lower case letter
Kleinschreibung / lower case
Klischee *(für Prägung)* / binder's brass
Klischeeanstalt / block maker
Kodierung *(mit Steuerzeichen)* / tag, character, code
Kolumne / column
Kolumnentitel / running head
Kompatibilität *(Strukturgleichheit von Systemen)* / compatibility *(of systems)*

Kompendium / primer
kompresser Satz / solid matter
Komprimierung *(von Daten)* / compression *(of data)*
Konkurs / bankruptcy, insolvency
Konto / account
- **gesperrtes** / blockated account
- **laufendes** / current account
- **offenes** / open account
- **überzogenes** / overdrawn account

Kontoauszug / extract of account
Kontobewegung / trading account
Kontrast / contrast
Konvertierung / conversion
Kopfanlage *(beim Ausschießen)* / head-to-head-imposition
Kopfsteg / top margin, head margin
Kopfzeilen *(Microfiche)* / titles
Korrektor / reader, proof reader
Korrektur / correction
Korrektur lesen / proof reading
Korrekturabzüge *(allgemein)* / proofs
Korrekturarbeit *(„Nacharbeit" – nachdem Fehler passiert sind)* / makeover *(rework)*
Korrekturband / lift off tape
Korrekturbildschirm / terminal, screen
Korrekturzeichen / proof mark, correction mark
Kugelkopfdrucker / golfball-printer
Kugelschreiber / ball-point pen
Kunstdruckpapier / art paper, coated paper
Kunststoffklischee / plastic block
Kupferstich / copper plate engraving
kürzen *(von Zeilen oder Text)* / to take-back *(of lines or text)*
Kurzbeschreibung / Fact Sheet

L

Ladenpreis / retail price
Lager *(auf Lager)* / stock *(in stock)*
Lagerinventur / stock valuation
Laserdruck / laserprint
Lasersatz / laser setting
Laufrichtung *(des Papiers)* / grain, direction *(of paper)*
Laufweite / type width
Layout / layout
Layoutmesser / blade
lebender Kolumnentitel / running head
Ledereinband / leather binding
Leerzeile / blank line, double spacing
Legende / legend, caption
Lehrbuch / text-book

Lehrgangsteilnehmer / trainee
Lehrling / apprentice
Lehrplan / syllabus
Leineneinband / cloth binding
Lektor *(für die Akquisition von Manuskripten)* / aquisition editor
Lektor *(für die Autoren- und Programmbetreuung)* / commissioning editor
Lektor *(für die Manuskriptbearbeitung)* / copy editor
Lektor, Redakteur *(allgemein)* / editor
Lektorat / editorial department
Lesbarkeit / legibility
Lesegerät *(beim Microfilm)* / reader
Lesemaschine *(optisch)* / optical character recognition machine
Lesezeichen / bookmark, tail band
Lettershop *(Laserdruck- und Versanddienstleistung z.B. Erstellung von Serienbriefen, Versand- und Portohandling usw.) siehe auch digitales Druckzentrum*
Leuchtstift / fluorescent marker
Leuchttisch / luminous table, stripping table
Lexikon / encyclopedia
Lichtdruck / collotype
lichtecht / light fast
Lichter *(helle Tonwerte beim Halbtonlitho)* / tones
Lichtpause / diazoprint, blueprint
Lichtpunkt / cursor
Lichtsatz / photocomposition
Lichtschleuse / light sluice
lichtunecht / fugitive *(opposite of light fast)*
Lieferantendatei / suppliers file
lieferbare Titel *(vom Lager)* / backlist titles
Lieferbedingungen / terms of delivery
Lieferschein / delivery note
Linie / line, rule
- **gestrichelte** / broken rule, broken line
- **punktierte** / dotted rule, dotted line

Link (oder Hyperlink) *(Verweis auf andere Fundstellen, z.B. bei Datenbank- oder Internet-Recherchen) – siehe auch http*
linke Seite / verso page
Linolschnitt / lino cut
Linse *(bei der Reprokamera)* / lens
Liquidität / liquidity
List Broking Adressenwerkstatt zur Ermittlung, Verkauf und Pflege von potentiellen Kundenlisten
Literaturverzeichnis / bibliography, references
Lithoanstalt / lithographer
Lithographie / lithography
Lochstreifen / paper tape, punched tape
Logo / colophon, logo

Löschkopf / erase head
Löschtaste / delete key
Loseblatt-Ausgabe / loose-leaf edition
Luftbildkarte / photomap
Luftfeuchtigkeit / humidity
Luftfracht / air-freight
Luftkurier / datapost service, courier service
Luftpost / airmail
Lumbeckbindung *(meistens mit Heißleim broschierte einfache Klebebindung)* / adhesive binding *(mostly perfect bound with hotmelt)*

M

Magnetband / tape, magnetic tape
Magnetplatte / disk, magnetic disk
Magnetplattenspeicher / direct access storage
Makler *(z.B. für die Zollabfertigung)* / broker
Makro *(Zusammenfassung von Steuerbefehlen beim Satz)* / macros, strings
Makulatur / spoiled sheet, wastage
Mängelexemplar / defective (or imperfect) copy
Manuskript / manuscript
Manuskriptbearbeiter / copy editor
Manuskripthochrechnung *(für den Satz)* / castoff
Manuskriptumfangsberechnung / castoff
Manuskriptvorbereitung / copy preparation
Mappe / folder
Marginalie / marginal note, marginals
Maschinenbediener / operator
maschinenlesbar / machine-readable
maschinenschriftlich / typewritten
Maske / mask
Maskieren / masking, cropping
Massenspeicher / mass storage (unit)
Maßstab / scale
Maßsystem / measuring system
Maßsystem, typographisches / typographic measuring system
Master Disc *(z.B. für CD-ROM Duplizierung)* / glass master
Matrixdrucker / matrix printer
Matrize / stencil
Maus *(am Bildschirm)* / mouse
Maus *(z.B. Anschluß)* / mouse
Mediävalziffer / non lining figure, old style figure
Mehrfarbendruck / multi-colour printing
Mehrwertsteuer / VAT *(Value Added Tax)*
Menü *(Funktionsverzeichnis beim Computer)* / menu

menügesteuert / menu-driven
Messestand / booth
Microfiche / microfiche
Microfiche- (film-) Rückvergrößerungskopierer / microfiche printer, reader printer
Microfiche- (film-) produktion über Computer / computer on microfiche *(COM)*
Microfichekamera / microfiche camera
Mikroplanfilm / microfiche
Mitherausgeber / co-editor
Mitteilungsblatt / bulletin
Mittellänge *(einer Type)* / x-height
Montage *(allgemein)* / assembly
Montage *(von Druckformen)* / imposition
Mouse Pad *(Unterlage für die „Maus-Markierung")*
Muster *(Struktur)* / pattern
Musterband / dummy
Musterseite / specimen page, sample page
Mutterbandproduktion / pre-mastering of tape

N

Nachauflage / reprint
Nachdruck *(Reprint)* / reprint
Nachrichtennetz / communication network
Nachwort / epilogue
Nadeldrucker *(in der EDV)* / dot printer, matrix printer
Namenregister / name index
Naß-in-Naß-Druck / wet-on-wet printing
naturgetreue Farben / true colours
Negativ / negative film
Negativschrift / reversed type
Nettoeinkommen / net receipts
Netzdrucker / network printer
Netzkonfiguration / network configuration
Netzübergang / gateway
Netzwerke *(z.B. Fast Ethernet oder Novell)* / networks
neu aufgelegt / re-issued
Neubestellung / reorder
Neuumbruch / repagination
Non-Book Bereich *(elektronische Produkte im Buchhandel, z.B. CDs oder Videos)* / non-book area
Normalziffer / lining figure
Notenstich / engraved music, music engraving
nuten *(rillen)* / to score
Nutzen *(beim Druck)* / quad

O

Oberfläche (oder Benutzermaske) *(CD-ROM oder Online Publishing)* / template (or user interface)
Oberlänge *(einer Type)* / ascender
Objektiv / objective
OCR-Schrift / OCR font size
Offsetdruck / offsetprinting
Offsetdruckpapier / offset printing paper
On-Demand-Druck (oder -Verlegen) *(nach Bedarf)* / on-demand printing (or publishing)
Online-Buchversender siehe auch Internet Buchhandel
Online Shopping *(Einkaufen im Internet)* / online shopping
Opazität *(des Papiers)* / opacity
OPI (Open Prepress Interface) *(mit reduzierter Bilddatenmenge)* / Open Prepress Interface (OPI)
Ordner *(für die Akten)* / filer
Originalfilm / masterfilm
Originalgröße / original size
Ortsregister / place index

P

Päckchen / parcel
Packungsdichte / packing density
Paginierung / pagination
Paginierung, Hilfspaginierung *(z.B. 1a, 1b)* / foliation
Pantone *(Farbskala mit nahezu 1.000 Farben)* / Pantone *(trademark of a colour system of nearly 1,000 colours)*
Paperback / paperback
Papier / paper
– **gestrichenes** / coated paper, glazed paper
– **holzhaltiges** / wood containing paper
– **Kunstdruckpapier** / art paper
– **maschinenglattes** / machine finished paper
– **satiniertes** / calandered paper
Papierausdruck / hardcopy
Papierbahn / paper web, fibre
Papierbogen / sheet
Papierdicke / paper bulk
Papierfabrik / paper mill
Papierformat / paper format
Papiergewicht / paper weight
Papiermuster / out-turn sheet
Papieroberfläche / paper surface
Papierqualität / paper quality
Papiervolumen *(Dicke)* / bulk *(of paper)*
Pappband / cased book
Pappe / board, cardboard
Paralleltitel / parallel title
Partitur / musical score
Paßkreuz / register mark, bolt
Pauspapier / tracing paper
PDF (Printer Description File) *(postskriptähnliche Seitenbeschreibungssprache zur Abgabe von druckfertigen Seiten zur Belichtung. Für Bilddaten ungeeignet)*
Perfo-Klebebindung / notch binding
Perforieren / perforating
Pergament / parchment, vellum
Pergamentpapier / parchment paper, vellum paper, grease-proof paper
Personalcomputer *(PC)* / personal computer
Personalisieren *(z.B. für persönliche Adreßeindrucke mit Anrede bei Serienbrief- oder Fragebogenaktionen)*
Pfad *(Programm Manager)* / path
Pfeil / arrow
Pflichtenheft / specifications
Pflichtexemplare *(für Bibliotheken)* / legal deposit privilege
Photokopie / photocopy
Photopapierseite / bromide
Photopolymerdruckplatte *(beim Hochdruck)* / photopolymer plate
Photosetzgerät / photo typesetter
Pinzette / pincers
Plakat / poster
Plakatanschlagwerbung / billposting
Plastikeinband / plastic binding
Plattenkopie / plate copy
plattformunabhängig *(Systeme)* / platform independent
Positivfilm / positive film
PostScript-Emulation (oder -Schnittstelle) / PostScript emulation (or interface)
Prägestempel / brass
Prägung / blocking
Preisbindung / price fixing
Presseabteilung / press, public relations department
Produktionsplan / production schedule
proforma-Rechnung / pro forma invoice
Programm *(der EDV)* / programme, software
Programmanpassung / programme adjustment
Programmiersprachen *(z.B. C, C^{++}, Visual Basic, Java u.a.)* / programme languages *(e.g. C, C^{++}, Visual Basic, Java et al)*
Prospekt / leaflet, brochure
Protokoll *(z.B. von einer Sitzung)* / minutes *(e.g. of a meeting)*

pull down menus

pull down menus *(optische, mit der Maus anklickbare Programme, z.B. unter Windows oder Mac)* / pull down menus
Punkt *(Interpunktion)* / full stop, period
Punkt *(typographischer)* / typographical point
Punktgrafik / dot graphics

Q

Quellennachweis / credits, acknowledgements
Quellenverzeichnis / bibliography
Querformat / oblong format, landscape
Quittung / receipt

R

Rabatt / discount
Rabatt, Vorzugsrabatt *(für Mitglieder)* / courtesy discount *(for members)*
Radiergummi / indian-rubber
Radierung / etching
Rakel *(z.B. beim Farbauftrag)* / squeegee
Rand / margin
Rapidograph / indian ink drawing pen
Raster / half-tone, screen
– **technischer** / screen
Rastergrafik / bitmap graphics
Rasterweite / screen ruling
Rasterwinkelung / screen angle
Rechenscheibe *(z.B. zur Errechnung des Verkleinerungsfaktors)* / proportion rule
Rechnung / invoice, bill
rechte Seite / recto page
Redakteur / editor *(of newspaper or magazine)*
Redaktionsplan / editorial schedule
Redaktionsschluß / editorial deadline
Referent / lecturer
Regiekosten / handling costs
Register / index
Reihe / series
Reihentitel / series title
Reingewinn plus Abschreibung / cash-flow
Reinzeichnung / art work
Reißbrett / drawing board
Reißfestigkeit *(des Papiers)* / paper resistance, tear proof
Reklamation / claim
relationale Datenbank / relational database
Reliefkarte / relief map
Remittende / return copy, remittance
Remittendenquote / level of returns
Reproduktion / reproduction

Response *(Antwortverhalten von Marketingaktionen)*
Restaurierungswerkstatt / restoration laboratory
Retouren *(Rücksendungen, z.B. von unverlangten Sendungen)*
Retusche / retouch, retouching
Revision *(bei der Korrektur)* / final proof
Rezensionsexemplar / review copy
Rezensionsliste / review list
Ries *(Papiermengeneinheit)* / ream *(of paper)*
Rillen *(beim Binden)* / score
rillen / to score
Ringbuch / ringbinder
Rohbogen / unfolded sheets, flat sheets
Rohbogenlager *(beim Buchbinder)* / sheet stock
Rollenpapier / web paper, reel paper
Roman / novel
Rotationsdruck / rotary printing
Rotationsmaschine / rotary press
Rotationstiefdruck / rotary photogravure press
RTF (Rich Text Format) *(Daten mit Steuerzeichen)*
Rückenheftung / saddle stitch
Rückenschild / panel
Rückentext / spine lettering
runden *(des Buchrückens)* / to round *(the spine)*

S

Sachbuch / non-fiction book
Sachregister / subject index
Sammlung / collection
Satz / setting
– **Akzidenzsatz** / job setting
– **Anzeigensatz** / advertising setting
– **Blocksatz** / block setting
– **farbiger** *(für ein Layout)* / colour key
– **Formensatz** / type style setting, type form setting
– **Lasersatz** / laser type setting
– **linksbündig** / flush left setting
– **Plakatsatz** / poster setting
– **Rauhsatz** / unjustified setting
– **rechtsbündig** / flush right setting
– **Steuerzeichen** / typesetting codes
– **Tabellensatz** / tabular setting
– **Versaliensatz** / setting in capital letters
– **Zeitschriftensatz** / magazine setting, periodical setting
Satzanweisung / setting instructions, style sheet

Satzart / type face
Satzkosten / typesetting costs
Satzprogramme *(mengensatzorientiert: 3B2, Framemaker, TEX, Textline, Typoskript u.a.)* / typesetting programmes *(suitable for quantity setting: 3B2, Framemaker, TEX, Textline, Typoskript et al)*
Satzrechner / setting processor
Satzskizze / layout
Satzspiegel / type area
Satzspiegelvordruck *(für Typoskript)* / grid
Satzzeichen / punctuation mark
Säurefraß / acid-deterioration
säurefreies Papier / acid free paper
Scanner / scanner
Schablone / stencil
Schalttafel / panel
Schaufensterausstellung / shop window display
Scheck / cheque
Scheinwerfer / reflector
Schere / *(a pair of) scissors*
Schichtseite (beim Film) *(verkehrt)* / emulsion carrier *(reversed)*
Schlagwortregister / catchword index, keyword index
Schlieren *(beim Druck)* / streaks
Schließzeug *(in einer Hochdruckform)* / furniture
Schmalbahn *(beim Papier)* / grain long *(of paper)*
Schmelzkleber / hotmelt
Schmutztitel / half title page
Schnelldrucker / high speed press
Schnelldruckerprotokoll *(der EDV)* / computer printout
schnelltrocknende Farben / heat-set ink
Schnittstelle / interface
Schöndruck / first run
Schön- und Widerdruck / first run and back up printing
schraffieren / to hatch
Schreibanweisung / typing instruction
Schreibpapier / writing paper, note paper
Schreibsperre / typing embargo
Schrift / type
– **ausgeblendete** / outline type
– **fette** / boldtype
– **gesperrte** / spaced type
– **halbfette** / semi bold type
– **kursive** / italic type
– **leichte** / light-face type
– **magere** / roman type
– **schmale** / condensed type
Schriftart / type face, type style
Schriftbreite / typewidth

Schriftenleser / omnifont reader
Schriftfamilie / type family
Schriftgrad / type size, point size
Schriftgutverwaltung / paperwork management
Schrifthöhe / type heighth
Schriftkegel / body of a letter
Schriftlinie / base line
Schriftmuster / specimen type
Schriftsetzer / typesetter
Schriftverkehr / correspondence
Schuber / slip case
Schuldner / debtor
Schußrichtung *(Querlaufrichtung beim Leinen)* / wesp *(of cloth)*
Schusterjunge / club line
Schutzlack *(beim Flächendruck)* / varnish
Schutzumschlag / book jacket, jacket
Schwarzweißgrafik / line art
Seefracht / sea-freight
seitenverkehrt / reversed, reverse left to right
Seitenzahl / page number, folio
Selbstaufkleber / self-adhesive label, sticker
Semikolon / semicolon
Serie / series
Serifen / serifs
Setzfehler / setting error
Setzkasten / type case
SGML (Standard Generalized Markup Language) *(spezielle Kodierungssprache für Elektronisches Publizieren) – siehe auch DTD und HTML*
Siebdruck / silk-screen printing
Siebseite *(des Papiers)* / wire side *(of paper)*
Signet / colophon, logo
Silbentrennung / hyphenation
Silbentrennungsprogramm / hyphenation programme
Skalendruck / progressive colour proof
Skalieren *(vergrößern oder verkleinern von Daten)* / autoscaling
Skizze / scetch, rough
„Sofortverlegen" / desktop publishing
Sonderdrucke / offprints, separate prints
Sonderzeichen / special character
Spaltenbreite / column width
Spatium / space
Spedition / shipping agency
Speicher / store
Speicherkapazität / storage capacity
Speicherschreibmaschine / electronic typewriter
Spiralheftung / spiral binding
Spur *(beim Magnetband)* / track *(of tape)*
Standardfarben *(für Vierfarbendruck)* / process colours

Standbogen *(Druckbogenimprimatur)* / machine proof
Standmontage / stand assembly
Stanze / punch
Stanzen / die-cutting
Stanzform / cutting die
Stapelverarbeitung *(EDV)* / batch processing
Stärkeband *(zur Ermittlung der Rückenstärke)* / bulking dummy
Steg *(um den Satzspiegel)* / gutter
Steindruck / lithography
Stepstich-Fadenheftung *(alte Bibliotheksmethode)* / oversewing, overstitching
Steuerprogramm / operation programme
Steuerwerk / operational system
Steuerzeichen *(beim Satz)* / tag, setting code
Stichwort *(im Register)* / catchword, keyword
Stiftung / foundation
Strichätzung / line block
Strichpunkt / semicolon
Strichstärkenkonstanz / constant thickness of line
Strichzeichnung / line drawing, line artwork
Strohpappe / strawboard
stufenlose Vergrößerung oder Verkleinerung / text edition zoom
Stummfilm / silent film
Stundensatz *(z.B. einer Druckmaschine)* / hourly rate
Suchschlüssel / search key
Suchsystem *(in der EDV)* / retrieval search-system

T

Tabelle / table
Tabellenprogramm *(z.B. Excel, Lotus, Quattro Pro u.a.)* / spread sheet programme (e.g. Excel, Lotus, Quattro Pro et al)
Tabellensatz / tabular matter
Tagesordnung / agenda
Tagungsberichte / proceedings
Taschenbuch / pocket-book
Taschenbuchausgabe / cheap edition
Tausend-Buchstaben-Preis / price per 1000 characters
Telefon / telephone
Telegramm / telegramme
Telegrammadresse / cable address
Telex / telex
Tesafilm / self-adhesive packaging tape
Textausgabe / text edition
Textausrichtung / text alignment

Textbearbeitung / text editing, text composition
Texterfassung / data input, keyboarding, copy comprehension
Texterfassung, endlos / infinite comprehension *(without hyphenation)*
Texterfassung, extern / offline data input
Texterfassung, im Systemverbund / online copy comprehension
Texterfassung, in Raten / batch data input
Textverarbeitung / word processing
Textverarbeitungsanlage / word processor
Textverarbeitungsprogramm *(z.B. (Win)-Word, WordPerfect, AmiPro u.a.)* / wordprocessing programme
Thesaurus *(Schlagwortverzeichnis oder Wortschatzsammlung zu einem bestimmten Sachgebiet)* / thesaurus
Tiefdruckpapier / photogravure paper
Tiefdruck / copper plate printing, rotogravure, photogravure
Tilde / swung dash
Tintenstrahldrucker / ink-jet printer
Titelblatt / title page
Titelbogen / front section
Titelei / front matter, prelims
Titelsatzgerät / headliner
toter Kolumnentitel / folios only
Transparenz / transparency
Transportpapiere / bill of lading
Trefferanzeige *(z.B. bei der CD-Recherche)* / hits *(e.g. number of matches, at CD searches)*
Trennkarton / divider card
Trennwörterlexikon / hyphenation dictionary
Treuhänder / trustee
Trockenoffset *(indirekter Buchdruck)* / dry-offset
Trunkierung *(Teilmarkierung von einzelnen Buchstaben oder Silben zur Suche von Wörtern oder Wortgruppen, bei der CD-ROM oder Online-Recherche)* / truncation
Tusche / indian ink
Tuschefüller / indian ink drawing pen
Tuschezeichnung / indian ink drawing
Typenraddrucker / daisy wheel printer
Typograph / typographer
Typographie / typography

U

überarbeiten / to revise
überarbeitete Ausgabe / revised edition
Überauflage / overrun
übergeordneter Begriff / superordinate term

überregionales Netz / wide area network
Überschrift / headline, heading
Übersicht / survey
Überweisung (Geld) / remittance
Umbruch / make up, paste up
Umbruchredakteur / layout editor
Umfangsberechnung / castoff, character count
Umkopieren / reverse, contact
Umlaut / vowel-mutation
Umsatz / turnover, revenue
Umschlaggestaltung / jacket design
UNICODE (16-Bit basiertes Textschema) – siehe auch XML / encoding scheme for textual information of all kind (16-bit) – see also XML
Unterlänge (einer Type) / descender
Unternehmensberater / Consultant
unterschneiden (von Buchstaben) (Typographie, Schriftästhetik) / kerning (of letters) (typography)
Untertitel / subtitle
Unterüberschrift / subheading
urheberrechtlich geschützt / copyrighted

V

Vakatseite / blank page
Valuta / credit terms
Verband / association
verbessern / to improve
verblaßt (z.B. Photos) / fade off
Verfasserkorrektur / author's correction
Vergilben (des Papiers) / yellowing (of paper)
Vergleichsverfahren / comparison method
vergolden / gild
Vergrößerungsmaßstab / enlarging scale
Verkaufsanalyse / sales analysis
Verkaufsförderung / sales promotion
Verkleinerungsfaktor / reduction rate, reduction ratio
Verkleinerungsmaßstab / reduction scale
Verlag / publishing house
Verlagsbüro / publishing office
Verleger / publisher
Verlegerverband / publishers association
vermischen (von Daten) / to merge (data)
verramschen (von Büchern) / to remaind (books)
Versalien / capital letters, upper case letters
Versand / shipping department
Versandaufteilung, Versandliste / distribution list
Versandkarton (für Bücher) / mailing box

verschlüsseltes Dokument / ciphered document
Vertrag / contract, agreement
Vertragsbedingungen / terms of contract
Vertragsdauer / duration of contract
Vertreterkonferenz / sales conference
Vertriebsabteilung / distribution department, sales department
Verwaltung / administration
Verweise (beim Nachschlagewerk) / references, cross references
Verwertungsgesellschaft / copyright clearinghouse
Verwertungsrechte / exploitation rights
Video-Projektor (z.B. über einen PC) / beamer
Vierfarbendruck / four-colour-printing
Vignette / ornament piece, tail piece
virtuell / virtual
Virtuelle Organisation (Organisation ohne festen Wohnsitz, aber weltweit präsent im Internet) / virtual organization
Virtuelles Unternehmen (Unternehmen, das orts- und personenungebunden PR, Werbung, Vertrieb und Zahlungsverkehr vollständig online abwickelt) / virtual enterprise
Voranzeige / preview
vorausdatiert / antedated
Vorausexemplar / advance copy
Vorbestellung / advance order
Vorgesetzter / supervisor
Vorsatzpapier / endpapers
Vorschuß / advance
Vorspann / preliminary pages, front matter, prelims
Vorstufenprozesse / prepress operations
Vorwort / preface, foreword

W

Wachsmaschine (für Papiermontage) / waxer
Walzendrucker / cylinder printing
Wanderbuch / roadbook
Warenbestellbuch / order book
Wareneinsatzkosten / direct costs
Wasserzeichen / water-mark
Wasserzeichenwalze / dandy roll
Web Design / „Gestaltung von WWW-Seiten oder Homepages mit grafischen Werkzeugen" – siehe auch http oder hypertext
Web-Seite (im Internet) / Web site
Wechsel (Bank) / letter of credit
Wechselplatte (Winchesterplatte) / flexible disk
Wechselplattenspeicher / flexible disk storage

Weiterverarbeitung *(komplettes Buchbinden)* / finishing, forwarding
Wellpappe / corrugated cardboard
Werbeabteilung / promotion department, publicity department
Werbeagentur / advertising agency
Werbeaussendung / mailing
Werbeblatt / leaflet, flyer
Werbeexemplar / promotional copy
Werbeplan / advertising schedule
Werbetexter / copywriter
Werkdruckpapier / book paper
Wertpaket / insured parcel
Wettbewerb / competition, contest
Widerdruck / back-up printing
Widmung / dedication
Widmungsexemplar / presentation copy
Widmungstitel / dedication
Wiedergabe *(von der Bildplatte)* / playback *(from CD-ROM)*
Wiegendruck / incunabulum
Winkelhaken *(beim Handsatz)* / composing stick
Wörterbuch / dictionary
Wortzwischenraum / word spacing
WWW (World Wide Web) / *siehe auch http, HTML, Hypertext, SGML*
WYKIWYG (What you know is what you get) / „nur was man weiß kann man bekommen"
WYSIWYG (What you see is what you get) *(identische Bildwiedergabe: Bildschirm = Druck)*

X

XML (Extensible Markup Language) *(Teilmenge von SGML zur Nutzung von SGML im Internet oder für Autorensysteme, basierend auf UNICODE) – siehe auch SGML und UNICODE*

Z

Zahlungsziel / credit terms
Zählung / enumeration
Zeichenfolie / drawing film
Zeichenkette oder Zeichenfolge / character string
Zeichnung / drawing
Zeilen austreiben / carding lines
Zeilendrucker / line printer
Zeilenzähler / line-counter, runner
Zeitkorrektur *(Multimedia)* / time correction
Zeitplan / timetable
Zeitraffung *(Multimedia)* / fast-time scale
Zeitschrift / magazine
Zeitungsdruck / newspaper printing
Zeitungsrotationsmaschine / newspaper rotary press
Zeitverzug *(z.B. bei der Adressenpflege)* / time lack
Zellstoff / cellulose
Zellulosepappe / cellulose board
zensieren / to censor
Zentraleinheit *(beim Computer)* / mainframe *(computer)*
Zickzackfalz / accordion fold
Ziehprobe *(Stabilität der Bindung)* / pull test
Zielgruppe / target group
Zierrand / ornamental border
Zierschrift / ornamental type
Zirkapreis / estimated price
Zirkel / a pair of compasses
Zollabfertigung / customs clearance
Zollamt / customs, customs office
Zollerklärung / customs declaration
Zollgebühren / customs duties
Zugriff *(auf Daten)* / access
Zugriffsberechtigungsstufe / access permission level
Zukunftsroman / science-fiction novel
Zukunftssicherheit *(z.B. von EDV-Systemen)* / future safety *(e.g. of IT-systems)*
Zurichtung *(beim Hochdruck)* / make-ready
Zusammenfassung / summary, synopsis
Zuschuß *(beim Papier)* / surplus, overs
Zweifarbendruck / two-colour process
zweispaltig / two column presentation
Zwischenablage *(z.B. von Daten)* / intermediate back-up *(e.g. of data)*
Zwischentitel *(auf der rechten Seite)* / part-title

B. Englisch – Deutsch

A

a pair of compasses / Zirkel
(a pair of) scissors / Schere
abridged edition / Ausgabe, gekürzte
accent / Akzent
access / Zugriff *(auf Daten)*
access permission level / Zugriffsberechtigungsstufe
Access Provider / Datenanbieter *(online publishing)*
accordion fold / Zickzackfalz
account / Konto
accounts department / Buchhaltung
acid free paper / säurefreies Papier
acid-deterioration / Säurefraß
acknowledgements / Quellennachweis
active node *(hypertext)* / aktiver Knoten
adhesive (or perfect) binding / Lumbeckbindung *(meistens mit Heißleim broschierte einfache Klebebindung)*
administration / Verwaltung
ads / Anzeigen
advance / Vorschuß
advance copy / Vorausexemplar
advance order / Vorbestellung
advertisements / Anzeigen
advertisement setting / Anzeigensatz
advertising agency / Werbeagentur
advertising department / Anzeigenabteilung
advertising design / Anzeigengestaltung
advertising schedule / Werbeplan
advertising setting / Satz, Anzeigensatz
advertising strip / Buchschleife
agenda / Tagesordnung
agent / Agent
agreement / Vertrag
air-freight / Luftfracht
airmail / Luftpost
ALA (American Library Association) / Amerikanische Bibliotheksvereinigung
annotation / Anmerkung
ANSI (American National Standard Institute) *(8 bit character set with 256 characters under Windows)* / ANSI „Zeichensatzbelegung unter dem Windows-Betriebssystem" *(8 bit Zeichensatz mit 256 Zeichen)*
antedated / vorausdatiert
apprentice / Auszubildender, Lehrling
approval / Imprimatur
arrow / Pfeil

art paper / Kunstdruckpapier
art work / Reinzeichnung
ascender / Oberlänge *(einer Type)*
ASCII(American Standard Code for Information Interchange) *(character coding under DOS)*
assembly / Montage *(allgemein)*
association / Verband
audio interface *(multimedia)* / Audioschnittstelle
author's correction / Autorkorrektur, Verfasserkorrektur
autoscaling *(of data)* / Skalieren *(vergrößern oder verkleinern von Daten)*
axial setting, symmetrical setting / Satz, Mittelachsensatz

B

backlist titles / lieferbare Titel *(vom Lager)*
back-up / Datensicherung *(in der EDV)*
back-up printing / Widerdruck
balance sheet / Bilanz
ball-point pen / Kugelschreiber
bankruptcy / Konkurs
baryte paper / Barytpapier
base line / Schriftlinie
batch copy comprehension / Texterfassung, in Raten
batch processing / Stapelverarbeitung *(EDV)*
beamer / Video-Projektor *(z.B. über einen PC)*
bem dash / Gedankenstrich
bible paper / Dünndruckpapier
bibliography / Bibliographie, Literaturverzeichnis, Quellenverzeichnis
bill / Rechnung
bill of lading / Transportpapiere
billposting / Plakatanschlagwerbung
binary image / Binärbild
binder / Buchbinder
binder's brass / Klischee *(für Prägung)*
binder's trim / Buchblockbeschnitt *(dreiseitig)*
binding / Einband
bitmap graphics / Rastergrafik
blade / Layoutmesser
blank line / Leerzeile
blank page / Vakatseite
blank space / Ausschluß *(beim Bleisatz)*
blanket cylinder / Gegendruckzylinder

bleaching

bleaching / bleichen
bleed / angeschnitten
blind blocking / Blindprägung
blind embossing / Blindprägung
block maker / Klischeeanstalt
block setting / Satz, Blocksatz
blockated account / Konto, gesperrtes
blocking / Prägung
blue print, blues / Blaupause, Lichtpause
board / Pappe
bodkin / Ahle
body of a letter / Schriftkegel
body type / Grundschrift
boldtype / Schrift, fette
bolt / Paßkreuz
book band / Buchschleife
book case / Buchdecke
book design / Buchgestaltung
book format / Buchformat
book jacket / Schutzumschlag
book paper / Werkdruckpapier
book section / Abschnitt *(im Buch)*
bookbinder / Buchbinder
bookmark / Lesezeichen
bookseller / Buchhändler
booth / Messestand
bow bracket / Klammer, geschweifte
box / Kassette *(für Bücher)*
brace bracket / Klammer, geschweifte
bracket / Klammer
brass / Prägestempel
break / Absatz *(im Text)*
briefing *(of a design concept)* / „Aufgabenbeschreibung" *(z.B. für ein graphisches Konzept)*
brochure / Broschur, Prospekt
broken line / Linie, gestrichelte
broken rule / Linie, gestrichelte
broker / Makler *(z.B. für die Zollabfertigung)*
bromide / Photopapierseite
browser *(user interface for internet surfing, e.g. T-Online, Netscape, American Online et al)*
bulk *(of paper)* / Papiervolumen *(Dicke)*
bulking dummy / Stärkeband *(zur Ermittlung der Rückenstärke)*
bulletin / Mitteilungsblatt
burner *(to produce golden CDs)* / Brenner *(zur Beschreibung von Goldenen CDs)*
business graphics / Bürografik

C

cable address / Telegrammadresse
calandered paper / Papier, satiniertes
Call Center / Anrufer-Zentrum *(aus dem Bereich Direktmarketing)*
Call-by-Call / „Telefonate über die Deutsche Telekom auf der Linie eines privaten Anbieters z.B. Arcor oder MobilCom"
Call-Mail-Call / „Anrufen-Senden-Anrufen" *(aus dem Bereich Direktmarketing)*
camera-ready copy *(CRC)* / Druckvorlage
capital letter / Großbuchstabe
capital letters / Kapitalschrift, Versalien
caption / Abbildungslegende, Bildunterschrift, Legende
cardboard / Karton, Pappe
cardboard-bound / kartoniert
carding lines / Zeilen austreiben
cartridge / Kassette *(für EDV)*
case / Kassette *(für Bücher)*
case format / Deckenformat
cased book / Pappband
casemaker / Deckenmachmaschine *(beim Buchbinder)*
cash / bar *(Geld)*
cash-flow / Reingewinn plus Abschreibung
casing in / einhängen *(beim Buchbinder)*
castoff / Manuskripthochrechnung *(für den Satz)*, Umfangsberechnung
catchword / Stichwort *(im Register)*
catchword index / Schlagwortregister
cathode ray tube / Kathodenstrahlröhre
cellulose / Zellstoff
cellulose board / Zellulosepappe
chapter / Kapitel
character / Buchstabe
character count / Umfangsberechnung
character output / Textausgabe
character string / Zeichenkette oder Zeichenfolge
cheap edition / Taschenbuchausgabe
cheque / Scheck
chlorine-free bleached paper / chlorfrei gebleichtes Papier
ciphered document / verschlüsseltes Dokument
claim / Reklamation
clamp / Andrückvorrichtung *(bei der Schneidemaschine)*
client server / "Online-Anschluß übers Netz"
cloth binding / Leineneinband
club line / Schusterjunge
coated paper / Papier, gestrichenes
co-editor / Mitherausgeber
collating mark / Flattermarke
collection / Sammlung
collotype / Lichtdruck
colon / Doppelpunkt
colophon / Logo, Signet
colour chart / Farbauszüge *(gelb, magenta, cyan, schwarz)*

colour filter / Farbfilter
colour gradation / Farbabstufung
colour key / Satz, farbiger *(für ein Layout)*
colour printing / Farbdruck
colour proofs / Farbkontrollauszüge
colour scale / Farbskala
colour separation / Farbauszug
colour shot / Farbaufnahme
colour surface / Farbfläche
coloured print / Farbstich
column / Kolumne
column width / Spaltenbreite
command key / Funktionstaste
communication network / Nachrichtennetz
compact disk *(CD-ROM)* / Bildplatte
comparison method / Vergleichsverfahren
compatibility *(of systems)* / Kompatibilität (Strukturgleichheit von Systemen)
competition / Wettbewerb
compiler / Bearbeiter
complimentary copy / Belegexemplar *(für Autoren und Herausgeber)*
composing stick / Winkelhaken *(beim Handsatz)*
compression *(of data)* / Komprimierung *(von Daten)*
computer graphics / Computergraphik
computer on microfiche (COM) / Microfiche- *(film-) produktion über Computer*
computer printout / Schnelldruckerprotokoll *(der EDV)*
Computer to Plate or Film (CTP / CTF) *(to expose the imposed postscript data directly to plate or film in the sheet size)*
condensed type / Schrift, schmale
constant thickness of line / Strichstärkenkonstanz
Consultant / Unternehmensberater
contents / Inhaltsverzeichnis
contest / Wettbewerb
contract / Vertrag
contrast / Kontrast
conversion / Konvertierung
copper plate engraving / Kupferstich
copper plate printing / Tiefdruck
copy / Exemplar
copy comprehension / Texterfassung
copy editor / Manuskriptbearbeiter
copy preparation / Manuskriptvorbereitung
copyright clearinghouse / Verwertungsgesellschaft
copyrighted / urheberrechtlich geschützt
copywriter / Werbetexter
corned corner / Ecke, eckig
correction / Korrektur
correction mark / Korrekturzeichen

correspondence / Schriftverkehr
corrugated cardboard / Wellpappe
courier service / Luftkurier
courtesy discount *(for members)* / Rabatt, Vorzugsrabatt *(für Mitglieder)*
cover / Bucheinband
cover sheet / Deckblatt
covermatter / Füller *(Fülltext bei Zeitungen)*
CPU (central processing unit) / CPU (Rechnereinheit)
credit terms / Valuta, Zahlungsziel
creditor / Gläubiger
credits / Quellennachweis
cropping / Maskieren
Cross-Media Design / medienunabhängige Gestaltung *(Einsatz unterschiedlicher Medien, um Inhalte wirkungsvoll zu vermitteln und „Corporate Identity" herzustellen: z.B. Zeitschriften mit ergänzenden Informationen und Anzeigenmarkt im Internet und Datenbank auf der Jahrgangs-CD-ROM*
cross references / Verweise *(beim Nachschlagewerk)*
current account / Konto, laufendes
cursor / Lichtpunkt
customs / Zollamt
customs clearance / Zollabfertigung
customs declaration / Zollerklärung
customs duties / Zollgebühren
customs office / Zollamt
cutting die / Stanzform
cylinder printing / Walzendrucker

D

daisy wheel printer / Typenraddrucker
dandy roll / Wasserzeichenwalze
dash / Divis
data carrier / Datenträger
data converter / Datenkonverter
data encryption / Datenverschlüsselung
data file / Datensatz
data input / Dateneingabe, Texterfassung
data manipulation / Datenmanipulation
data output / Datenausgabe
data preparation *(e.g. selection, merging, tagging)* – see also data manipulation / Datenaufbereitung *(z.B. Selektion, Sortierung, Satzaufbereitung)* – siehe auch Datenmanipulation
data protection officer / Datenschutzbeauftragter
data reception / Datenübernahme
data save / Datensicherung *(in der EDV)*

data storage / Datenspeicher
data transmission / Datenübergabe, Datenfernübertragung
database / Datenbank, Datenbase
database software (z.B. Access, d-Base, Filemaker, FoxPro, Informix, Oracle et al) / Datenbanksoftware
dataconversion / Datenkonvertierung
datapost service / Luftkurier
datawarehouse / virtuelles Informations- und Dokumentationszentrum
dead matter *(typography)* / abgelegter Satz *(Typographie)*
debtor / Schuldner
decimal system / Dezimalsystem
deckle edge / Büttenrand
dedication / Widmung, Widmungstitel
defective (or imperfect) copy / Mängelexemplar
delete key / Löschtaste
delivery note / Lieferschein
density / Dichte *(der Farbe)*
department server / Abteilungsserver
descender / Unterlänge *(einer Type)*
design / Gestaltung
desktop publishing / „Sofortverlegen"
diacritical mark / diakritisches Zeichen
diazoprint / Lichtpause
dictionary / Wörterbuch
die-cutting / Stanzen
digitize *(to bring data into a digitized format)* – see also hypertext
Digital Printing – *see also Lettershop* / Digitales Druckzentrum *(z.B. Erstellung von Schnelldrucksachen mittels Laserdrucker)*
direct access storage / Magnetplattenspeicher
direct costs / Wareneinsatzkosten
direct image capture camera / Digitalkamera
directory / Adreßbuch
discount / Rabatt
disk / Magnetplatte
disk format / Diskettenformat
display type / Auszeichnungsschrift
display window / Anzeigefenster
dispositive / Dispositiv
distribution department / Vertriebsabteilung
distribution list / Versandaufteilung, Versandliste
divider card / Trennkarton
dot graphics / Punktgrafik
dot printer / Nadeldrucker *(in der EDV)*
dotted line / Linie, punktierte
dotted rule / Linie, punktierte
Double Layer Disc *(special, memory-intensive CD presently with appr 8,5 Gbyte – DVD-technology)* – *see also DVD*

double spacing / Leerzeile
double-sided density / doppelseitig beschrieben *(Diskette)*
double-spread page / Doppelseite
downloading *(of data)* / herunterladen *(von Daten)*
draft / Entwurf
drawing / Zeichnung
drawing board / Reißbrett
drawing film / Zeichenfolie
drawn-on cover / Englische Broschur
drop initial / Initial
drop shipping / Direktversand *(Versand an den Kunden direkt von der Binderei)*
dry-offset / Trockenoffset *(indirekter Buchdruck)*
DTD (Document Type Definition) *(DTD is a definition of formatting under SGML for further device-independent electronic applications, such as e.g. in the WWW or as CD-ROM)*
dummy / Blindband, Musterband, Stärkeband
duration of contract / Vertragsdauer
DVD (Digital Versatile Disc) – *see also double layer disk*
DVD-ROM-drive – *see also double layer disk*

E

EBCDIC (Extended Binary Coded Decimal Interchange Code) *(extended 8 bit code for mainframe-systems)*
E-commerce *(trading with the internet)* / E-Commerce *(Handel mit dem Internet)*
edge colour / Farbschnitt
edition / Ausgabe
editor / Lektor, Redakteur
– **aquisition editor** / Lektor *(für die Akquisition von Manuskripten)*
– **commissioning editor** / Lektor *(für die Autoren- und Programmbetreuung)*
– **copy editor** / Lektor *(für die Manuskriptbearbeitung)*
editorial deadline / Redaktionsschluß
editorial schedule / Redaktionsplan
education grant / Ausbildungsbeihilfe
electronic prepress / Druckvorstufe
electronic typewriter / Speicherschreibmaschine
electrostatic printing / Direktplattendruck *(filmlos), filmloser Offsetdruck*
emulsion / Emulsion *(in der Repro)*
emulsion carrier *(reversed)* / Schichtseite *(verkehrt)*

emulsion side / Schichtseite *(beim Film)*
enclosure / Beilage
encyclopedia / Lexikon
end-matter / Anhang *(des Buches)*
endpapers / Vorsatzpapier
engraved music / Notenstich
enlarging scale / Vergrößerungsmaßstab
entertainment expenses / Bewirtungsspesen
entry / Eintrag *(bibliographisch)*
enumeration / Zählung
epilogue / Nachwort
EPS (Encapsulated PostScript) format / EPS-Format *(spezielles Abspeicherungsformat für Bilddaten)*
erase head /
error ratio / Fehlerquote
estimate / Angebot
estimated price / Zirkapreis
etching / Radierung
exception word dictionary / Ausnahmewörterbuch *(bei Trennungsprogrammen)*
exclamation mark / Ausrufezeichen
exhibition / Ausstellung
expiration date / Auslaufdatum
exploitation rights / Verwertungsrechte
exposure / Belichtung
exposure unit / Belichtungseinheit
express mail / Eilpost
extract of account / Kontoauszug

F

facsimile / Faksimile
Fact Sheet / Kurzbeschreibung
faded / verblaßt *(Photos)*
failsafe / ausfallsicher
fake duoton reproduction / Duplexreproduktion
fast-time scale *(multimedia)* / Zeitraffung
fees / Honorar
felt-tip pencil / Filzstift
fibre / Papierbahn
figure / Abbildung, Illustration
filer / Ordner *(für die Akten)*
file-transfer / Datenfernübertragung
filing word / Katalogisierungsstichwort
film / Film
film assembly / Filmmontage
filmsetting / Filmsatz
final proof / Revision *(bei der Korrektur)*
finishing / Weiterverarbeitung *(komplettes Buchbinden)*
first run / Schöndruck

first run and back up printing / Schön- und Widerdruck
flap / Klappe *(beim Schutzumschlag)*
flap copy / Klappentext
flashlight / Blitzlicht
flat sheets / Rohbogen
flat-bed press / Flachdruckpresse
flat-bed printing / Flachdruck *(Offsetdruck)*
flexible disk / Wechselplatte *(Winchesterplatte)*
flexible disk storage / Wechselplattenspeicher
floating accent / Akzent, fliegender
floppy disk / Diskette
flow-chart / Ablaufdiagramm *(EDV-Satz)*
fluorescent marker / Leuchtstift
flush left/right *(typesetting)* / linksbündig, rechtsbündig *(beim Satz)*
flyer / Werbeblatt
foil / Folie
fold / Falz
folder / Mappe
foliation / Paginierung, Hilfspaginierung *(z.B. 1a, 1b)*
folio / Seitenzahl
folios only / toter Kolumnentitel
footnote / Fußnote
foreign data / Fremddaten
foreword / Vorwort
format / Format *(des Druckwerkes)*
format design / Gestaltung
formatting *(of data)* / Formatieren *(von Daten)*
forwarding *(of books)* / Weiterverarbeitung *(komplettes Buchbinden)*
found / Fond
foundation / Stiftung
fountain-pen / Füllfederhalter
four-colour-printing / Vierfarbendruck
free copy / Belegexemplar *(für Autoren und Herausgeber), Freiexemplar*
free-text *(e.g. field or document)* / Freitext *(z.B. Feld oder Dokument)*
frequency *(e.g. of a publication)* / Erscheinungsweise *(z.B. einer Publikation)*
front matter / Titelei
front section / Titelbogen
frontispiece / Frontispiz
fugitive *(opposite of light fast)* / lichtunecht
full page make up / Ganzseitenumbruch
full stop / Punkt *(Interpunktion)*
furniture / Schließzeug *(in einer Hochdruckform)*
future safety *(e.g. of IT-systems)* / Zukunftssicherheit *(z.B. von EDV-Systemen)*

gallery

G

gallery / Galerie
galley-proof / Fahnenabzug
gateway / Netzübergang
get-up of a book / Buchausstattung
gild / vergolden
gilt edge / Goldschnitt
glass master / Master Disc *(z.B. für CD-ROM Duplizierung)*
glazed paper / Papier, gestrichenes
glossy foil / Glanzfolie
golfball setting / Composersatz
golfball-printer / Kugelkopfdrucker
gothic type / Fraktur
gradation *(of gray)* / Grautonabstufung
grain *(of paper)* / Laufrichtung *(des Papiers)*
grain long *(of cloth)* / Kettrichtung *(Längslaufrichtung beim Leinen)*
grain long or short *(of paper)* / Schmalbahn oder Breitbahn *(beim Papier)*
grain short *(of cloth)* / Schußrichtung *(Querlaufrichtung beim Leinen)*
grammage *(of paper)* / Grammgewicht *(des Papiers)*
grammar / Grammatik
graphic artist / Grafiker
gray level *(e.g image or converter)* / Graustufe *(z.B. Bild oder Konverter)*
grayscale / Grauskala
greaseproof paper / Pergamentpapier
grid / Satzspiegelvordruck *(für Typoskript)*
grippers / Greifer *(in der Druckmaschine)*
grippers margin / Greiferrand
gross profit / Deckungsbeitrag
grotesque / Groteskschrift
guide / Führer
gutter / Steg *(um den Satzspiegel)*
gutter margin / Bundsteg

H

half leather binding / Halblederband
half title page / Schmutztitel
half-binding volume / Halbleinenband
half-tone / Halbtonbild, Raster
half-tone block / Autotypie
half-tone plate / Autotypie
handling costs / Regiekosten
handmade paper / Büttenpapier
handsetting / Handsatz
hard disk / Festplatte
hardcopy / Papierausdruck
hardcover / Deckenband

hardware / Geräte *(in der EDV)*
head margin / Kopfsteg
headband / Kapitalband
heading / Überschrift
headline / Überschrift
headliner / Titelsatzgerät
headquarters / Hauptsitz
head-to-head imposition / Kopfanlage *(beim Ausschießen)*
head-to-tail imposition / Fußanlage *(beim Ausschießen)*
heat-set-inks / schnelltrocknende Farben
high speed press / Schnelldrucker
hits *(e.g. number of matches, at CD searches)* / Trefferanzeige *(z.B. bei der CD-Recherche)*
HKS *(trademark of a colours system with appr 88 colours)* / HKS *(geschütztes Farbsystem mit ca. 88 Farben)*
Homepage *(initial page of a site in the WWW)* – see also WWW / Homepage *(im Internet: Grundeintrag auf der Web-Seite)* – siehe auch WWW
honorarium / Honorar
Hotline / telefonische Betreuung, im Verlag z.B. von Internet-Publikationen oder Computerprogrammen
hotmelt / Schmelzkleber
hourly rate / Stundensatz *(z.B. einer Druckmaschine)*
HTML(Hypertext Markup Language) *(special tagging language for Internet. HTML is e.g. convertible from SGML.)* – See also DTD)
http (hypertext transfer protocol) *(... for transferring hypertext documents, the standard protocol for the World Wide Web)* / http (hypertext transfer protocol) *(...um Hypertext-Standard-Dokumente ins Word Wide Web zu übertragen)* – see also hypertext, WWW, SGML, HTML
humidity / Luftfeuchtigkeit
hymn book / Gesangbuch
hypertext *(data, as text, graphics, or sound, stored in a computer so that a user can move nonsequently through a link from one object or document to another)* – see also http
hyphenation / Silbentrennung
hyphenation dictionary / Trennwörterlexikon
hyphenation programme / Silbentrennungsprogramm

I

icon (or button) / Icon (oder Button) *(Bildpiktogramm auf dem Bildschirm)*

438

idiot tape *(without hyphenations)* / Endlosband *(ohne Trennungen)*
illustration / Abbildung, Illustration
image database / Bilddatenbank
imposition / Ausschießen, Bogenmontage, Montage *(von Druckformen)*
imposition programme or software / Ausschießprogramm oder -software *(Druckvorbereitung)*
imprimature / Imprimatur
imprint / Eindruck, Impressum
imprint page / Impressumseite
incunabulum / Wiegendruck
indent / Einzug
indentation / Absatz *(im Text)*
index / Register
india rubber / Radiergummi
indian ink / Tusche
indian ink drawing / Tuschezeichnung
indian ink drawing pen / Rapidograph, Tuschefüller
indirect costs / Gemeinkosten
induction course / Einführungslehrgang
infinite comprehension *(without hyphenation)* / Texterfassung, endlos
information broker / Informationshändler
information channel / Informationskanal
information evaluation / Informationsbewertung
information gain / Informationsgewinn
information provider / Informationsanbieter
information society / Informationsgesellschaft
in-house proof / Hauskorrektur
ink stability / Farbbeständigkeit
ink-jet printer / Tintenstrahldrucker
input / Eingabe
input mode / Betriebsarten
input speed / Eingabegeschwindigkeit
insert mode / Einfügemodus
inserting / Einstecken *(beim Buchbinden)*
insolvency / Konkurs
insured parcel / Wertpaket
interactive design / Gestaltung, interaktive
interactive mode *(online publishing)* / Dialogverkehr
interface / Schnittstelle
interleaved pages / eingeschossene Leerseiten
intermediate back-up *(e.g. of data)* / Zwischenablage *(z.B. von Daten)*
internet booktrade *(e.g. Buch.de AG oder amazon.com)* / Internet-Buchhandel *(z.B. Buch.de AG oder Amazon.com)*
Internet Provider / z.B. American Online, CompuServe, T-Online u.a., die durch den Internet Browser Internet-Recherchen ermöglichen – siehe auch Suchmaschinen und Browser

Intranet / firmeninternes Netzwerk zur Nutzung aller Inhouse-Programme, mit Internet-Zugangsmöglichkeit
introduction / Einleitung
introductory course / Einführungskurs
inverted commas / An- und Abführungszeichen
invoice / Rechnung
invoicing / Fakturierung *(von Rechnungen)*
iris printing / Irisdruck
ISDN (Integrated Services of Digital Network) *(mainly used in Germany, Western Europe and partly USA)* / ISDN („Integriertes digitales Netzwerksystem", hauptsächlich verbreitet in Deutschland, Westeuropa und teilweise den USA)
italic type / Schrift, kursive

J

jacket / Schutzumschlag
jacket design / Umschlaggestaltung
job composition / Akzidenzsatz
job preparation / Arbeitsvorbereitung
job printing / Akzidenzdruck
job setting / Satz, Akzidenzsatz

K

kerning (of letters) *(typography)* / unterschneiden (von Buchstaben) *(Typographie, Schriftästhetik)*
keyboarding / Erfassung *(Satz)*, Texterfassung
keyword / Stichwort *(im Register)*
keyword index / Schlagwortregister

L

label / Etikett
lamination / Cellophanierung, Folienkaschierung, Kaschieren; Druckveredeln
landscape / Querformat
laser setting / Lasersatz
laser type setting / Lasersatz
laserprint / Laserdruck
lay edge / Anlagemarke *(in der Druckmaschine)*
lay sheet / Andruckbogen *(beim Einrichten)*

layout / Layout, Satzskizze
layout editor / Umbruchredakteur
layout programmes *(predestinated for smaller books, catalogues and brochures: Pagemaker, Quark X-Press, Corel Draw, Freehand, Illustrator u.a.)* / Gestaltungsprogramme
leader dots / Auspunktierung *(z.B. beim Inhaltsverzeichnis)*
leading / Durchschuß
leaflet / Prospekt, Werbeblatt
leather binding / Ledereinband
lecturer / Referent, Dozent
legal deposit privilege *(for libraries)* / Pflichtexemplare *(für Bibliotheken)*
legend / Abbildungslegende, Legende
legibility / Lesbarkeit
lens / Linse *(bei der Reprokamera)*
letter / Buchstabe
letter of credit / Wechsel *(Bank)*
letterpress printing / Hochdruck
Lettershop *(laserprinting and mailing service centre, e.g. production of mailing letters, expedition and postage service etc)*
level of returns / Remittendenquote
library / Bibliothek
lift off tape / Korrekturband
light fast / lichtecht
light sluice / Lichtschleuse
light-face type / Schrift, leichte
line / Linie
line art / Schwarzweißgrafik
line artwork / Strichzeichnung
line block / Strichätzung
line-counter / Zeilenzähler
line drawing / Strichzeichnung
line printer / Zeilendrucker
lining figure / Normalziffer
link (or hyperlink) *(reference to other addresses, e.g. for database or internet searches) – see also http*
lino cut / Linolschnitt
liquid-ink pen / Folienstift
liquidity / Liquidität
List Broking / „Adressenwerkstatt zur Ermittlung, Verkauf und Pflege von potentiellen Kundenlisten"
lithographer / Lithoanstalt
lithography / Lithographie, Steindruck
local area network (LAN) / „Inhouse"-Netz
logo / Logo, Signet
loose-leaf edition / Loseblatt-Ausgabe
lower case / Kleinschreibung
lower case letter / Kleinbuchstabe
low-resolution data *see also OPI* / Grobdaten *(oder auch LowRes-Daten) siehe auch OPI*
luminous table / Leuchttisch

M

machine finished paper / Papier, maschinenglattes
machine proof / Standbogen *(Druckbogenimprimatur)*
machine-readable / maschinenlesbar
macro / Makro *(Zusammenfassung von Steuerbefehlen beim Satz)*
magazine / Zeitschrift
magazine setting / Satz, Zeitschriftensatz
magnetic disk / Magnetplatte
magnetic tape / Magnetband
mailing / Werbeaussendung
mailing box / Versandkarton
main title / Haupttitel
mainframe *(computer)* / Zentraleinheit *(beim Computer)*
makeover *(rework)* / Korrekturarbeit *(„Nacharbeit" – nachdem Fehler passiert sind)*
make-ready / Einrichten *(beim Druck)*, Zurichtung *(beim Hochdruck)*
make-up / Umbruch
manual / Handbuch *(Begleitbuch)*
manual typesetting / Handsatz
manufacturing / Buchherstellung (administrative Abwicklung)
manuscript / Manuskript
map / Karte
marginal note / Marginalie
marginals / Marginalie
margin / Rand
mark up / auszeichnen *(von Manuskripten)*
mark-up / Aufpreis *(z.B. beim Auslandsverkauf)*
mark-up / Auszeichnung *(im Text)*
mask / Maske
masking / Auskopieren, Maskieren
mass storage (unit) / Massenspeicher
masterfilm / Originalfilm
matrix printer / Matrixdrucker, Nadeldrucker *(in der EDV)*
measuring system / Maßsystem
menu / Menü *(Funktionsverzeichnis beim Computer)*
menu-driven / menügesteuert
merging of data / Datenverschmelzung
microfiche / Microfiche
microfiche camera / Microfichekamera
microfiche printer / Microfiche- *(film-)* Rückvergrößerungskopierer
„milking machine" / Datenkonverter
minutes *(e.g. of a meeting)* / Protokoll *(z.B. von einer Sitzung)*
misprint / Druckfehler

mouse / Maus *(für Bildschirmarbeit)*
mouse pad / Unterlage für die „Maus-Markierung"
multi-colour printing / Mehrfarbendruck
music engraving / Notenstich
musical score / Partitur

N

name index / Namenregister
negative film / Negativ
net receipts / Nettoeinkommen
network configuration / Netzkonfiguration
network printer / Netzdrucker
networks *(e.g. fast ethernet or Novell)*
newspaper printing / Zeitungsdruck
newspaper rotary press / Zeitungsrotationsmaschine
non lining figure / Mediävalziffer
non-book area / Non-Book Bereich *(elektronische Produkte im Buchhandel, z.B. CDs oder Videos)*
non-fiction book / Sachbuch
notch binding / Perfo-Klebebindung
note / Anmerkung
note on use / Benutzerhinweise
note paper / Schreibpapier
novel / Roman

O

objective / Objektiv
oblong format / Querformat
OCR font size / OCR-Schrift
offline data input / Texterfassung, extern
offprints / Sonderdrucke
offset printing paper / Offsetdruckpapier
offsetprinting / Offsetdruck
old german type / Fraktur
old style figure / Mediävalziffer
omnifont reader / Schriftenleser
on-demand printing (or publishing) / On-Demand-Druck oder -verlegen *(nach Bedarf)*
online booktrade / see also internet booktrade
online copy comprehension / Texterfassung, im Systemverbund
online shopping / Online Shopping *(Einkaufen im Internet)*
opacity / Opazität
open account / Konto, offenes
Open Prepress Interface (OPI) / OPI (Open Prepress Interface) *(mit reduzierter Bilddatenmenge)*
operating system / Betriebssystem *(z.B. Windows, Windows NT, UNIX, DOS u.a.)*
operation programme / Steuerprogramm
operational system / Steuerwerk
operator / Maschinenbediener
optical character recognition machine / Lesemaschine
order / Auftrag
order book / Warenbestellbuch
original size / Originalgröße
ornament piece / Vignette
ornamental border / Zierrand
ornamental type / Zierschrift
out of print / vergriffen
outline type / Schrift, ausgeblendete
out-of-print / vergriffen *(ein Titel)*
output / Ausgabe *(von Daten)*
out-turn-sheet / Papiermuster
overdrawn account / Konto, überzogenes
overheads / Gemeinkosten
overlay / Decker *(beim Layout)*
overrun / Überauflage
overs / Zuschuß *(beim Papier)*
oversewing / Stepstich-Fadenheftung *(alte Bibliotheksmethode)*

P

packing density / Packungsdichte
page / Buchseite
page number / Seitenzahl
pagination / Paginierung
painting / Gemälde
panel / Schalttafel, Rückenschild
Pantone *(trademark of a colour system for nearly 1,000 colours)* / Pantone *(Farbskala mit nahezu 1.000 Farben)*
paper / Papier
paper bulk / Papierdicke, Papierstapel
paper format / Papierformat
paper mill / Papierfabrik
paper quality / Papierqualität
paper resistance / Reißfestigkeit *(des Papiers)*
paper surface / Papieroberfläche
paper tape / Lochstreifen
paper volume / Papiervolumen
paper web / Papierbahn
paper weight / Papiergewicht
paperback / Paperback
paper-clip / Heftklammer
paperwork management / Schriftgutverwaltung
paragraph / Abschnitt *(im Buch)*
parallel title / Paralleltitel

parcel

parcel / Päckchen
parchment / Pergament
parchment paper / Pergamentpapier
parentheses / Klammer
part-title / Zwischentitel *(auf der rechten Seite)*
paste up / Umbruch
pasteboard / Graupappe
path / Pfad *(Programm Manager)*
pattern / Muster *(Struktur)*
Pay Card / Geldkarte *(bargeldlose Abbuchung)*
PDF (Printer Description File) *(similar to Postscript data ready for film- or platemaking. Not ideal for view data)* / PDF *(postskriptähnliche Seitenbeschreibungssprache zur Abgabe von druckfertigen Seiten zur Belichtung. Für Bilddaten ungeeignet)*
pencil / Bleistift
perfect binding / Klebebindung
perforating / Perforieren
period / Punkt *(Interpunktion)*
periodical setting / Satz, Zeitschriftensatz
permanent paper / alterungsbeständiges Papier
personal computer / Personalcomputer *(PC)*
"personal mailing approach" / Personalisieren von Mailings *(z.B. für persönliche Adreßeindrucke mit Anrede bei Serienbrief- oder Fragebogenaktionen)*
photo composition / Fotosatz
photo typesetter / Photosetzgerät
photocopier / Fotokopierer
photocopy / Photokopie
photogravure paper / Tiefdruckpapier
photogravure / Tiefdruck
photomap / Luftbildkarte
photopolymer plate / Photopolymerdruckplatte *(beim Hochdruck)*
pi matrix / Einhänger *(Sonderzeichen beim Photosatz)*
"picture compilation programme" *(e.g.scaling of pictures, colour corrections: Photoshop, Corel Draw et al)* / Bildbearbeitungsprogramm *(z.B. skalieren von Bildern, Farbkorrekturen: Photoshop, Corel Draw u.a.)*
picture extract / Bildausschnitt
picture file / Bilddatei
pile up *(of palletts)* / abstapeln *(von Paletten)*
pincers / Pinzette
place index / Ortsregister
plastic binding / Plastikeinband
plastic block / Kunststoffklischee
plate copy / Plattenkopie
platform independent / plattformunabhängig *(Systeme)*
playback *(from CD-ROM)* / Wiedergabe *(von der Bildplatte)*
pocket-book / Taschenbuch

poem / Gedicht
positive film / Positivfilm
poster / Plakat
poster setting / Satz, Plakatsatz
PostScript emulation / PostScript-Emulation (oder -Schnittstelle)
preface / Vorwort
preliminary pages / Vorspann
prelims / Titelei, Vorspann
pre-mastering of tape / Mutterbandproduktion
prepress operations / Vorstufenprozesse
presentation copy / Widmungsexemplar
press / Presseabteilung
preview / Voranzeige
price fixing / Preisbindung
price per 1000 characters / Tausend-Buchstaben-Preis
primer / Compendium
print / Druck
print quality / Druckqualität
print run / Auflagenhöhe, Druckauflage
printed matter / Drucksache
printer / Drucker *(in der EDV)*
printer's ink / Druckfarbe
printing assembly / Druckformenmontage
printing block / Klischee *(für Hochdruck)*
printing costs / Druckkosten
printing machine / Druckmaschine
printing method / Druckverfahren
printing office / Druckerei
printing plant / Druckerei
printing plate / Druckplatte
printing section / Druckbogen *(Bogeneinteilung)*
printing sheet / Druckbogen *(Papierbogen)*
printing size / Druckformat
printout / Ausdruck
pro forma invoice / proforma-Rechnung
proceedings / Tagungsberichte
proceeds / Erlös
process colours / Grundfarben, Standardfarben *(für den Vierfarbendruck)*
producer / Hersteller *(im Verlag oder Werbestudio)*
production and process record / Auftragstasche
production department / Herstellungsabteilung
production run / Fortdruck
production schedule / Produktionsplan
productioner / Hersteller
profit / Gewinn
programme / Programm *(der EDV)*
programme adjustment / Programmanpassung

442

programme languages *(e.g. C, C++, Visual Basic, Java et al)* / Programmiersprachen *(e.g. C, C++, Visual Basic, Java u.a.)*
progressive colour proof / Skalendruck
promotion department / Werbeabteilung
promotional copy / Werbeexemplar
proof / Andruck
proof mark / Korrekturzeichen
proof reader / Korrektor
proof reading / Korrektur lesen
proofs / Korrekturabzüge *(allgemein)*
proportion rule / Rechenscheibe *(z.B. zur Errechnung des Verkleinerungsfaktors)*
public relations department / Presseabteilung
publication date schedule / Erscheinungsterminplan
publicity department / Werbeabteilung
publisher / Verleger
publishers association / Verlegerverband
publishing house / Verlag
publishing office / Verlagsbüro
pull down menus / „optische, mit der Maus anklickbare Programme" *(z.B. unter Windows oder Mac)*
pull test / Ziehprobe *(Stabilität der Bindung)*
punch / Stanze
punched tape / Lochstreifen
punctuation mark / Interpunktionszeichen, Satzzeichen

Q

quad / Nutzen *(beim Druck)*
quadding / Ausschießen *(beim Bleisatz)*
query / Anfrage
question mark / Fragezeichen
quotation marks / An- und Abführungszeichen

R

reader / Lesegerät *(beim Microfilm)*
reader printer / Microfiche(film) Rückvergrößerungskopierer
reader's proof / Hauskorrektur
ream *(of paper)* / Ries *(Papiermengeneinheit)*
receipt / Quittung
Rechnerzeit / CPU-time
record / Datensatz
recto page / rechte Seite
reduction rate / Verkleinerungsfaktor
reduction ratio / Verkleinerungsfaktor

reduction scale / Verkleinerungsmaßstab
reel paper / Rollenpapier
reel-fed printing / Endlosdruck
references / Verweise *(beim Nachschlagewerk)*, Literaturverzeichnis
reflector / Scheinwerfer
register mark / Paßkreuz
registered letter / Einschreibebrief
registration fee / Einschreibegebühr
re-issued / neu aufgelegt
relational database / relationale Datenbank
relief map / Reliefkarte
relief printing / Hochdruck
remittance / Überweisung *(Geld)*, *Remittende*
remote database access / Fernzugriff auf Datenbanken
reorder / Neubestellung
repagination / Neuumbruch
replacement pages / Austauschseiten *(beim Manuskript)*
Report / Report
reprint / Nachauflage, Nachdruck *(Reprint)*
reproduction / Reproduktion
resolution *(high or low)* / resolution *(high or low)*
Response / „Antwortverhalten von Marketingaktionen"
restoration laboratory / Restaurierungswerkstatt
retail price / Ladenpreis
retouch / Retusche
retouching / Retusche
retrieval search-system / Suchsystem *(in der EDV)*
return copy / Remittende
returns / Erlös
revenue / Umsatz
reverse / Umkopieren
reverse left to right / seitenverkehrt
reversed / seitenverkehrt
reversed type / Negativschrift
review copy / Rezensionsexemplar
review list / Rezensionsliste
review slip / Buchkarte
revised edition / überarbeitete Ausgabe
ringbinder / Ringbuch
roadbook / Wanderbuch
roman type / Schrift, magere
roman type letter / Antiqua
rotary letterpress / Hochdruck Rotationsmaschine
rotary photogravure press / Rotationstiefdruck
rotary press / Rotationsmaschine
rotary printing / Rotationsdruck
rotogravure / Tiefdruck

443

rough / Skizze
round bracket / Klammer, runde
round corner / Ecke, rund
royalties / Honorar
RTF (Rich Text Format) / „Daten mit Steuerzeichen"
rubber bands / Gummiringe
rubber planket / Gummidrucktuch
rule / Linie
run on / Fortdruck
runability of paper / Bedruckbarkeit von Papier
running head / Kolumnentitel, lebender Kolumnentitel

S

saddle stitch / Rückenheftung
sale or return / Ansichtsexemplare *(für den Buchhändler)*
sales analysis / Verkaufsanalyse
sales conference / Vertreterkonferenz
sales department / Vertriebsabteilung
sales promotion / Verkaufsförderung
sample page / Musterseite
sans-serif / Groteskschrift
scale / Maßstab
scanner / Scanner
scanning format / abgelegter Satz *(Typographie)*
scanning speed *(prepress)* / Abtastgeschwindigkeit *(beim Scannen)*
sctch / Skizze
science-fiction novel / Zukunftsroman
scientific formular composition / Formen- und Figurensatz
score / Rillen *(beim Binden)*
screen / Bildschirm, Korrekturbildschirm, Raster
screen angle / Rasterwinkel
screen angle / Rasterwinkelung
screen play / Drehbuch
screen ruling / Rasterweite
screen tint / Raster, technischer
scroll bar / Bildlaufleiste
scrolling / Bildlauf *(auf dem Bildschirm)*
sea-freight / Seefracht
search key / Suchschlüssel
second hand book / antiquarisches Buch
self-adhesive label / Selbstaufkleber
self-adhesive packaging tape / Tesafilm
semi bold type / Schrift, halbfette
semicolon / Semikolon, Strichpunkt
separate prints / Sonderdrucke

series / Reihe, Serie
series title / Reihentitel
serifs / Serifen
Set *(e.g. multi-volume set)* / Gesamtwerk oder Set *(bei mehrteiligen Werken)*
set-off of ink / Farbabzug *(vom frischem Druckbogen)*
setting / Satz
setting code / Steuerzeichen *(beim Satz)*
setting error / Setzfehler
setting in capital letters / Satz, Versaliensatz
setting instructions / Satzanweisung
setting processor / Satzrechner
SGML (Standard Generalized Markup Language) *(special tagging language for electronic publishing)* – see also DTD and HTML
sheet / Bogenpapier, Papierbogen
sheet stock / Rohbogen *(beim Buchbinder)*
shipment / Auslieferung
shipping agency / Spedition
shipping department / Versand
shop window display / Schaufensterausstellung
show room / Ausstellungsraum
shrink wrapping / Einschweißen *(des Buches)*
signature / Bogensignatur
sign-posting / Beschilderung
silent film / Stummfilm
silk-screen printing / Siebdruck
single-colour printing / Einfarbendruck
single-columned / einspaltig
single-sided density / einseitig beschrieben *(Diskette)*
size / Format *(des Druckwerkes)*
sketch / Skizze
slide / Diapositiv
slip case / Schuber, Kassette *(für Bücher)*
small capital letter / Kapitälchen
small caps / Kapitälchen
smyth sewing / Fadenheftung
software / Programm *(der EDV)*
solid matter / kompresser Satz
source / Fundstelle *(beim Nachschlagewerk)*
space / Spatium
spaced type / Schrift, gesperrte
special character / Sonderzeichen
specifications / Pflichtenheft
specimen page / Musterseite
specimen type / Schriftmuster
spine / Buchrücken
spine lettering / Rückentext
spiral binding / Spiralheftung
spoiled sheet / Makulatur
spread sheet programme *(e.g. Excel, Lotus, Quattro Pro et al)* / Tabellenprogramm *(z.B. Excel, Lotus, Quattro Pro u.a.)*

square bracket / Klammer, eckige
squeegee / Rakel (z.B. beim Farbauftrag)
stamp / Briefmarke
stand assembly / Standmontage
stencil / Matrize, Schablone
sticker / Etikett, Selbstaufkleber
stock (in stock) / Lager (auf Lager)
stock valuation / Lagerinventur
storage capacity / Speicherkapazität
store / Speicher
straight matter / glatter Satz
strawboard / Strohpappe
streaks / Schlieren (beim Druck)
strings / IWTs (Immer wiederkehrende Texte)
stripping / Strippen (eines Films)
stripping table / Leuchttisch
style sheet / Satzanweisung
subheading / Unterüberschrift
subject index / Sachregister
subtitle / Untertitel
summary / Zusammenfassung
superordinate term / superordinate term
supervisor / Vorgesetzter
suppliers file / Lieferantendatei
surplus / Zuschuß (beim Papier)
survey / Übersicht
swung dash / Tilde
syllabus / Lehrplan
symmetrical setting / Satz, Mittelachsensatz
synopsis / Zusammenfassung

T

table / Tabelle
tabular matter / Tabellensatz
tabular setting / Satz, Tabellensatz
tag (or character or code) / Kodierung (mit Steuerzeichen)
tail band / Lesezeichen
tail margin / Fußsteg
tail piece / Vignette
tape / Magnetband
target group / Zielgruppe
tear proof / Reißfestigkeit (des Papiers)
telecopier / Fernkopierer
telegramme / Telegramm
telephone / Telefon
tele-processing / Datenfernverarbeitung
telex / Fernschreiber, Telex
template (or user interface) (CD-ROM or online publishing) / Oberfläche (oder Benutzermaske)
terminal / Datensichtgerät, Korrekturbildschirm

terms of availability / Bezugsbedingungen
terms of contract / Vertragsbedingungen
terms of delivery / Lieferbedingungen
text alignment / Textausrichtung
text compilation / Textbearbeitung
text composition / Textentwurf
text edition zoom / stufenlose Vergrößerung oder Verkleinerung
text edition / Textausgabe
text-book / Lehrbuch
thesaurus / Thesaurus (Schlagwortverzeichnis oder Wortschatzsammlung zu einem bestimmten Sachgebiet)
thin printing paper / Dünndruckpapier
thread / Faden
three-columned / dreispaltig
three-knife-trim / dreiseitiger Beschnitt (beim Buchbinder)
time correction (multimedia) / Zeitkorrektur
time lack / Zeitverzug (z.B. bei der Adressenpflege)
timetable / Zeitplan
title page / Titelblatt
title verso / Impressumseite
titles / Kopfzeilen (Microfiche)
to censor / zensieren
to develop (a film) / entwickeln (einen Film)
to dye / färben
to hatch / schraffieren
to improve / verbessern
to merge (data) / vermischen (von Daten)
to remaind / verramschen (von Büchern)
to reverse out / ausblenden (z.B. weiße Schrift)
to revise / überarbeiten
to round (the spine) / runden (den Buchrücken)
to score / nuten, rillen
to take-back (of lines or text) / kürzen (von Zeilen oder Text)
tones / Lichter (helle Tonwerte beim Halbtonlitho)
top margin / Kopfsteg
touch screen / berührungssensitiver Bildschirm
tracing paper / Pauspapier
track (of tape) / Spur (beim Magnetband)
trading account / Kontobewegung
trainee / Lehrgangsteilnehmer
transparency / Transparenz
transparent / farblos
trimmed size format / beschnittenes Format
trim-size / Buchblockformat
true colours / naturgetreue Farben
truncation / Trunkierung (Teilmarkierung von einzelnen Buchstaben oder Silben zur Suche von Wörtern oder Wortgruppen, bei der CD-ROM- oder Online-Recherche)
trustee / Treuhänder

tucking in / Einstecken *(beim Buchbinden)*
turnover / Umsatz
two column presentation / zweispaltig
two-colour process / Zweifarbendruck
type / Buchstabe, Schrift
– **area** / Satzspiegel
– **case** / Setzkasten
– **face** / Satzart, Schriftart
– **family** / Schriftfamilie
– **figure setting** / Figurensatz
– **form setting** / Formensatz
– **heighth** / Schrifthöhe
– **size** / Schriftgrad
– **style** / Schriftart
– **style setting** / Formensatz
– **width** / Laufweite
type-adjusting programme / Ästhetikprogramm
typesetter / Schriftsetzer
typesetting codes / Satz, Steuerzeichen
typesetting costs / Satzkosten
typesetting programmes *(suitable for quantity setting:3B2, Framemaker, TEX, Textline, Typoskript et al)* / Satzprogramme *(mengensatzorientiert: 3B2, Framemaker, TEX, Textline, Typoskript u.a.)*
typewidth / Schriftbreite
typewriter ribbon / Farbband
typewritten / maschinenschriftlich
typing embargo / Schreibsperre
typing instruction / Schreibanweisung
typographer / Typograph
typographic measuring system / Maßsystem, typographisches
typographical point / Punkt *(typographischer)*
typography / Typographie

#

unbound copy *(gathered in signatures)* / Aushänger
unfolded sheets / Rohbogen
UNICODE *(16-bit-encoding scheme for textual information of all kind) – see also XML* / spezielles Kodierungsschema für Textinformation jeglicher Art – *siehe auch XML*
unjustified setting / Flattersatz, Rauhsatz
updated edition / aktualisierte Auflage
updating / Aktualisieren *(von Daten)*
upper case letters / Versalien
upper case / Großbuchstabe, Großschreibung
upright format / Hochformat

user interface / Anwenderschnittstelle
user-friendly / benutzerfreundlich

#

varnish / Firnis, Schutzlack *(beim Flächendruck)*
varnishing / Drucklackierung
VAT *(Value Added Tax)* / Mehrwertsteuer
vellum / Pergament
vellum paper / Pergamentpapier
verso page / linke Seite
viewdata / Bilddaten
virtual / virtuell
virtual enterprise / Virtuelles Unternehmen *(Unternehmen, das orts- und personenungebunden PR, Werbung, Vertrieb und Zahlungsverkehr vollständig online abwickelt)*
virtual organization / Virtuelle Organisation *(Organisation ohne festen Wohnsitz, aber weltweit präsent im Internet)*
volume / Band
volumed *(paper)* / auftragend *(Papier)*
vowel-mutation / Umlaut

W

warehouse / Auslieferungslager
warp *(of cloth)* / Kettrichtung *(Längslaufrichtung beim Leinen)*
wastage / Makulatur
waste paper / Altpapier
water-colour / Aquarell
water-mark / Wasserzeichen
waxer / Wachsmaschine *(für Papiermontage)*
web design *(designing WWW-pages or homepages with graphic tools) – see also http and hypertext*
web paper / Rollenpapier
Web site / Web-Seite *(im Internet)*
wesp *(of cloth)* / Schußrichtung *(Querlaufrichtung beim Leinen)*
wet-on-wet printing / Naß-in-Naß-Druck
wide area network / überregionales Netz
widow / Hurenkind
width / Dickte
wire side *(of paper)* / Siebseite *(des Papiers)*
wire-stitching / Drahtheftung
wood containing paper / Papier, holzhaltiges
woodpulp / Holzschliff
word processing / Textverarbeitung

word processor / Textverarbeitungsanlage
word spacing / Wortzwischenraum
wordprocessing programme *(e.g. (Win)Word, WordPerfect, AmiPro et al)* / Textverarbeitungsprogramm
writing paper / Schreibpapier
WWW (World Wide Web) / *see also http, HTML, hypertext, SGML*
WYKIWYG (What you know is what you get) / „nur was man weiß kann man bekommen"
WYSIWYG (What you see is what you get) / „identische Bildwiedergabe: Bildschirm = Druck"

x-height / Mittellänge *(einer Type)*
XML (Extensible Markup Language) *(UNICODE based subset of SGML developed to be straightforwardly usable for the internet or author systems) – see also SGML or UNICODE*

yellowing *(of paper)* / Vergilben *(des Papiers)*

Die Reihe Grundwissen Buchhandel – Verlage

Hrsg. von Klaus-Wilhelm Bramann und Joachim Merzbach

Lieferbare Bände:

Band 1: **Rechnungswesen im Buchhandel**
Kaufmännisches Rechnen – Buchführung
von Wolfgang Schmelzle und Wolfgang Göhler
Dritte, überarbeitete und erweiterte Ausgabe
1997. IX, 368 Seiten. Gebunden.
DM 60,– / öS 438,– / sFr 55,–
ISBN 3-598-20063-3

Band 2: **Sortiments- und Verlagskunde**
von Klaus-Wilhelm Bramann, Joachim Merzbach und Roger Münch
Zweite, überarbeitete und erweiterte Ausgabe
1995. 413 Seiten. Gebunden.
DM 60,– / öS 438,– / sFr 55,–
ISBN 3-598-20065-X

Band 5: **Die Herstellung**
Ein Handbuch für die Gestaltung, Technik und Kalkulation von Buch, Zeitschrift und Zeitung
von Hubert Blana
Vierte überarbeitete Auflage
1998. 447 Seiten. Gebunden.
DM 78,– / öS 569,– / sFr 71,–
ISBN 3-598-20062-5

Band 7: **EDV für Sortimentsbuchhändler**
von Manfred Schiller
1992. XII, 288 Seiten. Broschur.
DM 42,– / öS 307,– /sFr 38,–
ISBN 3-598-20059-5

In Vorbereitung: Band 9: **Literatur – Sachbuch – Wissenschaft**
1998. ca. 400 Seiten. Gebunden.
ca. DM 60,– ca. öS 438,– / ca. sFr 55,–
ISBN 3-598-20066-8

K · G · Saur Verlag
Postfach 70 16 20 · D-81316 München
Tel. (089) 7 69 02-232 · Fax (089) 7 69 02-150 / 250
e-mail: 100730.1341@compuserve.com
homepage: http://www.saur.de